名画中的金融史

刘晓乐——著

中信出版集团 | 北京

图书在版编目（CIP）数据

名画中的金融史 / 刘晓乐著 . -- 北京：中信出版社，2021.11（2022.1 重印）
ISBN 978-7-5217-3188-0

I. ①名… II. ①刘… III. ①绘画－关系－金融－经济史－研究－世界 IV. ① F831.9

中国版本图书馆 CIP 数据核字（2021）第 101262 号

名画中的金融史

著者：刘晓乐
出版发行：中信出版集团股份有限公司
（北京市朝阳区惠新东街甲 4 号富盛大厦 2 座 邮编 100029）
承印者：北京诚信伟业印刷有限公司

开本：787mm×1092mm 1/16 印张：34.75 字数：470 千字
版次：2021 年 11 月第 1 版 印次：2022 年 1 月第 2 次印刷
书号：ISBN 978–7–5217–3188–0
定价：128.00 元

金融之我见

古人云：“宣物莫大于言，存形莫善于画。”绘画是人类凝固的历史，是无声的语言，是民族文化的重要载体。如果说我们人类在地球上繁衍生存了200多万年的话，绘画从出现至今才三万多年。在那个只有绘画而没有文字的时代，绘画是我们人类保存生活世界面貌的唯一办法。我们最早的文字实际上也是绘画，是事物最简单、最抽象的表达方式。后来文字与图画分道扬镳，图画的抽象化变成了文字，而图画的完全形象化就变成了绘画。

在西方历史画中，文本与图像之间往往存在着复杂的关系。文本与图像都是传播信息的载体，但相较于文本，图像更加具体复杂。艺术家作为创作主体，会根据其所处时代的文化、惯例或个人经验，赋予图像难以捉摸的含义。在这一层面上，图像不仅仅是对文本的再现，也是对文本的创新和颠覆。

在古希腊时期，自由贸易和小商品经济比较发达，所以绘画主要是在瓶子上；在古罗马帝国时期，财大气粗的富豪比较多，所以绘画主要是在别墅的墙上；在拜占庭帝国时期，国家比较富裕，建设了许多宗教活动场所，所以绘画主要是在教堂的半圆壁上；到了西欧中世纪，农奴们信奉上帝，所以绘画主要是在宗教典籍上，不识字的人还可以看看图画；到了文艺复兴时期，壁画、油画、版画等形式逐渐丰富起来，绘画的形式也多样起来。

从某种程度上说，绘画形式的变化与画家的社会地位变化有一定的联系。在柏拉图时代，画家和雕刻家的地位不高，主流思想认为绘画无法描述真理，而只是复制实际事物，其中除了工艺，没有其他的成分在内，就像制鞋及铸铁一样。中世纪的艺术不同于古代艺术，在观念上更注重精神层面的表现，强调神性高于人性，表现形式单一。而在文艺复兴之后，达·芬奇说：“绘画是自然界一切可见事物的唯一的模仿者。”原来在空间上平铺的绘画艺术，拓展为时间上多维的历史表达，逐渐得到认可与发展。包括文艺复兴三杰以及威尼斯画派的提香、巴洛克画派的鲁本斯等在内的著名大师也将艺术带入宗教与贵族的“狩猎场”内，记录着波谲云诡的权力游戏。

在照相机问世之后，绘画原本用来记录真实世界的功能和地位受到挑战，西方绘画由求真再现走向了更加个性化的创作。画家们纷纷逃离摄影技术的阴影，开始追求画面的形式，由具象走向了抽象，倡导独树一帜，反对传统艺术手法，使古典主义写实绘画由单一的视觉样式裂变为令人眼花缭乱的多样化现代艺术风格与流派，画家在摄影师的带领下“闯入了现代精神之中”。现代美术中的野兽派、立体画派和超现实主义的成就与摄影技术的出现及发展密切相关，可以说，摄影技术的出现导致了绘画的深刻变革。

在绘画艺术发展与变革的同时，金融的内涵与形式也在随着时代的步伐而逐渐变化，由最初简单物物交换的媒介，变成了决定社会上层建筑的经济基础，成为跨时空价值交换的手段，影响着社会环境的方方面面，当然也会影响着绘画艺术的历史发展进程。在前摄影时代，画作承担着记录历史的功能，在每一件艺术品的背后，又深藏着理念、人文的变化。与创作者本身交汇于当时的时空之下，只有将绘画艺术与金融置于具体历史与现实的纷繁复杂的相互关系中，才能挖掘内在隐含的因果关系，重构历史图景，给出令人信服的历史解释。

本书以此为出发点，将全书分为七章，其中，第一、第二章以货币与资本为主题，记录货币与资本在金融社会形成和演变过程中的突出事件；第三章以人类需求为着力点，浅谈人类自身物质与精神层面的需求变化与金融发展的交集；第四、第五章则记录了世界范围内尤其是欧美国家政治权力更替过程中，利益、矛盾激发战争，影响金融变革的事件；第六章结合一些改变人类认知的事件，了解推动社会及金融发展的科学知识点；第七章则从历史上爆发的金融危机中找出阻碍社会发展前进的问题，以及人类为解决这些问题而付出的努力与尝试的手段。

引言部分通过名画《财富的寓言》引入并介绍我个人对财富及金融的见解。“财富从物质上来看只是需要的多样性”，财富在不同的时代有不同的形式，不同的人对财富也有不同的需求。金融的本质就是跨时空的价值交换，有价值的东西通过时间或空间的转移就形成了财富，拥有财富的途径除了劳动就是交换。不同时间、不同空间形成的不同的艺术流派的思想及表现形式，在传承的过程中就形成了人类宝贵的文化财富。

第一章，货币的呼唤。从威廉·布莱克的画作《远古时代》开始，讨论世界文明起源的多样性，从而提出“世界金融的多样性从货币的多样性开始”这一论点。再通过《受伤的野牛》《阿尼的亡灵书》《克罗伊斯面前的梭伦》《纳税银》讨论了货币的起源与最早的吕底亚金币。后续用其他的画作分别讨论了我国宋朝时期的纸币“交子”、明朝白银帝国的形成，还有颇具代表性的黄金白银复本位的争论与黄金本位制的确定，以及现代社会石油美元霸权的形成历程等事件。

第二章，资本的号角。从提香的画作《天上的爱与人间的爱》入手，将金融社会的主体分为实体经济的产业资本与虚拟经济的金融资本两种不同的形式，且两者拥有不同的资本增值途径与模式。再根据资本轨迹的不同，通过《维纳斯的诞生》等画作谈论了早期金融资本的变迁历程；通过《两个磨坊和水车》《轧铁工厂》等画作谈论了产业资本创立工厂制度、狂热追逐“金羊毛”的历史。

第三章，欲望的牵引。运用马斯洛的需求理论来分析高更的画作《我们从何处来？我们是谁？我们向何处去？》中提出的人生三问。因为不同的人生与时代有不同的需求，所以不同的人生会有不同的答案，不同的时代会有不同的选择，而金融就是为了更好地服务这些需求与变化才产生的。这一章落脚于家中事、内有料、乐悠闲、抽过瘾、喝得爽、品有范、亮如昼、跑得快等各种不同层级的人类需求，把与人们的生活密切相关的食物、服饰、饮料、家居等艺术作品与金融交集的内容，作为本章故事的重点，为大家带来新的体验与感受。

第四章，国王的权力。从《帝座上的拿破仑一世》画中人物的衣物与手中的权杖这些权力的象征开始，讨论权力更替伴随着金融制度的变迁。从拜占庭帝国的查士丁尼大帝、法兰克王国的查理大帝、神圣罗马帝国的查理五世等著名男性君主的霸业中寻找金融的元素，也从奥斯曼帝国的许蕾姆苏丹、英国的伊丽莎白一世、法国的蓬帕杜夫人等女性掌权人身上看到她们对历史的贡献。在这些国王、教皇、诸侯之间的权力斗争中，逐渐形成了更加完备的法律制度与税收制度等，至今仍然影响着世界的运转与权力的施行。

第五章，战争的洗礼。当人类受到利益的诱惑使矛盾不可调和之时，便会通过战争的手段来解决彼此的纷争。因为争夺金苹果而爆发的特洛伊之战与名作《拉奥孔》，充分反映了人类在使用终极手段时的丛林法则。而每一次的重大战争都可能摧毁旧秩序，建立新秩序：《黑海的月夜》中为了筹措战争费用，在威尼斯诞生了债券；《奥兰治王子威廉三世从荷兰出发在托贝登陆》使英格兰诞生了第一家中央银行；《凡尔登》中一战的爆发也导致了曾经辉煌的王朝的崩溃，原本强大的殖民帝国衰落了，新的力量则建立了新的政治规则与金融制度。

第六章，科学的胜利。人类文明发展到今天，是由无数代人的努力与经验造就的，这些都来自知识的积累与传承。《雅典学院》中跨时空的思想交流场景完美呈现了人类跨时代知识传承的特质，学者们将智慧的火种一代一代地传递下来。《静物：沙漏、笔袋与印刷物》所采用的透视法不仅带来了绘画艺术的变革，也改变了人们度量时空的认知。印刷术的诞生更是增加了知识的覆盖面，科学的世界从此敞开了大门，在金融的支持下推动着人类探索更广阔的宇宙空间。

第七章，危机的潜伏。从某种程度上说，人类历史是任人打扮的小姑娘，而经济史也可能是一部基于假象和谎言的连续剧。当某种资产的价格超过人们的预期时，总会带来追捧与狂热，而随着潮水的退去，留下的只是一片狼藉。《巴别塔》与《愚人船》就是告诉我们这种非理性繁荣背后的逻辑与定律，荷兰郁金香狂热、法国密西西比公司泡沫、英国南海公司危机也是艺术与金融相结合的永恒主题，能够带给人们无限的遐想空间。

“古往今来谓之宙，四方上下谓之宇。”金融是跨时空的价值交换，世间万物也在时空之中演变与迭代，当金融之树在人类社会慢慢成长的时候，艺术之花也逐渐盛开。让我们用科学求真的精神，研究名画世界的真善美，去挖掘名画背后隐藏的金融元素与故事，找到那些触动变化的旋律吧。

目录

引　言　**金融的本质：《财富的寓言》** / 001

第一章　**货币的呼唤** / 007

文明的火花：《远古时代》 / 009
金融视角　世界与金融的多样性从货币的多样性开始 / 013

图腾记忆：《受伤的野牛》 / 016
金融视角　货币最早起源于图腾崇拜 / 019

称量心脏：《阿尼的亡灵书》 / 022
金融视角　金银天然不是货币，货币天然是金银 / 025

谁最幸福：《克罗伊斯面前的梭伦》 / 027
金融视角　货币与债务相生相伴 / 029

权力游戏：《纳税银》 / 033
金融视角　罗马铸币的权力分配游戏 / 036

盛世危图：《清明上河图》 / 039
金融视角　古代中国对纸币的应用 / 043

瓷器东来：《静物与中国瓷器》 / 046
金融视角　一条鞭法改革与瓷器交易使明朝成为白银帝国 / 050

炼金术士：《牛顿》 / 053
金融视角　科学家牛顿成为黄金本位制的奠基人 / 056

破冰逆转：《华盛顿横渡特拉华河》 / 059
金融视角　汉密尔顿“旧债变新债”的旋转门 / 064

黄金大道：《稻草人》 / 066
金融视角　黄金与白银本位的轮转影响了中国经济 / 070

美金原油：《巴库油田》 / 072
金融视角　从英国石油公司到石油美元的霸权 / 075

第二章 资本的号角 / 079

两种不同的爱：《天上的爱与人间的爱》 / 081
金融视角 追逐金羊毛的实体经济与金融资本 / 083

海边的珍珠：《维纳斯的诞生》 / 087
金融视角 在地中海边成长起来的商业银行 / 090

婚礼的见证：《阿尔诺芬尼夫妇像》 / 093
金融视角 交易中心的边缘化：安特卫普的衰落 / 097

文艺复兴赞助者：《三王行列》 / 101
金融视角 从经济走向政治的成功者：美第奇家族 / 105

海上马车夫：《阿姆斯特丹的海港》 / 108
金融视角 荷兰东印度公司的诞生与破产 / 111

自然的旋律：《两个磨坊和水车》 / 115
金融视角 纺纱机从家庭走向工厂 / 118

蒸汽的力量：《詹姆斯·瓦特和他的蒸汽机》 / 120
金融视角 风险资本股权投资的成功 / 123

燃烧的传奇：《煤车》 / 126
金融视角 从卡特尔到工会的建立 / 130

英雄的落幕：《战舰特米雷勒号最后一次归航》 / 134
金融视角 蒸汽船运输带来的垄断经营与变革 / 136

风浪中前进：《神奈川冲浪里》 / 139
金融视角 日本明治维新运动前后的金融改革 / 142

火红的液体：《轧铁工厂》 / 146
金融视角 普法战争后全能银行的成功与繁荣 / 150

迈向新世界：《最后一枚道钉》 / 153
金融视角 一场股灾、一张铁路债券引发的辛亥革命 / 157

第三章 欲望的牵引 / 161

人生的旅程：《我们从何处来？我们是谁？我们向何处去？》 / 163
金融视角 金融服务能够满足人类不同阶段的需求 / 166

“家”中事，人情冷暖：《浪子回头》 / 169
金融视角 从养儿手段到具有融资功能的年金制度 / 171

“内”有料，型男潮女:《秋千》/ 174
金融视角 内衣世界的诱惑与坚持 / 177

“饿”难挡，美味土豆:《种土豆的人》/ 181
金融视角 爱尔兰人的苦难：吉芬效应 / 184

“买”得到，麦田声音:《拾穗者》/ 186
金融视角 农业工具分期付款助力农业发展 / 189

“喝”得爽，喧嚣酒吧:《费里贝热尔酒吧》/ 192
金融视角 酒吧里发明的收银机 / 196

“品”有范，咖啡布道:《星空下的咖啡馆》/ 199
金融视角 咖啡馆里诞生的交易所 / 203

“乐”悠闲，轻松假日:《大碗岛的星期日下午》/ 205
金融视角 消费升级：消费主义与装在口袋里的银行 / 208

“抽”过瘾，烟雾缭绕:《吸烟者》/ 212
金融视角 门口的野蛮人——垃圾债券与烟草公司的价值 / 216

“穿”有型，服饰变化:《缝纫机前的女孩》/ 220
金融视角 服务升级：胜家的特许经营与消费分期 / 223

“亮”如昼，光明使者:《蒙马特的林荫大道夜景》/ 225
金融视角 被金融资本驱逐的发明创业家爱迪生 / 229

“跑”得快，车轮滚滚:《西方汽车旅馆》/ 233
金融视角 凭借金融手段的逆袭：通用分期与宝马并购 / 236

“住”宽敞，幸福家居:《建筑工人》/ 240
金融视角 住房抵押贷款穿越大萧条与大衰退 / 244

第四章 国王的权力 / 249

权力的象征:《帝座上的拿破仑一世》/ 251
金融视角 权力更替伴随金融制度的变迁 / 254

古老的聚居:《哥贝克力石阵》/ 256
金融视角《汉谟拉比法典》里的利息 / 258

法律与秩序:《查士丁尼及其随从》/ 261
金融视角 从东方到西方的丝绸 / 265

帝国的衰落:《卡拉卡拉大浴场》/ 268
金融视角 罗马帝国的衰亡从通货膨胀开始 / 272

欧洲之父：《查理大帝加冕》 / 275
金融视角 从马尔克公社到庄园制 / 278

权力的斗争：《亨利四世在卡诺莎》 / 281
金融视角 税收制度的变迁 / 284

权力与金钱：《查理五世骑马像》 / 288
金融视角 杠杆经营的先行者：富格尔家族 / 291

国王的需要：《大使们》 / 296
金融视角 信托制度的变迁 / 300

衰落的开端：《立法者苏莱曼一世》 / 303
金融视角 许蕾姆苏丹与奴隶贸易 / 305

女王的神话：《伊丽莎白一世无敌舰队肖像画》 / 309
金融视角 圈地运动与格雷欣法则 / 312

太阳王的光芒：《路易十四像》 / 315
金融视角 法国财政大臣科尔贝与重商主义 / 321

最成功的情妇：《蓬帕杜夫人》 / 325
金融视角 医生魁奈与重农主义 / 330

动荡的时代：《马拉之死》 / 333
金融视角 财税知情权引发的法国大革命 / 338

第五章 战争的洗礼 / 341

苹果的诱惑：《拉奥孔》 / 343
金融视角 社会达尔文主义与资本的丛林法则 / 347

利益的驱使：《十字军占领君士坦丁堡》 / 349
金融视角 从汇款功能开始承担银行角色的圣殿骑士团 / 353

东部的竞争：《黑海的月夜》 / 357
金融视角 以收益预期借款的威尼斯债券 / 361

罗马的终结：《穆罕默德二世策马进入君士坦丁堡》 / 365
金融视角 香料的利润牵引着大航海之路 / 368

国家与民族：《宣誓批准〈明斯特和约〉》 / 372
金融视角 被战火洗礼的阿姆斯特丹银行与交易所 / 376

跨海的盟约：《奥兰治王子威廉三世从荷兰出发在托贝登陆》 / 379
金融视角 英格兰银行的成立与发展 / 382

帝国的碰撞：《腓特烈大帝在无忧宫演奏长笛》/ 385
金融视角 风云百年的英国东印度公司 / 390

白色的罪恶：《南方黑人的生活》/ 395
金融视角 美国内战中的金融战争 / 400

繁荣的幻灭：《发髻戴着钻石星星的伊丽莎白》/ 404
金融视角 美国总统与经济大萧条 / 409

第六章 **科学的胜利** / 413

跨时空交流：《雅典学院》/ 415
金融视角 文化棘轮与行会大学促进知识传承 / 419

神秘的微笑：《蒙娜丽莎》/ 423
金融视角 应用广泛的黄金比例、斐波纳奇数列与净现值 / 428

时空的礼物：《静物：沙漏、笔袋与印刷品》/ 432
金融视角 对时间与空间的度量提升人类对世界的认知 / 434

思想的碰撞：《伽利略面对罗马宗教裁判所》/ 437
金融视角 无处不在的周期现象 / 441

技术的迁徙：《银行家和他的妻子》/ 445
金融视角 具有记录账务与历史功能的复式记账法 / 447

数学的逻辑：《骰子玩家》/ 451
金融视角 金融决策的工具：概率论 / 454

数形的结合：《笛卡儿为瑞典女王克里斯蒂娜讲解几何》/ 458
金融视角 幂律分布之下的互联网金融发展 / 461

自由的火种：《自由引导人民》/ 464
金融视角 在哈耶克与凯恩斯之外的选择 / 467

斗争的策略：《玩纸牌者》/ 470
金融视角 金融投融资中的博弈论 / 474

信息的旋律：《小提琴与报纸》/ 478
金融视角 有效市场理论与指数基金 / 481

第七章 **危机的潜伏** / 485

混乱的代名词：《巴别塔》/ 487
金融视角 熵增定律带来的金融危机 / 490

群体非理性：《愚人船》 / 493
金融视角 经济学中的“理性人”与非理性繁荣 / 497

奥古斯都之梦：《手持郁金香的夫妻双人肖像》 / 500
金融视角 荷兰的郁金香狂热 / 504

绚烂的泡沫：《密苏里河上的毛皮商人》 / 507
金融视角 法国密西西比泡沫与法兰西银行 / 509

斗争的产物：《选举娱乐》 / 513
金融视角 英国南海泡沫与审计风暴 / 517

失衡的杠杆：《寻找智慧石的炼金术士》 / 522
金融视角 历史上的银行危机与白芝浩原则 / 525

参考文献 / 531

后记 / 539

金融的本质：《财富的寓言》

财富的寓言

西蒙 · 武埃

1640 年 / 布面油画

一切价值都可以还原为时间。

——马克思

财富为何物？200 多年前，经济学家亚当·斯密指出，在整个历史进程中，人们用以衡量财富的标准是多种多样的："在早期社会，牲口被当作商业上的通用媒介，虽然这是最不方便使用的一种媒介……据说食盐是埃塞俄比亚商业和交易的通用媒介；在印度的某些沿海地区，人们使用的通用媒介是某种贝壳；纽芬兰是干制鳕鱼；弗吉尼亚是烟草；美国的部分西印度殖民地是糖；其他某些国家则是牛皮或熟皮；我还听说，在苏格兰的一个村庄，至今工匠去面包房或酒馆的时候带的还是钉子，而不是钱。"

法国画家西蒙·武埃的画作《财富的寓言》能带给我们一些财富是什么的思考。西蒙·武埃出生于巴黎，其父亲也是一位画家，从小就受到艺术的熏陶。14 岁时他被邀请去英国，为一位地位相当高的法国夫人画肖像，22 岁时去了意大利，在那里一住就是十几年。所以他的绘画艺术受意大利画派的影响相当深厚，尤其是卡拉瓦乔的作品对其色彩和素描上的影响最深。后来他又专注于对威尼斯画派的光色表现进行研究，最终形成了自己的法国巴洛克风格。西蒙·武埃在法国的声望非常高，并成为路易十三的御用画师。

《财富的寓言》就是一幅寓意画。画中披着长袍的女子象征着"财富"，正坐在高大建筑物的底部，她的衣服在身边轻轻飞扬，体现出拥有财富才能拥有自由，头上的胜利桂冠也象征着对财富的尊崇。她的怀里抱着一个孩子，这个孩子手指向天空，指向真正的财富，即美德。紧抱的双手证明这个女人很在意这个孩子，但她转过头看向右侧的另一个正向她递珠宝的孩子。在她的脚下描绘了两组技艺精湛的静物：一本摊开的书映射知识，翻开的书页向人们传递了精神财富；一堆装满金银珠宝的容器外，一枚带有君主头像的金币映射着贵族身份和权力的世俗财富。同时，立着的花瓶式容器上还描绘了阿波罗和达芙妮的故事，体现了艺术的传承。金银珠宝耀眼的色泽与女子身上宽大堆叠的袍子的色彩形成呼应。

亚当·斯密在其著作《国富论》中表示："财富并不是一个确定

不变的概念，事物的价值取决于某个特定时间点上他人的支付意愿。”马克思也指出：“财富的本质就在于财富主体的存在。”所以，太平洋上雅浦岛的居民认为拥有的大石币（他们命名为“费”）的多少就代表他们财富的多少，即便居民不慎将石币掉进大海，他也依然拥有着财富；如果居民间进行交易，只需要在石币上做标记表示所有权已经易手，大家便承认财富的转移。而生活在现代世界的人们则通常将房产、股票、黄金当作核心价值资产，以占有这些形式的财富来确认一个人的经济实力或支付能力。

“财富从物质上来看只是需要的多样性”，财富不是孤立于人的客观存在，而是人与自然、人与人所形成的社会系统中的历史存在。人从诞生的那一天起，就需要衣、食、住、行，而通过劳动获得的满足人们需要的这些物质生活资料就是财富。整个人类社会的生产历史就是财富的形成史，也是人类需求的变迁史。

在农业社会中，土地、食物、劳动时间就是财富。直接占有土地或占用别人的劳动时间，生产更多的衣物、食物等生活必需品，以产出的“财富”如粮食、棉花等保障或延续人们的生命，而财富的积累也主要以拥有的土地面积或劳动力数量等形式呈现。

在工业社会中，不仅仅是占有资源，生产的工业品必须有功能效用才会有价值，从而在市场上流通销售，这样才能产生财富。因此，土地在财富体系中的地位渐趋下降，不动产、股票、债券等资产形式逐渐成为主要的财富形态。随着交易市场的发展和商事组织的发展，这些资产也取代土地成为主要的财富形态，私人财富结构从“静态方式”迈向“动态方式”。财富持有方式的变化使得财产管理模式也得以更新。自英国都铎

雅浦岛的大石币

王朝时期，人们开始热衷于投资国王授权经营的以大规模对外投资为主业的股份公司、政府债券和其他形式的资产，而工业革命的深入，更是加速了财富形态的变迁和财产管理的结构调整。

信息时代来临，财富的表现形式更加多元：物质财富包括金钱、土地、房产、汽车、珠宝等；非物质财富包括各种天赋、才华、劳动、专利知识、人际关系等，都成为人们认可的广义财富形态。埃里克·拜因霍克（Eric Beinhocker）在《财富的起源》一书中表示，所有的财富都是由热力学上不可逆的熵减过程创造的，创造财富的行为可以创造秩序，但并非所有的秩序都能创造财富，只能是适合的秩序。在物理学中，秩序和信息是一样的，因此我们可以把财富看作适合的信息，也可以称其为知识。一方面，信息本身可能毫无价值；另一方面，知识又是有用的，比如那些我们可以利用的、满足某些目的的信息。因此，财富的来源是知识，而所有的秩序、复杂性以及知识都是由最简的方法创建，并聚集、选择、变异而来，简言之，知识进化创造财富。

所以，如同人类逐步进化的历史进程一样，研究金融的历史也是研究财富形态变迁与进化的历史。想要获得财富就必须进行各式各样的物质或信息交换，而当货币参与这种交换行为时，其从表面上看是一种资金融通的关系，但更本质的理解应该是跨时空的价值交换，所有涉及价值或者收入在不同时间或不同空间进行配置的交易都是金融交易。

借贷交易是最纯粹、最典型的跨时间的价值交换。“你今天从银行或者从张三手里借到一万元，先用上，即所谓‘透支未来’，明年或者 5 年后，你再把本钱加利息还给张三。对银行和张三来说，则正好相反，他们把今天的钱借出去，转移到明年或者 5 年后再花。”[①] 可见，金融即资金的融通，人与人之间对应着债务，国家与个人之间对

① 资料来源：陈志武 . 金融的逻辑 [M]. 北京：国际文化出版公司，2009.

应着税收，市场与个人之间则对应着流动性。

人类的生产经营活动以及日常生活时刻离不开货币资金。人际间的金融交易是在任何社会中都必须进行的，只是实现人际金融交易的方式在不同的社会中有不同的表现形式。著名经济学家、耶鲁大学教授陈志武认为，在农业社会，人际间的金融交易是以人格化的隐性方式，即通过与子女进行跨时间的价值转移来实现，“养儿防老”就是其最主要的金融交易方式，且交易仅局限在家庭、家族血缘体系的小范围内。在欧洲中世纪，教会是其金融交易的主要方式，它以人们对血缘之外的上帝和神的共同信仰为基础，实现成员间的跨时间利益交换。到了现代社会，出现了超越血缘和社团组织的非人格化金融交易的专门市场，即金融市场，由金融市场提供的信贷、保险、证券、基金等金融产品，成为人际间跨时间、跨空间金融交易的主要方式。

无论是人与人之间，还是国与国之间的资金融通，从表面上看都属于跨空间的金融交易，但其本质是以某人或某个国家的未来收入流水作为抵押的跨时间金融交易，是经济主体同自己的未来融通资金，即把自己未来的收入或资源提前变现到现在来使用。而且，随着人类经济活动的深入，经济主体之间互通有无的跨空间的金融交易活动，越来越被经济主体同自己的未来进行跨时间的金融交易所充分表现和替代，各种金融衍生品的出现使这一特征更加明显。因此，跨空间的金融交易已经有从属于跨时间的金融交易的趋势，这种可以“透支未来”的跨时间的交易方式称为“折现”，也叫“资本化”，是一种把未来的预期收入流作为抵押进行资金融通的方式。

大约 2 500 年前，希腊人把“凡事适度”的忠告刻在德尔斐神殿上。后来，伊壁鸠鲁进一步阐释：“如果你按照自然生活，你将永远不会贫穷；如果自作主张，你将永远不会富有。”这是在告诫人们任何事物都具有两面性，要人们控制自己的欲望而不能放任其发展。金融活动对实体经济的作用也是如此，当其在合理的范围内发展时，会对经济具有很好的促进作用；而当社会过度依赖金融时，无论对人与人之间的关系，还是对人与自然的关系来说都具有极大的破坏作用。金融对人与人之间关系的破坏是通过金融危机来实现的，历史上多次的金融危机是最鲜明的写照；金融对人与自然关系的破坏是通过生态危机来实现的，资源耗竭、环境污染是典型的生态危机。所以，“凡事适度”是我们在追求金融财富道路上应该铭记的原则。

第一章

货币的呼唤

金刀龟贝，所以分财布利通有无者也。

——班固

从历史上看，货币全方位地影响了社会的方方面面。

——约翰·F. 乔恩

文明的火花：《远古时代》

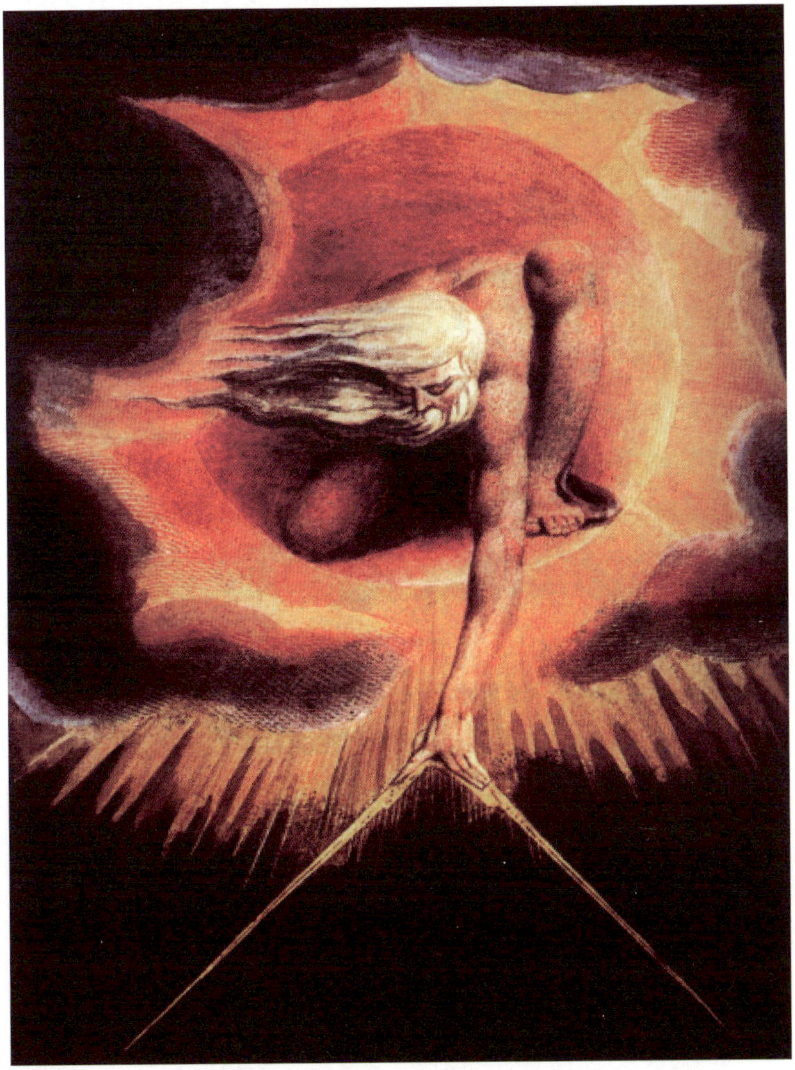

远古时代

威廉 · 布莱克

1794 年 / 蚀刻画

一沙一世界，一花一天国。掌心盛无限，须臾纳永恒。

——威廉 · 布莱克

威廉·布莱克，英国浪漫主义诗人、版画家，出生于一个普通小商人家庭，没有受过正规教育，一生坎坷贫困。他的超前、神秘和深刻的艺术风格在生前没有受到社会的欢迎与尊重，直到去世前仍过着简单的生活。他最脍炙人口的诗句就是：“一沙一世界，一花一天国。掌心盛无限，须臾纳永恒。”诗句颇具爱因斯坦相对论的意境，令人回味无限。而他自己似乎也将他的一生凝练在这几句如佛偈般的诗中，把艺术当作永恒的武器，用自己的整个生命致力于自由和想象。

这幅《远古时代》是布莱克为自己的诗《欧洲：一个预言》所作的卷首插画，画中是布莱克自创的神话体系里代表理性与规则的神话人物乌里森，他浑身燃烧，散发着灿烂光芒，用圆规掌控着地球，给人间划定规则。在布莱克的神话里，乌里森通常被描绘成类似于上帝的老人，拥有多种图书——金、银、铁和黄铜，它们代表科学、爱、战争和社会学，即生活的四个方面，书中充满了寻求克服罪恶的法则。布莱克通过模仿《圣经》的内容，创造了名叫奥克的人物作为乌里森的反对者。乌里森代表古老和破坏性的本质，而奥克代表年轻和创造性的本质。在最后的审判中，奥克化身为乌里森的儿子，团结一切可以团结的力量，最终推翻了乌里森的统治，并使其成为一个农民，让他回到最原始的状态。也许正如爱因斯坦所说：“第三次世界大战我不知道用什么武器，但我知道第四次用的武器肯定是木棍和石头。”

人类的历史是文明的历史，文明既根据一些共同的主观因素来界定，如语言、历史、宗教、习俗、体制，也根据人们主观的自我认同来界定。文明虽然持久，但也是演变的，它们要历经政治的、经济的、社会的甚至意识形态的动态变化。

世界是多元化的文明共同体，各民族的神话传说都是智慧的结晶和体现。在文明的黎明时期，各民族几乎都曾有过“创世”的神话，中西方都认为宇宙的初始处于混沌无形的状态，自从创世神将其一分为二，隔为天地，世界才形成了现在规整有序的样子。

在希腊神话中，人类是普罗米修斯创造的，他也充当了人类的老师，凡是对人有用的，能够使人类满意和幸福的，他都教给他们。同样的，人类也用爱和忠诚来感谢他、报答他。但最高的天神宙斯却要求人类敬奉他，让人类必须拿出最好的东西献给他。普罗米修斯作为人类的辩护师触犯了宙斯，宙斯拒绝给予人类为了完成他们的文明所需要的最后的物品——火。于是普罗米修斯想到了一个办法，用一根长长的茴香枝，在烈焰熊熊的太阳车经过时，偷到火种并带给了人类。

宙斯大怒，他差人将普罗米修斯带到高加索山，用一条永远也挣不断的铁链把他缚在一个陡峭的悬崖上，让他永远不能入睡，疲惫的双膝也不能弯曲，在他起伏的胸脯上还钉着一颗金刚石的钉子，他忍受着饥饿、风吹和日晒。此外，宙斯还派一只恶鹰每天去啄食普罗米修斯的肝脏，但被吃掉的肝脏随即又会长出来，就这样，日复一日，年复一年，直到一位名叫赫拉克勒斯的英雄将他解救出来为止，他一直忍受着这难以描述的痛苦和折磨。现在我们常用普罗米修斯来比喻那些为了他人而宁愿牺牲自己的人。著名画家鲁本斯的《被缚的普罗米修斯》就是描绘普罗米修斯被恶鹰啄食肝脏的情景的画作。一只巨大的恶鹰用尖利的双爪按住普罗米修斯，正在用喙啄食他的肝脏，普罗米修斯的两只脚拼命蹬着岩石，被

被缚的普罗米修斯 / 鲁本斯 /1611 年

捆住的双手极力挣扎，身体扭曲着想赶走恶鹰。画面的左下角那不熄的火种依旧在燃烧，给人以肉体上虽受苦，精神仍不倒的信念，象征着这个被缚的囚徒终究是个胜利者。

在中国的神话故事里，最早的宇宙本是一团混沌，既分不清上下左右，也辨不出东西南北，整个世界就像一个中间有核的浑圆体。人类的祖先盘古便在浑圆体的核心中孕育而成。有一天，沉睡了一万八千年的盘古忽然醒来，觉得自己所在的空间是那么的压抑，于是将自己的牙齿化为斧头，对着周围的空间猛烈劈砍，也不知道砍了多久，浑圆体破裂了，沉浮成两部分：一部分轻而清，另一部分重而浊。轻而清者不断上升，变成了天；重而浊者不断下降，变成了地。盘古就这样头顶天脚踏地地诞生于天地之间，用自己的身体支撑着天与地。他想用自己的身体创造出一个充满生机的世界，于是微笑着倒了下去，把自己的身体奉献给大地。他死后，身体开始变化，骨骼变成了山脉和丘陵，肉身变成了平原和盆地，血和汗水变成了江海，毛发变成了森林、草原和沼泽。

在盘古的肉身化为大地之后，大地上出现了很多种生物。多年之后，又出现了一位同样伟大的神——女娲。女娲发现大地虽然有了很多生灵，但是它们缺少创造能力，于是便用黄泥按照自己的模样捏出了很多小人，之后又施了法术将这些小人变成有生命的活人，并且都具有自己独立的思想。盘古开天、女娲造人，通过神的劳动，将世界改造成适于人类生存的基本结构。

《圣经》中说，世界本是一片黑暗，上帝耶和华开始创世。第一天，上帝说：“要有光！”于是，光就出现了，光把一天分为了白天和黑夜。第二天，上帝造出了太空，用空气区分了天上之水和天下之水。第三天，上帝让天下之水汇聚成海，并且露出陆地。第四天，上帝创造了太阳、月亮和星辰，确定了年、月、日。第五天，上帝造出了各种鱼类和鸟类，世界于是充满了生机。第六天，上帝造出了牲畜、昆虫和野兽，还根据自己的形象造出了人。第七天，万物都已经造齐，上帝便休息了，于是这一天就是安息日。在上帝看来，创世造物犹如举手之劳般轻而易举。通过神的意志和万能之力，上帝创造出了包括人类在内的世界结构，这个创造过程被描述为“创世”或“七日工作”。

金融视角

世界与金融的多样性从货币的多样性开始

尽管生命是一个独立的个体，但生命的出现是一个庞大系统中各种元素共同作用的结果，而支持生命存在的种种因素，来自这个庞大系统中的不同子系统。这个庞大的系统是一个宏观系统，是整个地球，也是整个太阳系，甚至是整个宇宙。在这个系统内，所有生物包括人类，与其所在环境之间不断进行物质循环和能量流动。地球上的动植物等多种资源，为人类提供了生存所需的营养与食物，同时也提供了可供治疗疾病的药物，以及工业所需的纤维、木材、橡胶等物质。生物多样性是生命的基础，它可以维持生态系统的平衡，稳定气候、降解污染、保护水土资源。正是生物多样性让地球呈现出欣欣向荣的景象，而保护生物多样性，就是保护人类自身。

随着人类社会的不断发展，世界文明的多样性也在不断发展。各国人民在长期的社会实践中，穿凿着各具特色的文化、思想意识和价值观、政治和社会制度、发展模式等，形成了丰富多彩的世界文明。目前全世界有 200 多个国家、2 000 多个民族、6 000 多种语言和数百种文字，也存在数百种宗教信仰，至于各国各民族的文学艺术、道德伦理、风俗习惯等，更是千差万别、丰富多彩。

欧洲资产阶级社会地理学派创始人孟德斯鸠将人类复杂的社会文化现象归因于地理环境，认为地理环境决定了人类社会的进程及文化精神。不同的地理位置和环境，决定了各个地区拥有不一样的动物和植物，向外传播文化的难易程度也不一样。环境的动植物决定最基础的生产方式，比如，海洋文明的渔猎、大河文明的耕种、游牧民族的迁移农业。因此，地理环境决定论认为自然条件对社会发展起决定作用，是决定社会发展的根本因素，也对不同民族的文化性格与精神形成有着决定作用。

如同地理环境中生物系统的多样性，人类社会发展也需要文化的多样性，文化多样性的意义在于它提供了人类对于自身发展可能的多样性的探索。人类能否找到一个绝对正确的思想、绝对正确的方式、绝对正确的准则去引导自己走向绝对正确的未来呢？至少从历史上看是没有的，目前人类也还在寻找，而寻找它的方式自古大概只有一个，就是尝试每一个可能的道路，让未来去检验它。于是无数的文明兴盛又没落，直到今天。我们并不能认为消逝的文化都是糟粕，它们的消逝也许充满了偶然性。每种文化里总是存在着自己的比较优势的，如果文化是单一的，我们一旦走进了死胡同，就容易出现问题，所以需要尽可能地保护文化的多样性。更多的物种，生态才更稳定；更多的文化，人类才能走得更远。《世界文化多样性宣言》第一条就指出："文化多样性是交流、革新和创作的源泉，对人类来讲就像生物多样性对维持生物平衡那样必不可少。从这个意义上讲，文化多样性是人类的共同遗产，应当从当代人和子孙后代的利益考虑予以承认和肯定。"

现代经济是一个循环体系，生产、流通、分配、消费、投资这五个环节需要有效衔接，循环起来，才能构成整个现代经济平稳运行的闭环。这五个环节中的任何一个出现问题，都会造成经济运行体系的梗阻和停滞，这种"气血不畅"的状态积累久了就容易引发经济危机。而金融生态系统作为人类经济系统的基础构件，对人类经济系统的支撑作用至关重要，是现代经济的核心与血液，给现代经济的各环节输送给养。

随着生产力的发展和人类交往范围的扩大，不同文化在共存与博弈中推动人类社会不断向前发展，形成了欧美金融体系、伊斯兰金融体系与中国特色的金融体系三种模式。但不管哪种金融体系，都必须以货币为金融发展的载体，货币从“远古时代”而来，未来也许会有更多的形式。

在各国的发展进程当中，贝壳、棍子、烟草、纸币、支票之类的资产都被当作货币使用过，并且纸币已经取代了黄金在交易中的地位。资产、财富、资本等逐渐以货币形式来表现，而货币的演变仍然没有中止，未来会向什么方向发展？虚拟化、数字化的呼声很高，反对的声音也有，而从生态多样性、金融多样性的角度出发，其实各种方向的发展都可能是有益的探索。

图腾记忆：《受伤的野牛》

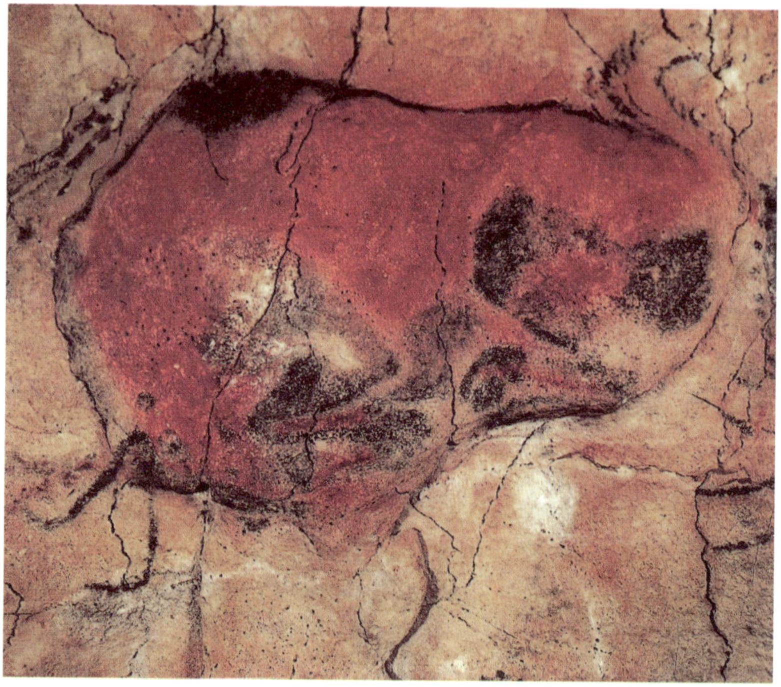

受伤的野牛

马格德林人

公元前 11000 年 / 矿物颜料

画在西班牙的阿尔塔米拉洞里的野牛，是有名的原始人的遗迹，许多艺术史家说，这正是“为艺术而艺术”，原始人画着玩玩的。但这种解释未免过于“摩登”，因为原始人没有 19 世纪的文艺家那么有闲，他画一只牛，是有缘故的，为的是关于野牛，或是猎取野牛、禁咒野牛的事。

——鲁迅

阿尔塔米拉洞穴，位于西班牙桑坦德市以西 30 千米的玛尔村附近。1879 年，一位名叫马塞利诺·德·梭杜乌尔的西班牙考古爱好者，带着 8 岁的小女儿探访此地，小女儿离开父亲自行玩耍，意外爬进了一个低矮的洞口。在她抬起头时，发现一只直瞪着眼睛的公牛，吓得她大叫起来。当父亲点燃了蜡烛进去看时，顿时吃惊得说不出话来！只见洞顶和壁面画满了红色、黑色、黄色和深红色的野牛、野马、一些简单的数字、各种手印和人的面部轮廓等，举世闻名的史前壁画就此问世。

《受伤的野牛》中金黄色的野牛庞大而威猛，它身上的鬃毛清晰可辨，壮硕、坚实的躯体充满了自由与强悍的生机。但它被弱小的人类用利器所刺中，四肢蜷缩在一起，牛头深深埋下，牛背则高高隆起，显示出因受伤而痛苦不堪的样子。野牛的造型合乎比例，骨骼肌肉富于动感，色彩浅淡深重有异。这种力求真实的创作思路，应该是文艺复兴以后美术家们才开始探索的技巧，而在这里出现，寓意深远。

那时的人们没有化学颜料，只能用有颜色的矿物质、炭灰和泥土，掺杂着动物的脂肪和鲜血调和出天然颜料，但用这种颜料画出来的壁画几万年后依然色彩鲜艳。这导致壁画作品在 1880 年首次公开时，受到了学术界的严重质疑，一度被认为是造假，理由是以原始人的智力水平不可能创造出如此惊人的艺术成就。对于壁画真伪的争论一直持续到 20 世纪早期，在梭杜乌尔去世后 14 年的 1902 年，其他史前绘画作品的发现才使得阿尔塔米拉洞穴壁画得到人们的认可，并彻底改变了学界对史前人类的认知。

1994 年在法国南部发现的肖维特洞穴壁画被公认为是人类史前洞穴壁画中的艺术珍品。洞穴壁画中有 14 种、400 多个动物画像，用栩栩如生来描述毫不为过。需要说明的是，壁画中的很多动物现在都已灭绝，之前人们只能从化石上去了解它们的模样，而壁画使我们看到了它们的真面貌。人们认为这些洞穴壁画作于距今 2.4 万 ~ 2 万年前，法国科学家经过长达15年的研究，采用放射性碳测年法对洞穴中的壁画与木炭、动物化石等200多件文物进行对照测年，发现这些文物是出自两个历史时期的：第一个是3.7万~3.3万年前，第二个是3.1万~2.8万年前。这些画作中包含了现代绘画的基本技巧，如线条勾画、透视原理、利用虚实线条制造动感、利用阴影制造立体感等。人们不禁感叹：生活在茹毛饮血时代的原始人类，在绘画水平上竟然完美穿越数万年的时光，达到现代人的水平！

那当时的人们为什么要画这些动物呢？对于原始狩猎民族来说，野牛、野鹿、野猪、野马等既是他们的敌人，又是他们不可缺少的食物。洞穴中的动物形象之所以表现得这样生动而具体，是由于他们必须全神贯注地观察这些野兽，既能够逮到它们，又不被它们伤害。一万多年前，旧石器时代的人类虽然学会了通过打磨石器来制作捕猎工具，但面对比人类个头更大、更凶猛矫健的动物时，往往也会凶多吉少。心中的恐惧促使他们拿起了矿石，画下了这些动物，这些远古时期的人类相信：我画下了你，就占有了你；我伤害了你的画像，也就间接伤害到了你本身。这就是艺术起源里的“巫术说”，是学术界比较主流的观点。

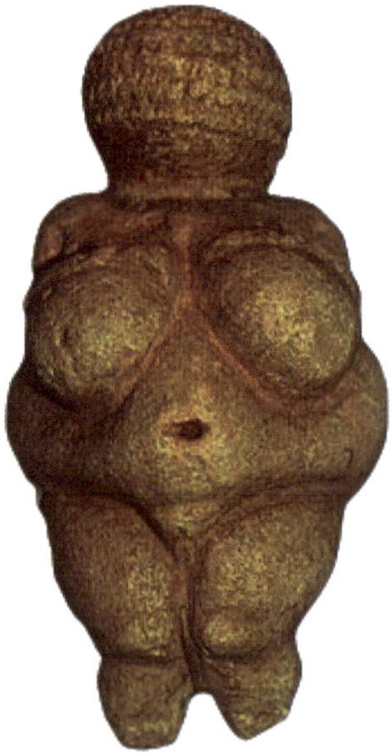
维伦道夫的维纳斯 / 作者不详 / 公元前1.5万~公元前1.1万年

当然，壁画、岩画等形式是在稳定的二维空间上展示的艺术，而在把三维空间引入艺术的表现形式上，原始人类同样展示了极高的天赋。

在奥地利被发现的《维伦道夫的维纳斯》，是迄今为止出土的最为古老的人体雕塑。这一石灰石雕像高 11 厘米，我们在上面看不到惯常的琢磨得细致分明的面部，整个身体就是由一系列浑圆的石头组成，作者着重表现的是被刻画对象的臀部和乳房，饱满而坚挺，且占据了我们视野的绝大部分；头发雕刻细致，呈波浪形；位于身体中心的肚脐则是借助于石头自身的一个凹处而“妙手偶得之”；其他的地方都只是草草带过。艺术家无形中对被刻画对象的非本质特征进行了扬弃。这个富有表现力的刻画将当时对于生殖崇拜的观念表示得活灵活现。这是神赐予的威严的生殖力量，这个丰乳肥臀的雕塑被后人命名为“原始的维纳斯”。

这也证明，人类早期对美的理解是很功利的。人类最大的功利莫过于生存——自身的生存与种族的繁衍，女性因为在种族繁衍中担当特别重要的角色而受到男性的尊崇，被看作神的化身、美的化身。

金融视角

货币最早起源于图腾崇拜

“图腾”一词来源于印第安语，意为“他的族”。处在氏族社会时期的原始人类，用一定的动物、植物与无机物等作为氏族组织的名号，此物便被奉作氏族的图腾。图腾的文化意义在于它是一个氏族中同一血缘的象征，属于同一种图腾的氏族成员都深信他们来源于一个共同的祖先，具有相同的血缘关系。因此，共同的信仰把他们紧紧地团结在一起。图腾也是维持氏族成员团结一致的有力纽带，它不仅是一种宗教信仰，而且是一种社会结构和一种凝聚力。

最原始的图腾就是生殖崇拜的象征，是对整个氏族中生命力的歌颂和尊崇。高举着火把与石斧的原始人类有着我们无法理解的精神世界，他们既崇拜生殖，又崇拜生殖器，现今的很多考古发掘都证明，在人类历史上曾经有过一段漫长的生殖崇拜时期。由此可知，处在野兽出没、荆棘丛生的恶劣环境中，生产力极其低下，还受着大自然残酷威胁的原始人们，若没有对生命的崇拜，哪能走出蛮荒的远古世界。因此，原始人也都把繁衍生息当成氏族部落兴亡的头等大事，自然就出现了生殖崇拜。

在古代人类的心目中，生殖活动是一件神圣、崇高、庄严的大事。人类开始崇拜女性生殖器，注意其构造，寻找其象征；继而崇拜男性生殖器，注意其构造，寻找其象征，然后运用文化手段给予其写实性的再现和抽象化的表现，包括再现男女结合的情景，这都是历史的必然。[①]

在古希腊时期，当人们衡量一条船或者一套盔甲的价值时，总是使用公牛作为计量单位，尽管他们在实际进行物品交易时，不一定真的为任何物品支付公牛。这么做的原因是：公牛是人类用来供奉给神明的祭品，因此代表着绝对的价值。从苏美尔文明到古希腊文明时期，金银作为寺庙的祭品用于供奉，在世界各地，货币似乎都是从最适宜供奉给神明的物品中诞生的。[②]

《圣经・旧约》的《出埃及记》中也曾记载：翘首企盼摩西归来的犹太人铸造了一头金牛犊，顶礼膜拜，并设宴庆祝。知晓此事的摩西厌恶这种偶像崇拜，对此行为进行了严厉责备。而到了现代，“金牛犊”不仅意味着“偶像崇拜”，还具有“物质崇拜”和“拜金主义”的隐喻。牛作为家畜可以耕地，也是可以繁衍生息的生物，而用黄金铸造的“金牛犊”只能用来膜拜，不会生出任何东西。[③]

各种各样的动物，在钱币上都可以找到它们的踪迹。钱币上的动物图案，既可以说明其在人们心目中的地位，又成为某些国家所特

---

① 资料来源：李祥石，朱存世．贺兰山与北山岩画 [M]. 银川：宁夏人民出版社，1993.

② 资料来源：大卫・格雷伯．债：第一个 5000 年 [M]. 北京：中信出版社，2012.

③ 资料来源：板谷敏彦．世界金融史：泡沫、战争与股票市场 [M]. 王宇新，译．北京：机械工业出版社，2018.

有的象征和标志。早在古希腊时期，钱币上就印有动物的图案，而且往往成为某个城邦的标志，如猫头鹰代表雅典，狮子代表萨摩斯岛，飞鸟代表克里特岛。

中国古代铸币则很少出现动物图案。现有史可查者仅有两例：一为唐朝肃宗乾元年间铸造的乾元钱，其背面偶有飞鸟图；二为明崇祯 1630 年后所铸崇祯通宝钱，背面有奔马形图案，俗称“跑马崇祯”，图案特殊，造型美观。

在现代，动物图案在钱币上的运用也十分广泛，常见的有鹰和狮子。鹰的图案流行于德国、奥地利、意大利、俄罗斯、罗马尼亚、阿尔巴尼亚等国。狮子的图案最受人们的青睐，出现于英国、芬兰、荷兰、捷克、比利时、塞浦路斯等国的钱币上。其他国家的钱币上还有狗（挪威）、熊（丹麦）、河马（马里）、豹（乌拉圭）等动物图案。

称量心脏:《阿尼的亡灵书》

阿尼的亡灵书

古埃及人

公元前 3300 年左右 / 莎草纸

死亡隶属于生命，正与生一样。举足是走路，正如落足也是走路。

—— 泰戈尔

古埃及是人类文明最早开始的地方之一，它发源于尼罗河两岸，公元前 3000 年就有水利工程，也创造了象形文字、日历、冶炼技术、丈量土地的方法。古埃及人信仰多神教，他们相信人死后如果尸体保存得好，其灵魂可以不灭，个人也得以永生，因此发明了对尸体进行防腐处理的技术，制作出了木乃伊，而存放木乃伊的大坟墓叫金字塔。古埃及的雕刻、绘画、建筑都是为宗教目的而作的。

古埃及艺术反映的宗教信仰是从这样的信念发展起来的：太阳朝出尼罗河东岸，夕落大沙漠西端，日复一日，年复一年。这样的图景赋予了古埃及人解释生命的才华：死亡不是值得惊诧的事情，只不过是从尼罗河的此岸到彼岸的跨越。经历过死亡的生命会获得新生，就像在洪水泛滥过后蓬勃生长的尼罗河莎草一样，肉体消亡而灵魂永存。至于灵魂的栖居之所，是理想的家园。在跨越生死的旅途上，古埃及人安排冥界之王、掌管死和再生之神奥西里斯作为裁决人，来遴选入住未来天地的人们。如被判无罪，就可升天成神或者重返其遗体，开始安乐的再生。

笃信宗教的古埃及人不仅在对待死亡的观念上显示出与现代人截然不同的热情，并且在实践他们理想的过程中展示了严肃和虔诚的态度。亡灵书由专门的书记官和画匠所作，他们将冗长的《跨越死亡之国度》（又称《白昼来临之书》）的符文抄录在草纸上，并绘之以插图。这是古埃及人从死亡走向新生路上的护身符，死者生前所运用的咒文和赞美诗一应俱全，而在穿越冥界的过程中会有不少试炼之地，如何正确地回应也是亡灵书所记载的内容。它静静地陪葬于主人左右，以期主人逢凶化吉，获得永生。

大英博物馆收藏的《阿尼的亡灵书》的相关资料表明，阿尼本人就是书记官，但他生前并未完成这部作品。他的书中不仅有文本详述，还有多个试炼场景的描绘，其中最具决定性的就是“心脏的称量”。在古埃及人的观念中，心脏的重量显示了一个人在世时的善恶之度，在通向未来世界的路上必须设置一个由神灵评判的方式来进行甄别。称量心脏的仪式在审判厅中进行，《阿尼的亡灵书》即记载了这神圣的一刻。阿尼的心脏被置于天平的一端，与其相比较的是象征真理与正义的玛特女神——她化身为一根羽毛，若结果显示心脏重于羽毛，则意味着死者的心地纯洁善良，可被允许跨入神明居住的地方；否则，就将被一个有着狮子、鳄鱼和河马外形的恶魔阿米特吞噬掉，无法进入来世。画面上狼头人身的神灵乃是墓地之神阿努比斯，他正调整着天平；鹿头人身的是文字之神托特，他正准备记录测量的结果；图的左边，阿尼和妻子正在紧张地等待最后的判决；画面上方还有12位神灵组成的陪审团，公正而谨慎地看待着这一切。

图坦卡蒙，大约出生于公元前1341年，是古埃及新王国时期第十八王朝的第十二位法老，在位时间约为公元前1333年到公元前1324年。他并不是古埃及历史上功绩最为卓著的法老，却是在今天最有名的法老。他9岁君临天下，19岁暴亡，死因曾一度被怀疑是谋杀，因此他的周身都被神秘色彩所笼罩。

图坦卡蒙为现代人广为熟知的原因是由于他的坟墓在3 000年的时间内从未被盗，直到1922年才被英国人霍华德·卡特（Howard Carter，英国考古学家和古埃及学先驱）发现，挖掘出了大量珍宝，震惊了西方世界。他的墓室口刻着神秘的咒语，巧合的是几个最早进入坟墓的人皆因各种原因而早死，所以被当时的媒体大肆渲染成“法老的诅咒”，使得图坦卡蒙的名字在西方更为家喻户晓。在图坦卡蒙的坟墓被挖掘之后，他的生平和死因一直是考古学界研究争论的焦点，但至今都没有定论。如今，图坦卡蒙的陪葬品多数陈列在埃及开罗的博物馆中。

图坦卡蒙黄金面具 / 古埃及人 / 公元前14世纪

图坦卡蒙的木乃伊被发掘出来的时候，头部罩着一个黄金面具，面具与真人的面庞尺寸相称，由金箔制成，嵌有宝石和彩色玻璃。前额部分饰有鹰神和眼镜蛇神，象征上、下埃及（上埃及以神鹰为保护神，下埃及以蛇神为保护神）；下面垂着胡须，象征冥神奥西里斯。

金融视角

金银天然不是货币，货币天然是金银

古代几乎所有的政治和宗教仪式中，都少不了用黄金做装饰，因为只有黄金才能炫耀其权力、财富与神圣。在古埃及，使用黄金是一种王室的特权，除了法老，任何人都不得使用。法老依靠黄金装饰，承担了类似于上帝的角色，受众人崇拜。在英文中，黄金（GOLD）与上帝（GOD）只相差一个字母，虽然欧洲人自称新大陆探险的初衷是传播上帝福音，但实际上搜寻黄金是更现实的理由。正如亚当·斯密所言，探险者征服新大陆的唯一动机，就是这种“宗教化的黄金渴望”。对他们来说，黄金才是真正的上帝。

早期货币的功用和地位，与当时文明的发展路径相匹配。从地中海文明到古希腊、古罗马文明的变迁是文明间冲突与交融的历史。由于金银矿藏开发和金银币的流通，特别是被赋予神权和王权的象征后，货币就成为政权和军事能力的跨国、跨时代标准，有力地推动了商业贸易活动，金银成为财富的同义词。

在欧洲中世纪，国王喜欢把自己的头像印在金币上，当作权力合法性的标志。虽然金币上的头像不断变换，但黄金作为商品交易的货币地位雷打不动。中世纪晚期，随着一大批世俗化的城市兴起，商品经济越来越充满活力，换句话说，就是出现了资本主义萌芽。随着社会自由程度的提高，新兴阶级越来越看重货币的作用，货币取代土地而成为社会的主要财富，也成为人们认同的普遍支付手段。人们相信，只要有钱，什么东西都可以买到，致使拜金主义大行其道。从国王、贵族，到骑士、教士，人们竞相追求奢华，尤其是对黄金的狂热，丝毫不逊色于对上帝的崇拜。当时炼金术风靡西方，甚至有谣传说可以用石头炼出黄金和白银。

在亨利王子的支持下，葡萄牙对非洲大陆的探险导致了黄金海岸被发现。通过非洲沿岸的一系列贸易战，葡萄牙王室很快得到了当时世界黄金产量的10%。他们一般用奴隶来交换黄金，而这些奴隶则会被强迫去挖金矿。正是西非黄金资助了达·伽马1497—1499年从好望角抵达印度的环球航行。到了1500年，每个月都有一艘轻快的帆船满载黄金驶往葡萄牙。经过16世纪最初20年的努力，葡萄牙商人掌控了西非黄金年产量的近1/4。

从16世纪开始，新大陆的黄金和白银源源不断地流向欧洲；每年有50万磅白银和1万磅黄金来自美洲。到16世纪末，欧洲黄金和白银的储存量就增加了整整4倍。在后来的几个世纪，欧洲货币存量仍一直保持增长。在整个16世纪，西班牙垄断了全世界黄金产量的83%。但因为只知道挥霍，而不是投资、创造和生产，黄金没有成就传统的西班牙，却成就了现代的荷兰和英国。金银的涌入引发了一场社会财富的重新大分配，依赖地租的传统旧贵族走向衰落，从事外贸和掠夺的商人群体崛起，后者通过税收和资助君主获得政治地位，使国家权力倾向于新兴的资产阶级。因此经济学家凯恩斯说："我们的现代世纪是通过资本累积所创造的，这些资本就来自新世界的黄金和白银。"

谁最幸福：《克罗伊斯面前的梭伦》

克罗伊斯面前的梭伦

尼古拉斯 · 克尼普菲尔

1650—1652 年 / 油画

人类之所以感到幸福，并不是因为身体健康，也不是因为财产富足；幸福的感受是由于心多诚直、智慧丰硕。

——德谟克里特

公元前6世纪，吕底亚王国有个国王名叫克罗伊斯，他所统治的国家并不是很大，但民众却拥有自己的财富，他们生活富裕，衣食无忧。据说，克罗伊斯本人是世界上最富有的人，拥有能够使他快乐的一切——土地、房屋、奴隶、华美的衣饰、精致的物品等。他实在想不出还有什么东西能够令自己更舒适、更满足了。当时的人们经常把大富豪比作“像克罗伊斯一样富有”。

有一年夏天，有个叫梭伦的大学者从大海彼岸游历到亚洲，他才智过人，聪颖绝伦，是古希腊雅典法典的制定者。即使在梭伦去世之后的几个世纪，人们对一个学识渊博的人的最高赞美还是说他“就像梭伦一样聪明”。

梭伦听说过克罗伊斯，一天，他在富丽堂皇的王宫拜谒克罗伊斯。世界上最聪明的人成了自己的客人，克罗伊斯显得异常高兴和自豪。于是，克罗伊斯向梭伦展示了他那些豪华的宫室、精美的地毯、舒适的睡椅、华贵的家具，还有壁画、图书等。荷兰画家尼古拉斯·克尼普菲尔的画作《克罗伊斯面前的梭伦》就展现了此时的场景。画面中，身穿金黄色盛装的克罗伊斯在一个森严肃穆的宫殿大堂内，高高坐在台阶之上的平台旁，用右手拿着手杖向刚刚进门的梭伦示意台阶下堆满的各式物件，他身后的皇后像丢了魂似的，目光紧盯着那些奇珍异宝。而台阶下的梭伦仿佛是行者一般，身披长衫，打扮朴素，左手拿着行走时支撑用的拐杖，右手指向天空，对着克罗伊斯在谈论着人生的意义。在台阶上，皇后身边的王子被梭伦的话语深深打动，不由自主地前倾着身体想去接近文明与知识。当然，在宫殿里初次见面之后，克罗伊斯又带着梭伦出去参观了他的花园、果园和马厩，以彰显自己的富有身家。

晚上，当世上最聪明的人和最富有的人共进晚餐时，国王问客人：“请你告诉我，梭伦，你认为世界上最幸福的人是谁？”他满心希望梭伦会说：“克罗伊斯。”

聪明人沉默了一会儿，说道：“我记得雅典曾有个叫泰勒斯的穷人，他才是世界上最幸福的人。”这不是克罗伊斯想要得到的答案，但为掩饰自己的失望，他继续问道：“你为什么这样认为呢？”

客人答道：“因为泰勒斯是个忠实的人。他多年辛勤劳动，培育孩子，让他们接受良好的教育。当他们长大成人、能够自食其力的时候，泰勒斯加入了雅典军队，在卫国战争中英勇地献出了自己的生命。你认为还有别人比他更幸福吗？”

“或许没有了，”克罗伊斯失望得几乎说不出话来，“但除了泰勒斯以外，又是谁最幸福呢？”这次他确信梭伦会回答：“克罗伊斯。”

而这次梭伦回答的仍然不是他本人，而是希腊的两个普通年轻人。于是克罗伊斯按捺不住愤怒，认为梭伦将穷苦劳作的人置于世上最富有的国王之上了，但梭伦说：“在你到达天国之前，谁也不能说你是幸福还是不幸福，因为谁也不可能知道，有什么样的不幸将会降临到你头上，或是什么样的灾难会将你的荣华富贵带走。”

许多年以后，崛起的波斯帝国国王居鲁士率领一支庞大的军队南征北战，消灭了许多国家，克罗伊斯倾其所有财富也无法抵挡这支强大的军队，最终他的城市被攻陷，富丽的王宫被烧毁，果园和花园被毁坏，金银财宝被掠夺一空，他本人也成了阶下囚。

而当他被打得遍体鳞伤并要被处决的时候，他喃喃自语着：“梭伦，梭伦……”骑马经过的居鲁士正巧听到，并问询了他关于梭伦的话语。居鲁士被深深震撼，他不知道是否有一天，自己也会面临同样的境遇。所以，他认为应该给予更多的人仁慈与悲悯，也希望日后别人能善待自己，于是，克罗伊斯又重新获得了生命与自由。

金融视角

货币与债务相生相伴

在印欧语系中，“债务”这个词和“原罪”“有罪”是同义词。

2 500 年前，地中海沿岸是全球最发达的商业区，所有的发达国家都在地中海沿岸，商业的繁荣促使古希腊文明诞生，也促使地中海沿岸使用古希腊的货币德拉克马。货币的使用改变了人们的资产构成，与实物出借相比，货币能够方便计价与多样需求，因此快速成为最普遍的出借标的物。

公元前 594 年，雅典人找到梭伦，希望他来担任首席执政官，调解已经白热化的穷人和富人的矛盾。当时社会贫富悬殊，许多穷人不仅自身贫穷，还欠下许多债，还不起债的人们有一些按契约成了“债务奴隶”，有一些则被迫逃往异地，导致民怨沸腾。愤怒的穷人希望平分富人的土地和财富，而富人却不愿意放弃自己得到的任何利益，一部分甚至骄奢傲慢，贪得无厌。激烈的冲突似已不可避免，而一旦陷入内战则可能倾覆城邦。梭伦担当了重任，无法守成而只能改革，在夹缝中的改革应该说是很不容易的，但他成功了，不仅使雅典走出了困境，还奠定了此后雅典近 200 年繁荣兴盛的根基。

在梭伦进行改革前，雅典行使的德拉古法以严酷著称，对偷窃水果、懒惰等过失都要判处死刑。人们指责它不是用墨水写的，而是用血写的。雅典农民的境况是极其悲苦的，借了财主的债若还不清，财主就在借债者的土地上竖起债务碑石，借债者就会沦为“六一农”，他们为财主做工，收成的 5/6 给财主，自己只能留下 1/6。如果收成不够缴纳利息，财主便有权在一年后把欠债的农民及其妻子、子女变卖为奴。德拉古法在保护财产权的同时将穷人逼到了死角。

梭伦的改革没有满足平民平分财产的要求，但下令取消当时所有的公私债务，这样，至少使当时的穷困者不再负担任何债务。同时不仅废除了“债务奴隶”，也禁止今后任何以人身为担保的借贷，这就防止了自由公民分化成主奴两个阶级。富人的借贷收不回来，财富当然要“缩水”，但他们已握在自己手中的财富没有被剥夺，更无肉体消灭之虞。这可以说是梭伦的“短办法”“快办法”，是一种主要表

梭伦的正义宣言 / 诺埃尔 · 尼古拉斯 · 科佩尔 /1720 年

现在经济上的断然措施。

画家诺埃尔・尼古拉斯・科佩尔的画作《梭伦的正义宣言》就展现了梭伦与当权贵族进行交涉的场面，画中主要人物的目光都聚焦在桌面摊开的改革草案上，他们或与梭伦激烈辩驳，或抱臂沉思，或喁喁私语，这是一场以一敌百的战役。

对于改革，最初穷富双方都不满意，但慢慢也体会到了它的好处。当梭伦获得了双方信任，被赋予立法大权，他就开始考虑他的“长办法”了，这就是从宪法上规定，按公民的财产状况将他们分为四个等级，四个等级都有选举权，但只有前三个较富有的等级有担任官职的资格。初看起来穷人的权利有限，他们不能担任官职，只能作为公民大会的成员或作为陪审员来参与国政。但这两种权利，尤其是后一种权利，在开始时似无足轻重，到后来却证明是非常重要的，绝大多数的争执最后都要经过这些陪审员来裁决，包括高级官吏判决的案件。这样穷人就渐渐成为法律和城邦的真正主人，而随着经济发展加“通货膨胀”，实际上后来几乎所有人都有了担任官员的准入资格。

梭伦坚守中庸之道是因为他对人性有一种透彻的认识。他在改革中虽然帮助穷人，但并不赋予穷人和富人任何一方以道德上的优越性，他不讨好任何一方。就如同他在自己的诗中写的：“自由不可太多，强迫也不应过分；富厚如属于没有教养的人们，餍足就要滋生不逊。”所以，“我拿着一只大盾，保护两方，不让任何一方不公正地占据优势”。

权力游戏：《纳税银》

纳税银

马萨乔
1425 年 / 湿壁画

恺撒的物当归恺撒，上帝的物当归上帝。

——《圣经 · 路加福音》

法利赛人属于犹太人的宗教党派，“法利赛”这个词原来的意思是“分别出来”。大概在公元前200年，当时犹太人正在希腊人的统治之下，而希腊帝国是拜偶像的，所以很多犹太人也跟着希腊人去拜偶像。有一批敬虔的犹太人，他们立志于遵守律法，照着上帝所启示的真理而行，他们就是法利赛人。法利赛人专心遵守摩西律法，专心敬拜上帝耶和华，是一群认真研读律法、教导律法、解释律法的人，其中的老师被叫作拉比。在耶稣基督的时代，因耶稣所传的福音和法利赛人对摩西律法的固有认识有巨大冲突，所以法利赛人积极参与迫害基督徒，被耶稣称为“伪善的人”。

而希律党是一个政治团体，他们跟随希律王，效忠希律家族，顺服在罗马帝国的政权之下。在耶稣基督时代，犹太人已经亡国，他们没有自己的国家，生活在罗马帝国的铁蹄之下。希律党人是一批很现实的犹太人，他们拥护希律的王权，属于半罗马半犹太民族主义者，所以他们的思维和观念跟法利赛人完全不同。但法利赛人和希律党人却联合起来，拿纳税这个问题来陷害耶稣，如果耶稣说不应该纳税给恺撒，那么他就落入了犹太人的政治陷阱之中。

拒绝纳税就意味着耶稣是在鼓动犹太人反对罗马帝国的统治，对于罗马帝国而言，这就是反叛；如果耶稣说应该纳税，那么他就在实际上得罪了绝大部分民族主义情绪极其高涨的犹太人，他们会因此而不再承认他是来自上帝的先知。

耶稣看出了他们的恶意，说：“假冒伪善的人哪，为什么试探我呢？拿一个上税的钱给我看。”

他们就把银钱给了耶稣，耶稣说：“这像和这号是谁的？”

很明显，罗马帝国的银钱第纳尔上有恺撒的头像。当时的犹太人对于使用这样的银钱很反感，因为那时的银钱上不仅有恺撒的头像，违反了十诫中不准制造偶像的诫命，同时还刻着一句话（就是那个号）：“神的儿子。”

罗马帝国为了表示尊重犹太人的自尊心和宗教信仰，允许他们在平时的商品交易和圣殿奉献时通行另外一种专门的铜钱，一种只在犹太人中流通的货币。所以犹太人除了必须缴纳应付的税银之外，无须再使用罗马的银币。

他们回答："是恺撒的。"耶稣说："这样，恺撒的物当归恺撒，上帝的物当归上帝。"

《纳税银》由意大利文艺复兴时期的画家马萨乔创作于1425年，存于佛罗伦萨卡尔米内圣母教堂内的布兰卡契小堂，由于透视法和明暗法的成功应用，是美术史上重要的作品之一。该作品题材出自《马太福音》，据说是因为当时教皇马丁五世正在讨论出台一项协议，传达"教会也应服从国家税收制度"的理念。1427年，当时佛罗伦萨公国与米兰战事正紧，准备建立一种名为卡塔斯托（Catasto）的税收制度，可以称之为"财产申报税"，以纳税人自己上报的纳税申报表为基础，统计他们的资产负债情况，最终确定每位纳税人的应税资产，并以此作为参数，用来征收政策要求的强制借款税。该画的委托人费利切·布兰卡契是个丝绸商人，同时也是佛罗伦萨海事理事会的成员，他意图通过该画来表明自己支持这项协议的态度。

这幅画上以连续的形式描绘了三个情节：阻拦、捉鱼及交付丁税。宗教故事完全被画家描绘成真实的世俗场面，表现了罗马税吏向耶稣收税的情景。画面中央，税吏正在索要纳税银；场景延续至画面左侧，彼得从鱼口中取出钱币；右侧，彼得交给税吏纳税银。马萨乔将三个独立场景浓缩于一幅画上，赋予角色人性化的情感，单个人物既庄严又具有体量感。画家很好地表现了人物的身体结构和动作，在作品中熟练地暗示了骨骼、肌肉以及关节的压缩与拉伸，每个人物都是鲜活的、充满个性的。从宗教关系的角度来理解，"鱼嘴中的钱币"喻指佛罗伦萨由海洋获得的财富即使最终要作为税银交出，也还是先要交于教会（彼得）之手。

马萨乔将画中人全部置于以托斯卡纳乡村或佛罗伦萨城为背景的真实自然环境中，以中央的耶稣及其门徒群像为主，全部透视焦点集中于耶稣头部，光线和礼拜堂窗口进光方向一致，构成了前所未有的富于真实感的效果。同时，将近景山脉色泽由深至浅渐变过渡到远景，来制造视觉纵深的空气透视法，结合表现建筑阴影和人物倒影的明暗对照法，在墙面上成功营造出逼真的三维立体空间。

《纳税银》的诞生从根本上改变了意大利绘画，作品不仅彻底脱离了早期艺术刻板僵化的理想式风格，而且其所包含的焦点透视法、空气透视法、明暗对照法及光源的引入让画面以现实世界的“3D 延伸窗口”呈现，并具有与大自然相同的空间、光线、形式和视角定律。直至 19 世纪末期现代艺术萌芽之前，《纳税银》所包含的绘画技法均被视为西方绘画创作必修的基础法则。

有趣的是，在这幅有着戏剧性冲突的宗教故事画中，马萨乔很低调地将自己也画入其中。根据画家瓦萨里等人猜测，《纳税银》最右端的人物可能是马萨乔的自画像，这也为后来很多画家将自己的形象画入画作中开了先河。

金融视角

罗马铸币的权力分配游戏

西方有记录的最早的金属铸币大约出现在公元前 7 世纪的吕底亚王国，其图案是雄狮和公牛的复合体，铸币材料是天然的金银合金（大约 2/3 是黄金，1/3 是白银），也被称为琥珀金。拥有这些铸币，使吕底亚王国成为当时世界上最富有的国家之一。就在吕底亚人采用贵金属铸造货币之后不久，爱琴海沿岸的古希腊城邦国家也开始铸造自己的货币。这些铸币使用金或银的材质，有标准重量，并且刻有识别印记。印记有两种意义：第一，印记指出硬币里含有多少贵金属；第二，印记能证明发行者的身份，进而确保硬币的成分。

在铸币之前的金锭、银锭没有任何印记，需要在每次交易的时候进行现场识别与称重，有印记的铸币则拥有了两个优点：一是不用现场称重，二是确认了铸币的价值。更重要的是，铸币上的印记代表着某些政治权力，能够确保铸币的价值。虽然铸币上印记的尺寸和形状会有所变化，但其附带的信息从未改变，由钱币的发行人保证铸币价值的实现。正因如此，铸造伪币的罪行一直是重罪，造伪币不仅是欺诈，还是对国王权力的侵犯，如果被发现，将会被惩罚甚至处死。只要国民相信国王的权威和人格，就会相信他发行的铸币，这样，就算是未曾谋面的陌生人，也不会怀疑铸币的价值。

古罗马铸币的一个特点是古希腊特征明显。古罗马人欣赏和向往古希腊文化，受其影响很大，一些钱币甚至直接模仿某些古希腊铸币。另一个明显特点是尊祖崇神。这在共和时期尤为突出，铸币上的君王像不是现任君主，而是祖皇以及神明的图像。从恺撒大帝开始，罗马君王在铸币上开始使用自己的头像，而背面多为胜利女神像或天使像，因为拥有并使用印制其他神明的铸币对基督徒来说是有心理障碍的。

此外，罗马铸币上也偶尔会出现皇后、储君以及皇帝赋予特殊尊荣的其他亲属。

例如 112—114 年，罗马帝国发行的是安东尼王朝图拉真皇帝的姐姐玛西娅娜迪诺雷斯银币。图拉真被尊为罗马五贤帝之一，他曾率军东征，足迹遍及阿富汗、印度等地区，还曾跨越幼发拉底河，攻打安息。该币正面为玛西娅娜迪诺雷斯侧向胸像，背面为寓意罗马军团和象征罗马皇权的鹰。在希腊神话中，鹰被视为神王朱庇特的化身，它将神的旨意带给罗马人，赋予他们力量、勇气和永生。

从东罗马查士丁尼二世（685）开始，币的正面换成了耶稣像，币边铸文称耶稣是“皇中皇”，币的背面为在任皇帝像或其他造型。

罗马币由于帝国实力和影响力的递减（主要指东罗马中后期），总体呈贬值趋势，铸币尺寸、厚薄、重量都有较大变化。从 11 世纪初开始，东罗马铸币成色降低，金币含金量降到了 25%，银币含银量也下降到了 75%。一些币形也由以前的平面改为轻度凹凸球面。随着 15 世纪意大利钱币市面流通倍增并占据优势，东罗马（拜占庭）钱币的影响逐渐式微。

罗马帝国发行的玛西娅娜迪诺雷斯银币正反面

盛世危图：《清明上河图》

清明上河图（局部）

张择端

1101—1124 年 / 绢帛

以纸代替黄金就是用最廉价的媒介代替最昂贵的媒介。

——大卫 · 李嘉图

《清明上河图》是北宋画家张择端的传世之作，堪称中国绘画史上的一个奇观。画家采用了传统的手卷形式，以“散点透视法”组织画面，形成鸟瞰式全景构图，繁而不乱、严密紧凑、一气呵成。散点透视没有固定的观看位置，可以有很多个视角，每个视角又自成一体，可以理解为全景照片，视野很宽广，每个位置都是清晰的，所以可以在任何位置观看。在这幅 5 米多长的长卷里，共绘有 800 多个各色人物，牛、骡、驴等牲畜 73 匹，车、轿 20 多辆，船只 20 多艘，以及桥梁、房屋、城楼等各具特色的建筑，生动地展现了北宋都城汴京在清明节这天的风貌。整幅画卷大体分为三段：首段描绘市郊景色，中段描绘以“虹桥”为中心的汴河两岸风光，后段描绘城市街道的繁忙景象。它不仅是中国绘画艺术史上的一幅传世名作，更是中国城市发展史的独特见证，为后世了解北宋的城市空间、建筑形式、桥梁工艺等提供了珍贵的历史图景资料。

第一部分是市郊景色。远处安静的村路上，有一个接亲的队伍，新娘在轿子里坐着，新郎官在后面骑着大马，仆人们挑着嫁妆。在迎亲队伍前端不远的地方，有人在追赶两匹受惊的马。观察火情的望火楼上无人值守，而需要驻军的巡捕屋也被改成了酒馆。汴河边上，有雇主一样的人在指挥工人搬运粮食。

第二部分是“虹桥”两岸风光。画的正中有一座很大的虹桥，也叫拱桥。桥边的两岸有很多人和动物，还有一些商贩在摆地摊。桥上人很多，一抬轿子和一匹马相遇后两不相让。在古时候，一般是文官坐轿，武官骑马，两个仆人在中间争吵，好像在理论谁先通过，表现出官员不合的意思。在桥下，有一条大船出了事故，它的缆绳坏了，几乎要撞向大桥，船员们都惊慌失措，有人拿竿子插到河里想稳住船体，有人用船钩去钩桥梁，还有人扔下绳子，怕船员掉进水里。桥上的人都在围观，高喊加油。这个险象环生的情节是整幅画的高潮，预示着国家即将到来的危机。

第三部分是汴京城内街道的繁忙景象。城门口有一队骆驼驮着货物正穿过城墙，这里有两种说法：一种说法是当时的贸易比较发达，有很多其他国家的商人来北宋交易；另一种说法是当时的城墙无人值守，有其他国家的间谍以做生意为借口来打探消息。在城门口的边上就是税务所，有四个车夫带着一些货物来纳税，一个车夫去屋里报税，门口有个检验员在记录税务，高额的税收引起车夫们的不满，开始和他们争吵，连楼上的人都探头观看，说明当时的税赋之重，令商贾与百姓苦不堪言。

在这幅画上，市民之忙忙碌碌、力夫之竞竞营营、店铺之财源滚滚、车马之喧嚣过市、仕女之丰彩都丽、文士之风流神韵、建筑之鳞次栉比、街衢之热闹非凡，绝对是唐朝的长安、洛阳都比不上的繁荣与发达。但在这熙熙攘攘的繁华盛景之下，军备不整、官员不和、疏于防卫、苛捐杂税等现象的存在，暗藏着一些危机即将到来的不安之感。

《清明上河图》问世后的800多年里，曾被无数收藏家和鉴赏家把玩欣赏，是后世帝王权贵强取豪夺的目标，它曾经5次进入宫廷，4次被盗出宫，历经劫难，演绎出许多传奇故事。相传，明嘉靖年间，《清明上河图》被兵部尚书陆完收藏，但他因宁王朱宸濠叛乱牵连而险些被杀，在他被贬官死在福建后，他的夫人将《清明上河图》藏起不让任何人看，后来禁不住外甥王某的恳求，由他临摹了一幅画作。当时专横跋扈的权臣严嵩正四处搜寻《清明上河图》，都御史王忬花800两纹银从王某手中购得赝品，献给严嵩。严嵩府上有一装裱匠汤臣，认出画是假货，便以此要挟王忬，令其出40两银子贿赂自己，但王忬对其不予理会。汤臣恼羞成怒，在严嵩设宴欢庆时，将图上旧色用水冲掉，严嵩在众人面前大为窘迫，以后便寻机将王忬害死，临摹此画的王某也因此受到牵连，被抓去饿死在狱中。此后，陆完的儿子将《清明上河图》卖至昆山顾鼎臣家，被严嵩父子知晓后强行索去。隆庆时，严嵩父子被御史邹应龙弹劾，终于官场失势，严世蕃被斩，严府被抄，《清明上河图》再度被收入皇宫。

王忬的儿子王世贞长大后立志为父报仇，等他成为大文豪与文坛领袖后，为丑化严嵩形象，王世贞或其门人写了专骂严嵩的戏曲《鸣凤记》，而《明史·严嵩传》的内容也大多取自王世贞所写的内容。在众多说法中，诸多文史资料纷纷指出《金瓶梅》的作者“兰陵笑笑生”就是王世贞，经过几百年的推理考证，一度成为定论。

在论证王世贞为《金瓶梅》作者的诸多证据中，有一条最难以辩驳，那就是在《金瓶梅》中出现了一味世人从未听说过的草药，这种草药最早被李时珍所发现，并首次记载在《本草纲目》中。但问题是，《金瓶梅》成书时《本草纲目》尚未问世。那就只剩一种可能，即有人在《本草纲目》出版前看过李时珍的手稿，得知了这种草药，并将其写进了《金瓶梅》。而这个人，最大可能就是王世贞，因为他曾为《本草纲目》作序，是除李时珍外最早看过全书的人。

《金瓶梅》借宋朝时期的人物与故事，给我们展现了一幅市场繁荣、商品经济发达、白银横流的景象，但也存在一些认知方面的问题，比如实际上宋朝时期还是以使用铜钱为主。不过它看似世俗的故事内容里，却隐藏着极为深刻的认知价值，以最雅俗共赏的方式展现了明代中期社会的风土人情，揭露了社会的黑暗和腐败。可以说，书中的西门庆即严世蕃之化身——世蕃名庆，西门亦名庆，世蕃号东楼，此书即以西门对之。书中的西门庆有三种身份：商人、官僚、市井恶霸。而在这三种身份中，最根本的还是商人。他赚钱的手段很多，包括开店经商，买卖丝绸；打通关节，偷税漏税；高息放贷，娶妻得财。特别是他发财致富的资金中有一笔 1 000 两的投资，通过盐引的一番运作，变成 3 万两，增值 30 倍，暴利非凡。盐引与交子都是宋朝时期推出的重要的财政金融工具，也是中国金融史上的重大创新。

金融视角

古代中国对纸币的应用

世界上最早的纸币是中国北宋时期在四川成都出现的“交子”。在“交子”之前，汉武帝时发行过“白鹿皮币”，唐代宪宗时用过“飞钱”。汉武帝时期因长年与匈奴作战，国库空虚，为解决财政困难，在铸行“三铢钱”和“白金币”（用银和锡铸成的合金币）的同时，又发行了“白鹿皮币”。所谓“白鹿皮币”，是用宫苑的白鹿皮作为币材，每张一方尺，周边彩绘，每张皮币定值40万钱。由于其价值远远脱离皮币的自身价值，因此“白鹿皮币”只作王侯之间贡赠之用，并没有用于流通领域，还不是真正意义上的纸币。“飞钱”出现于唐代中期，当时商人外出经商带上大量铜钱有诸多不便，便先到官方开具一张凭证，上面记载着地方和钱币的数目，之后持凭证去异地提款购货，此凭证即“飞钱”。“飞钱”实质上只是一种汇兑业务，它本身不介入流通，不行使货币的职能，因此也不是真正意义上的纸币。

中国北宋时期发行的交子

据史学界考证，“交子”最早在成都万佛寺内印制。纸币出现在北宋并不是偶然的，它是社会经济和政治发展的必然产物。宋代商品经济发展较快，商品流通中需要更多的货币，而当时铜钱短缺，满足不了流通中的需要量，且远离京畿的四川地区通行铁钱，铁钱价值较低，重量较大，使用极为不便。当时一铜钱抵十铁钱，每千铁钱的重量为大钱25斤，中钱13斤。买一匹布需铁钱两万，重约500斤，要用车载。此外，宋朝政府经常受辽、夏、金的攻打，军费和赔款开支很大，也需要发行纸币来弥补财政赤字，种种原因叠加，就促成了纸币——“交子”的产生。

最初的交子由商人自由发行。北宋初年，四川成都出现了专为携带巨款的商人经营现钱保管业务的“交子铺户”。存款人把现金交付给铺户，铺户把存款人存放现金的数额临时填写在用楮纸制作的券面上，再交还存款人，当存款人提取现金时，每贯付给铺户 30 文钱，即付 3% 的保管费。这种临时填写存款金额的楮纸券就是“交子”。这时的交子，只是一种存款和取款凭据，而非货币。随着商品经济的发展，交子的使用范围也越来越广泛，许多商人联合成立专营发行和兑换交子的交子铺，并在各地设交子分铺。由于交子铺户恪守信用，随到随取，所印交子图案讲究，隐作记号，黑红间错，亲笔押字，他人难以伪造，所以交子赢得了很高的信誉。商人之间的大额交易，为了避免铸币搬运的麻烦，直接用随时可变成现钱的交子来支付货款的事例日渐增多。正是在反复进行的流通过程中，交子逐渐具备了信用货币的品格。后来交子铺户在经营中发现，只动用部分存款，并不会危及交子的信誉，于是他们便开始印刷有统一面额和格式的交子，作为一种新的流通手段向市场发行。这种交子已经是铸币的符号，真正成为纸币。不过此时的交子尚未取得政府认可，还是民间发行的“私交”。

宋仁宗天圣元年（1023），政府设益州交子务，由政府官员担任监官主持交子发行，并“置抄纸院，以革伪造之弊”，严格其印制过程。这便是我国最早由政府正式发行的纸币——“官交子”。它比美国、法国等西方国家发行的纸币要早六七百年，因此也是世界上发行最早的纸币。元朝沿袭金代钞法并进一步完备，是中国古代纸币制度最盛行的时期，统一发行纸币（通称“钞”），不限年月，全国通行；大部分时期不铸造铜钱并禁止使用前代铜钱，除少数地区外，纸钞是当时唯一通用的法定货币。明朝以白银作为法定的流通货币，白银和铜钱组成了货币主体。但明代初期曾用钞不用钱，后改为钞钱兼用，以纸币为主，且明朝只发行了一种“大明宝钞”纸币。

清代印刷的户部官票和大清宝钞，多为木版或铜版印刷，与宋、元、明时相仿。票面呈竖方形，尺幅较大，虽为二色或三色套印，但色彩单调，印刷技术并不复杂，民间多能仿制。当时的官府既要防止民间伪造，又无技术措施，只好在票面上加盖官府印鉴，用以保证信誉和增强可靠性，这在中国印钞史上，尚属早期、简单的防伪措施。与此同时，政府还制定了维护钞票信誉的法律，通过对伪造者和揭发报官者分别进行惩罚和奖励的法律条款，来防止和制裁伪造者，以保证钞票的流通和信誉。

瓷器东来：《静物与中国瓷器》

静物与中国瓷器

威廉·卡尔夫

1669 年 / 布面油画

陶舍重重倚岸开，舟帆日日蔽江来。
工人莫献天机巧，此器能输郡国材。

——缪宗周

作为一种古老的手工业制品，瓷器从一开始就是典型的商业产品，几乎没有是为了自己使用而生产的，这就决定了瓷器的贸易特性。商品一旦进入市场，就会比人走得更远。中国的瓷器真正走向世界，始于宋元时期，到明清时期达到巅峰，成为名副其实的“世界商品”。

从中国陶瓷的发展史来看，一般把“陶瓷”这个名词一分为二，为陶和瓷两大类。我们通常把胎体没有致密烧结的黏土和瓷石制品，不论是有色还是白色，统称为陶器。其中把烧造温度较高，烧结程度较好的那一部分称为“硬陶”，把施釉的那一部分称为“釉陶”。相对来说，经过高温烧成、胎体烧结程度较为致密、釉色品质优良的黏土或瓷石制品被称为“瓷器”。

“中国陶器发明于伏羲神农之时，而瓷则始于汉代，真正成功于李唐赵宋，瓷业大盛，定、汝、官、哥、钧，垂名千古，明人继之，宣德、成化之作，尤为特出，清代则古雅浑朴，不如前人，然精巧华丽，美妙绝伦，康乾所制，更有出类拔萃之概。”[①]

忽必烈统一中国后，便立即在景德镇设立“浮梁磁局”，元青花瓷因此声名大振。青花瓷随着蒙古人的征伐而遍及整个蒙古世界。但在相当长的时期内，中国的瓷器都没有到达遥远的欧洲。当时的瓷器贸易基本都控制在阿拉伯商人手里，只有极少量的中国瓷器辗转流入一些欧洲王室和贵族手中，属于极其珍稀的奢侈品。直至 16 世纪初，作为中国普通日用品的瓷器在西方仍很罕见，欧洲人只能用笨拙的木制、铁制或陶制盘子，贵族使用的则是银制的餐具。

随着大航海时代的来临，葡萄牙人终于将中国的瓷器带到欧洲。收藏中国瓷器很快就成为欧洲上流社会的炫富风潮，正宗的中国瓷器不仅是财富的象征，更是王室和贵族炫耀其地位的符号。其中著名的人物神圣罗马帝国萨克森选帝侯、波兰国王奥古斯都二世，不仅拥有一座瓷制的大型宫殿，最疯狂的是他用自己的 600 名骁勇的龙骑兵，

① 资料来源：叶喆民 . 中国陶瓷史 [M]. 上海：生活 · 读书 · 新知三联书店，2011.

从普鲁士威廉一世手里换取了 151 件中国瓷器，这些瓷瓶因此被称为“龙骑兵瓶”，而那 600 名龙骑兵编入普鲁士陆军后，也被称为“瓷器兵团”。奥古斯都二世对瓷器的痴迷使他致力于破解中国瓷器之谜，并最终获得成功，到他去世的时候，留下多达 35 798 件瓷器，堪称西方世界最大的瓷器收藏家。

荷兰著名的静物画家威廉·卡尔夫的画作《静物与中国瓷器》就再现了贵族们收藏瓷器的风潮。在这幅 17 世纪的画中，不同质感和纹理的物品诸如荷兰的金银器、威尼斯的玻璃、中国景德镇青花瓷等同框并置，使物体的形状、色彩、质感、反射度和透明感相协调，创造出豪华而宁静的画面效果。大理石的桌子露出一角，剩下一大半都被一张有褶皱的波斯地毯覆盖，而在这种不稳定的支持上方，一个银质的盘子倾斜地放在毯子上，有一部分还探出桌缘，外加上边还有一颗削了一半皮的柠檬，螺旋的果皮垂在盘子外边，更让人感觉摇摇欲坠，有想去扶一把的冲动。仔细看，在柠檬和橘子这两种来自西班牙一带的地中海水果之间，还藏着一把晶莹剔透的刀柄，顶端还有金属装饰的钮，仿佛我们伸手就能拿起来一样。

画面中间，在光亮的银盘中倒映出金色反光的是一个金色底座，一个小天使正托举着象征和平和富足的聚宝盆。整个底座上面高耸着荷兰式的圆肚葡萄酒杯，杯脚还装饰着葡萄纹样。在它的华丽对照下，左边低处来自威尼斯的宽口高脚杯和后面装有红色饮料的细长果汁杯都黯然失色。然而画面中最名贵的还要数那个体积最大的来自中国清代康熙年间的青花瓷罐。瓷器冰冷光洁的表面质感，被一块高亮的光斑完美地刻画出来。而全画的最高潮就在这个罐子表面上反射出荷兰杯的影像，不仅是葡萄纹路的凸起，就连杯中装液体后的折光变化都表现得淋漓尽致。

中国古代的瓷器种类繁多，不同的瓷器有不同的器型、质地、花色——器型示其功用，花色示其时尚，质地示其工艺。瓷器的色彩、纹饰、主题，以及历久不变又不可复制的特性，使其成为一种特殊的文化载体。内涵深厚的中国瓷器，令其他任何商品都无法与其同日而语。在相当长的时期内，瓷器几乎成为最常见的中国出口商品，甚至成为中国的代名词，在英语中，瓷器和中国的单词都是“China”。

1987年，英国海洋探测公司在荷兰图书馆查到一条曾经属于东印度公司的运输船沉没在中国南海区域，据记载该船载有白银6箱，锡锭300多吨。当年8月，广州救捞局决定和英国海洋探测公司合作打捞这艘外国沉船，中英联合打捞队在经过几个月打捞无果的情况下，决定用机械抓斗在沉船上抓一把样本，结果抓出了沉船的镇船之宝，一条长近两米的纯金腰带。人们惊讶地发现，他们找到了一艘比记载的这艘更加古老的沉船。这艘长约30米、宽约10米的沉船来自800年前的中国南宋，于是此船被命名为“南海一号”。

经过多年的研究与探讨，2007年4月“南海一号”整体打捞工作正式开始，经过264天完成，从初次发现到最终被打捞，“南海一号”的出水花了20年。这艘装载着数万件珍贵文物的宝船在海底沉睡了800多年后终于重见天日，目前公认是迄今为止世界上发现的海上沉船中年代最早、船体最大、保存最完整的远洋贸易商船。“南海一号”船载文物主要是货物，货物又以瓷器和铁器为主，包括大量的瓷器、钱币、丝绸、金属制品、漆木器，以及大量动植物遗骸。目前已挖掘出水文物总数超过18万件。专家们根据文物风格断定，该沉船应为南宋初年的外贸商船，是中国古代出口商品的重要实物证据，也证明了当时海上丝绸之路的繁荣与鼎盛。

海上丝绸之路的开辟、航海技术的发达，为大规模、较安全、可持续的瓷器运输提供了经济的出行路线与基本的承运工具，从此开始了中国瓷器的大规模输出，也成为中国文化的第一次大规模、自成系统、持续时间最长的向世界广泛的输出。它不仅改变了所到国家人们的生活方式，同时也大大改变了人们的思想观念、审美习惯。这方面尤以景德镇青花瓷为主的瓷器输出为标志。如青花瓷器不仅成为欧洲社会阶层划分、等级区分的重要标识，青花之色也成为温润圣洁、不可亵玩的高贵之色。意大利画家乔凡尼·贝利尼绘于 1514 年的《诸神的盛宴》，以古代神话为题材，表现了众神宴聚林泉的情景。其中突出描绘了作为“圣器”的青花瓷，这种把青花瓷与诸神或者贵族相匹配的画法在以后的各类画作也曾多次出现。

诸神的盛宴 / 乔凡尼 · 贝利尼 /1514 年

金融视角

一条鞭法改革与瓷器交易使明朝成为白银帝国

明代嘉靖以后，国家财政入不敷出，国库空虚，到万历九年（1581），为了巩固国家政权，发展社会经济，内阁首辅张居正提出“一条鞭法”

的税制改革，即将各种力役与田赋统一折成银两，并为一条，统一征收，其实质就是以银代役的赋税改革。这一改革以货币税的形式代替以前的实物税，改征役为雇役，减轻了农民的负担，制止了地主富商兼并，均平赋税，同时也缓和了阶级对立矛盾，实际将白银变成明朝的主要货币。

16 世纪以来，随着新航路的开辟，世界逐渐连成一个整体，尤其是欧洲人发现了从好望角到东方的线路，加快了欧洲与中国的贸易。由于中国自给自足的小农经济占主导地位，再加上商品的巨大国际需求，中国在与西方开展贸易的过程中始终处于顺差，西方各国不得不支付大量白银来换取其所需商品。

白银货币化是明代社会内部经济领域的变动，而瓷器则是对外贸易的主要商品之一，表面上看两者并无太大联系，但深究其内部根源，每一个社会现象都不是彼此孤立的。白银成为主要货币，与同时期的西方货币具有一致性，加快了瓷器的对外出口。同样，瓷器作为中外贸易之间的重要商品，其带来的丰厚利润使中国在对外贸易中处于优势地位，大量的白银由此涌入中国，加快了白银货币化的进程。白银货币化与瓷器事业的繁荣互相促进，使白银成为官方与民间共同认可的商品交换的主要货币，也成为中外贸易的重要流通媒介，双方以白银为共同认可货币进行贸易，加快了世界市场的初步形成。

据学者布罗代尔和斯普纳估计，1500 年欧洲约有 3.7 万吨白银存量，而 16 ~ 18 世纪美洲共生产白银 12.9 万吨，其中 9.8 万吨流入欧洲。美洲白银的流入，解决了欧洲参与世界贸易的资本难题，欧洲开始用美洲白银交换亚洲产品，从而使其流向世界各地，推动世界贸易的繁荣发展。白银将世界各地的贸易紧密结合在一起，美洲、中国与欧洲三个区域之间的贸易完全由白银支配。在对外贸易的刺激下，中国国内的制瓷业也获得了新发展。除了原有的景德镇瓷器外，沿海地区也出现了窑厂，处在这一地区的漳州窑、德化瓷也获得了迅猛发展，销往欧洲的瓷器商品的性质开始由奢侈品逐渐变成大众日用品。

与此同时，瓷器上也出现了西方特色。为满足西方需求，瓷器在烧制过程中会刻意融合西方特色，比如欧洲人在海上打捞的克拉克瓷就带有明显的贸易瓷特点。克拉克瓷是一种特别的、轻薄易碎的历史外销青花瓷，因为荷兰人于海上打劫两艘葡萄牙克拉克商船而被命名。1604—1656 年，有“海上马车夫”之称的荷兰共从中国买走 300 多万件瓷器，这些瓷器被运到欧洲后，价格非常昂贵，被称为“白金”。而中国瓷器行销全世界，使中国获得了极大的贸易收入，流入白银达 6 亿两，使中国成为名副其实的白银帝国。

炼金术士:《牛顿》

牛顿

威廉·布莱克

1795 年 / 水彩画

牛顿的母亲为牛顿拙劣的农业技能昼夜苦恼。家里的仆人也看不起牛顿，说:“这人一无是处，只配上大学。”

——艾利夫

牛顿于1643年1月4日出生在英格兰林肯郡的一个农民家庭里。他的父亲在他出生前已经去世，母亲汉娜后来又嫁了人，幼小的牛顿被寄养在外祖母家里。等他稍大的时候，舅父便把他送进学校念书。念到14岁时，他母亲的第二个丈夫又死去了，这位不幸的妇女只好带着后来生的几个孩子回到原来的家乡，牛顿也从学校退学回来从事农业劳动或是到集市上卖点农副产品，以便养家。可是牛顿的头脑里装的不是这些，而是一些怪问题，他一到集市上，就到一家药店去借书，如饥似渴地阅读。他还自己动手去做木钟、日晷、风车以及其他简单的机械。他的舅父看出了牛顿的兴趣所在，认为他是一个有培养前途的青年，于是便和牛顿的母亲商量，建议让他继续上学。就这样，牛顿被送到了一所公立学校，寄宿于当地的一个药剂师家庭，等他18岁时，便以出色的成绩考上了剑桥大学。

1664年，彗星划过天际，人们纷纷嘀咕：灾难将至。几天后，瘟疫开始在欧洲大陆蔓延。几周后，疫情蔓延至英国。剑桥大学不得不提前举行毕业典礼。于是，1665年，22岁的牛顿毕业，回到家乡躲避瘟疫。他在家乡住了18个月，不过在这18个月里，他取得了很多空前的成果，因此，后人将这一段时间称为“奇迹的18个月”。正在牛顿埋首于科学研究时，伦敦城中燃起了熊熊大火，大火烧毁了半个伦敦城。可能是因为大火杀灭了病菌，火灾后的伦敦逐渐摆脱了瘟疫的折磨，牛顿也得以回到剑桥大学，成为一名研究员，并于1669年成为最年轻的教授。

作为大学教授，牛顿不论在任何地方，都会从容不迫地观察生活，抓住每一次思想的火花，从而忘记关心身边的人与事。他经常不修边幅，衣领不整，袜带没系，马裤也忘记扣纽扣就走进大学餐厅。有一次他边读书边煮鸡蛋，等他揭开锅想吃鸡蛋时，却发现锅里煮的是一只怀表。更严重的一次是，他在向一位姑娘求婚时思想又开了小差，脑海中只剩下无穷量的二项式定理，他抓住姑娘的手指，把它当成烟斗的通条，硬往烟斗里塞，痛得姑娘大叫，离他而去。牛顿终生未娶，也许就是因为没人受得了他这样状况百出吧。

牛顿是经典力学理论的开创者，他系统总结了伽利略、开普勒和惠更斯等人的理论，得出了著名的万有引力定律和牛顿三定律。种种成就，为他赢得了“历史上最杰出的科学家”的称号。但他一生是虔诚的基督教徒，著名作家理查·韦斯特福（Richard Westfall）称牛顿为“原型自然神论者”，所谓“自然神论”，是相信神创造这世界之后，就让自然规律去统治这个世界，自己再不插手，世界在自然规律的支配下运转。

威廉·布莱克的画作《牛顿》与传统的肖像画作有明显不同，它不是以纪实的绘画技法反映真实的人物形象，而是以一种创造性的风格反映画家本人对“自然哲学家”牛顿的理解与认知。画中的牛顿似乎被置于幽深海底，屈身坐在一块色彩斑驳的“智慧石”之上，使用手中的圆规在地上展开的纸卷上制图。此时的牛顿不是以明星学者的形象出现，而是化作看起来有些异样、肌肉发达的赤身男子。这样的场景不禁让人想起布莱克的另一幅画《远古时代》中手持圆规、给人世间制定规则的乌里森，这也许就是布莱克用来引申的含义：“大自然和大自然的法则藏匿于黑暗之中。上帝说，让牛顿出世吧！于是世界一片光明。”

作为虔诚基督教信徒的牛顿曾明确表示，他认为天体之所以会运动，是因为天主创造了万物以后，设定了各种自然规律，比如运动定律等。天主先把它们一推，然后天体就按“动者恒动”的定律一直运动下去，事物就按照自然规律和概率顺其自然的发生，天主不再做任何事情。对于牛顿来说，他的一切“科学”的研究，都是为了理解上帝是如何创造了这个精妙的世界，这其中的规律到底是什么。也就是说，作为一个虔诚的基督徒，牛顿是用“科学”的方式去理解神学。他的目标是用数学来证明基督教的合理性以及源头，因此在《光学》中写道：“从自然现象中难道看不出有一位上帝吗？他无实体却生活着，有智慧，而且无所不在。”

1936 年，一批之前未被公开的牛顿手稿被送上拍卖会。这部分手稿是牛顿 20～45 岁时在剑桥时留下的“朴次茅斯手稿”，其中很大一部分都是关于炼金术的记载。这些手稿被著名经济学家凯恩斯出资购买，它们的出现让人们看到了牛顿的另一面。

牛顿在剑桥期间，一直沉溺于图书馆内的早期英格兰炼金术士藏书中不能自拔，而且每年都会花费很多的时间待在炼金实验室内进行炼金实验，实验室的炉火几乎从未熄灭过。牛顿前前后后投入了近 30 年的时间，留下的有关炼金术的手稿竟超过 100 万字。

在牛顿 33 岁的时候，他写下了这么一段话：“这个通过神灵影响的神圣炼金术是时间的开端……这是确定无疑的，因为全能的上帝在开始时就按照重量、数量和尺寸以完美的比例和谐创造了天上和地上的事物……炼金术并不仅仅是从事金属研究，只有无知而头脑简单的人才会这样看，所以他们才会怀疑这门高尚的科学……”

从这段话中我们可以看出，牛顿眼里的炼金术并不同于现代人的理解——通过烧炼等手段，研制出长生不老药或者简单的“炼制黄金”，而是更全面地研究所有自然界的物质，或者说，炼金术就是最原始的化学和医药学，而且是通过实验来进行的研究。

金融视角

科学家牛顿成为黄金本位制的奠基人

16～18 世纪，世界上的货币大多是金银复本位，有金币的同时也有银币。后来大家发现，当白银相对便宜时，市面上的银币就多，黄金相对便宜时，市面上的金币就多，市场很混乱且货币价值不够稳定，这就是“格雷欣法则”在起作用——人们将币值相对稳定的货币即良币储藏起来，先使用币值不稳定或重量不足值的铸币即劣币。在格雷欣时期，劣币驱逐良币的现象出现在英国本土贸易中，而 17 世纪末，投机者在本土无法利用货币进行投机套利，便开始打起了国际货币市场的主意，利用国家之间金银价格的不一致进行空间套利。而能够从事国际投机行为的个人或团体都有着一定的实力和势力，因此在国际投机行为里，交易数目通常相当庞大，这加速了足值货币的外流。由于足值货币大量外流，导致英国本土市场货币流通量下降，而当时这种外流主要针对的是足值银币。

艾萨克·牛顿肖像 / 戈弗雷·内勒 /1702 年

在这种状况下，政府采取任何形式的传统措施都是无效的。针对如何处理货币问题有了一场著名的论战，论战双方的代表，是英国财政部长威廉·朗兹和哲学家约翰·洛克。威廉支持货币贬值，他指出过去 200 年英国的货币已累计贬值 450%。他认为货币只是一个工具，只要货币上有国王的印章，不管是何材料，重量与成色是否充足，人们都应该接受这种货币。他建议将新硬币中的名义价值增加 25%，即金属含量减少 25%。约翰·洛克则坚决反对，他认为真正的货币必须有十足的重量与成色，虽然降低质量可以暂时解决货币短缺的问题，但让货币贬值的手段，将会动摇政府的公信力。

当时正值"光荣革命"后威廉三世到英国执政。威廉三世深谙权力平衡的艺术，他同意维持货币质量，但政府需要付一大笔钱来铸造新货币。直接负责货币铸造的，便是皇家铸币局。由于开采、制币成本的不同，铸币工艺的不稳定，使得金银币的质量无法统一，但平行本位制下的金币与银币之间理应存在一个固定的相互兑换的比率。

1696 年，牛顿从好友蒙塔古（时任英国财政大臣）那里得到一个好消息，由于牛顿对于化学和冶金有着丰富的知识，蒙塔古向英国国王推荐他担任英国皇家铸币局督办一职，以使英国铸币改革尽快完成，于是牛顿成为皇家铸币局的督办。牛顿在任职期间，一改造币厂营私舞弊的恶习，在处理各种行政事务的同时，还运用自己的科学知识，对于机器运转、熔铸速度、金银纯度等技术一再加以改进。造币厂的造币量也由每星期 15 000 磅增加到 120 000 磅。仅用两年时间，英国就完成了铸币改革的工程。鉴于牛顿的功劳，国王特意下诏予以褒奖，并于 1699 年将他升任为皇家铸币局局长。此后，牛顿担任这一职务长达 28 年，直至去世。

自担任铸币局局长以后，牛顿改弦更张，1700—1717 年，英国皇家铸币局共铸造了价值 8 147 000 英镑的金币，却仅铸造了价值 223 380 英镑的银币，事实上承认了金币为主币的现实。1717 年 9 月，在牛顿的主导下，英国皇家铸币局向议会提交了《关于欧洲通货中金银价值问题的报告》，做出改变货币史走向的决定——彻底放弃白银铸币，让黄金成为唯一的货币标准，并且以法律的形式明确了英国金银之间的定价：1 基尼金币 = 21 先令银币。

在 1774 年英国货币重铸的过程中，规定白银只能出现在 25 英镑以下的交易中，25 英镑以上的交易使用白银则视为非法，使白银的使用让位于黄金。1797 年，英国宣布铸币条例，发行金币，规定了含金量，银币处于辅币地位。1816 年，英国通过了《金本位制度法案》，以法律的形式承认了黄金作为货币的本位来发行纸币。1819 年又颁布条例，要求英格兰银行的银行券在 1821 年能兑换金条，在 1823 年能兑换金币，并取消对金币熔化及金条输出的限制。从此，英国实行了真正的金币本位制。

破冰逆转：《华盛顿横渡特拉华河》

华盛顿横渡特拉华河

埃玛纽埃尔·洛伊茨

1851 年 / 布面油画

我们手里的金钱是保持自由的一种工具。

——卢梭

在美国宣布独立前，1775 年至 1776 年 3 月，北美民兵在新英格兰的波士顿地区与英军有过多次交战，虽然战事以大陆军迫使英军撤出波士顿而告结束，但当时英国并没有在北美加强部署军力，也没有展示出强大的武力。当美国宣布独立后，英国方觉事态严重，于是加紧调兵遣将，增派大量部队前往北美，准备将独立运动镇压下去。正是在这样的形势下，组建不久的大陆军面临着严峻的考验，许多人对打败英军也没有信心。

1775 年 9 月，北美英军新任总司令何奥子爵上任。何奥是经验丰富的军人，有长期征战的经历，他在英军增强军力后，就将目光对准纽约，率领约 25 000 名英军在 1776 年 7 月开始进攻纽约。而华盛顿手下的大陆军约有 19 000 人，不仅人数上不及英军，军事情报的收集也很缺乏，大陆军不知道英军将在何处发动进攻，因此只能分兵把守曼哈顿、长岛等地。经过两个月的攻防，英军占领纽约，大陆军被迫退过哈德孙河，进入新泽西地界，并在英军的追击下，一路撤退，越过特拉华河进入宾夕法尼亚。

纽约的失守对大陆军以及北美民众来说是极大的打击，大陆军的士气一落千丈，补给供应短缺，逃兵不断。而此时北美英军总司令何奥则放慢了追击大陆军的步伐，下令部队在 12 月进入冬季作战部署，主要是建立基地，从纽约到新泽西的伯灵顿，修建了多处军营、基地及哨卡，士兵们准备在温暖的房屋里过冬。正是在这样的背景下，才让华盛顿有机可乘。

华盛顿带领大陆军一路败退到宾夕法尼亚后，在特拉华河附近集结部队，河对面的特伦顿城（现为新泽西州府）则驻扎着英军最善战的黑森雇佣军。12 月中下旬的时候天寒地冻，特拉华河上结了冰，同时又临近圣诞节与新年，英军以为大陆军不会在这段时间发动进攻，因此放松了戒备。而大陆军总司令华盛顿经过深思熟虑，决定走一步险棋，在圣诞节这一天冒险渡河。

华盛顿的渡河决定在 12 月 23 日的高级将领会议上传达，但为了保密，并未让士兵们知道。12月25日早上，华盛顿下令士兵准备三天的食粮以及带足弹药，而在此之前，他已经悄悄准备了不少渡河用的船只，其中包括大型船只，可以运送大炮以及马匹。当天是圣诞节，英军根本没有想到大陆军会在这一天渡河。当晚华盛顿率先登上渡船，带领部队悄悄渡过结冰的特拉华河，抵达对岸，建立滩头阵地，待天亮后，向特伦顿城内的英军发动突袭。连日忙于享受节日欢乐、沉睡在梦中的黑森雇佣军在慌乱中抵抗，很快就被打垮了。这一仗，大陆军只有2人阵亡、6人受伤，而黑森雇佣军有900多人被俘，大量军火物资被缴获，大陆军大获全胜。此后，华盛顿率军三渡特拉华河，与前来增援的英军周旋，在普林斯顿再次取得胜利，迫使英军放弃新泽西中西部的大量据点，退回北部。

大陆军在新泽西取得的战役胜利，极大地鼓舞了士气，尤其是生俘战斗力很强的黑森雇佣军，扭转了许多人认为英军强大不可战胜的看法，更多的北美民众因此而积极参军，为大陆军补充了急需的兵源。而华盛顿夜渡冰河突袭英军的战役，也被认为是军事史上的经典战役之一。

《华盛顿横渡特拉华河》就是记载这一事件的著名画作，被美国人视为自己国家艺术的象征。画中突出了船上神色坚定、傲然站立的华盛顿将军，站在他身边手扶旗帜的是美国第五任总统，后世以门罗主义闻名于世的詹姆斯·门罗。船上乘坐着美国殖民地各个种族的军人，不同的衣着与帽子代表着不同的种族与地区，有北方毛皮帽、苏格兰帽、印第安原住民帽，甚至还有身穿红衣、女扮男装的人。这些人物表情各不相同，但都在齐心奋力划桨，代表着虽然每个人出身不同，却有着跟随华盛顿，争取独立，建立新的美利坚合众国的决心。船首两名士兵分别用鱼叉和船桨刺穿一坨河冰，厚厚的冰层十分醒目，凸现了当时渡河的艰难。天空中的光芒照耀在船只前行的方向上，特别是在国旗的顶部，有几缕光辉穿过云层射向其他前进的船只，预示着前进的道路一片光明。

我们如果从历史的角度仔细观察，能发现这幅画作的一些错误：一是历史记载华盛顿渡河的时间约在凌晨时分，四周漆黑一片，与画中的阳光四射出入较大；二是华盛顿右侧的旗手为后来的美国总统门罗，尽管他参加了这次战役并负了伤，但没有证据表明他当时和华盛顿在一条船上；三是门罗手中的星条旗样式大约出现于 1777 年年初，正式成为国旗则源于 1777 年 6 月 14 日的大陆会议，所以当时跟随华盛顿出征的应该是各州五花八门的旗帜。

1783 年独立战争取得胜利之后，华盛顿履行不做国王的诺言，解散了那支赢得北美独立的大陆军，向他的士兵们发表了一篇声情并茂的告别演说，然后带着他的两个随从，骑上他的那匹老马，挥一挥衣袖，不带走一片云彩……

随着他的离去，北美十三州立刻陷入了群龙无首的混乱状态，独立后的各殖民地各自为政，各有各的主张，在政治上互不相让，在经济上相互拆台，币制混乱，关卡林立，税制也不统一，这让本已成型的北美统一市场又变得一片混乱，导致了社会的动荡和民众的不满。1787 年在麦迪逊和汉密尔顿的提议与号召下，在华盛顿的支持下，召开了十三州的制宪会议，各州代表共有 55 人参加了会议。这 55 位代表都是男性，平均年龄仅 42 岁，全是闻名遐迩的种植园主、商人、银行家或律师，并且大多数人曾担任大陆会议代表。这些会议代表有一个突出的特点，即他们之中既没有下层工农兵群众，也排斥了思想激进的小资产阶级和脱离实际、好高骛远的学者型知识分子。其中有 2/3 的人从事法律业务，有 14 人担任过各州的法官；其中 25 人拥有奴隶，21 人是华盛顿在大陆军的部下，7 人曾任州长，8 人曾在《独立宣言》上签字。大部分代表拥有大量的土地，生活非常富裕和舒适。同时，乔治·华盛顿和古弗尼尔·莫里斯富甲一方，是当时北美最有钱的富豪。

美国画家霍华德·钱德勒·克里斯蒂的画作《签署宪法的场景》记录了经过漫长争吵的 4 个月的制宪会议后，39 位代表签署宪法那一刻的神情与动作（因为55位代表中只有42位坚持到会议最后，其中还有3名代表因不同意新宪法而拒绝签字）。雄赳赳地站立在会议室主席台上的华盛顿仿佛刚刚结束他的演说，来自不同地方的代表群情激昂，有些人已经忍不住举起手来进行表态支持，而坐在台阶下的汉密尔顿正前倾身体向富兰克林说着什么，坐在另一边的会议灵魂人物麦迪逊则看向台上。台上正在伏案签字的是来自北卡罗来纳州的会议代表理查德·多布斯·斯派特，站在他身后的是与他来自同一地方的威廉·布朗特，而在美国国旗边上的是宾夕法尼亚州、特拉华州的代表们。

签署宪法的场景 / 霍华德·钱德勒·克里斯蒂 /1940 年

此次会议的重大结果就是美国《权利法案》的通过，明确了现代社会宪法的两个主要原则：一是限制政府权力，二是保障人民权利和自由。如今人们经常提到的一些现代社会中的关键词，例如“自由”“人权”“法治”“联邦制”“三权分立”等，其实都起源于这部宪法。美国宪法也是世界上绝大多数后来进入现代化进程的国家制定宪法的蓝本。当然，在相当长的一段时间内，美国宪法只注重保护白人和有钱人的人权，“自由同民主无关，而是同财产有关”，但无论怎样，这毕竟是“让一部分人先民主和自由起来”，使美国社会逐渐走上了现代民主的道路。

金融视角

汉密尔顿“旧债变新债”的旋转门

1607 年，詹姆斯敦的建立开始了英国殖民统治北美洲的历史。殖民地的第一批定居者为寻求财富而来，他们在这片肥沃的土地上辛勤劳作，种植烟草、甘蔗等欧洲急需的产品。随着市场的逐渐扩大、人口的增长，此时北美的贵金属存量逐渐满足不了当地的需求。马萨诸塞殖民地政府因此不得不在 1690 年印刷纸币来发放军饷，其他各殖民地借鉴其经验，也发行纸币填补政府支出的赤字，引发了大规模的通货膨胀。虽然在 1749 年以前马萨诸塞政府尽力在有相应准备金的情况下发行纸币，但仍未能修复货币信用。马萨诸塞政府最终在 1749 年决定使用白银，以 6 先令 8 便士每盎司（或 6 先令每一个西班牙大银币）的价格回收过量发行的纸币。该项举措获得极大成功，殖民政府成功从饱受贬值之苦的殖民地居民手中收回大部分纸币，从而恢复了纸币的信用。

当列克星敦的枪声响起，美国的纸币制度再度复活。参加大陆会议的十三个殖民地州政府因需要募集大量资金，因而发行了更多的纸币，从民众口袋中悄无声息地“掠夺”财富。1789 年 4 月 30 日，乔治·华盛顿在宣誓就职美国第一任总统后才发现，独立战争使美国背负了 5 400 多万美元的巨额债务。怎么办呢？这时华盛顿想起了年轻的汉密尔顿，他任命汉密尔顿为财政部长以解决债务危机。汉密尔顿在独立战争时期曾担任华盛顿的副官，他积极倡导工业立国，主张扩大联邦政府的权力，在他看来，化解美国财政危机的关键是统一货币，统一财政，强化国家信用。

在联邦政府成立之前，美国有 13 个独立的殖民地州，殖民地政府不仅有独立的行政权，而且有独立发债权和货币发行权，就连货币的名称和计量单位都不一致，有的州用美元，有的州依然在用英镑和便士。汉密尔顿的办法是由联邦政府承担各州所欠的全部债务，但前提是各州政府将接受统一货币，上交财政权。这立刻遭到一个人的强烈反对，他就是托马斯·杰斐逊，《独立宣言》的起草人。杰斐逊出身于南方农场主，他主张农业立国，认为美国不应该有一个中央集权的联邦政府，而应该让各州政府在经济上和政治上保持充分的自由和独立，他甚至对联邦政府将纽约定为临时首都都耿耿于怀。

作为财政部长，年轻的汉密尔顿临危受命，这时摆在他面前的一边是各州政府发行的正在贬值的货币，另一边是陆续到期的巨额战争负债。汉密尔顿向国会提交了一份报告，这就是著名的《公共信用报告》。根据这份报告，国会将授权财政部发行新货币，回笼所有旧币，同时发行新债务，清偿所有旧债务，旧币、旧债务将陆续退出市场，新币、新债务将垄断市场，联邦政府的信用将取代各州政府的信用，一举实现统一货币和统一财政的目标。这个方案被后人称为“旋转门”。这是一个天才的方案，但是由于杰斐逊的反对，国会连续 4 次否决了这个方案，无奈之中汉密尔顿决定直接向华盛顿总统报告。

几天之后，国会批准了旋转门计划，时隔不久，美国的临时首都迁往费城（这也许就是换取杰斐逊同意的条件）。汉密尔顿的旋转门计划构建了美国的信用货币和国债体制，这是现代美国金融体系的两大支柱。旋转门计划实施后的第一年，美国就还清了大部分欠款，到 1793 年，美国国债在欧洲债券市场上已经成为信用等级最高的债券。从此，债券市场让资金源源不断地流向美国，当国债不仅仅是债务，还是一种可自由流通的商品时，它就能通过债券市场将国家信用直接转化为社会财富，从而成为经济增长的原动力之一。

黄金大道：《稻草人》

稻草人

坎迪多 · 波尔蒂纳里

1959 年 / 布面油画

有一次，我对一个稻草人说："你站在这片偏僻的田地里，一定感到厌倦吧。"他却说："吓人的喜悦是深切而持久的，我从不感到厌倦。"思索片刻，我说："此话不假，我也感受过这种喜悦。"他说："唯有内心填塞稻草的人才会有这种感受。"

——纪伯伦

说起稻草人，一般指田间用来驱赶鸟雀、防止其偷食粮食的偶人，因以稻草制作，故名“稻草人”。画作中的稻草人也好似承担着这样的使命，它身后一望无垠的庄稼地里，金黄色稻草铺成的大路绵延至天际，田野上的绿色也陪伴着前行，火红的太阳高挂在天空。正中央醒目的稻草人身穿白色、蓝色、红色条纹相间的外衣，被挂在一个十字架上，手脚被外衣覆盖，没有显露出来，但曲折的外衣形状显示着手脚部位不规则的变化。由平面图形组成的稻草人脸上露出深深的忧郁与痛苦，它可能在为田野里飞跃着偷食的小鸟而气愤，也可能在为自己身为稻草人而不能享受自由的生活而痛苦。这种情感被画家坎迪多·波尔蒂纳里用一个蓝色矩形强烈地衬托出来，而这种蓝色的忧郁让人不禁想起了童话《绿野仙踪》里没有大脑的思想者稻草人。

《绿野仙踪》为我们展示了这样一个稻草人：他的头是一口小布袋，塞满了稻草，上面画着眼睛、鼻子和嘴巴，装成了一个人脸。戴在头上的是一顶像芒奇金人样式的破旧的、蓝色的尖顶帽子，身上穿的是一件已经褪了色的蓝色上衣，身体里面则塞满了稻草，套在脚上的是一双蓝布面的旧鞋子。因为这个稻草人的脑袋是用稻草填塞的，所以它没有思想，为此他决定和多萝西一起去求奥兹给他一个脑子，从而摆脱被大家叫作“蠢货”的困扰。

动画片《绿野仙踪》中多萝西、稻草人、铁皮人交谈时的场景

《绿野仙踪》是美国作家莱曼·弗兰克·鲍姆的代表作，讲述了小女孩多萝西因遭遇一场龙卷风意外来到了奥兹国这个陌生的国度，从此独自踏上了返乡的

旅程。途中她偶遇了没有脑子的稻草人、失去心脏的铁皮人和胆小的狮子。他们结队前往奥兹国的中心城堡，请求伟大的魔法师奥兹帮忙实现各自的心愿。

等他们历经艰辛通过奥兹的重重考验后，却发现奥兹其实是一个没有魔法的普通人。他乘热气球从天而降，被当地居民误认为拥有魔法。但是，奥兹却是善良的，他亲手制作了“大脑”、“心”和“勇气药水”，而稻草人、铁皮人和狮子在奥兹的“暗示下”获得了他们想要的东西，成为不同王国的领导者。实际上，稻草人、铁皮人、狮子的愿望最终是通过自己的努力而实现的，奥兹只是给了他们象征性的头脑、心和勇气。而小女孩多萝西也是凭借着自己的勇气和智慧战胜了坏女巫，最终回到了自己的故乡。

《绿野仙踪》展现了普通人追寻梦想的心路历程。为了实现梦寐以求的愿望，拥有渴望许久的能力，人们每天都在不断努力，让自己离目标更进一步。这段旅程的绝妙之处就在于成长与蜕变，每个人都能从中看到自己的影子，感受寓意深刻的种种经历。

任何经典的幻想故事都是以现实为蓝本的，《绿野仙踪》也不例外。真正隐藏于童话中的是一个持续二十余年的政治故事。从 1873 年开始，美国主张白银货币化的“白银党”与主张金本位的“黄金党”两大派别，围绕是否开展银币自由铸造、扩张货币存量，从而推动产品价格上涨的政策展开斗争，而鲍姆及其家人当时都热衷于这场运动，是白银党的支持力量。

受内战因素的影响，美国自 1862 年年初开始采用一项法定的信用货币本位——绿钞本位，却没有足够的黄金或白银储备。内战结束后，美国的物价水平比 4 年前高出一倍多，人们狂热地投资铁路建设。之后，杰伊·库克金融公司因投机铁路破产，引起一系列银行破产的连锁反应，引发了 1873 年的金融恐慌，因此美国国会同意财政部通过财政盈余或发债建立 1.33 亿美元的“回收基金”来获取黄金，并进行绿钞回收。但在同时通过的《铸币法案》中只列示了金币与银辅币，意味着放弃了原本的金银复本位，改为追随英、法、德列强的金本位。也就是说，原本有货币价值的白银，现在已不具有货币功能，成为和铜铁一样的金属而已。美国采取金银复本位时（1873年之前），1盎司的黄金可以换15.6盎司的白银（1∶15.6）；1873年放弃白银本位后，银价持续下跌，到了1889年，跌成1∶22，白银贬值达40%。货币供应的不足引发通货紧缩，农民阶级与白银产量较大的区域损失惨重。“白银问题”成为美国政治和金融方向争论的热点问题。在这种背景下，支持白银自由化的“白银派”，主张恢复白银的货币功能，他们认为美国的黄金存量还不足以撑起越来越庞大的经济体系，只要让产量丰富、价格低廉的白银成为法定货币，就可以解决问题。

《绿野仙踪》正是隐喻了这场斗争。于是在这个故事中，多萝西代表传统的美国价值观，稻草人代表西部农民，铁皮人代表产业工人，狮子代表布莱恩，女巫代表麦金莱，翡翠城指的是华盛顿，绿眼镜指的是绿钞，黄砖路象征金本位，银拖鞋则象征银本位。

在这种观点的压力下，1890年7月14日美国国会通过《购银法案》，规定财政部每个月要收购450万盎司的白银，这是白银派的大胜利。但以美国当时的财力，根本买不了这么多白银，撑到1893年11月，就废止了这项法案，白银派败下阵来，黄金派又抬头成为主流。自由银币问题成为1896年总统大选的主要议题，共和党候选人、“西方女巫”麦金莱代表东部地区，同意保持金本位；民主党候选人、“懦弱的狮子”布莱恩代表南部和西部地区，支持金银复本位。

19世纪90年代，阿拉斯加、南非和澳大利亚发现了一系列金矿，在黄金的冶炼技术方面则发明了氰化法，从而使黄金产量快速增长，扭转了价格下降的趋势。1896—1910年，美国物价水平上升了35%，反映在大选之年，则是农产品出口在秋季量价齐升，从而使麦金莱赢得了更多的农业选票，布莱恩则在大选中落败。农民们曾寄希望于通过白银货币化实现价格反弹，最终反而由于黄金供给的大幅增加而实现了愿望，真是童话里的世界都是美好的，而现实的世界却是复杂多变的。美国的金本位制被完全确立下来，并运行至 1934 年，直到罗斯福总统新政废除了金本位制度。

金融视角

黄金与白银本位的轮转影响了中国经济

货币自诞生之日起就在人类社会中起到了极为重要的作用，在 1973 年布雷顿森林体系崩溃以前，人类的货币一直是和贵金属挂钩的，如中国古代长期流通的铜钱、罗马帝国的银币第纳尔、近代西方使用的货币，乃至与黄金挂钩的纸币。这些货币虽然材质形状各异，但有一项共同的本质属性，即货币本身拥有价值或对应有金属货币储备。如 1944 年 1 月美国规定的 35 美元一盎司的黄金官价，每一美元的含金量为 0.888 671 克黄金，用其他各国的货币兑换美元后，可以在世界各地购买对应价值的物品。

历史上政府铸造金属货币的成本总是略低于金属货币的价值，所以产生了铸币权与铸币税的概念。纵观古今中外，大多数政府都倾向于将铸币权控制在自己手中。表面的理由自然是维护经济稳定，驱除劣币，实际的原因是铸币本身可以带来很大的收益，铸币的材料成本和币值之间的差额就是所谓的铸币税，而这部分收入在古代是隐性的。

不幸的是，作为金属货币的主要材料，黄金和白银的生产效率和产量无时无刻不在发生变化，所以各国制定的黄金白银比价不尽相同，这就给人们留下了套利的机会。比如，拿破仑在 1803 年把金银比价定为 1∶15.5，而荷兰和美国在 1816 年和 1834 年提高了黄金的比价（意思就是荷兰和美国的黄金比较贵），于是国际金融投机分子把荷兰和美国便宜的白银拿到法国，换出更多的黄金，熔化之后再送回荷兰和美国，结果法国境内的黄金逐渐消失，法国的财富也不断被套利行为侵蚀。造成这一问题的根源就在于两种金属货币的官方定价与市场定价之间存在不可调和的矛盾，而解决这一问题的唯一路径，只能是实行单一本位制。

在 19 世纪末的世界货币体系中，英国已经建立了金本位制，而欧洲普遍实行的是金银复本位制，中国实行的则是银铜本位制。在这样的情况下，就形成了欧洲对中国套利，英国对欧洲其他国家套利的局面。一方面是英国的白银流入欧洲其他国家，欧洲的白银流入中国；另一方面是中国的黄金流入欧洲，而欧洲的黄金流入英国。由于后来白银的产量增长快于经济的增长，先于黄金退出货币领域，所以中国的货币环境从“银贵铜贱”逆转成“银贱铜贵”，蒙受了巨额的经济损失，而流入英国的黄金在英国沉淀下来，形成了巨额黄金储备。

在美国，1890 年通过《购银法案》时的银价是每盎司 1.04 美元，1893 年年底法案废除时银价为 0.78 美元，财政部不再购银，使得原本就低落的银价雪上加霜，一路跌到 1898 年的 0.59 美元，10 年间贬值了 44%。这对于中国这样的银本位国家而言，等于是外力强迫其对外购买力贬值。同时，鸦片战争后，中国有一连串的战败赔款、外货侵入、外债高筑，然后货币又遭遇贬值，更要命的是，当初的赔款以白银为单位，现在银价大跌，列强硬要清政府再赔出这部分汇差，从而对其形成了巨大的压力，这也许就是戊戌变法的经济原因吧。

1929 年世界经济大萧条后，美国政府在 1933 年废除金本位制，白银恢复了它的货币功能。罗斯福总统在任期内通过一项《购银法案》(1934)，即提高银价，禁止白银出口，规定美国的金银储备中银占 1/4。在美国白银政策的支配下，国际银价骤升。而世界市场白银价格高涨给银本位的中国又带来沉重的打击。由于国际市场白银价格远高于国内银圆价格，所以外国在华银行纷纷在国内收购银圆运往纽约和伦敦套利，导致了中国白银的大量外流。严重的经济危机迫使国民政府放弃银本位制度，进一步对货币制度进行改革，于是就出现了影响抗日战争与解放战争的法币改革。

美金原油：《巴库油田》

巴库油田

康斯坦丁·博加耶夫斯基
1935 年 / 布面油画

如果你控制了石油，你就控制了所有国家。

——基辛格

巴库在古波斯语中意为“上帝之山”，濒临里海的巴库城是阿塞拜疆的首都、著名的石油城，石油工业的蓬勃发展给这座城市带来了滚滚财源。这里是俄国石油工业的开端，1848 年就打成了第一口近代油井。在十月革命之前，石油产业就是沙俄帝国的重要支柱产业，很多大型垄断巨头与沙俄政府合作开发俄国境内巴库地区的石油，为沙俄帝国提供了坚强的财政支持。

著名的炸药大王、化学家诺贝尔所在的诺贝尔家族在沙俄时期曾一度掌握着巴库大多数油井的控制权，据说诺贝尔奖奖金最初的来源有 12% 就来自诺贝尔兄弟石油公司的收入。1873 年，诺贝尔三兄弟中的老二路德维格接到沙俄政府一笔生产 45 万支步枪的订单，于是他请哥哥罗伯特到高加索地区去采购做枪把用的胡桃木。罗伯特来到了高加索，没有找到足够的胡桃木，却赶上了巴库开发石油的热潮。具有商业头脑的他预感商机千载难逢，来不及回去同弟弟商量，就果断地用买胡桃木的 25 000 卢布购买了一家炼油厂。回去以后，他说服了两个弟弟一起到阿塞拜疆去开发石油。1879 年他们注册成立了第一家石油公司——诺贝尔兄弟石油公司，为了提高生产效率，诺贝尔兄弟在巴库建设了第一条输油管道，这样就把油田生产的原油直接输送到了炼油厂。为了提高运输效率，诺贝尔兄弟又在瑞典定制了世界第一艘散装油轮“索洛阿斯特号”。1878 年油轮在里海投入运营，把石油直接装进船舱里，按吨计量、销售，开创了石油大规模水上运输的新纪元。1906 年，诺贝尔家族又联手罗斯柴尔德家族，与英国壳牌公司成立欧洲石油联盟。因为巴库地区的石油质量较好，距离欧洲更近，所以诺贝尔家族曾经与洛克菲勒家族的标准石油公司在欧洲大打价格战，最终两败俱伤，达成市场和解。

斯大林曾经在巴库地区领导工人罢工，号召贫苦工人反抗诺贝尔兄弟石油公司压榨他们的剩余价值，因此被 7 次逮捕、6 次流放。在十月革命之后，诺贝尔家族将在巴库地区的石油资产大部分变卖给了标准石油公司，使之成为俄罗斯石油巨头，“控制”了俄罗斯

1/3 的石油生产、40% 的炼油能力、60% 的国内市场。

俄罗斯画家康斯坦丁・博加耶夫斯基创作于 1935 年的《巴库油田》，就是记录巴库地区石油生产现场的一幅画作。画面用三分构图法形成天空、地面、水面三个区域，采用暗色调表现工业时代令人压抑的气息。中间区域处于沙漠边缘上的打油设备笼罩在灰蒙蒙的天空之下，井架、绞车、游车、大钩、转盘、钻井泵等钻井设备在起伏不平的沙地上散乱地搭建着，地上很多的油斑从画面左边工厂区域持续到右边生活区域。底部区域的水面显得安定与平静，地面上的所有现状倒映其中，让人感觉意境深远。

在二战中，德国发起了代号为“巴巴罗萨”的入侵苏联的军事行动。集中德国陆军主力以及仆从国力量，分北、中、南三路发动闪电突击，快速消灭北方、西方、西南地区的苏军主力，占领列宁格勒（今圣彼得堡）、莫斯科、高加索地区并建立防线。其中，南方线路占领高加索地区的目的就是占有伏尔加格勒及巴库地区的石油资源。

1898—1901 年，沙俄的石油产量曾一度超过美国，居世界第一位。后来，由于科技和体制的差异，美国再次成为世界第一产油国，一直保持到 1974 年。1975 年，苏联的石油产量超过美国，重新成为世界头号产油国，为苏联赚取了大量经济收入，但是也为其解体埋下了祸根。 20 世纪 70 年代中期，苏联在成为世界第一大石油出口国的同时，也成为世界最大的谷物和食品进口国。到了 80 年代，苏联一半以上的外汇收入靠石油出口，而一半以上的外汇支出则用于进口粮食和食品。因此，苏联的经济状况直接取决于世界油价和谷物价格的波动，取决于世界对石油和粮食的总体需求态势。

1985 年 8 月，美国总统唐纳德・里根通过对沙特施加外交压力，迫使沙特石油增产，向原本已经萎缩萧条的世界石油市场注入大量石油，从而打压油价，抑制西方的通货膨胀，使热钱回流美国股市并投入房地产市场。一方面，世界油价暴跌，使得严重依赖石油出口创汇的苏联受到沉重打击。苏联的预算、外贸平衡、数千万吨谷物的进口、外债偿还、军队和军工综合体拨款等均陷入了捉襟见肘的窘境。另一方面，国际谷物价格却猛涨。两方共同打击下，苏联陷入严峻的、前所未有的经济危机，在政府没有采取对症的经济改革措施后，导致苏联的最终解体。

金融视角

从英国石油公司到石油美元的霸权

1814—1815 年的维也纳会议，对拿破仑时代之后的欧洲政治版图进行了重新划分，在这之后，大英帝国通过与奥地利哈布斯堡王朝和其他欧洲大陆强国进行交易，获得了海洋控制权，在世界海域内，英国海军的霸权无可匹敌。英国船队满载着英国的钢铁、煤炭以及出口国外的曼彻斯特纺织品驶向世界各地。但美国、德国的经济崛起对英国发起了挑战，19 世纪末新兴的“黑金”——石油资源的缺乏也使英国的发展受到了限制。因此，获取石油资源成为世界各国的战略性目标，形成了世界范围内的“大博弈”。

对英国比较有利的情况是，当时有英国人已经在波斯地区进行石油勘探，这个人就是英国石油公司的创始人威廉·诺克斯·达西。达西 1849 年生于英国，在著名的伦敦威斯敏斯特学院接受教育并成为一名律师，不到 20 岁时随家人移民澳大利亚。1882 年，达西与摩根兄弟投资了澳大利亚摩根山的金矿而赚取了第一桶金。20 世纪初，在还未显露出石油重要性的时代，达西仅凭一腔热情和一份石油勘探报告就涉足高风险的石油勘探领域。他成立了“第一石油公司”，并聘请石油工程师乔治·雷诺兹在古老的波斯帝国进行勘探，创业资本 6 万英镑。达西用全部身家赌波斯的沙土下埋藏着大量石油，但钻探的结果一再让人失望。

1904 年，英国政府为了能够保证石油资源控制在英国人的手里，通过伯马石油公司与第一石油公司合作开采波斯石油。然而几年过去了，公司濒临破产，深感无望的达西给雷诺兹发出一封电报说：“钻到 1 600 英尺如果没有发现就放弃。”1908 年 5 月 26 日清晨，当钻井达到 1 180 英尺时，一股石油喷射到黎明的天空中。经历了 7 年的酷热、胃病和不断失望的折磨，雷诺兹终于找到了油田。在找到石油后，达西又新成立了英波石油公司，即英国石油公司（BP）的前身，开始商业性开发在波斯湾发现的石油资源。在一战中，英国政府购买了公司 51% 的股权，使公司成为一家国有公司。法国画家安德烈·德兰在 1906 年创作的《伦敦油码头》以鸟瞰的角度表现了位于泰晤士河上的油轮码头。在远方著名的伦敦桥的衬托之下，近处一艘油轮停靠在油轮码头，强烈明亮的对比色块构成了油轮船体以及船上的桅杆与烟囱，三三两两的人们分散在不同的地方，正在忙碌地装卸着石油，可见当时的石油经济已经初步形成。

伦敦油码头 / 安德烈 · 德兰 /1906 年

令英国政府没想到的是，1914—1945 年的两次世界大战，主战场都是欧洲和亚洲，而远在美洲的美国本土并没有受到战火的影响。同时美国大搞工业建设特别是军工武器，并把它销售到欧洲，利用其他国家开战的军火需求发了一笔战争横财，这种彼消我长导致的直接结果便是：美国综合实力跃居世界第一，欧洲国家特别是曾经最为强大的大英帝国沦为二流。

1945 年在美国的主张下，布雷顿森林体系确定，美元与黄金直接挂钩——35 美元兑换一盎司黄金，所以之后美元被称为美金。但布雷顿森林体系有一个致命的弱点就是美元可以超发，而黄金总量恒定。在布雷顿森林体系实行的 20 年间，美元作为国际清算与储备货币，在海外不断沉淀。同时，随着欧洲和日本的崛起，美国大幅进口外国商品，使得贸易逆差逐渐扩大。由此带来了著名的特里芬难题——在美元作为储备货币的情况下，当外国想持有美元时，美国必须愿意提供额外货币供应，以满足世界对于这个"储备"货币的需求，从而导致贸易赤字。而美元作为国际货币核心的前提是保持美元币值稳定与坚挺，这又要求美国必须是一个长期贸易顺差国。两个要求互相矛盾，因而是一个悖论。

20 世纪 60 年代，美国出现了巨额的国际收支逆差，财政赤字巨大，国际收入情况恶化，美元的信誉受到冲击，爆发了多次美元危机。而其他国家的中央银行仍持有大量美元，且美元与黄金的兑换性逐渐遭受怀疑，无法维持 35 美元兑换一盎司黄金，导致各国中央银行将持有的美元兑换成美国的黄金准备，使得美元的黄金准备存量逐渐减少。

1971 年，美国终于撑不住了，各国开始抛售美元，使美国无法用美元来兑换黄金。总统尼克松在 8 月 15 日宣布实行"新经济政策"，停止履行外国政府或中央银行可用美元向美国兑换黄金的义务。美国宣布停止美元兑换黄金后，各石油输出国停止了对美国的石油出口，使得美国经济陷入低迷。美国由此深刻地认识到了石油对于经济的重要性。由于沙特是石油输出国组织欧佩克中最大的产油国和全球最大的石油出口国，因而美国宣布对其进行保护和经济援助，条件是沙特所有的石油交易都要用美元结算，其他国家也很快采用美元进行石油交易，石油美元体系从此确立。

美国前国务卿基辛格曾说过："如果你控制了石油，你就控制了所有国家；如果你控制了粮食，你就控制了所有的人；如果你控制了货币，你就控制了整个世界。"

第二章

资本的号角

资本不是物，而是一种社会关系。

——马克思

所谓资本，是指为了得到更多的财富而提供的部分财产。

——马歇尔

两种不同的爱：
《天上的爱与人间的爱》

天上的爱与人间的爱

提香 · 韦切利奥

1514 年 / 布面油画

交换过程同时就是货币的形成过程。表现为种种过程连续进行的这个过程的整体，就是流通。

——马克思

“金羊毛”是古希腊神话中的稀世珍宝，长久以来，许多英雄和君王都想得到它。它不仅象征着财富，还象征着冒险和不屈不挠的意志，以及对理想和幸福的追求。在古希腊神话故事中，伊阿宋为了向篡夺王位的叔叔讨回权杖和王位，反中了叔叔的诡计，只得带着希腊众英雄乘着大船阿耳戈号前往阿尔喀斯去取金羊毛。在雅典娜的帮助下，英雄们历尽艰辛到达目的地，却没有办法从火龙身边拿到金羊毛。而深深爱上伊阿宋的公主美狄亚在极度的狂热中为了爱情背叛了父亲埃厄忒斯，将制胜的药水“普罗米修斯油”送给了伊阿宋，并用魔法催眠火龙，帮助他拿到了金羊毛。得知女儿背叛国家且潜逃私奔的埃厄忒斯，派美狄亚的弟弟阿布绪尔托斯前来追赶，也被她施以毒计而丧命。美狄亚冲出重围之后，终于如愿跟着伊阿宋离开故乡去遥远的国度生活，她也因此而深陷背叛国家、杀戮亲人的自责与愧疚中，而这种自责与愧疚转化成了她对伊阿宋的病态爱恋，在伊阿宋移情别恋之后，她因爱恨交加，毒死了伊阿宋迎娶的妻子与她的父亲，并将自己亲生的两个孩子也全部杀死。

威尼斯画派的代表大师提香·韦切利奥的画作《天上的爱与人间的爱》就是以金羊毛的故事为背景，表现的是爱神维纳斯在劝说阿尔喀斯的公主美狄亚帮助伊阿宋夺取金羊毛的情景。画幅呈横式构图，画面左端，面目清秀、身着白蓝色衣裙的少女是美狄亚。她坐在一个大理石水池边，表情略显忧虑和顾忌，好像有什么心事。她的一只手拖扶着水池沿上的黑色瓷罐，瓷罐里放着光彩夺目的珍珠。裸露着丰润身体的爱神维纳斯大胆、随意地坐在右边的水池沿上，与矜持的美狄亚形成了鲜明的对比。她一头金黄色的头发飘在脑后，面向美狄亚，神情淡雅、闲适，好像正在说服美狄亚。她的左手托着一个小瓶，里面冒着青烟。在两人的中间，虎头虎脑的小爱神丘比特正在拨弄水池里的玫瑰花，一副心不在焉、悠然忘我的神态。画面的背景是典型的意大利田园风光，异常清晰的景观被一棵强大的树木分成两部分。左边描绘了一幢豪华的房子和一个接近它的骑手，一位妻子正在门外等候，而树丛中尘世的野兔象征着生育能力。右边远方的湖泊以及中世纪的塔式教堂历历在目；天地笼罩着夕阳的余晖，湖泊边一群牧羊人守护着他们的绵羊，远处天上流云飞渡，彩霞飘舞，圣洁而美丽。

关于这幅画的寓意，有人认为画中的美狄亚代表的是世俗的爱情，这种爱如同她手中把玩的珍珠一样，华贵无比却终会化作虚无。而维纳斯代表神圣的上帝之爱，这份爱热烈而永恒，就如同她手中的小瓶里源源不断冒出的青烟一样。

也有人说这幅画并非完全是想象的产物。它本来是提香送给朋友的一份新婚礼物，画的名字是 17 世纪时的好事者加上去的。画面左边的那个女人据说就是新娘本人，名叫劳拉。她的丈夫名叫尼可罗，是一位富有的威尼斯商人，画中水井壁上刻画的那个成年男性，就是劳拉的丈夫。他身上肌肉凸起，手中挥舞着武器，显得非常年轻且健壮。提香这样画有刻意取悦朋友的意味，为了凸显新娘的美丽、贞洁和尊贵，把维纳斯找来给她当陪衬。在婚礼上用语言称赞朋友的新娘美如维纳斯，对方似乎还不好接受，但用绘画的方式含蓄地表达出来，对方就很容易接受了。

金融视角

追逐金羊毛的实体经济与金融资本

从人类社会及文明发展的历史进程上看，农业经济时代的核心资源是土地，人来自自然，属于自然，人的生存和发展离不开自然。人类在使用树枝、棍棒、石块的基础上，逐步创造了一些农耕劳动工具和生活用品，进而推动了简单的手工业从农业劳动中分离出来，服务于农业生产并提高效率，于是，以交换为目的的商品生产和市场交换就随之产生并繁荣起来。由于地理大发现，极大地推动了商品贸易

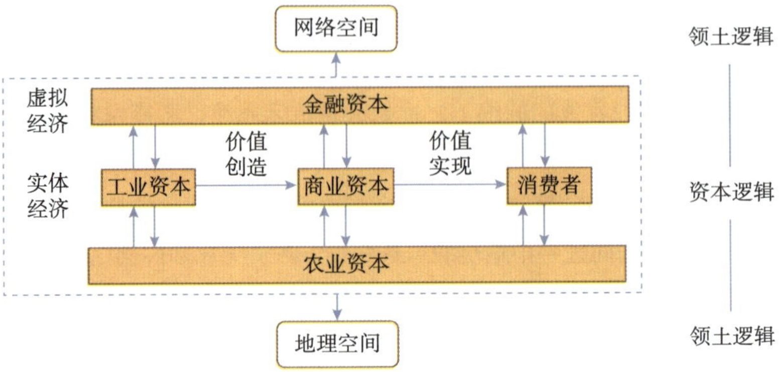

实体经济与虚拟经济示意图

的全球化流动与扩张，市场扩大，商品关系和商业组织形式的改变与发展，促进了人们思想的转变。

农业经济是现代经济及财富形态的“基石”，只有满足自身温饱需求之后，人类才会去参与社会化大分工，与更多的人进行利益交换。工业经济是现代经济及财富形态的“驱动机”，通过大规模、大批量、复制性的组织生产，为社会文明提供巨量的物质财富。商业经济是当前人类经济及财富形态的“加速器”，将工业产品通过商业流通及服务行业提供给所有消费群体，使人类经济活动进入消费时代。金融的存在就成为财富形态的“调控器”，金融逐渐成为现代经济形态中的重要战略资源，发挥着“血脉中枢”的作用，渗透并参与到社会各层面、各环节中，对经济社会发展的主导功能、对社会资源的配置功能等越来越明显。

金融从诞生之日起就如同带有原罪一般，争论与谴责一直陪伴着它成长。莎士比亚的名著《威尼斯商人》中的商人夏洛克是吝啬鬼与恶毒的高利贷放贷人的角色。更早一些的意大利诗人但丁在《神曲》中将放高利贷者打入第七层地狱，在无垠的沙漠中承受着降下的大片火雨。但是金融在社会发展的历史进程中具有巨大的推动力，其自身也成为现代经济的核心行业。曾经担任重庆市市长的金融专家型领导黄奇帆说过，金融要为实体经济服务，金融只有在为实体经济服务的过程中，在围绕着实体经济运转的过程中，才能成为中心。如果不为实体经济服务，这个中心就变成了以自我为中心，就会异化为自拉自唱、虚无缥缈的东西，就是毫无意义的泡沫。

从以部分准备金制度为主的信用创造制度开始，金融行业逐渐变为以运用杠杆为主的行业。金融杠杆可以放大投资的结果，无论最终的结果是获利还是损失，都会以一个固定的比例放大，因此杠杆越高越危险，一旦金融屈从于自身杠杆的力量，转变为钱生钱逻辑，其结果就是整个社会被卷入击鼓传花、无中生有的“黑洞”。以制造业为主的实体经济也一样，由于利润微薄，所以要把量做大才有可观的利润，但是量越大风险越大，一旦现金流断裂，企业就垮了。

按照马克思主义经济学理论，所有商品都包含使用价值与价值，使用价值由时间效应形成，即凝固在商品里的社会必要劳动时间就是商品的使用价值；价值即社会价值（交换价值），由空间效应形成。资本主义的发展就是通过时空的扩大，去享受资本的收益。剩余价值就是从空间和时间上的差异获得的，在一件具体的商品中，空间上的差异表现为不同劳动者的工作能力的差别，时间上的差异是劳动者工作时间段上的差别。

于是，实体经济与金融资本形成了两种不同的利润追求路径与模式，金融资本主要以时间效应来赚取利润，对时间的偏爱让金融产品的内在价值（使用价值）由时间与社会平均利润率形成，在同一空间其交换能力是一样的。而实体经济的产业资本主要通过空间效应赚取利润，对空间的偏爱让实体经济的商品在不同空间存在超额利润，所谓好东西要买得远一些就是这个道理。

如果能把这两类盈利模式适当地组合，就可能建立起一个稳健发展的企业，我们将其称为产融结合战略。将产融结合战略执行的最好的人就是投资之神巴菲特，而巴菲特成功的关键是什么呢？首先是建立一个稳定的现金流结构，通过创建伯克希尔·哈撒韦公司获得可以每年固定进行长期投资的保险资金，将保险资金时间价值的效用最大化；然后建立一个系统化的投资组合方案，找到某些低估或者稳定发展的行业，收购更多可产生现金流的实体企业来增强投资效果，取得稳定增长的回报率，如他在 1987 年买入可口可乐公司股票，持有 30 年，收益率达到 1 200%，这便是将产业与金融结合产生正向效应，实现发展与收获的目标的典型案例。后来很多的人也开始学习与模仿巴菲特的这种产融结合的战略，比较成功的企业有中国平安，也是以稳健经营著称，而经营风格相对激进、大肆使用杠杆的一些企业，已经被冲刷进历史的洪流之中。

海边的珍珠：《维纳斯的诞生》

维纳斯的诞生

桑德罗 · 波提切利
1486 年 / 布面蛋彩

你缺少的不是美丽，而是善于发现美丽的眼睛。真善美是些十分相近的品质，在前面的两种品质之上加一些难得而出色的情状，真就显得美，善也显得美。

——狄德罗

据说世界之初，统管大地的盖亚女神与统管天堂的乌拉诺斯结合，生下了一群神，乌拉诺斯怕这些儿子将来会威胁自己的权力，有点后悔把他们生出来，就要把这些儿子塞回盖亚的肚子，盖亚只好召集孩子们反抗。小儿子克洛诺斯答应帮助母亲，于是趁着父亲睡觉时，用一把锋利的镰刀切掉了他的生殖器，然后扔到了海里。生殖器的精血和海水融合，变成大海的泡沫，最后孕育出了爱与美之神维纳斯。

维纳斯从爱琴海中出生，风神把她送到岸上，时间女神在天地万众的欢呼中迎接了她，为她披上天空明星装饰的锦衣，鲜花盛开在她走过的路边……意大利文艺复兴时期的画家桑德罗·波提切利的画作《维纳斯的诞生》是描绘维纳斯诞生场景的最优美的画作之一。在碧波荡漾的海面上，裸体的维纳斯忧郁惆怅地立在一片漂亮的大贝壳上。她微曲右腿，身体向右微微倾斜，体态显得娇弱无力，一头金色长发被海风轻轻吹散。她的皮肤光洁剔透，散发出青春的气息。那双纯真无邪的眼睛，笼罩着一种脉脉的忧郁和哀怨，显示出她刚刚来到这个世界的无助和迷茫。左上方翱翔于天空的风神把春风吹向维纳斯，轻轻将贝壳送到岸边，而等候在岸边的春神弗罗娜正张开红色的绣花斗篷，准备为维纳斯换上新装。

维纳斯不仅是爱与美之神，还是欲望之神，她使人神陷入爱情的同时，也为情人提供保护。爱情实在是复杂的事情，复杂到爱神本身也很阴晴不定，既爱说笑，发起怒来又会挑起战争，让人神不得安宁。

画中的贝壳象征着维纳斯的诞生之源。贝壳可以产出珍珠，而珍珠则是古代西方人眼中最美的饰物，因此在他们的观念里，贝壳是孕育一切美好事物的母体。维纳斯背后的金苹果树象征着纷争，让人想起维纳斯为了和神后赫拉、智慧女神雅典娜争夺金苹果，而引发了希腊人与特洛伊人持续十年之久的特诺伊战争的故事。

维纳斯热情善良，但并不忠贞，她风流多情、水性杨花，拥有众多情人。这位女神的正牌丈夫是火与工匠之神赫菲斯托斯，但维纳斯并不喜欢这位瘸腿跛足的丑陋丈夫，反而爱上了丈夫的亲弟弟战神阿瑞斯，两人私通后生下了五个子女。除此之外，酒神狄俄尼索斯也是她的情人之一。这位女神的偷情对象不仅限于神明，凡人更是众多，当中尤以美少年阿多尼斯算是她的至爱。阿多尼斯在狩猎时不小心被野猪咬伤致死，维纳斯求得冥后允准，让阿多尼斯每年春天复活，与其欢聚，到秋天再归冥府。有一种说法，复活节就是爱神悼念自己的情人，以及庆祝情人重生的节日。

当希腊神话里海边的维纳斯被迎接上岸的时候，现实世界里的珍珠——被誉为“亚得里亚海女王”的威尼斯，也悄然成长得魅力四射。相传威尼斯的历史开始于453年，当时威尼斯沿岸的农民和渔民为逃避战乱，被迫迁往亚得里亚海中的这个小岛。为了能够在威尼斯定居，逃到此地的人们在地下深埋了很多根不朽的落叶松的木桩，而历代主要的建筑物都坐落在坚实的木桩地基上，仅15世纪所建的宫殿的地下就埋了40万根木桩。木桩之上再铺上一层从亚得里亚海运来的伊斯特拉石，这种伊斯特拉石又大又厚，防水性能极好。最后在伊斯特拉石上砌上砖，建成一座座建筑。在淤泥中，在水上，人们建起了威尼斯，它也获得了“因水而生，因水而美，因水而兴”的美誉。

威尼斯是距离中欧最近的海港，也是丝绸之路上的重要港口，凭借着得天独厚的地理优势，威尼斯人开始了大规模的转口贸易。他们销售海盐，并且从中东学会了玻璃加工技术，进而垄断了西欧的玻璃制造业，还积极参与十字军东征，瓜分从富裕的地中海东部和中东一带劫掠来的巨额财富。而城市中最富有的地区就是里亚尔托桥市场的周边区域，当时这里就是欧洲的商业中心和金融中心，因为当时的威尼斯基本垄断了欧洲与东方世界的商品贸易，而巨大的贸易额又离不开银行的金融行为，所以里亚尔托桥两侧的房子和走廊当时几乎都是银行和商行，威尼斯的造币厂以及后来成立的交易所等也都在里亚尔托桥附近。莎士比亚的经典喜剧《威尼斯商人》中的故事场景就发生在这座桥和附近的里亚尔托街一带。意大利画家加纳莱托1746年的画作《里亚尔托桥》就展现了当时里亚尔托桥周边的繁华景象。画中的里亚尔托桥是重建于1508年，约55米宽、7米高的石头桥。更早的木制里亚尔托桥曾在1444年倾塌，主要原因一是木桥因使用时间过长而结构腐朽；二是当时的费拉拉公爵举行婚礼时，群众都挤在桥上看热闹，导致木桥不胜负荷而倒塌。新建的石桥成为威尼斯本岛上横跨大运河的最宏伟的桥，它采用文艺复兴时的建筑风格，下方保留一个拱门供船只通行，桥上建有厅阁可供人休息与游玩。在此俯瞰大运河两岸的繁华是一大享受，也是人们威尼斯之旅的重头戏之一。

里亚尔托桥 / 加纳莱托 /1746 年

金融视角

在地中海边成长起来的商业银行

13世纪，意大利海边的城邦国家如同初生的维纳斯一般，散发着青春的气息与迷人的魅力，不但有以热那亚和威尼斯为代表的商业城邦，还有以金融业和手工业立国的城邦，其中最有代表性的是佛罗伦萨。13～14世纪，意大利的人均GDP（国内生产总值）已经开始明显领先于世界其他地区，这一时期也是意大利资本主义萌芽产生并茁壮成长的时期，还是文艺复兴运动揭开序幕的时期，对欧洲乃至世界历史都有非常重要的意义。

为支持海上贸易的发展，为货物、存货提供融资以及风险保障，早期的佛罗伦萨出现商业银行作为融资提供方和投资者，这些银行一般以家族姓名冠名，如巴尔迪银行（1272）和佩鲁齐银行（1310），它们推动银行改革，为海上贸易商提供货币、发放贷款、提供票据交换服务、充当海上贸易保险商等。其中，参与海外贸易有两种投资参与模式。第一种是康孟达契约模式，它是最早的商业合伙形式，依照这种契约，投资人出资而不参加经营活动，代理人出资或运用自己的设备条件等从事经营活动，双方按出资数额对盈利进行分配。投资人依出资数额对经营亏损负有限责任，最多获得利润的75%；代理人则负无限责任，最多获取利润的25%。第二种是海邦模式，允许代理人将之前所赚取的部分收入进行再投资，代理人通过提供1/3的原始资本，获得约一半的净利润，而投资人获得另一半的净利润。

巴尔迪银行和佩鲁齐银行在多个地方设立分支机构，但保留一体化公司结构和资金池，资本划分为相应股份，由家庭成员和其他拥有技术手段的外部人士持有。14世纪早期，意大利金融也一直掌控在佛罗伦萨的巴尔迪、佩鲁齐和阿奇艾乌奥利三大家族手中。

在英国和法国的百年战争期间，为了打赢法国，爱德华三世四处寻找能够为自己支付军费的资金来源。他禁止英国出口重要的产品羊毛，这给主要买方佛兰德斯（现在的比利时和荷兰）的衣物制造商们带来了致命的打击。他用麻袋装着英国造的羊毛作为抵押，借钱支付战争费用，也试图授予富裕的英国羊毛制造商行业垄断权，以换取经济利益。可惜，这些计划最终都失败了。爱德华三世清点债务后发现自己居然欠了巴尔迪银行19.1万英镑，欠了佩鲁齐银行7.1万英镑，这在当时可是天文数字。巨大的战争开支压力使爱德华三世采取赖账不还的手段，他把两个家族的银行代表囚禁在伦敦塔，随后又将其逐出了英国，终结了两大家族银行的传奇故事。

最早的政府公债，于 1171 年由威尼斯发行。战争的需求使国家急需从市民那里强制贷款，于是建立了一个特别部门，专门接收贷款，并向认购者发放利息证书，以为国家做担保。1206 年之后，这些政府公债变为可转让的和可转移的，它们可以买卖，或用作贷款抵押。1250 年，类似的政府债券在科莫作为金属通货的等价物被接纳。1587 年，政府将这个特别部门更名为“威尼斯银行”，标志着商业银行从此正式进入人们的生活。

婚礼的见证：《阿尔诺芬尼夫妇像》

阿尔诺芬尼夫妇像

扬·凡·艾克

1434 年 / 木板油画

结婚就意味着平分个人权益，承担双份义务。

——叔本华

1434年，有名的卢卡（意大利中部城市）商人兼银行家，也是意大利美第奇家族在布鲁日的代言人阿尔诺芬尼要结婚了。婚礼当天，作为新郎阿尔诺芬尼的好友，画家扬·凡·艾克前去庆贺。为了给这对新人送上一份特别的礼物，扬·凡·艾克避开客厅里的众多客人，故作神秘地请阿尔诺芬尼夫妇进入卧室，并像现代的摄影师一样，让两人摆好姿势，为他们创作了一幅见证其美好爱情的“婚纱照”——《阿尔诺芬尼夫妇像》。

在画中，拘谨而彬彬有礼的阿尔诺芬尼正和他的新婚妻子在洞房中迎接贵客。他举起了右手，表示一种仪式，象征矢志不渝的爱情；新娘则伸出右手，放在新郎的左手上，宣誓要永远做丈夫的忠实伴侣。华贵臃肿的衣饰是尼德兰市民阶层中富有者的装束。室内的所有细节，如蜡烛、刷子、扫帚、苹果、念珠以及两人之间的小狗，都带有一定的象征性。画面上方悬挂的吊灯点着一支蜡烛，意为通向天堂的光明；画的左下角那一双拖鞋表示结婚；脚边的小狗表示忠诚；女子的白头巾表示贞洁，绿色代表生育，床上的红颜色象征性和谐；墙上的念珠代表虔诚；扫帚意味着纯洁；窗台上的苹果是《圣经》中的禁果，代表着警告；画面中间带角边的圆镜代表天堂之意。所有这些象征物既有基督教的信仰，又有世俗的观念。在人物中间的墙上挂着一面镜子，镜框带有10个突出的垛状方形，每个方形内又置一个小圆形，每个圆形内画了一幅耶稣的故事画，图像细小到难以识别。中心圆镜内反射出整个房间的景物，细心的观众甚至能分辨出画家作画时的情景。

尼德兰当时奉行的是正统的天主教，婚姻在其中是神圣的誓言，不需要任何附加的条件。在1563年特兰托公会议出台“私密婚姻限制”之前，只要天主教徒双方同意，就可以在任何地点和时间里，通过语言和行为（双方互相交手）即可完成合法有效的婚姻。虽然这样看来简单方便，然而却麻烦众多。往往缔结过婚姻的双方，如有一方红杏出墙，便会死不认账，矢口否认最初的婚姻，由于缺乏有效的证明，先前的婚姻便会被判为无效。而《阿尔诺芬尼夫妇像》这幅画作就是作为阿尔诺芬尼夫妇的“婚姻证明书”出现的。镜子中的两个人物以及镜子上方作者拉丁文式的签名，都是为了见证这场婚姻的合法有效性。画中还隐含着“镜子”的象征意义，在西方的象征文化里，“镜子”被解读为“真理”，意思就是不说谎。我们小时候看的童话故事《白雪公主》中，白雪公主的恶毒后母有一面会说话并可分辨出谁是世间最美丽女人的镜子，当那面镜子看到白雪公主时，会无所顾忌地说出世间最美丽的女人是白雪公主的大实话，这样的情节正是因为镜子在西方传统象征文化中代表的是诚实。因而，在这幅作品中，镜子也可以理解为是见证婚姻有效性的物品。

在欧洲中世纪，人们建造房屋时考虑的是安全性能最大化与成本最小化的最优组合。而当时的城市建筑里，城墙和护城河是造价成本最高的，因此，城市的面积越小越好。这也影响到了大教堂的建筑面积。在伊斯兰建筑风格的影响下，哥特时期的建筑师们完全远离了罗马式建筑的直筒形圆顶或锅盖形圆顶，他们不愿意模仿拜占庭风格的圆顶式样，最终摸索出尖顶风格的建筑式样。这种尖顶建筑不仅采光更好，通风更好，而且也使教堂可以建得更高。

沙特尔教堂彩绘玻璃窗

在哥特式教堂里，大部分的墙面由窗户替代，并且当时的玻璃工匠已经逐渐掌握制作彩色玻璃的工艺，特别是威尼斯玻璃岛穆拉诺岛的玻璃作坊的制造技术已是世界一流，以制造色彩斑斓的穆拉诺玻璃器皿而闻名于世。它们为教堂提供彩色玻璃，并拼构成彩色玻璃画，最著名的画作莫过于法国沙特尔教堂的圣母子彩色玻璃画。一开始，画家们极力反对这样的建筑风格，因为这样他们就没有大面积的墙面来作画了，而彩色玻璃画又抢去了他们的部分生意，所以画家们只能寻找新的绘画材料，开始摆弄木头、羊皮纸和帆布。

正是在这种背景下，扬·凡·艾克成为油画材料和绘画技巧的革新者和改进者。他最先尝试用松脂或乳剂作为调色剂的颜料，从而能使画面在一昼夜间就可干燥而且不怕潮湿。这种方法最早使用在他和哥哥胡伯特·凡·艾克合作的《根特祭坛画》中。1415 年，根特市长约多库斯·威德向胡伯特·凡·艾克定制祭坛画，他画了 10 年，未完成就去世了，于是由弟弟扬·凡·艾克继续完成，安置在根特圣贝文教堂。这是一组具有里程碑意义的划时代巨作，由 24 个画面组

根特祭坛画 / 胡伯特 · 凡 · 艾克、扬 · 凡 · 艾克 /1415—1432 年

成。这件复杂作品的基本结构是一幅中央画加两块侧屏的三联画，表达的主题是对基督教中关于人类从堕落到拯救的完整教义的赞美，体现了教会在神圣的耶路撒冷的胜利。虽然是宗教题材，但此祭坛画没有中世纪的那种庄重风格，而是诗意地重现了一个真实的自然，也把这种真实感赋予了画面上的男男女女。

在画里，他们首先使用油调和颜料作画，使画面的表现力产生一种全新的效果。在这以前，大家画画是用鸡蛋清调和颜料，叫坦泼拉画法。而在凡·艾克兄弟以后，用油调和颜料作画的方法迅速传播开来，并日渐成熟，至文艺复兴盛期，它已成为整个欧洲的画法，后来的几个世纪又从欧洲传到世界各地。

金融视角

交易中心的边缘化：安特卫普的衰落

在比利时安特卫普市政厅前的广场上有一座喷泉，喷泉的青铜雕塑刻画着一个人正在扔一只手，它讲述了安特卫普这个城市名字的由来。

在凯尔特神话中，曾有一个叫阿提贡的巨人住在斯海尔德河畔，向过往的船只索要过路费，不肯交钱的人将被其砍掉一只手扔到河里。某天，一个叫作布拉博的罗马士兵开船来到这里遇上了巨人，刚烈的布拉博选择了和巨人正面交锋，最后竟然打败了巨人。布拉博以牙还牙，将巨人的手砍下来扔到了河里，于是便有了“安特卫普”这个地名（在佛拉芒语中就是“扔手”的意思）。

现在的人们提起安特卫普，最熟悉的可能是这三样东西：港口、钻石和鲁本斯。

1456—1476 年，安特卫普的钻石切磨大师路德维克·范·勃肯通过使用钻石粉末来抛光钻石以及发明钻石磨盘来加工钻石，实现了历史性的革新。他先把边角料的小钻变成钻石粉，利用钻石具有亲油

安特卫普市中心广场

疏水的特性，往里面加入橄榄油形成膏状；再把这种混合的膏状物涂抹在圆形铁盘上，用牲畜或人力带动铁盘高速运转；最后把钻石固定在上面与之接触，从不同角度进行操作就可以磨出想要的切面。工艺技术的领先使得安特卫普从15世纪以来就成为钻石加工和买卖的重要城市。

16世纪初，安特卫普开始参与葡萄牙和西班牙的远东贸易。因为90%的香料消费市场在北欧国家，当时葡萄牙或西班牙水手从美洲运来了香料，必须在前往北欧的中间地带寻找一个交易地，而此时布鲁日由于河道堵塞，逐渐衰落，所以安特卫普作为天然良港一下子取代了布鲁日，成为商业交易重镇，并且是欧洲第二大港口。由于经济实力雄厚和运输的发达，使安特卫普成为经济中心。

1498年，葡萄牙航海家达·伽马成为全世界第一个全程航海从欧洲到达印度的人。他在旅途中没有选择地中海，而是沿着大西洋一直往南，直到发现南非的好望角。这对于巩固当时安特卫普新兴钻石之都的地位具有非常重大的意义：这是一条完全不用经过陆地就可以将钻石从产地印度运输到安特卫普的全程航海路线，更加稳固了其钻石贸易不可动摇的地位，于是，安特卫普成为世界闻名的“钻石之都”。

为了方便大家买卖及交易，安特卫普在1551年正式推出了全球第一家全年连续交易和清算的票据交易所。从佛罗伦萨模式到安特卫普模式，货币从去中心化到中心化的主要逻辑，实质是追寻交易效率——分布式记账让相应的消耗成倍增加，因此要借由中心化的服务器集中处理，提升效率。

由于印度洋一带经常发生抢劫事件，葡萄牙商人必须在远东用白银和铜进行交易。安特卫普因此建立了金融市场，商人们可以获得从德意志矿山运来的金属。同时，成为神圣罗马帝国皇帝的查理五世要管辖西班牙、尼德兰、德意志和意大利，总是需要很多钱来维持他的统治，必须高息借贷，因此安特卫普又成为查理五世的借贷中心。可惜的是，之后在低地国家[①]反抗西班牙人的统治中，安特卫普遭到报复性的洗劫和屠杀，先后有十万人离开安特卫普，带走了资金、技术和商业关系网，其中一部分人进入了阿姆斯特丹，安特卫普在与这个强大的新对手的竞争中慢慢处于劣势。1648年，荷兰联合王国和西班牙签订了《明斯特和约》，结束了长达80年的西荷战争。条约规定，斯海尔德河禁止通航，而安特卫普正位于这条河上，这项规定无疑严重打击了安特卫普贸易中心的地位。

安特卫普虽然不再是欧洲的金融中心，但在腓力二世统治期间，来自法国的克里斯托弗·普朗坦移居安特卫普，在这里做起了印刷生意，凭借和西班牙王室的友好关系，普朗坦获得了一笔不小的订单：为西班牙和其海外殖民地印刷《圣经》和祈祷书。当时的西班牙是最大的宗教书籍市场，凭借对这个市场的垄断，普朗坦很快成为欧洲最大的印刷商。普朗坦去世后，其产业由女婿让·莫雷图斯继承，在莫

① 欧洲西北沿海地区的荷兰、比利时、卢森堡三国的统称。

雷图斯家族数代人的经营下，印刷业蓬勃发展，使安特卫普成为继美因茨之后欧洲的又一个印刷出版中心。

在 17 世纪，巴洛克艺术成为欧洲时髦的风尚，以鲁本斯和他的学生兼好友凡·戴克为代表的巴洛克画派在安特卫普留下了众多艺术珍品。通过大众传媒的印刷媒介，安特卫普也成为民主知识和图片的诞生地，对世界的可视化贡献卓著。

文艺复兴赞助者：《三王行列》

三王行列

贝诺佐 · 戈佐利

1459—1461 年 / 湿壁画

美第奇家族的珍藏和他们文化的传承将永远留存在佛罗伦萨——这座因为他们而辉煌，更因为他们而付出惨痛代价的城市。

——保罗 · 斯特拉森

有一个很有趣的说法：米兰和罗马只看得起彼此，但这些城市在佛罗伦萨人眼里都是小老弟，因为在意大利，只有他们才是真正的贵族。佛罗伦萨在意大利语中是鲜花的意思，于1115年成为神圣罗马帝国皇帝特许的自治城市，之后建立城市共和国。从13世纪起，因为皇帝和教皇的纷争，佛罗伦萨政界分为支持皇帝的齐伯林派和支持教皇的盖尔非派。盖尔非派胜利后又分化为两个党内派别：一部分富裕市民希望城市独立，不愿意受制于教皇，成为“白党”；另一部分没落户希望借助教皇的势力翻身，成为“黑党”，最后黑党获胜。著名诗人但丁就属于白党的中坚成员，因此被放逐而终生没有再回到家乡。虽然他曾经按照自己所说的“走自己的路让别人去说吧”，试图通过帮助神圣罗马帝国皇帝征服佛罗伦萨而实现自己回家的愿望，但没有成功。1293年佛罗伦萨制定“宪法”《正义法规》，规定长老会议为最高管理机关，由被称为“肥人”的羊毛商、丝绸商、银钱商、律师等7个大行会各选代表1人及被称为“瘦人”的其他手工业者组成的14个小行会选出的2名代表组成，市政会负责人被称作“正义旗手”，这标志着佛罗伦萨的“城市政权”已完全落入行会资产阶级手中。

14世纪初，佛罗伦萨的制呢业中出现资本主义生产方式，这是西欧最早出现的资本主义萌芽。由于政权掌握在“肥人”手里，雇佣工人的工资微薄，日工作时长达14小时以上，还没有组织行会的权利，所以被排斥在政权之外。1378年7月，梳毛工联合行会外的手工业者举行武装起义，由梳毛工头米凯尔·兰多出任总指挥。起义者要求提高工资，延期偿还债务，并成立3个新行会参与市政会议。但因起义领袖兰多被收买，出卖起义者的利益，导致起义最终失败。佛罗伦萨的梳毛工起义是世界历史上第一次工人反抗资本家的武装斗争，说明工人阶级与资产阶级之间的矛盾是不可调和的。起义失败后，佛罗伦萨的政权先后转入阿尔毕齐家族和美第奇家族手中，僭主制开始取代共和制。

从成为佛罗伦萨的统治者到美第奇家族绝嗣而亡，大约共经历了 400 年的时间，在这辉煌的时期内，美第奇家族中共诞生了三位教皇（利奥十世、克莱门特七世、利奥十一世）、两位法国王后（凯瑟琳·德·美第奇、玛丽·德·美第奇）、五位大公（托斯卡纳大公）。美第奇家族慷慨地赞助了佛罗伦萨几乎所有的杰出艺术家，这其中包括马萨乔、波提切利、达·芬奇、米开朗琪罗、韦罗基奥等，这些大师为美第奇家族创作了一系列艺术杰作，也使得佛罗伦萨成为欧洲文艺复兴的人文主义和艺术之都。美第奇家族的教皇利奥十世颁布的赎罪券政策引发了宗教改革，改变了世界宗教的历史轨迹。美第奇家族的凯瑟琳·德·美第奇是三位法国皇帝的母亲，玛丽·德·美第奇是在位时间最长的法国统治者路易十四的奶奶，因此，著名的波旁王朝都有美第奇家族的血脉。而闻名世界的最美街道——香榭丽舍大街，意为通往仙境，也是由玛丽王后自己拓建并命名的。甚至，法国大餐的清淡口味也源自两位皇后的影响。

《三王行列》选择的是文艺复兴时期常见的题材，达·芬奇和波提切利等巨匠都曾创作过同一主题。其取材于圣经故事，描绘的是耶稣诞生之后，有三位贤王在东方伯利恒的天空中看到了神奇而明亮的星，他们知道这是救世主已降临人间的迹象，欣喜不已，于是携带家丁、黄金和乳香等厚礼，组成声势浩荡的队伍，前往朝拜。他们依靠神奇星宿的指引，终于来到目的地，并在伯利恒拜觐了耶稣与圣母马利亚。这是《三王行列》原本的故事情节，但在美第奇宫里的这件湿壁画作品，只是借用了宗教故事的外壳，真实刻画的是佛罗伦萨城中权贵们在节日期间巡游的隆重场面，美第奇家族中不同时期的统治者也都出现在了画中的重要位置。

这幅壁画创作于 1439 年佛罗伦萨大公会议结束 20 年后，旨在纪念那次重要的宗教会议。佛罗伦萨大公会议的最大受益人当属美第奇家族，它以这次大公会议为契机，从小规模银行业起步，逐渐发展成具有国际外交能力的大家族。

正如我们在画中看到的，一个冗长的游行队列中，人们骑着装饰豪华的马匹或者徒步行走在参拜基督的路上，画面背景十分丰富，红色的、深绿色的叶子，灰色的山脉，以及缀着深红宝石的织锦，而蓝色的田园景色则是柔和的大地色调。意大利百年来最广泛的风景之一就是郁郁葱葱的森林、崎岖的山脉、延绵的峰峦，使人联想到托斯卡纳的乡村。

与文艺复兴时期的赞助宗教题材绘画相同，《三王行列》中也出现了美第奇家族的成员，一般认为，画中穿着金黄色的刺绣斗篷，白马上有金球装饰带的最年轻的骑士代表着美第奇家族中成就最高的、被同时代的佛罗伦萨人称作“豪华者洛伦佐”的洛伦佐·德·美第奇。“豪华者洛伦佐”这个称呼是对洛伦佐历史功绩的肯定与认可，他主观上将艺术作为个人的兴趣爱好，慷慨地资助艺术家们，而客观上，他将美第奇家族的财富投入到了为全人类服务的事业中。他资助收集遗失的古籍，创立的图书馆开启了公开传播知识的一条新途径。很多艺术家数十年甚至一直在美第奇家族的资助下生活和创作，我们耳熟能详的米开朗琪罗和达·芬奇都曾是豪华者洛伦佐的座上宾。

在队伍的后排，科西莫穿了一件深蓝色的绸缎外衣，骑着一头棕色的骡子，在他旁边骑白马的是皮耶罗，他身着的天鹅绒长袍尽显奢华气质。科西莫骑的骡子、洛伦佐骑的马身上都有象征着美第奇家族的金球装饰。

《三王行列》中出现了众多的美第奇家族标志，让人们难以忽视美第奇家族在这幅作品中的地位，美第奇家族也正是借助宗教艺术来展现自家雄厚的实力与影响。当征服者穆罕默德二世攻破君士坦丁堡后，许多哲学家和工匠带着他们的学识、罕见的希腊手稿、熟练的手艺到意大利开始他们的新生活，使意大利变成了希腊学者的避难所，而资助者就是慷慨而文艺的美第奇家族。美第奇家族成就了文艺复兴，文艺复兴同样也成就了美第奇家族不可撼动的历史地位。文艺复兴的曙光照亮了整个中世纪的夜空，并不断向外辐射，促进了人类的进步。

金融视角

从经济走向政治的成功者：美第奇家族

美第奇家族在欧洲乃至人类历史上，占据着举足轻重的地位。家族苦心经营，从银行业起家，通过接手管理教廷财政的相关事务富甲佛罗伦萨，财富的积累渐渐滋生出窥探篡取权力的资本与野心，其政治诉求需要培植统治者来表达，而文艺复兴仅仅是因为个人兴趣才慷慨资助艺术工匠所产生的“副产品”。这是一个与文艺复兴挂钩的家族，人类历史上从来没有一个家族与全人类的进步有着如此密切的联系。

美第奇家族是佛罗伦萨货币兑换同业公会成员，他们当初就像威尼斯的犹太人一样，坐在摆放在街头的桌子后面的长凳上，为往来的客商和行人兑换来自不同国家和地区的不同的钱币。在 14 世纪 90 年代之前，其在佛罗伦萨仅仅算得上一个兑换钱币的小商人家族。

作为一名精明的商人，乔凡尼·美第奇（1360—1429）最先把家族推上了从事金融银行业务的道路，奠定了这个家族的财富和政治根基。1397 年，乔凡尼在佛罗伦萨建立了后来被金融界广泛认可的第一家股份制美第奇银行。他借鉴了巴尔迪银行与佩鲁齐银行的倒闭经验，在美第奇银行更多地采用权力分散式的组织结构，每个分行采取独立合伙制，以有效控制单一机构的风险蔓延，以此希望每个分支机构的管理者能够有效承担领导职责、落实责任。

美第奇银行的早期业务中特别重要的是商业汇票业务，这是在中世纪发展起来的一种融资贸易手段。如果一位商人对另一位商人欠债（只有等到交易完成几个月后才能用现金支付），按照当时的贸易规则，债权人可以给债务人出票，还可以使用该汇票作为支付手段，以低于票面的价格从愿意充当中间人的银行套取现金。当时，征收利息被视为高利贷而受到教会的谴责，但这种汇票折扣的方式是被允许的，客户也可以与银行商量，以公司每年利润的分成来补偿银行提前支付资金所承担的风险。

乔凡尼在赞助了名声不好的红衣主教巴尔瑟萨成为罗马教皇约翰二十三世后，接手管理了教廷财政的相关事务，但当时正值西方教会陷于分裂之时（1378—1417），教皇法座谁属纷争不已。因为英法在百年战争中的敌对，法国支持阿维尼翁的教皇，英国及神圣罗马帝国支持罗马教皇。1418 年在德国康斯坦茨召开的大公会议，终于选出了各方一致认可的教皇马丁五世，而前任教皇则身陷囹圄。乔凡尼凑足相当于美第奇银行 10 年利润的 35 000 弗罗林的赎金，使巴尔瑟萨重获自由，向世人展示了美第奇银行绝对的不离不弃的忠诚，也为美第奇家族赢得了大量赞誉，为家族的发展奠定了良好的人脉。

可以说，美第奇家族成功的真正关键，与其说是经营规模庞大，不如说是多元化经营，其经营范围包括商业汇兑、货币兑换以及存款、贷款等。而之前的银行一直是单一经营结构，很容易被违约债务人拖垮，就像我们在前面说的巴尔迪银行和佩鲁齐银行一样。美第奇银行的模式给现代银行的诞生提供了非常好的借鉴。当然，权力与金钱的交换也是美第奇家族成功的重要一环。

1459 年之前，高品质的明矾掌控在土耳其人手中，从土耳其人手里购买明矾的价格奇高。1459 年，教皇的属地托尔法（意大利罗马省的一个市镇）发现了丰富的明矾，教皇立刻授权美第奇家族为独家代理，掌管生产与销售。明矾是纺织品染色时必用的着色剂，掌握明矾的开采与供应，等于掌控了纺织与成衣业的关键原料。

教皇与美第奇家族议定了几项条件：美第奇家族是明矾公司的合伙人，总管全部的生产与销售，并依销售量支付权利金给教廷；生产的明矾都要存放在指定的仓库，以免外流而减少教廷收益；要在教廷官员的监督下才能从仓库取货；除了基本的权利金外，教廷还要分得 2/3 的盈余。

美第奇家族取得明矾的独家总代理，凭着政治背景与财务实力，系统性地灭除了竞争者。教会则通过对明矾的垄断，以及政治与宗教优势，获取了超额利润。美第奇家族通过政、商、教的有力背景，与教会密切配合，既寻求超额利润，又配合自己多元化的经营策略，分散风险。

虽然其他人也尝试过，但美第奇家族是把成功的金融业务过渡到世袭权力和地位的首个银行家。他们的成功在于吸取了一个重要的教训：在金融方面，小很少是美的。他们发现了一种能够分散风险的方式：与以往任何金融机构相比，把他们的银行做得更大更多样化，并且通过从事外汇交易以及借贷，减少违约拖欠贷款的可能性。

海上马车夫：《阿姆斯特丹的海港》

阿姆斯特丹的海港

鲁道夫·巴赫海森
约 1665 年 / 布面油画

利率是一个国家文化水平的反映，一个民族的智力和道德力量越强大，其利率水平就越低。

——欧根·冯·庞巴维克

在一片广阔的海面上，千帆竞技、百舸争流，围绕着依稀可见的阿姆斯特丹海港，鳞次栉比的帆船停靠在附近，帆船的桅杆如同哥特式教堂突出的尖顶一般直入云霄，一眼看不到边，可能作者在这里表达了一种商业欲望与宗教信仰试比高的暗喻吧。在近处显眼的海面上，一艘做工精良的荷兰帆船被几艘小一些的帆船紧紧围住，也许它们装满了远方的货物刚刚回航，于是吸引了正在等待交易的客商迫不及待地前来洽谈业务。而云朵遮蔽的黑暗之处，一条小船正驶向一艘三角风帆船，它们之间的交易正如自身所处的环境一样不被人所注意。海面上多数的船只都悬挂着荷兰东印度公司红、白、蓝三色相间的旗帜，荷兰东印度公司被称为 17 ~ 18 世纪世界上最大的贸易组织，17 世纪全球海洋上的 2 万艘商船中，有 1.5 万艘属于该公司。这是画家鲁道夫 · 巴赫海森的画作《阿姆斯特丹的海港》，向我们展示了 17 世纪一片生机勃勃的海港景象。

阿姆斯特丹的历史最早可以追溯到 13 世纪时的渔村。人们曾在附近的阿姆斯特尔河上建筑水坝，阿姆斯特丹就得名于此。从 14 世纪起，阿姆斯特丹开始蓬勃发展，这主要归功于与汉萨同盟的贸易。阿姆斯特丹不仅远洋水路交通特别方便，而且在市内有 50 多条运河，纵横交错，状似蛛网，颇有层次地环绕着城市，河上有桥梁 600 多座，道路多而不乱，层次井然，船只可以在市内运河中自由航行到市区的任何地方，所以素有“北欧威尼斯”之称。

荷兰能成为新一代的海上霸主，和它超强的造船业实力是分不开的。当时各个国家的商船都是用战舰改装的，因此防御性较强，装载量较小。而荷兰人胆子比较大，生产出专门用来进行长距离的海上航行和运输的商船——福禄特帆船，长度 24 米左右，排水量为 200 ~ 300 吨。为了规避其他国家按照甲板面积来对商船征税的规定，荷兰人的商船还有针对性地设计成了甲板小而船舱大的结构，把商业用船空间发挥到了极致。

荷兰的造船业为什么这么发达呢？这又与其另一个主要的行

业——捕鱼业息息相关。中世纪时期，由于有大量的宗教斋戒日，让人们经常不能吃肉，于是只好吃鱼，但河鱼的捕捞量十分有限，这样鲱鱼就成了全欧洲人餐桌上的必备美食。当然如果住得离海岸和河流较远，人们除了吃鸡蛋就没有其他的选择了。事情的转机出现在 13 世纪初，一位荷兰渔民发明了一种加工鲱鱼的办法，使得鲱鱼能够长久保存，不仅可以满足当地居民的需要，还可以满足内陆居民的需要。由于海流的变化，每到夏季，就有大批的鲱鱼洄游到尼德兰北部的沿海区域，从此，北海地区的鲱鱼捕捞业开始极速发展，每逢短短几个月的捕获期（其余时间它们都待在深海，繁殖小鲱鱼），全欧洲的捕鱼船就会聚集在波罗的海捕捞鲱鱼。14 世纪时，尼德兰的人口不到 100 万，约有 20 万人从事捕鱼业，小小的鲱鱼为 1/5 的人提供了生计，捕鱼业成为尼德兰经济不可或缺的组成部分。阿姆斯特丹商人深知鲱鱼的重要性，甚至自豪地宣称“这是建在鲱鱼骨头上的城市”。从荷兰画家伊曼纽尔·德·维特的画作《阿德理安娜和女儿在鱼市》

阿德理安娜和女儿在鱼市 / 伊曼纽尔 · 德 · 维特 /1662 年

中就可以看出荷兰人日常生活中对食用鱼肉的旺盛需求。画中，家境殷实、穿着昂贵毛皮上衣的阿德理安娜带着女儿与年轻的鱼摊小贩正在交谈着，鱼摊上有鲱鱼、鲑鱼、鳐鱼等鱼，种类繁多、排放整齐、色泽鲜艳，特别是被捆扎的鳐鱼在痛苦地弯身的情景很是引人注目。

为了满足庞大的食物需求，尼德兰人在1400年左右发明了一种大帆船。此船的优势表现在：一是船的设计可以使其使用巨大的拖网捕捞鲱鱼；二是宽大的甲板使鱼可以在船上得到加工处理。这种“航船工厂”的产生使船能够远离尼德兰海岸线，在外逗留6~8周。每年的1~3月，荷兰渔船都会在波涛汹涌的北海西部用流网捕捞鲱鱼，捕捞上来的鲱鱼直接在船上进行腌渍加工，然后送往欧洲各地，荷兰因此获取了巨额的利益。

16世纪，由于当时统治荷兰的西班牙王室开始推行新的税收政策，以及建立迫害新教徒的西班牙宗教裁判所，荷兰人开始反抗西班牙国王腓力二世和他的继任者。新兴资本孕育出了一大批新教徒，再加上加尔文教徒们开始反抗，这场起义不久便升级为“80年战争”，并最终促成了荷兰的独立。起义领袖“值得赞美的奥兰治—拿骚的威廉”宣布荷兰北方8个省（包括阿姆斯特丹）独立为荷兰共和国，他也成为第一位荷兰皇室成员。他推行了一系列较为宽松的宗教政策，使得伊比利亚半岛的犹太人、法国的胡格诺派、佛兰德斯的富商和印刷工，以及来自西班牙控制的低地国家的经济与宗教难民在阿姆斯特丹找到了安全的栖身之所，各种思想的包容与交织使得阿姆斯特丹成为欧洲新的中心。

金融视角

荷兰东印度公司的诞生与破产

17世纪被认为是阿姆斯特丹的黄金时代，荷兰商船从阿姆斯特丹开往波罗的海、北美洲和非洲，以及今天的印尼、印度、斯里兰卡和巴西，由此构建了世界贸易网络的基础。阿姆斯特丹是当时世界上最重要的港口和金融业中心。1602 年，荷兰东印度公司成立同年，荷兰人在阿姆斯特丹成立了世界上第一家证券交易所。荷兰东印度公司与西印度公司发行的大量股票为阿姆斯特丹商人所拥有，这两个公司所夺得的海外属地后来演变为荷兰的殖民地。

除了国家，公司是现代社会最重要的组织。公司自产生以来，便快速创造着真正的社会财富，并全面深刻地影响着社会，尤其是有限责任公司，堪称是现代社会最伟大的发明。回顾工业革命以来的历史，我们就会发现革命来自创新，不仅包括技术发明，还包括制度创造。如果没有专利法，就不会有那么多发明；如果没有公司制度，这些发明也不会创造那么大的价值，当然工业也就无法诞生。工业革命无疑是由个人技术创新引发的，但是将它们转化为产品，并影响社会的却是公司；中国人发明了纸、印刷术、火药和指南针，但改变世界的却是公司。作为一种最特别的“机器”，公司制度是技术的“放大器”，使技术创新转变成真正的财富。[①]

欧洲与亚洲之间的长距离贸易开始于 16 世纪，是建立在欧洲对胡椒、香料、丝绸、棉织品、陶瓷和其他亚洲手工艺品的需求基础之上的。17 世纪 20 年代，欧洲每年消费的亚洲胡椒约 500 万磅，还有包括蒜、肉豆蔻和肉豆蔻干皮在内的 100 万磅其他的香料，35 万磅靛蓝和 50 万磅丝绸。如此数量的需求，成为驱使葡萄牙、西班牙、荷兰以及英国积极发展与亚洲的香料贸易的动力。地理大发现后，欧洲经非洲通往亚洲的航道被葡萄牙人控制，葡萄牙人垄断了香料贸易。

16 世纪末，荷兰人首先打破了葡萄牙在南洋群岛的垄断地位，开始与葡萄牙人分享贸易利润并逐渐占据贸易优势。荷兰人利用其垄断

---

① 资料来源：杜君立 . 公司的起源与东印度公司 [J]. 中国中小企业，2014（12）.

地位，在欧洲市场将胡椒价格抬高 3～4 倍，获得了高额利润。1602 年荷兰建立了具有国家职能、向东方进行殖民掠夺和垄断东方贸易的商业公司——荷兰东印度公司，这是第一个可以自组佣兵、发行货币的公司，也是第一个股份有限公司，并被获准与其他国家订立正式条约，可对该地实行殖民与统治的权力。荷兰东印度公司的成立标志着现代公司的起源。

由于当时的海难事故十分常见，所以每当航海活动结束后，出资者会根据每次的航海收获情况进行分配，并重新进行资金募集来开始下一次航海。所以，尽管 1600 年年底英国伊丽莎白一世颁发了为期 15 年的公司特许状，正式成立英国东印度公司，但英国东印度公司在前期采取的是按次清算的方式，所以不能算是现代公司的起源。而荷兰东印度公司则是通过每年给予股东高分红来换取公司的存续。根据公司章程记载，荷兰东印度公司初始资金为 650 万荷兰盾，在其成立的最初 80 年间，分出去的红利达到原有资本的 1 482%。到 1669 年，荷兰东印度公司已经成为世界上最富有的私人公司，拥有超过 150 艘商船、40 艘战舰、5 万名员工和 1 万人的军队，股息高达 40%。

就在荷兰东印度公司成立的同一年，由于财政拮据，爱钱如命的明朝万历皇帝打起了小算盘，听信菲律宾华人张嶷的说辞，以为吕宋岛上有巨型的金银矿，于是派官员前往马尼拉，建议与西班牙帝国联合开矿，扩大白银产能。但当时正是西班牙无敌舰队战败，与英荷联盟战争正酣的关键时候，西班牙人极为敏感，怀疑菲律宾华人与明朝政府里应外合，谋取菲律宾群岛，遂予以拒绝，并开始煽动反华情绪。一年后，被压迫的没有生存空间的菲律宾华人起义，但由于行事匆忙，再加上缺少必要的武器装备和军事经验，仅仅坚持了 41 天，起义就演变成一场大屠杀，本来就嫉妒华人财富的原住民和日侨充当起西班牙人的刽子手，一时间 2.5 万华侨惨死在异国他乡，史称“第一次菲律宾屠华事件”。此次事件后，菲律宾与明朝的贸易几乎停滞，陷入经济危机，无力抵抗英荷联盟的入驻。

1603 年，荷兰东印度公司的第一支远洋舰队在巴达维亚（今印尼首都雅加达）建立根据地，但随着殖民贸易活动的开展，荷兰东印度公司派往东方的雇员不再以荷兰人为主，只能从中欧和北欧雇人，因此军队素质参差不齐，军纪涣散，缺乏配合意识，所以会在后来与敌交战中屡屡失败。

18 世纪初，到巴达维亚附近的爪哇岛居住的华人增长到 2 万多人，主要从事甘蔗种植和蔗糖加工业。当 1737 年新上任的荷兰总督看到当地的华人是荷兰人的 10 倍时，命令将因蔗糖价格暴跌而失业的华人运送到其他殖民地去工作，但大多数华人因担心死于海上而拒绝登船，结果引发暴动，荷兰总督下令处死所有华人囚犯，并派兵镇压暴动，结果共有 1.3 万华人丧生，其中有 1 万华人是未参加暴动而遇害的无辜者，史称“红溪大屠杀”。消息传至国内，当时广东民众群情激愤，甚至有人组织武装袭击荷兰人，自此，中荷贸易中断。缺少华人的参与合作，荷兰东印度公司与中国的贸易也极受影响，1730—1740 年，公司派往巴达维亚 231 艘船只，1740—1750 年下降到 140 艘，而且此后数量依然在不断下降。

从 1755 年起，荷兰东印度公司开始逐渐放弃亚洲的殖民地，到 1800 年，资不抵债的荷兰东印度公司破产倒闭，“海上马车夫”的帝国梦想就此破灭。

自然的旋律：《两个磨坊和水车》

两个磨坊和水车

雅各布 · 凡 · 雷斯达尔

1650 年 / 布面油画

自然界的一切事物中，唯有水最珍贵。

——平达

静谧的乡村小河边，两座水力磨坊像钟楼一般静立在小河的两岸，尖顶的哥特风格、斑驳的外墙上已经脱落的墙皮显示着磨坊久远的历史，被从中间拦断的小河翻滚着白色的浪花，显示着磨坊正处于工作状态。在树林中远去的孩子的身影与围着她跑的小狗给画面带来活动的生气，略带蓝色的灰色云朵在天际飘动，阳光透过云层，将远处的教堂的尖顶照耀得斑斓闪烁，这是典型的荷兰风光。水车是下冲式水轮，将水磨建在有坡度的河流边，让水流从高处流下，利用水流的动力转动水轮，水轮再带动谷物磨盘的转动。这是荷兰著名风景画家雷斯达尔的一幅表现乡村磨坊的风景画《两个磨坊和水车》中的场景，其完美呈现了荷兰乡村独特而有韵味的风景。

虽然今天人们对水磨已经熟知，甚至认为它是曾经的风景，但是在工业革命之前，这种水力机械无疑是顶尖科技之一。在蒸汽机还未得到广泛应用之前，水力能源与水轮机器被广泛应用于许多后中世纪工业中，水力工厂的选址与建设过程能够比较有代表性地描绘这一景观。水力工厂一般选址于自然河流附近，通过人工控制河水的流动来驱动磨坊机器的运转，具体来说，控制河水的方式有将河水引入人工水渠；在工厂上游利用筑坝等方式形成蓄水池储水，以便在干旱的季节增加水流量；在工厂下游设置尾水渠以便归水入河。

水磨的用途非常广，包括食品加工、木材加工、金属加工等，其中以食品加工最为常见。中世纪的英格兰，在 1086 年时就约有 3 000 个水磨，到 1300 年左右，这个数字已经上升到 1 万 ~ 1.5 万。而英格兰的领土面积大约是 13 万平方千米，这就是说大约每 10 平方千米就有 1 个水磨，密度相当大。

雷斯达尔的另一幅著名画作《埃克河边的磨坊》也同样是对大自然动力的赞美。在一条碧波荡漾的河湾旁，高大的磨坊风车像钟楼一般地耸立在倾斜的河岸上，在乌云翻滚的天空映衬之下，显得庄重、神圣。甚至连远处的教堂也被覆盖在风车的阴影之中，这是将自然的力量放到与神的代言人同样的地位，体现了对自然力量的崇拜与褒扬。

埃克河边的磨坊 / 雅各布 · 凡 · 雷斯达尔 /1670 年

不论是水力还是风力，都可以说是自然赠予人类社会的最原始的礼物。

有人赞美，就会有人质疑与抵制，比如塞万提斯笔下的堂吉诃德。小说中，堂吉诃德是拉曼却村年近半百的穷乡绅，因为醉心于中世纪骑士小说而决心效仿骑士行侠天下，追求他的骑士梦想。在他第二次出游时，和仆从桑丘在郊野遇见了三四十架风车，堂吉诃德把它们当作三四十个巨人，要上前厮杀。尽管桑丘大喊这是风车，要阻止他，但堂吉诃德脑子里装满了妖魔鬼怪一类的东西，对桑丘的劝阻置之不理。堂吉诃德与风车的厮杀看起来很可笑，但也可以看作是一个隐喻：堂吉诃德沉迷于扮演骑士，代表着中世纪逐渐逝去的文明，而风车则代表着技术与新生事物，他对风车的冲锋失败，正说明了传统势力或利益相关者为了生存对技术进行的抗争，但历史的潮流终是不可阻挡的。

金融视角

纺纱机从家庭走向工厂

1764年的一个晚上，英国兰开夏郡的纺织工詹姆斯·哈格里夫斯在回家开门时，不小心一脚踢翻了妻子正在使用的纺纱机，随后，他惊奇地发现那台被踢倒的纺纱机还在转，只是原先横着的纱锭变成直立的了。他想：如果把几个纱锭都竖着排列，用一个纺轮带动，不就可以同时纺出更多的纱了吗？哈格里夫斯非常兴奋，马上试着干了起来。经过反复试验、改进，他造出了用一个纺轮带动8个竖直纱锭的新纺纱机，效率一下子提高了8倍。哈格里夫斯以女儿珍妮的名字将这台纺纱机命名为"珍妮机"，1768年，哈格里夫斯获得了这项发明的专利权。

珍妮机的发明是英国工业革命开始的标志，它催生了后来水力纺纱机、"骡机"、水力织布机等重要的发明成果，而工厂制度也在这个过程中悄然而来。1771年，英国人阿克莱特在一条河边建造了厂房，招募了一批工人使用水力纺纱机工作，这就是第一座现代工厂。阿克莱特原本是个理发师，他对纺织了解不多，靠卖假发挣到了第一桶金。1769年，他自称发明了水力纺纱机，迅速拿下了专利权，但是几年后，这项专利的归属权闹上了法庭，阿克莱特还输了官司，专利被判无效。原来，阿克莱特仿制了木匠海斯的设计，他请海斯的助手喝酒，在对方酒酣耳热之际套出了设计的核心秘密。阿克莱特虽不懂机械，但是他格外精明，于是抢在海斯之前拿下了专利权。这种水力纺纱机是用木头制作的，有4对卷轴，以水力作动力，珍妮机纺出的纱精细但易断，水力纺纱机纺出的纱坚韧结实，但粗细不均。

阿克莱特经过考察，选择在水力丰富的克罗姆福德的河边架起水轮机，再把水轮机和纺纱机连接起来，那么水流就可以推动机器自己运转起来。同时，他学习了当时陶瓷商分工制陶的生产模式——将工序拆成几个步骤，再对各个步骤进行分工，由不同的人来完成，数十倍地提升了生产速度。

阿克莱特招了300多名工人，制定了严格的管理制度。他的工厂一天工作12个小时，比其他工厂要少2个小时，因为高效管理，还能比其他人赚得多，工人们非常满意。

伴随着水声与纺纱机的运转声，阿克莱特日进斗金，赚得盆满钵满。他又接连创办了近十家水力纺纱厂，后来连织布厂也开了起来。随着工业革命的进行，工厂制得到推广，到1835年，英国已经有1 262家棉纺织厂。由于阿克莱特的工厂经营出色，1786年他被英国王室授予爵士称号，升级为贵族。他曾格外自信地说，如果给他足够的时间，他可以把英国国债还清。工厂给阿克莱特带来了财富和荣誉，也给世界带来了新的生产组织形式——工厂制，彻底改变了人们的生活。

蒸汽的力量：《詹姆斯·瓦特和他的蒸汽机》

詹姆斯·瓦特和他的蒸汽机

詹姆斯·艾克福德·兰德

1855 年 / 布面油画

手推磨产生的是封建主的社会，蒸汽磨产生的是工业资本家的社会。

——马克思

在英国的格林诺克小镇上，家家户户都生火烧水做饭，对这种司空见惯的事，有谁留心过呢？年龄还很小的詹姆斯·瓦特在厨房里看祖母做饭。灶上坐着一壶开水，壶盖被沸腾的开水顶得啪啪作响，不停地往上跳动。瓦特观察了好半天，感到很奇怪，猜不透这是什么缘故，就问祖母说："什么使壶盖跳动呢？"

祖母回答说："水开了，就这样。"

瓦特没有满足，又追问："为什么水开了壶盖就跳动？是什么东西推动它吗？"

可能是因为祖母太忙了，没有工夫回答他，便不耐烦地说："不知道。小孩子刨根问底地问这些有什么意思呢？"

瓦特在祖母那里没有得到答案，可他并不灰心。连续几天，每当做饭时，他就蹲在火炉旁边细心地观察着。起初壶盖很安稳，隔了一会儿，水要开了，发出哗哗的响声。突然，壶里的水蒸气冒出来，

小瓦特研究蒸汽 / 马库斯·斯通 /1880 年

推动壶盖跳动。蒸汽不住地往上冒，壶盖也不停地跳动着，好像壶里藏着个魔术师，在变戏法似的。瓦特高兴地几乎叫出声来，他把壶盖揭开又盖上，盖上又揭开，反复验证，最后终于弄清楚了，是水蒸气在推动壶盖跳动。

估计很多人都听过小时候的瓦特观察开水壶冒蒸汽的故事，画家马库斯·斯通还专门创作过一幅名为《小瓦特研究蒸汽》的画作来表现这个故事。但其实瓦特并不是蒸汽机的发明者，而是蒸汽机工作原理的改进者。

《詹姆斯·瓦特和他的蒸汽机》就是描绘瓦特改进蒸汽机工作原理的场景的画作。漆黑的夜里，万籁俱寂，在一间昏暗的屋子里，老式的煤油灯悬挂在空中，散发着昏黄的灯光，灯光下正在伏案测算着数据的瓦特转过身来观察着身后放置的冷凝设备，他右手握着的用来制图的圆规仍然停留在图纸上，左臂靠在坐椅背上用来支撑倾斜的前身。瓦特全神贯注地看着冷凝设备的转动情况，清秀的脸庞被冷凝机上油灯的光芒照射着，显得光彩照人。

以蒸汽为动力的想法大约出现在 17 世纪中后期的法国。法国物理学家德尼斯·帕潘在 1698 年用一个圆筒和活塞制造出第一台简单的蒸汽机，虽然这个设计仅有原型机而没有实际运用到工业上，但帕潘的汽缸 – 活塞装置是一个伟大的创举，后人都在这个基础上不断改进。1705 年，英国人纽科门经过长期研究，创造了空气蒸汽机。空气蒸汽机的原理是，蒸汽进入后关闭汽缸，然后让冷水进入，汽缸里的蒸汽遇冷凝结，形成真空大气压推动汽缸提起杠杆，完成一个冲程。因为冷水直接流入汽缸，每一次重启都要对汽缸重新加热，所以热效率非常低，燃料消耗量也大，仅适用于煤矿等燃料充足的地方，而且功能单一，故障率也很高。

直到 1781 年，瓦特才改进了纽科门的空气蒸汽机。首先，瓦特想到把蒸汽机分成两部分，一个是做功用的气缸，另一个是用于冷却蒸汽的冷凝器。其次，瓦特设计出一个具有革命性的结构，那就是曲柄传动。煤炭燃烧，将化学能转化成水蒸气的热能，水蒸气推动活塞做直线往复运动，活塞的直线往复运动又通过连杆和曲轴传动转换成圆周运动。最后，瓦特又对蒸汽机进行了改进，采用了双气缸联动装置，可以让蒸汽交替推动活塞的前行与后退，整个过程完全自动化，活塞的运动频率进一步提高。正是瓦特这种前后 20 年坚持不懈的努力的工匠精神，推动了人类历史的巨大进步。

金融视角

风险资本股权投资的成功

1736 年 1 月 19 日，詹姆斯・瓦特出生于苏格兰的港口小镇格林诺克。瓦特的父亲是熟练的造船工人，并拥有自己的船只与造船作坊，还是小镇的官员，瓦特的母亲则出身于一个贵族家庭并受过良好的教育，他们都属于基督教长老会并且是坚定的誓约派。尽管瓦特出生于宗教家庭，但他后来还是成为自然神论者。

1763 年，瓦特得知格拉斯哥大学有一台纽科门蒸汽机，但是正在伦敦修理，于是他请求学校取回了这台蒸汽机并亲自进行修理。修理后的这台蒸汽机勉强可以工作，但是效率很低。经过大量实验，瓦特发现效率低的原因是由于活塞每推动一次，气缸里的蒸汽都要先冷凝，然后再加热进行下一次推动，从而使得蒸汽的 80% 的热量都耗费在维持气缸的温度上。

瓦特的研究首先需要的就是资金的支持。他的导师布莱克教授提供了一些帮助，但更多的资助来自约翰・罗巴克。罗巴克是一位成功的企业家，是著名的卡伦钢铁厂的拥有者，在罗巴克的赞助下，瓦特开始了新式蒸汽机的试制，并成为新公司的合伙人。

试制中的主要困难还是在活塞与气缸的加工制造工艺上。在当时的工艺水平下，钢铁工人更像是铁匠而不是机械师，所以试制的结果令人很不满意。此外由于当时的相关专利申请需要国会的认可，所以大部分的资金都花费在相关程序上。由于资金的短缺，瓦特不得不另找了一份运河测量员的工作，并且一干就是 8 年。

之后，罗巴克破产，相关专利都由伯明翰的一家铸造厂的老板马修·博尔顿接手。瓦特与博尔顿从此开始了他们之间长达 25 年的合作。博尔顿在经济和精神上鼓励瓦特，不但全额赞助瓦特的创新试验，为他安排住处、实验室和车间，而且将他介绍进“月亮社”，瓦特在那里接触到了当地一流的科学家和工程师，知识的增长和眼界的开阔，使他开始从科学的高度来改进技术问题，这直接为他后来的成功奠定了基础。

有了雄厚的资金后台做保障，瓦特放开手去干，在很短的时间内，他又生产出两台耗资巨大的新式蒸汽机，结果仍然是不成功，而且把博尔顿也搞得几乎破产。作为一个商人，博尔顿当然可以及早撤资脱身，可是作为一个科学爱好者，他咬紧牙关，继续信任瓦特、支持瓦特。幸运的是，钱“烧”到第 9 个年头时，终于有了回报。1782 年，瓦特研制改造的联动式蒸汽机问世，立刻显示出强大的力量，世界工业从此走进了蒸汽时代。蒸汽机强劲地推动了英国的工业化进程，并直接助力英国称霸全球。在此历史进程中，发明者瓦特和投资者博尔顿成立了工厂和公司，获取了高额利润，可谓名利双收。

50 英镑上的两位合作伙伴：右边是瓦特，左边是博尔顿

瓦特在晚年回忆道：“在事业上，我得到他所给予我的援助。世人之所以能够广受蒸汽机的恩惠，全要归功于博尔顿对这项事业无比的关心和费心的经营，以及

高明的远见。假如没有博尔顿的帮助，单靠我个人的力量，我想，这个发明恐怕不会有今天的成就。”因此，英国人将他们的头像双双印制在面值 50 英镑的纸币上以示纪念。

蒸汽机带来的工业革命还改变了人类的交通运输方式。以瓦特的蒸汽机为基础，富尔顿发明了轮船，斯蒂芬森发明了火车，无数工厂设备改成了蒸汽机器，人类真正进入了工业时代。而其最深远的影响，在于对人类社会的重新塑造，它催生了城市中的工人阶级，这个阶级的诞生深刻地影响了 19 世纪之后的世界史。

燃烧的传奇：《煤车》

煤车

泰奥多尔 · 席里柯

1821—1822 年 / 布面油画

每一个煤筐里都装着动力和文明，
因为煤是一种可以移动的气候。

——爱默生

煤炭是远古植物遗骸埋在地层下，经过地壳隔绝空气的压力和温度等作用，产生的碳化化石矿物。人类利用煤炭的历史非常悠久。因为同样重量的煤炭比木柴具有更高的燃烧值，所以煤炭常常被作为木柴燃料的替代品。

在中国历史的早期，煤炭曾被当作一种比较软的石材来雕刻工艺品。中国古代的煤炭只被用来取暖，没有大规模的需求，所以人力开采煤炭的方式持续了很久。魏晋南北朝到隋唐时期，煤炭已经是长安、洛阳等大城市重要的取暖燃料。到了宋代，人口猛增，燃料消耗与再生之间脆弱的平衡被打破，煤炭作为燃料的重要性也与日俱增。

英国是世界上第一个被煤炭改造得焕然一新的国家，几个世纪以来，英国的煤产量一直高居世界首位。1830 年，英国煤产量占世界煤产量的 4/5。到了 1851 年伦敦举办首届世界博览会时，英国被奉为世界的生产中心，它也把触角延伸到了全世界。英国的超级大国地位一直保持到了 19 世纪晚期，这在很大程度上要归功于煤，以及英国把煤转化为动力和热能的能力。英国将从依赖木材、粮食、牲畜等自然能源的经济转向依赖煤的经济大约用了 200 年的时间，当煤开始代替木炭作为手工生产和室内取暖的廉价燃料的时候，过去用来生产木材的土地就可以转而生产食物，因此把土地从生产能源中解放出来，产生出巨大的红利。

在当时的曼彻斯特，煤和蒸汽帮助人们创造了一种新型的、脱离自然的生活。以煤为燃料的蒸汽发动机的出现，使得人们终于能够将燃料转化为动力。蒸汽、煤和铁三者之间是互为促进的关系：蒸汽机增加了人们对煤和铁的需求，并降低了生产煤和铁所需的成本，便宜些的煤和铁又降低了建造和运转蒸汽机所需的费用，这又吸引着更多的人使用蒸汽动力装置，以此循环往复，最终引发了工业革命。

法国画家泰奥多尔·席里柯的画作《煤车》中的人物可以算得

上是19世纪初的欧洲“卖炭翁”。在一处乌云笼罩的天空之下，一辆满载着大块煤炭的马车正要路过一片低洼地带，坐在车上的马车夫赶快跳下马车，用手拉住其中的一匹老马，防止下坡路段因被蒙着眼罩的马匹不能判断方向与状况，不采取减速措施而发生危险。仍坐在煤车上的年轻男子仿佛被远处景色所吸引，正翘首看向远方。路的前方的篱笆与邮箱显示他们可能已经来到采购用煤的贵族庄园边上。

1607年，第一批来到北美洲的英国殖民者原本是来寻找金矿、银矿和通往中国的水路的，但是他们看到的却是大面积的森林，所以他们只得带回去整船的木材。当第二批殖民者沿着大西洋海岸线上溯几百千米登陆后，他们看到的依旧是无边无际的森林。过了很久，这些英国殖民者才意识到，在这块神奇的土地上，不仅有多得出奇的木头，而且还储藏着世界上最丰富的煤。依靠煤的力量，美国摇身变成了一个工业化的超级强国。无论从历史意义还是现实意义上来说，在塑造美国的权力结构方面，煤炭工业都功不可没。

1850—1890年，每过10年煤的消耗量就翻一番。19世纪90年代晚期，美国终于超过英国，煤产量跃居世界第一。在美国消耗的各种能量中，煤炭提供的能量消耗比例达到71%。煤业经营者也仿佛成为经济领域内食物链上的鲨鱼，当煤炭为区域经济的发展供应能量时，他们也在食物链上的各个环节吞食利润。1873年，由美国当时的铁道部长富兰克林·B.高恩控制的瑞丁公司与另外两个区域的煤矿主一同签订了一份稳定价格的协议，这个被称为“联营体”的组织成为美国第一个较大的工业卡特尔，从而逐渐控制了煤炭的生产与销售。当资本控制一切的时候，必然会采用延长工作时间、降低薪酬等手段压榨劳动力来获取更多剩余价值，从而激化工人与资本家的矛盾。画家罗伯特·科勒的画作《罢工》就反映了当时一部分矿工为争取更好的生存条件，向煤矿主争取权利的场景。画中远处的城市上空中黑云笼罩，一个个工厂的烟囱如森林般耸立，冒着黑黢黢的浓烟，与此相对应的是近处贫瘠的土地显得那么荒凉，只有两座建筑伫立于此，而工厂里的烟囱没有烟雾冒出显示出此处的工厂已经停工。在画面近处的办公楼前，衣衫褴褛的工人们群情激愤地向站立在台阶上的工厂老板诉说着什么，远处还有正在往此处赶来的工人，或跑步快进，或互相交流，讨论着发生的事情与可能会面临的情况。一个中年工人正在弯腰捡起地上的石头，看样子他要进行暴力打砸行为了。而在画面的另一侧——办公楼的拐角处，一位年轻的母亲抱着一个刚刚出生的孩子，手里还拉着一个小女孩，两个人分别望向不同的地方。母亲望向工厂老板的方向，也许是在寄希望于资本家能发发善心，满足罢工工人的条件，能够让她养活她的孩子们；而小女孩则好奇地看向了正在捡石头的男人和讨论着罢工的工人们，也许她的内心充满着对这个世界各种行为的疑惑。

罢工 / 罗伯特 · 科勒 /1886 年

随着煤业卡特尔的不断壮大，矿工群体的规模和斗争能力也逐渐超越了官方和煤炭企业的控制。1898 年，一个矿工联盟获得了正式认可并逐渐发展成为美国最大、最强的联盟——矿工联合会，年仅 28 岁的米切尔成为联合会的领袖。由于生产条件太差，重大安全事故时不时地威胁着矿工的生命，1902年，米切尔代表联合会15万无烟煤矿工，以大罢工的方式向美国煤业卡特尔联合会提出协商，这次罢工被评价为“比美国以往的任何一次罢工更有秩序”。无烟煤矿井停产，而烟煤矿井继续生产，但由于煤的供应短缺，甚至发生了袭击运煤火车的事件，最终迫使西奥多·罗斯福总统介入劳资纠纷，并做出了对矿工相对有利的裁决。

金融视角

从卡特尔到工会的建立

著名的希腊哲学家亚里士多德曾经在自己的著作《政治学》中记录过两个关于垄断的故事。一个故事是关于一位西西里人的，他抢先买光了一个岛上所有的铁矿，然后再以双倍高价出售，从而获得了丰厚的利润。另一个故事的主角则是被尊为第一位哲学家的泰勒斯，他运用自己的天文知识，预料到来年的橄榄会大丰收，因此就提前以低价租下了当地所有的榨油机，然后在第二年用高价把这些榨油机租了出去，从而赚了一大笔钱。和我们现在谈论垄断问题不同，亚里士多德在讲述这两个故事时，并没有站在批判的立场上，恰恰相反，他对两个故事中的主人公进行了大力的夸赞，认为这些垄断行为体现了高超的经营智慧。在此基础上，他还建议国家的统治者们学习这个手法，将其作为“普遍适用”的敛财手段。

随着科学技术的进步和生产力的发展，在资本主义自由竞争和经济危机的影响下，垄断组织开始出现。所谓垄断组织，是指在同一工业部门里，一些大型企业为了独占生产和市场以攫取高额利润而联合组成的垄断经济同盟，它把许多中小企业合并成大型企业，把许多分散的资本家合成集体的资本家。

德国的垄断组织的主要形式是卡特尔，卡特尔是指生产同类商品的企业联合起来，达成有关市场划分、产量、价格等方面的协议以垄断市场。它是资本主义垄断组织的初级形式，各个企业之间相互独立，且经营水平、经营规模、产量等没有太多的差别。卡特尔是为瓜分销售市场、确定产品产量和价格而成立的联合组织。1875 年时，德国的卡特尔只有 8 个，30 年后达到了 385 个。

俄国的垄断组织主要是辛迪加，辛迪加是垄断组织的一种中级形式。参与辛迪加的企业，在生产和法律上仍保持独立性，但丧失了商业独立性，销售商品和采购原料由辛迪加总办事处统一办理。各企业间争夺销售份额，一般存在一个领头大企业。俄国于 1902 年成立的五金制品销售公司所联合的大工厂数量不超过该部门工厂总数的 20%，却控制了全国冶金生产的 80% 以上。

托拉斯是在美国占统治地位的垄断组织形式。参加托拉斯的各企业完全合并起来，集中为一个大股份公司，由理事会统一管理，原先的企业主成为股东，按股份领取红利。美国最早出现的托拉斯性质的企业机构是 1870 年洛克菲勒家族的美孚石油公司。1879 年，它正式宣布为托拉斯，此后 10 年，它垄断了美国石油生产的 90%，并有 7 万千米的输油管，数百艘海轮，近 400 个煤气、电气、铜、铝等企业。1903 年，杜邦财团成立了杜邦公司，是世界上最大规模的军火托拉斯之一。到 1904 年，美国共有 445 家托拉斯，它们吞并了近 8 700 个企业，在各个工业部门及公用事业、运输业等占据垄断地位。

还有一种更为复杂的垄断组织形式叫康采恩，它是在垄断企业取得统治地位，并进一步加强的情况下出现的，把不同经济部门的许多企业联合在一起，以其中实力最为雄厚的垄断企业为核心，组成的一个多种企业集团。如日本的三井财阀以三井命名的公司统辖从事纺纱、造纸、电气、矿业等企业，而三菱财阀则在三菱合资公司下握有海运、造船、矿业、造纸等企业。

垄断意味着统治，不再进行相互竞争。垄断者扼杀了那些未参加垄断组织而又不屈服于行业龙头的压迫和摆布的企业，在自己的工业部门里建立起统治关系。但垄断也是一把双刃剑，可以生产绝对的权力，也生产对权力的抵抗。在垄断组织发展壮大的同时，工人的联合组织也在19世纪末大规模的工潮之后，出现了一批成员众多、非常有影响的大工会，比如铁路、煤矿、钢铁、运输业工会等。

工会的前身是欧洲中世纪的行会。工匠们按照行业组织起来，建立行业的工艺与价格标准，并且为本行业中的工匠发放执照。工匠如果不成为行会会员，就无法从业。而要成为工匠，则必须当很长时间的学徒。随着工业革命的来临，新的工人也在冲击着传统工匠的垄断地位。面对这种情况，行会的会员们在新的工业体系中建立了新的组织，区分熟练工人与非熟练工人，熟练工人通过行会与资本家们讨价还价，为自己的会员争取利益，甚至垄断行业的就业，也从此衍生出各种执照与资格认证制度。

1881年，龚帕斯代表美国雪茄工会出席在匹兹堡举行的全美劳工大会，并被选举为新成立的“组织行业和劳动工会联盟”的副主席。他领导联盟成员着手废除在纽约随处可见的血汗工厂。接下来的几年里，龚帕斯逐渐成为全美工人运动的领袖人物。1885年，他号召“组织行业和劳动工会联盟”的各路领导为8小时工作制举行总罢工。5月1日那天，全美将近20万工人大罢工，龚帕斯在芝加哥的工会广场向成千上万的工人发表演讲。为全世界劳动者而设立的五一国际劳动节就是在那一天诞生的。

在资本主义制度下，工会是工人对抗资本家的前线，是斗争的载体，但其中存在一个矛盾：工会既要就资本主义制度下剥削工人的条件进行谈判，也要为工人阶级革命提供斗争工具。因此，在工会的发展过程中，欧美国家的工会逐渐从制度外的反抗性组织向制度内的合作性组织转变。虽然仍然会不断发生罢工，但工会组织也逐渐发展出了一整套与资方谈判的手段，并且越来越多地致力于推动劳工权益的立法。8小时工作制、最低工资标准、保护妇女与儿童权益等工会的诉求，在一系列的案件中被反映出来，也被立法认可与保护起来。

1913年上台的美国总统伍德罗·威尔逊在内阁中设立了劳工部，他任命的美国历史上第一位劳工部长威廉·威尔逊就是矿工工会出身的工人领袖。劳工部的设立与矿工威尔逊成为第一任部长，标志着美国劳工运动从体制外的造反运动发展为体制内的以谈判与政治参与为主轴的运动。也就是说，劳工运动成为美式民主的重要组成部分。

英雄的落幕：《战舰特米雷勒号最后一次归航》

战舰特米雷勒号最后一次归航

透纳

1838 年 / 布面油画

英雄一去豪华尽，唯有青山似洛中。

——许浑

落日的余晖照耀着天空、覆盖着海面，幽灵船一般的战舰在雾霭中带着朦胧感，桅杆上的风帆不再飘动，战舰昔日的雄姿不减，却被冒着滚滚浓烟的蒸汽船拖动前行，远去的方向一片黑暗。一弯新月悄悄升起，水面上倒映着清冷的月光，天际线上尚未完全落下的夕阳散发着最后的光芒。在夕阳两边的水面上，我们可以看到一排排桅杆在旁边散开，仿佛在等待着它们最终的命运。此时天海一色，一片宁静，这是一首低沉的视觉诗篇，大自然也唱着挽歌，散发出一种悲凉凄婉的气息。一个时代结束了，古老的荣耀与激情而今被新的历史覆盖。

英国画家透纳的《战舰特米雷勒号最后一次归航》描绘了曾经在拿破仑时期特拉法尔加海战中屡建战功的帆船战舰“特米雷勒号”正被一艘新发明的蒸汽机轮船拖回码头拆卸的情景，身经百战的战舰虽然仍旧挺拔伟岸，却不得不退出历史的舞台，从侧面表现了工业革命给英国带来的变化。作品中着重表现的是夕阳西下时海上光色变化和冷暖色调的强烈对比，体现了画家对色彩变化的特别关注和鲜明的艺术特色。

特拉法尔加海战是英国海军史上的一次重大胜利，英法此战中的指挥者正是一对历史上著名的对手——具有传奇色彩的英国海军中将纳尔逊和法国海军主帅维尔纳夫。

1803年5月，英法两国战火重燃。拿破仑的目标是避开英国海军，用其精锐的陆军直接登陆进攻英国本土，为了把强大的英国海军从本土“牵走”，法国舰队在大海上和英国海军玩起了“猫捉老鼠”的游戏。

在整整两年的海边追逐过程中，1805年10月21日，英国与法国舰队在西班牙特拉法尔加角外海面相遇，纳尔逊打出了“在更近距离上与敌人交战”的旗语，向法国－西班牙联合舰队发起了攻击。决战不可避免，英国舰队以两路纵队冲向敌军的战舰，缓缓前进的旗舰遭受了多艘敌舰的舷炮纵射。在持续5个小时的激烈搏杀后，海面上战火弥漫，海水被鲜血染红，下午4时30分，炮火逐渐停息。由于英军指挥、战术及训练皆胜一筹，法国－西班牙联合舰队遭到沉重打击——33 艘战舰中，近 2/3 向英军投降，主帅维尔纳夫被俘。而英军的 27 艘战列舰无一损失，但主帅纳尔逊海军中将在战斗中阵亡。这场海战被视为英国海军史上最著名、最辉煌的胜利。此役之后，法国海军精锐尽丧，从此一蹶不振，拿破仑被迫放弃进攻英国本土的计划，而英国海上霸主的地位得以巩固。

谁也没有想到，仅仅过了 30 年，对英国皇家的这支曾打败过西班牙无敌舰队、荷兰舰队、法西联合舰队的老牌海军来说，当年的三层甲板风帆战列舰、世界海军中的霸主，类似于今天航空母舰地位一样的特米雷勒号即将变为历史的尘埃。

透纳生活的时代，正是欧洲政治舞台风起云涌、大开大合的时代，从法国大革命、拿破仑的崛起与覆灭，到英国殖民版图的扩张以及席卷千百万人的工业革命运动，从未有过如此多的惊心动魄的情节在如此短的半个世纪中上演。透纳虽然生逢大英帝国不可一世之际，但他的目光穿过风景看到了历史不变的规律：分久必合、盛极而衰，顺潮流者生、逆潮流者亡，并将这种深刻的人文主义反思蕴藏在作品之中。

金融视角

蒸汽船运输带来的垄断经营与变革

19 世纪前，快速帆船是长距离贸易的主力，这种交通方式在很大程度上是“靠天吃饭”：航速由风向、洋流决定，且水手需要操纵船只与风向成 140 度夹角来获得最大航速。因此，贸易路线和时间都相当依赖于自然条件。北大西洋海风顺时针吹，所以最省时间和力气的路线是：船只从欧洲出发，先南下非洲，再驶向美洲，最后北上返回。这就是历史上闻名的“三角贸易”。

1781 年，瓦特改良了纽科门的蒸汽机，改良后的蒸汽机迅速在各个工业领域获得了极为广泛的应用。蒸汽机的出现大大提高了人们的生产效率，为人类社会带来了翻天覆地的变化，掀起了第一次工业革命的浪潮。为了推动贸易发展，蒸汽机很快便在船舶上得到了应用，而船舶也正式进入了蒸汽时代。

美国人富尔顿出生于宾夕法尼亚州的一个贫苦的农民家庭，早年在费城一位珠宝商那里当学徒，很快便转行画微型画，1786 年前往英格兰师从美国著名画家本杰明·韦斯特。20 多岁的时候，他结识了当时英国的“蒸汽大王”瓦特，看到瓦特发明的蒸汽机后，便萌生了要将蒸汽机搬到船上的想法，于是放弃艺术，投身技术发明。经过不断的研究和准备，富尔顿于 1802 年在法国巴黎建造了一艘长 21.4 米的蒸汽轮船，准备在塞纳河试航，可没想到试航前一天晚上的一场暴风雨致使轮船沉入了塞纳河底。

第一次尝试的失败让富尔顿饱受来自各方的嘲笑，他建造的轮船被人们称为“富尔顿的蠢货”，但他没有气馁，在回到美国后，他继续实践自己的“轮船梦”。富尔顿积极地找来赞助方，又经过一年多的研制，终于在 1807 年制成了“克莱蒙特号”轮船。这艘船长约 45 米，排水量约 100 吨。船的两弦有两个明轮，蒸汽机带动明轮旋转，明轮上的叶片在水中划动，推动着船只前进。

8 月的一天，“克莱蒙特号”轮船在哈德逊河下水了。岸边聚集了许多好奇的观众，面对这样一艘没有帆、没有橹的船，人们开始议论纷纷，都不相信它会在水中行走而不沉没。上午 10 点，随着富尔顿一声令下，“克莱蒙特号”轮船启航了。它那高高的烟囱里冒出黑烟，明轮推动江水发出哗哗的响声。在连续航行了 32 小时之后，“克莱蒙特号”完成了从纽约到奥尔巴尼距离为 240 千米的路程，比以往最快的帆船少用了 2/3 的时间。

富尔顿发明了蒸汽动力船（汽船）后，找到了一个实力雄厚的投资人，此人便是大名鼎鼎的美国驻法国公使利文斯顿，也是路易斯安那和新奥尔良购地案的实际操作者。利文斯顿在哈得逊河上游有一大片地产，也曾经尝试过蒸汽机船的制造。他在与富尔顿结识后便决定资助富尔顿的蒸汽机船实验。他们认为此项技术对于美国扩张海洋权益意义重大，但投资风险也极大，于是请求纽约州议会授予他们纽约水域运输的垄断经营权。纽约州议会同意：未经他们允许，任何汽船不得驶入纽约水域，否则予以扣押。亦官亦商的新泽西州长奥格登本来反对垄断，但后来为了反抗纽约州的地方保护主义，也申请了新泽西水域垄断经营权，并对纽约商船实行对等扣押。

每个想参与水域运输的人都不喜欢这种专属权。一个叫托马斯·吉本斯的新泽西私人汽船运输经营者决定从法庭和市场两方面着手抵制垄断权，他所经营的船只由当时还很年轻，后来成为轮船及铁路大王的范德比尔特担任船长，范德比尔特经常驾驶着船只来到纽约，停靠在他认为没有纽约当局警察的地方，进行装卸并迅速消失。这样的做法受到利文斯顿的指控，认为他侵犯了自己的垄断经营权。于是，吉本斯受到了重重的打压，利益严重受损，官司最终来到了最高法院。

大法官马歇尔认为垄断经营设置排他性限制，侵犯了他人的经营权，而经营权是财产权的基本权能，如果一个人拥有财产，却不允许他将自己的财产投入市场中进行自由的交换和经营，追求财产的收益，那实际上就剥夺了一个人的部分财产权，是一种掠夺行径。垄断经营导致效率低下、普遍贫穷，而自由竞争能够增进福利、造就繁荣。最后，法官判决州际贸易属于联邦管辖，各地区为一己之利对州际贸易设置障碍违反宪法，每一个公民均有权参与经营。这个判决被称为“美国贸易解放宣言”。判决结果让美国成为当时世界上最大的市场，仅一年之后，运河航线增加，蒸汽运输船只猛增，从纽黑文到纽约的航程费用降低了 40%，由此成就了纽约港的繁荣。

风浪中前进：《神奈川冲浪里》

神奈川冲浪里

葛饰北斋

1831 年 / 木刻

大海之所以伟大，除了它美丽、壮阔、坦荡外，还有一种自我净化的功能。

——康德

德川幕府时期的1831年，不善理财的葛饰北斋已经71岁高龄，负债累累，处于破产的边缘，加上不争气的孙子赌光了所有家财，还欠下一大笔外债，北斋连住房都被抵债了，只能到寺庙避难。为了摆脱穷困，北斋重新拿起画笔。终于，在新年即将到来之际，东京出版商西村永寿堂发布了北斋的新作——46张浮世绘版画《富岳三十六景》。在这个系列作品中，尤以《神奈川冲浪里》最受欢迎，成为享誉世界的浮世绘标志性作品。

《神奈川冲浪里》的整个画面描绘的是惊涛巨浪掀卷着渔船，船工们为了生存而努力抗争的场景。从画面左上角的题字可知，作品名正确的断句应为“神奈川·冲·浪里”。“神奈川”是地名，“冲”指的是海域，“浪里”指被巨浪包裹的船只。

画面中的惊涛骇浪动感十足，浪中翻滚的渔船又让人感觉惊心动魄，小船和撑船人似乎随时会被大海吞噬。细看画面，3只小船在巨浪中搏斗，它们是当时运送活鱼的押送船。船上8名水手紧握船桨，船头还能看到几名乘客。透过海浪的间隙，可见富士山伫立于远处，稳居图画当中，白雪覆盖在山顶上，平静而优雅。尽管在惊涛骇浪衬托下的富士山显得格外渺小，却仍傲然屹立着，岿然不动，与前景的巨浪形成了鲜明对比。近景的动与远景的静结合，使画面更具冲突感和表现力。

《神奈川冲浪里》仿佛预示着德川幕府的统治需要面对更大风浪的挑战。1853年6月3日，美国海军中将佩里携带着总统的亲笔信来到日本，同行的是4艘日本人当时很少见到的黑色近代铁甲军舰，这次事件被日本人称为“黑船来航”。面对着这4艘全副武装的战舰，闭关锁国多年的日本，就像是一场风暴突然降临到了平静的海上，马上令已经沉寂多年的日本政坛掀起了惊涛骇浪。

美国总统的亲笔信的内容大概就是要求日本打开锁了200年的大门，开放港口，与美国通商。德川幕府最终没敢和美国人开战，在半年后佩里第二次带着更多舰队前来的时候，签订了屈辱的《日美亲善条约》，答应开放下田与函馆两个港口与美国人通商，并给予美国最惠国待遇。尚处于封建文明时期的日本第一次臣服在工业文明的美国脚下，黑船事件迫使德川幕府开始向其时刻提防的诸侯寻求帮助，导致幕府对这些地方豪强的控制力减弱，最终被地方雄藩们合力推翻，为日本打开了通向近代的大门。

为什么美国能够准确找到日本并要求他们打开国门通商呢？其实在很早之前，美国就已经路过日本到中国来通商贸易了。1784年8月28日，一艘挂着星条旗的多桅帆船经过珠江抵达广州黄埔港，这艘船被称为“中国皇后号”，这是美国在独立建国后，第一艘来到中国的商船。中国皇后号的到来，开辟了美中直接贸易的新航线，成为美中关系史上的重大事件，是美中贸易往来200多年的历史见证。

中国皇后号在波士顿建造，可装载重量360吨，原本是私人船只，战争结束后，船只被改建成商船。为了对付海盗，船上还配备了武器，以罗伯特·莫里斯为代表的费城金融家们成为船东。罗伯特·莫里斯是美国的建国之父之一，也是美国财政金融体系的创立者，独立战争期间，他被认为是除华盛顿以外最有影响力的人物，华盛顿担任总统后，曾有意任命他担任财政部长，但被莫里斯婉拒，推荐汉密尔顿担任此职务。莫里斯对美国的远东贸易兴趣浓厚，中国皇后号是他最有远见的投资之一。

1784年2月22日，中国皇后号从纽约港出发前往中国，这一天是华盛顿的生日，而选择这一天也是为了显得更隆重。中国皇后号满载皮货、人参等美国本地的土特产，成功突破英国的经济封锁，经过6个月的航程，终于到达广州，在中国广东十三行“同文行”潘振承的担保协助下，卖光自己的货物后，购买了大量中国货物后返航。美国人称这次航行是“美国商业史上的一个里程碑”，由此也开了中美贸易的先河，拉开了两国文化交流的序幕。

金融视角

日本明治维新运动前后的金融改革

美国黑船的到来，使日本幕府的统治如同浮世绘大师歌川国芳的画作《堵船缝》中的破船一般，需要尽快停靠岸边进行修补。当时掌握大权的德川幕府对外实行“锁国政策”，禁止外国的传教士、商人与平民进入日本，也不允许海外的日本人回国，甚至禁止制造适于远洋航行的船只。这种封闭的管理方式终于引起一些经济比较发达的地区的豪农豪商阶层和革新武士势力的反对与抵抗。1867 年，新登基的明治天皇向倒幕派授意，号召他们推翻幕府统治，实行大政奉还。随后几年中，德川派与倒幕派兵戎相见，爆发了所谓的戊辰战争。战争的结局是倒幕派获得了胜利，明治天皇重新掌握了政治权力，并开始推行一系列体制改革。

明治维新是日本现代化转型的起点，在这之前，日本实行的是

堵船缝 / 歌川国芳 / 约 1835 年

封建等级制，其中天皇是名义上的政治权力中心，但是幕府将军掌握着实际的政治权力；在地方，各藩的领主——大名，掌握着地方的控制权，与幕府分庭抗礼。在大名之下，是享受着各种特权的武士阶层，这一阶层不仅拥有佩刀等政治特权，另外还享有家禄等经济特权。所谓家禄，就是政府向武士免费提供的经济补助，通常以禄米的形式发放。武士阶层在日本很庞大，在德川幕府时期，武士阶层占当时日本人口的 6%~10%，到明治初期，武士仍占日本总人口的 6%。

为提高政府的谈判能力，明治政府推行了征兵制，用以取代原有的武士阶层，同时废除武士佩刀的特权。另外，武士阶层享有的家禄经济特权给明治政府带来了严重的财政负担，约占到每年财政支出的 30%。为处理这一难题，明治政府通过债务融资，筹集资金一次性买断武士阶层的家禄特权。具体做法是，1873 年，明治政府在伦敦募得 240 万英镑的公债，利息 7 分，折合 1 171.2 万日元，加上政府本身的财政准备金、秩禄偿还金等资金，用以赎买武士阶层等贵族手中的家禄特权。

明治政府搞了一个金融创新：建立一个秩禄公债计划，根据原来各藩武士俸禄的高低而发行面额不同的债券，由政府支付固定利息，来代替原有的俸禄。

为此，政府向 310 971 位武士发放了价值 1.13 亿日元的金禄公债证书，以一次性赎买武士阶层的家禄特权。这一赎买政策，在历史上被称为“秩禄处分”。

明治政府还有另一个更重要的金融创新。1876 年，明治政府修改了国立银行条例，规定个人可以用“秩禄处分”中的金融公债为资本金设立银行。这一规定大大缓解了日本银行业发展初期资本金缺乏的困境，使得日本银行在短短两年内，从 7 家迅速增加到 150 多家。到 1878 年，29 360 个武士与贵族控制了 30 580 000 日元的银行股份，而其他 4 730 位股东只控制了 8 870 000 日元的股份。

明治政府这一金融创新的好处在于，通过将武士阶层手中的政府公债转化为银行资本金，使武士阶层成为经济改革的支持者，让他们与整个体制改革形成所谓的“共融利益”。也就是说，当年最反对改革的群体，现在成为最支持改革的群体，因为改革越成功，经济发展越好，他们的收益就越多。

通过上述故事我们可以看到，体制变革往往会遭到既得利益群体的阻碍，如何处理这一矛盾是决定改革能否成功的关键因素。当面对掌握强大政治与经济权力的利益群体时，如何通过好的机制设计达到既得利益群体的追求与体制变革的要求激励相容，是每个关心改革的人都需要认真思考的。而在这个过程中，金融创新也许能给体制变革的设计者带来新思路。

从 1868 年开始明治维新，一直到 14 年之后的 1882 年，日本推行“废两改元”，就是不允许银两流通了，把这些银两全部储存在银行里，银行以这些银两为抵押发行钞票，然后规定有 75% 的白银储备，就可以发行 100% 的钞票，这其实是银行准备金率。但当时日本的货币贬值非常严重，在市面上，本来应该是 1 日元对应 1 日元的白银，结果日元纸币贬值到了 45%，老百姓此时对日元的信心崩塌，银行中储备的黄金和白银被老百姓挤兑，导致通货膨胀、民心不稳，进而引起巨大的混乱。

当时日本出口创汇的主要产品一个是生丝，另一个是茶叶，跟中国一模一样。但是在日本外贸这个问题中，定价权掌握在外国洋行和外国银行手中，日本出口商人只能持有对方开出的商业汇票 6 个月后结款，如果日本商人急需资金进行贴现的话，需要付出高额的手续费及利息折扣。

为解决币值不稳及出口创汇受限的问题，日本政府决定成立横滨正金银行，主要职能就是拿黄金实物和白银实物到市场上去回收货币，或者用纸币高折扣如九成购买日本商人手中的商业汇票，在资金来源上可以从央行借款，待到商业汇票到期，由银行再收回金银的汇票款项。通过以上环节的操作形成了一个正循环，1882 年日本全国流通的货币总量大概为 1.53 亿日元，其中，黄金白银储备了大概只有 870 万日元，只占 5.27%，后来因为横滨正金银行的介入，黄金白银储备从 870 万日元上升到了 4 230 万日元，占比提高到 37%，日元对白银的比价大幅攀升，到 1890 年时，日元与白银重新回到了 1:1 的比价。

1897 年之前，日本号称是金本位，不过和当时中国的情况一样，白银多，黄金少，流通的主要还是白银。但是 1897 年之后，由于中日甲午海战，中国战败，需要赔偿给日本 2.3 亿两白银，而清政府其实没有这么多钱，只能被迫向英国去借，英格兰银行给清政府提供了这笔贷款，通过英格兰银行以英镑的形式付给了日本在伦敦的分行。在支付过程中，英国还要扣掉很多钱，比如手续费、英国给日本的战争贷款、日本购买英国军火的钱等，七七八八的钱一扣，其最后真正拿到手的大概是一亿两白银，但是这一亿两白银是用英镑支付给日本的，日本拿着一亿两白银的等值英镑，一部分购买了英国的国债，另一部分购买了实物黄金，分批运回日本，这是日本后来有足够的黄金来推行金本位的前提。

火红的液体：《轧铁工厂》

轧铁工厂

阿道夫 · 门采尔
1875 年 / 布面油画

事实上，德意志帝国的建立，更多的是依靠煤和铁，而不是血和铁。

——凯恩斯

钢铁被誉为一个国家工业发展的骨架，任何一个国家的工业化发展都离不开钢铁。钢铁伴随了人类 3 000 多年，在可预见的未来，钢铁还将继续充当文明发展的骨架。在人类还无法利用铁矿石前，唯一可用的铁来自太空。1922 年，英国考古学家霍华德·卡特在少年法老图坦卡蒙的墓葬中发现了一把铁匕首，奇怪的是铁匕首上没有任何锈迹，这让考古学家十分疑惑。2016 年，在 X 射线成像的帮助下，科学家发现铁匕首中含有较高比例的镍，这是典型的陨铁特征。

“来自天堂的金属”并不能满足人们对金属制品的需求。渐渐地，人类发现一些矿石在高温下可以转化为金属，但是每种金属的熔点不同。常规条件下，木炭火焰的温度最高可达 1 200℃，足以冶炼熔点为 1 083℃的铜，但无法达到铁 1 538℃的熔点。因此，人类在最初大量使用的金属是铜。3 300 多年前，地处黑海和地中海之间的赫梯王国率先掌握了铁器制造技术。黑海沿岸丰富的露天铁砂资源为赫梯人提供了充足的铁矿石来源。接下来，炼铁技术逐渐传入两河流域和古埃及，铁器在地中海沿岸国家普及，标志着人类进入了铁器时代。

从铁制品到钢制品的转变，大大推进了人类文明的进步。钢是一类含碳量小于 2% 的铁碳合金，其中也可以含有镍、钴和锰等其他金属。400 年左右，印度南部的铁匠发明了一种独特的坩埚熔炼法，这得益于印度南部优质的铁矿石——乌兹钢具有媲美现代钨合金钢的硬度，同时具有良好的韧性。乌兹钢经由贸易路线被运往世界各个角落。叙利亚大马士革的铁匠用乌兹钢锭打造成大名鼎鼎的大马士革钢剑，具有极强的切割性能。

第一次工业革命后，以煤炭、钢铁等严重依靠高度消耗自然资源为标志的“黑色革命”成为人类经济与社会发展的主旋律，而身处欧洲大陆的德国又奏出了不同于英法等国家的乐章。

德国的工业革命晚于低地国家和法国，当时，德意志还仅仅是一个地理概念，由众多独立的邦国组成，各邦国有着不同的制度，作为领主掌握的权力也不一样，在经济上税率、税则都不一样，邦国之间、邦国内部关卡林立，严重妨碍了工业的发展。1818 年普鲁士建立了统一的普鲁士关税区，王国之内商品自由流通，输入王国的商品在缴纳统一的关税之后也可以自由流通。之后，又通过协议或武力劝说非普鲁士领土的邦国接受普鲁士税法，并按照人口比例从普鲁士关税收入中分成。这种政策对小邦国尤其有吸引力，因为虽然理论上独立的税收可能带来更多的收入和更大的自由，但是它们自己根本无力征收和管理，而直接从普鲁士税收中分成要轻松多了。到 1834 年，德意志 2/3 以上的领土、18 个成员邦国、2 350 万人口加入关税同盟。为了淡化这个关税同盟的普鲁士色彩，它被叫作德意志关税同盟。关税同盟的创立，成为德国从分裂小邦国联合体迈向真正统一的重要一步，成员邦国之间创建了单一市场。随后的 1838 年还创立了一种松散的统一货币，即联盟塔勒，将各邦国的分散货币统一起来形成了单一货币，单一货币成为促进德意志帝国诞生的天赋资源。

当经济一体化的时候，实体经济就会快速发展。德国著名画家阿道夫·门采尔的画作《轧铁工厂》就真实地描绘了当时德国钢铁工人劳动的场面。在喧闹的工作环境中，工人艰苦地劳作，穿着长皮围裙围绕在火炉边，小心谨慎地推着铁制轮子车，运送刚出炉的火红的铁器。有的工人手里拿着夹子、炉叉，围绕在喷着火焰的熔炉边上往外取那些刚出炉的火红铁器，他们紧张忙碌，来不及擦掉脸上的汗水。半机械化的劳作之余，有几位工人抓紧时间在休息，快速地吃着从家中带来的午饭。

画作的中央有一个圆形的车轮状零件，这是蒸汽机的核心部件，称作飞轮。在黑黢黢的车间里，喷出火光的轧机显得尤为明亮，熊熊的炉火照亮了整个画面，更加反衬出工厂环境的恶劣。在火光的照耀下，我们能清晰地看到钢铁森林里劳动者的疲劳和辛苦，感受到紧张忙碌的气氛。画面上随处可见钢铁制的机器、铁柱、链条和传送带，“黑影强光”的选用让整幅画具有了一种凝重的戏剧效果。欧洲工业的兴起，并未减轻工人的劳动强度，反而使工人沦为了机器的附庸，过着艰苦的生活。当然，这种对工人阶级的压榨也是德国工业快速发展的原因。正如德意志帝国的首任宰相俾斯麦所说：“今天的重大问题不是靠演说和多数决定所能解决的，而是要靠血和铁。”这里的血不仅指的是在战场上抛头颅、洒热血的勇武之血，而且也包括这种在阴暗空间里奋力拼搏、实业兴邦的辛劳之血。

正因为拥有“血和铁”，1838 年，普鲁士第一条铁路干线“柏林—波茨坦”铁路通过首次发行公司优先股的方式筹资建设。所谓优先股，是指在股利分配和剩余财产分配请求上有比普通股优先的权利，在享有这些优先权利的同时，优先股同时要放弃一些其他的权利，其中最重要的是对公司治理不享有表决权。门采尔的另一幅作品《柏林—波茨坦铁路》就是以远处的城市为背景，描绘柏林—波茨坦铁路上喷气火车头呼啸而过的场景，让人不禁有一种火车速度之快、国家发展腾飞之迅猛的感觉。现实中，德国铁路网的建设也是发展迅速，1835 年德国铁路营运里程为 6 千米，1850 年为 6 044 千米，1860 年为 11 633 千米，1870 年则达到了 19 575 千米，短短的 30 年间就形成了稠密的铁路网。[①]

柏林—波茨坦铁路 / 阿道夫 · 门采尔 /1847 年

随着关税同盟的建立和铁路网的修建，德意志地区的经济开始起飞。特别是 1848 年受粮食歉收和经济危机的影响，在德国革命浪潮的冲击下，各邦国的反动内阁纷纷倒台，成立了有资产阶级自由派参加的新政府，改变

① 资料来源：吴建藩 . 德国铁路的发展 [J]. 德国研究，1995（2）.

了以前的经济发展由王权及地方领导的局面，资本家、企业家开始掌握权力，积极参加政府管理，制定经济政策，这种变化更加激发了德国经济的活力，带动了德国经济的高速繁荣发展。

金融视角

普法战争后全能银行的成功与繁荣

1868 年，西班牙女王伊莎贝拉二世因统治混乱而被政变推翻，西班牙内阁决定重新寻找合适的人选来继承西班牙王位。此时，在德国当政、与西班牙皇室有远亲关系的霍亨索伦家族的利奥波德亲王有望当选西班牙国王。法国闻之大怒，如果利奥波德继承西班牙王位，那同为霍亨索伦家族的普鲁士和西班牙就有可能对法国形成夹击之势。因此，法国要求普鲁士保证霍亨索伦家族不会染指西班牙王位。1870 年 7 月，普鲁士国王通过埃姆斯密电向法国皇帝委婉地表达了不会让利奥波德继承西班牙王位，此事可以从长计议。然而，蓄意挑起战争的俾斯麦在密电发出之前，篡改了密电内容，掺进了辱法的语句，法国人看后十分生气，当即就向普鲁士宣战。

拿破仑三世时代的法国一直都有一个特点：虽然已经不再具有独霸欧洲的能力，但国际影响力远远强于国家的真实实力，尤其是在克里米亚打败了俄国，然后又联合撒丁击败奥地利，推动了意大利的统一，在亚非拉到处建立殖民地，此外，其与英国在此阶段也有良好的合作关系。

在普法战争爆发之前，法国都被认为是欧洲第一等的陆军强国，没有任何人相信国力弱小，从 1815 年以来就没有经历任何大规模战争，军人根本没有实战经验的普鲁士能够战胜它。但后来法国在色当战役中惨败，不光英国人，意大利人、奥地利人、俄罗斯人都没有做好心理准备。抱着和英国同样的心态，刚刚被普鲁士击败的奥地利，与法国友好的意大利、俄罗斯全都没有想过干预普法战争，列强的集体失算成就了德意志帝国的崛起。

当时欧洲所有的军事理论家都认为普鲁士取胜的原因是：以最快的速度、把最大限度的兵力投入具有决定性意义的战场。这就得依靠德国的铁路建设——军队的快速集结和调动都依赖于铁路，如何让铁路发挥出最大的功效被认为是取胜的关键。

普法战争以法兰西第二帝国的垮台和法国投降而告结束。普法停战的和约《法兰克福条约》极其苛刻：法国割让阿尔萨斯和洛林东部给德国，并赔款 50 亿法郎。赔款付清前，德军留驻巴黎和法国北部诸省。按照俾斯麦的估算，结合法国的财政、进出口税状况，他认为 50 亿法郎会压死法国经济，至少要 25 年才能偿还。而法国却无愧于列宁所称的“高利贷帝国主义”之名，将金融工具用得极为纯熟，50 亿法郎不到 3 年就还清了。他们先是用阿尔萨斯—洛林的铁路抵销了 3.75 亿法郎，用国库里的贵金属支付了 5 亿法郎，其余部分则是发行了两年高利率国债（约 5%），就成功从国民手中筹措了足够的资金，使德军不得不于 1873 年提前从法国撤军。

1871 年 1 月 18 日，普鲁士国王威廉一世在凡尔赛宫的镜厅宣告建立德意志帝国，他本人成为首任皇帝，德国遂告统一，成为欧陆第一大国。而在法国，则产生了强烈的复仇主义情绪，其表现为希望再通过一场战争来收回阿尔萨斯—洛林。德法两国于这次战争中结怨，为日后一战的爆发埋下伏笔。

依靠成功从法国获得的 50 亿法郎，德国一举完成了原始资本积累，迎来了工商业的繁荣，并于 1871—1872 年相继通过法案，进行货币改革，正式实行了金本位。德国人实行金本位后在金银市场上大量购买黄金而卖出白银，加上 1873 年美国内华达州发现巨型银矿，以及美国停止铸造银币等原因，使金银比率由 1873 年的 1∶15.92 下跌到 1876 年的 1∶20.17，引发各国争相脱离银本位制度。

1875 年普鲁士国家银行转型为德国国家银行，即德意志帝国银行，拥有发行纸币的垄断权，起着中央银行的作用，资源和权力大大地增加，成为德国金融机构的重要组成部分。它是普鲁士战胜法国的产物，也是巨额赔款的结果。当其他商业银行处于困难时期时，它有能力提供支持，承担比平常更大的风险。

货币制度的稳定、中央银行的完善也促进了德国银行体系的发展与改革。在早期德国企业的融资方式中，资本问题仍然以个人关系为基础，通过节俭、家族帮助、个人信用，以及自我融资等方式来解决。在 19 世纪后半叶发展起来的股份合作制的“全能型”或“混合型”银行成为德国金融系统的最显著特点。所谓“全能”的含义，一是指作为商业银行，进行存贷款业务；二是指作为投资银行，拥有企业的股权。全能银行通过发放贷款、直接持股、担任监事、代理投票这 4 个途径充分介入企业的治理过程中，以不同方式为企业提供“从摇篮到坟墓”的全程服务，形成了一种稳定的所有权结构和控制权结构。

在全能银行的支持下，19 世纪末德国企业进行大量并购、重组和扩张，出现了许多大型企业、联合企业，以及卡特尔组织，可以说，德国工业的成功主要归功于德国银行体系的成功与繁荣。成立于 1870 年的德意志银行，可视为德国全能银行的代表。该银行的私人客户大多是大型工业公司，包括克虏伯公司、巴斯夫公司和西门子公司等。在公司客户中，德意志银行拥有相当多的股份，因此就有可能派出银行的代表参加这些公司的监事会、董事会。由于德意志银行经常为这些大型企业开展投资银行业务，使银行与企业之间的联系非常密切，往往成为企业的“自家银行”。1913 年，德意志银行的资产规模达到 22 亿马克，占德国私人银行总资产的 10.8%、德国整个银行体系总资产的 4.4%，至今，德意志银行仍是德国银行体系中最重要的商业银行之一。

迈向新世界:《最后一枚道钉》

最后一枚道钉

托马斯·希尔

1881 年 / 布面油画

假如必须等待积累去使单个资本增长到能够修筑铁路的程度,那么恐怕直到今天世界上还没有铁路。

——马克思

1869年5月10日，美国东部下午2点，在犹他州的普洛蒙特利，美国中央太平洋铁路公司总裁利兰·斯坦福举起钉锤，也许是由于过于激动，斯坦福一锤落空，砸到了电报信号器上，信号通过铁路电报系统传遍美国，举国上下一片欢腾。连接加利福尼亚州的太平洋铁路全线贯通，这一天被称为“金道钉日”。

铁路不仅是现代化企业的催生者，还是最早的现代化企业。在1824—1825年创办铁路公司的高潮时期，英国先后成立了20家铁路公司，其资本总额高达1.35亿英镑。仅1846年一年，投机者和投资者就拿出了13 200万英镑，购买铁路股票和铁路债券。为开辟一条新的路线，一个精明的企业创办人可以轻而易举地筹到几百万英镑。当时，在大洋彼岸的美国，仅纽约州就新成立了60多家铁路公司。19世纪，整个华尔街几乎一直围着铁路公司转。

铁路公司也是最早大量雇用职业经理人的公司。经济学家钱德勒发现，铁路引发了技术和组织的重大变革，铁路企业组织代表了现代企业的最佳行为边界。从1840年开始，铁路建设成为西欧工业增长独一无二的刺激因素。到了1890年，铁路累计投资比所有非农产业投资总额还大，超过当时非居民资本构成的40%。那时建成的新运输和通信系统成为第二次工业革命的基础。铁路的引入开创了机械化、销售与生产规模扩张的新时代，创造了资本、信贷市场新的职能形式，发展了国民经济一体化的新区域模式。正像一些经济史学家所说的：“一个新世界诞生了。”

1850年，位于太平洋沿岸的加利福尼亚成为美国的第31个州。这里地域广阔、土地肥沃、矿产丰富，传说中的遍地金矿更是吸引着东部的人蜂拥而至，形成了著名的淘金热。但是，从美国东海岸到加州旧金山的距离超过4 500千米，中间还有崇山峻岭、茫茫沙漠、沼泽和河流，陆上交通十分危险。大多数的人和货物只能在纽约乘船，绕行南美洲最南端的合恩角才能到达旧金山，最短的时间也要6个月。美国政府一直想建设一条横贯美国大陆的铁路，但是南北双方日益加深的政治危机使得这个想法一再搁置。

南北战争时期，联邦政府为了建设横贯大陆的铁路线，时任总统林肯批准了《太平洋铁路建设法案》，规定太平洋铁路由授权成立的联合太平洋铁路公司和利兰·斯坦福成立的中央太平洋铁路公司共同承建。联合太平洋铁路公司从东往西修，起点在内布拉斯加州的奥马哈；中央太平洋铁路公司从西往东修，起点是加利福尼亚州的萨克拉门托。政府为计划中的铁路以及沿线项目划拨了 2 000 万英亩国有土地，同时视施工难易程度的不同，为每英里的线路提供 16 000 ~ 48 000 美元的贷款，总额超过 6 000 万美元，这在当时是一项投资巨大的基础建设工程。

在太平洋铁路的修建过程中，一些涉足该项目的企业家和关联的政府官员利欲熏心，打起了鲸吞政府拨款的主意。极力推动建设横贯大陆铁路线的议员艾姆斯以及联合太平洋铁路公司高管再加上他们的同伙，买下了一家有政府背景的公司，它是由宾夕法尼亚州政府在 1859 年授权成立的，从事贷款与合同承包等业务，当时已经奄奄一息。艾姆斯等人入主之后，将其改名为“美国动产信贷公司”，摇身一变成为东线联合太平洋铁路公司建设的独家承包商。

该公司在承包过程中，向联合太平洋铁路公司出具大大超过实际成本的各项开支发票，而联合太平洋铁路公司只加上少许合理的管理开支和利润，即向联邦政府报销。这些表面上看起来合理合法的财务运作，往往是出自同一个人之手。联邦政府的这一项目大大超过预算，两年内投入了 9 465 万美元，其中 5 000 多万美元成了动产信贷公司的收益，而公司公布的利润则远远低于实际收益，有 2 300 多万美元流入了这一伙人的钱包。

这种圈钱手法本来是不难揭穿的，但是经过艾姆斯的运作，联合太平洋铁路公司 / 动产信贷公司得到国会授权，可以在铁路建设过程中以每 100 英里为阶段，提前发行与联邦铁路债券等量的股票，该股票很快被狂炒，股值翻了几近百倍。这伙人就把公司的股票以发行价卖给有关的议员和政府高官，同时还在联合太平洋铁路公司本身没有多少收益的情况下，给这些官员股东配发超额红利。通过这些手段，他们暂时规避了国会和行政当局的调查。后来，这些违法行径因为内部分赃不均而被媒体《太阳报》报道出来。这一大丑闻导致了联合太平洋铁路公司的破产重组，成为持续了半个多世纪的腐败与反腐败之间较量的开场锣鼓。

中央太平洋铁路公司的董事也曾经成立了一家类似的建筑公司，委托后者承建铁路项目，并通过分发铁路通行证和其他好处来谋求政治支持。他们被中国人所知的事情是太平洋铁路的修建，使中央太平洋铁路公司成为第一个大规模雇用华工的企业。1865—1869 年，约有 14 000 名华工参加筑路工程，大概占工人总数的 90%，很多华工在高强度、高风险的工作中失去了生命。《美洲华侨史话》中记载："在修筑 100 英里的塞拉山脉地段的铁路时，华工的死亡率高达 10% 以上。"就连美国人都称穿越内华达山脉的那段太平洋铁路为"内华达山上的中国长城"。

在中央太平洋铁路公司线上工作的华工们

优胜美地的火车

美国著名摄影家卡尔顿·沃特金斯用他的照片记录了当时修建太平洋铁路的历史。铁路不仅仅代表着铁路、列车本身，更包括自然与人文的变化——铁路穿过城市、街道、森林、山川、沙漠，将所有事物联系在一起，比如在优胜美地开动的列车上站立的工人，在山谷中戴着圆顶草帽、赶着马车或推着独轮车的华工，构成了完整的铁路风景。伴随着这一切的改变，铁路也渗透到人类生活的各个方面。

金融视角

一场股灾、一张铁路债券引发的辛亥革命

1876 年 6 月 30 日，中国第一条营运铁路（吴淞铁路，上海河南路桥—吴淞口，14.5 千米）通车。这条铁路是由英国怡和洋行按照英国窄轨技术修建的，运行一年后由清政府赎回拆除，拆除的原因是这条铁路是英国未经清政府同意私自修筑的，且和周边民众在土地权利上发生了许多冲突，加之铁路通车一个月之后就压死了一名中国士兵，于是中英经过磋商后对其予以拆除。

修筑铁路需要大量资本，但是清政府没有钱，所以清末的铁路政策经历过合股官办、商办与路权国有这三个阶段。在合股官办时期，只能向外国借钱，就是清政府以政府信誉和铁路权益作为条件发行债券，并承诺相应的利息，由于大举借债，不但丧失了路权，连主权也一并丧失了。1903 年起，随着民族主义思潮的兴起，清政府开始从洋人手里赎回路权，转由民间集资商办。到 1911 年，清政府又以“铁路乃政权所系，故不能永属民间”为由，欲再次放弃之前的承诺而收权归中央，但是在一场股灾、一张债券之后，引发了辛亥革命。

1908 年，美国福特公司推出了著名的 T 型车，将汽车从奢侈品变身为大众消费品，并且令美国迅速进入汽车时代，汽车轮胎所需的橡胶一时成为硬通货，全球橡胶市场立即被蜂拥而入的资本挤得满满的。在上海证交所，即上海众业公所上市的几乎所有橡胶股票，都演绎了同样的神话。而东南亚的橡胶企业约有 1/3 在上海上市，大清国

的上海，已经成为全球橡胶资本市场的“发动机”之一。仅 1910 年 6 月，就有 30 种新的橡胶股票挂牌交易，卷走的资金量高达 1 350 万两白银，平均每家公司筹集到 45 万两的巨额资金，这是一个令伦敦资本市场都望洋兴叹、自愧不如的惊人业绩。

这些资金主要来自中国境内的各种钱庄、商户以及个人。上海的许多钱庄在股市泡沫时曾开出约 600 万两庄票用于收购股票，在钱庄的示范效应下，许多商家、个人因为贪图高利而通过抵押房产、首饰，甚至是进行股票再抵押的方式进行借款投资，还有一些人竟兑款到伦敦买股票，华人在橡胶股票浪潮中投资约 4 000 万两白银之巨，其中四川川汉铁路公司挪用公款炒股资金就有 200 多万两。

面对全球的橡胶市场泡沫，作为最大消费国的美国，突然宣布了紧缩政策，导致疾奔的牛突然变成了熊，国际橡胶价格大跳水。伦敦橡胶交易市场上一片哀号，又造成以橡胶板块为主、绑定伦敦市场的上海股市全面崩溃。在投机狂潮中，清政府没有采取任何措施，而股票暴跌后，清政府又应对失据，引发了更大的风险，在不断的自我折腾中，迅速地消耗着残存的能量。股灾之后，清政府又想通过铁路国有、再发行债券的手段，向外国势力融资来支持政府的运行。执行清政府铁路国有化政策的人选就是当时的邮传部大臣盛宣怀，这是中国铁路史乃至整个中国近代工业史上不得不提的一个人物。盛宣怀是晚清洋务运动的主将，建立了中国第一个招商局、第一个电报局、第一家银行、第一条铁路以及第一家钢铁公司。有学者统计，清朝共修筑铁路 9 100 千米，其中 3 962 千米是外国人修筑并经营的，中国自筑的铁路为 5 100 千米（含政府筹款修筑的铁路 4 465 千米，商办铁路 657 千米），而盛宣怀督办筑成的铁路为 2 254 千米，占政府筹资修筑铁路的一半。

出身于官宦世家的盛宣怀科举不第，只能给李鸿章当助手。李鸿章倡议修铁路，建电报局、轮船局，盛宣怀作为李鸿章的助手就跟洋人打交道，可以说他在铁路、矿山、电报、轮船等方面取得的成就都是在李鸿章（后期是张之洞）的指挥下获得的。所以盛宣怀只是一个没有政治原则、迷信金钱以及以金钱为目的商人，他考虑问题只是从个人利益最大化的角度去思考。在他的一生中，最成功的经验就是商业谈判，而要想在商业谈判中取得成功，首先是隐藏好“底价”，然后再顽强地讨价还价。所以，在铁路收归国有的过程中，他根据各相关省的实际情况制订了不同的方案。广东省：返回股东投资原值60%的现银，余下40%转成国家无息债券，日后择期还清。湖南省、湖北省：商股全部按原值返还现银，另外少量的米捐、租股转成国家保利股票。

此方案一出，基本上平息了粤、湘、鄂三省的保路风潮。最早闹起来的湖南既然领到了全额现银，也就不闹事了。盛宣怀能“照顾”这三个省，主要是因为“两湖”返还现银很少，各省只有200多万两，不给也没太大意义。至于广东，等于是打了六折，朝廷显然占了便宜。

四川的情况则与其他三省不同。一是四川铁路公司总共募集了1 400万两的股款本，是以强制方式、“值百抽三”从地租中征收的，涉及3 000多万四川百姓，而股东代表就是百余州县的小绅商。已经集到的路款达1 000万两之巨，即便经历了贪污与股灾风波，账上仍余700多万两现银。二是这些钱中有76%属于“租股”，乃是地方政府靠摊派给农民强征而来的。

盛宣怀对待川汉铁路的态度与其他三省不同。川汉铁路的问题，实际上是那700多万两剩余资金归四川还是归中央的问题，是中央与地方政府的问题，所以，他坚持用官定价格强制将民营铁路国有化。

同时，盛宣怀又在北京与英、法、德、美四国银行团签订了《湖广铁路借款合同》，通过“湖广铁路债券”借款600万英镑，由四国均分承担，以两湖厘金及盐厘税捐作抵押，并聘用英国、德国、美国总工程师各一名，分别修造粤汉铁路和川汉铁路。至此，上述本来属于民办的铁路，被清政府强行收走，并将铁路收益权抵押给了外国人。

清政府的这一草率和霸道行径，遭到民间资本的强烈反对。各省成立保路同志会，以“破约保路，维护完全商办”为宗旨，抗议清政府出卖路权，后发展成为大规模的保卫路权运动，四川则成为保路运动发展最为迅速、激烈的地区。

为了缓和局势，四川咨议局致函四川总督赵尔丰，要求转奏朝廷暂缓接收川汉铁路。但是，清廷非但不顺应舆论和民情，反而下令赵尔丰弹压，最终酿成“成都血案”。由此，保路运动发展成为各地群众的武装反抗，同盟会乘机组织同志军在各地发动起义，把保路运动推向高潮。赵尔丰向朝廷告急，朝廷遂派湖北新军入川协助镇压，造成武汉地区兵力空虚，筹划已久的革命党人乘机起义，在武昌终于得手，辛亥革命从此启动并趁势大获成功。

第三章

欲望的牵引

欲望是人遭受磨难的根源。

——尤素福 · 西巴伊

人的欲望要的越多，就是把背后的深渊挖得更深。

——巴尔扎克

人生的旅程：《我们从何处来？我们是谁？我们向何处去？》

我们从何处来？我们是谁？我们向何处去？

高更

1897 年 / 布面油画

人类的高级智慧就是向自己或向他人提问。

——苏格拉底

柏拉图有一天问老师苏格拉底什么是爱情，苏格拉底叫他到麦田走一次，要不回头地走，在途中摘一株最大最好的麦穗，但只可以摘一次，柏拉图觉得很容易，充满信心地出去了。

谁知过了半天柏拉图仍没有回来，最后，他垂头丧气地出现在老师面前，诉说空手而回的原因："能看见一株看似不错的非常难，却不知是不是最好的，因为只可以摘一次，所以不得已只好放弃，再看看有没有更好的，等到发现已经走到尽头时，才发觉手上一株麦穗也没有。"

这时，苏格拉底告诉柏拉图："那就是爱情——爱情是一种理想，而且很容易错过。"

柏拉图有一天问老师苏格拉底什么是生活，苏格拉底叫他到树林走一次，可以来回走，在途中要取一支最好看的花。柏拉图因为有了之前的教训，所以充满信心地出去了。

过了三天三夜，他也没有回来。苏格拉底只好走进树林里找他，最后发现柏拉图已在树林里安营扎寨。

苏格拉底问他："你找着最好看的花了吗？"

柏拉图指着边上的一朵花说："这就是最好看的花。"

苏格拉底问："为什么不把它带回去呢？"

柏拉图回答老师："我如果把它摘下来，它马上就会枯萎。即使我不摘它，它也迟早会枯萎。所以我就在它还盛开的时候，住在它旁边，等它凋谢的时候，再找下一朵。这已经是我找着的第二朵最好看的花了。"

这时，苏格拉底告诉柏拉图："你已经懂得生活的真谛了——生活是追随与欣赏，认真对待生命中的每一次美丽。"

苏格拉底和柏拉图是哲人，懂得生活的智慧与真理，所以他们能够面对生活懂得欣赏，甚至面对死亡时也能坦然平静，而更多的人则一直在寻找着人生三问的答案。印象派画家高更就有一幅著名的画作——《我们从何处来？我们是谁？我们向何处去？》，表达了这种思绪。

高更的一生充满了传奇色彩。他年轻时当过水手，周游过世界许多地方，后来从事证券交易工作，取得了极大成功，娶妻生子过着幸福的生活，并在这个时期开始进行绘画创作和收藏活动。但他日益厌倦文明世界的欺骗和狡诈，想回到人类淳朴、自然的幼年状态中去，为此，他放弃了拥有的一切，两度到太平洋南部的塔希提岛进行艺术创作和定居。在岛上，他的生活贫困潦倒，又患上了严重的疾病，当听到自己最爱的小女儿死亡的噩耗时，他的精神彻底崩溃了——他服毒自杀，想彻底结束自己的生命，可是自杀未遂。这次事件后，他又投入到空前高涨的艺术创作中，1897 年，高更怀着悲痛的情绪完成了《我们从何处来？我们是谁？我们向何处去？》，这是高更最大的一幅画，他认为这是他最好的作品。

这是一幅色彩鲜艳而又带着些神秘意味的作品，画在粗糙而沉重的麻布上，它包含许多人、动物，分布在整个岛屿景观上，在背景中可以看到大海和高更所居住的塔希提岛火山山脉。画面的中心是在一片热带丛林中，一个站立的中年人正在采摘野果，暗示亚当采摘智慧之果之意。在他的右边，前景中坐着三位正在热烈交谈的女子，女子旁边是个熟睡的婴儿；远处是两个穿长袍的母女相互搀扶着向远方走去。在他左边的前景里，分别是小女孩、青年妇女和老年妇女三人，她们神态各异，各自独立成像；远处有一尊神秘而古怪的神像，神像两边是一大一小正在祈祷的两个妇女。地面上还画着具有象征意味的小猫、黑山羊、鸟和狗等动物。整个画面完全是稳定的蓝色和绿色，鲜艳的橙色、黄色裸体突显在幽暗的风景前，增加了作品的神秘感。

该画作呈现了不同性别、不同年龄的裸体人物的形象。最右边的是一个刚刚诞生的婴儿，象征着人类的诞生；中间是一个正在采摘苹果的青年，寓示着人类的生存发展；最左边是一个老妇的形象，代表人类的生命行将终结。整幅作品向观者展现了人类从生到死的三部曲，结合颇富哲理性的标题，暗藏着对人类生命意义的追问。

金融视角

金融服务能够满足人类不同阶段的需求

1943年，美国心理学家马斯洛发表了《人类动机理论》一书。在这本书中，马斯洛提出了著名的人的需求层次理论，其基本内容是将人的需求从低到高依次分为生理需求、安全需求、社交需求、尊重需求和自我实现需求五种，而且越是低级的需求就越基本，越与动物相似，越是高级的需求就越为人类所特有，同时这些需求是按照先后顺序出现的，当一个人满足了较低级的需求之后，才会出现较高级的需求，即需求层次。这个理论告诉我们，人的需求是一个层级结构，各需求层次之间有内在联系，五个层次之间依次递进。当低一层次的需求“相对”满足之后，追求高一层次的需求就会成为主导需求；同时，并不是低层次需求“完全”满足之后，高层次需求才成为最重要的。

在马斯洛看来，生理需求是人类最基本的需求和欲望。人类不会安于底层的需求，较低层的需求被满足之后，就会往高处发展。满足生理需求之后就会追求心理满足和社会认同，之后就想被爱、被尊重，希望人格与自身价值被承认，这是人类共同的特质。一个饥肠辘辘的人，其目标就是找到食物果腹；一个缺乏安全感的人，他对生命的追求是安全；归属与爱和尊重需求也一样，得不到满足就会有缺失；“自我实现”是“少有人走的路”，只有那些低级需求真正满足的人才容易走上自我实现之路。

生理需求是人类最基本、最起码的需求，如满足解饥、御寒、睡眠等所需的食物、衣服、住所等方面的需求。这些需求如果不能得到最低程度的满足，人类就无法继续生存和繁衍。《百喻经·种熬胡麻子喻》有云：“昔有愚人，生食胡麻子，以为不美，熬而食之为美，便生念言：‘不如熬而种之，后得美者。’便熬而种之，永无生理。”意思说从前有个愚人，生吃胡麻子，觉得味道不美，炒了吃，味美，便想不如炒了再种，而后就能得味美的胡麻子了，于是他就将炒过的胡麻子种下，却再也无法收获。

在人的生理需求得到满足之后，随之而来的就是对安全感的需求。所谓安全感，就是感觉自己的生命安全、身体健康、财产安全、生活稳定、事业顺利等主观需要得到了满足。生理需求是客观需求，需要实实在在的物质来满足，而安全需求层级以上的需求则是主观需求，不同的人在不同的环境中会有不同的感受。只有当一个人的安全感满足了，他才会相信自己、信任别人，从而拥有良好的人际关系。

曾经听过这样一个小故事。

这是炎热小镇慵懒的一天，太阳高挂，街道无人，每个人都债台高筑，靠信用度日。这时，从外地来了一位有钱的旅客，他进了一家旅馆，拿出 1 000 元钞票放在柜台，说想先看看房间，挑一间合适的过夜。就在此人上楼的时候，店主抓起这张 1 000 元钞票，跑到隔壁屠户那里支付了他欠的肉钱；屠户有了这 1 000 元，横过马路付清了猪农的猪肉钱；猪农拿了 1 000 元，出去付了他欠的饲料款；而那个卖饲料的老兄，拿到 1 000 元赶忙去付清他欠的赌债，赌徒则拿着这 1 000 元冲到旅馆付了他所欠的房钱。旅馆店主又忙把这 1 000 元放到柜台上，以免旅客下楼时起疑。此时旅客正走下楼来，拿起 1 000 元，声称没一间是满意的，于是把钱收进口袋走了……这一天，没有人生产了什么东西，也没有人得到什么东西，可全镇的债务都清了，大家很开心。

货币与金融的魅力大概就是如此的不可思议：经过货币一圈的流转，每个人都还清了借款，增加了安全感，而货币成为增加安全感的中间媒介。

随着社会化程度的加深，除了有吃穿住行等基本需求外，还会在基本需求得到满足后有更高层次的需求，追求更高层次的社交、受尊重与自我实现等成长性需求。这些需求出现后，“人”不再是一个“生物人”，而是一个“经济人”，也是一个“社会人”。

在某种程度上，人的需求便等同于人的欲望，而欲望的尽头还是欲望，永无止境。我国明代著名音乐家、文学家朱载堉也写过一首名为《十不足》的散曲："逐日奔忙只为饥，才得有食思为衣。置下绫罗身上穿，抬头又嫌房屋低。盖下高楼并大厦，床前缺少美貌妻。娇妻美妾都娶下，又虑出门没马骑。将钱买下高头马，马前马后少跟随。家人招下十数个，有钱没势被人欺。一铨铨到知县位，又说官小势位卑。一攀攀到阁老位，每日思想要登基。一日南面坐天下，又想神仙下象棋。洞宾与他把棋下，又问哪是上天梯？上天梯子未做下，阎王发牌鬼来催。若非此人大限到，上到天上还嫌低。"这首散曲将一些人永不满足、欲壑难填的需求升级过程表现得淋漓尽致，以此劝导人们面对现实，正视现实，戒除贪婪。

当然，也正是这些需求与欲望的存在，以及渴望别人的尊重、渴望爱与被爱、渴望成长等，成为激励人类前进的助力器，而金融服务也在满足消费者功能需求、体验满足、情感共鸣与文化认同的过程中，推动着人类生活的变化与发展。

“家”中事，人情冷暖：《浪子回头》

浪子回头

伦勃朗

1669 年 / 布面油画

浪子回头金不换，衣锦还乡做贤人。

——民间俗语

《圣经》中，耶稣讲过一个著名的故事。一个人有两个儿子，小儿子对父亲说："父亲，请你把我应得的家业分给我。"于是父亲如他所愿，把家业分给了他。小儿子拿着自己所分得的家产到远方恣意挥霍，花尽了钱财。不久，那里遭受饥荒，走投无路的小儿子幡然醒悟，回到家乡。

他对自己此前的种种劣迹悔恨不已，自认为不配再做父亲的儿子，所以跪地向父亲请求宽恕，恳求父亲只将他当作一个雇工。父亲却吩咐仆人拿出上好的衣服给他穿，并宰牛为他庆祝。大儿子劳作归家后看到这样的情景心生不满，想不通为何一直在家的他兢兢业业侍奉父母、辛苦劳作，却得不到父亲这样的厚待。父亲对此的回答是："儿啊！你常和我在一起，我一切所有的，不都是你的吗？只是你这兄弟，是死而复活，失而复得，所以我们更应该欢喜快乐呀！"耶稣用这个故事向门徒宣扬上帝的慈爱，那些离开上帝受魔鬼引诱的人，必定会受尽痛苦和折磨，如果他们最终回到上帝那里，上帝这位慈祥的天父便会赠予他们福分和恩典。

《浪子回头》是伦勃朗生前的最后一幅作品，他用这幅画彰显了人类崇高真挚的情感。作品明显带有尘世百态、家庭冷暖的味道，也是伦勃朗的信仰告白，这不是浪子个人的命运，伦勃朗用他来告诉迷途的人，最终还有这样一个温厚慈爱的怀抱作为最后的归宿，这就是迷途之人最大的慰藉。

画中跪在地上的儿子穿着麻布衣衫，脚上的鞋子已经磨破了跟，这足以显示在外游荡的日子并不好过。他的样子看起来非常狼狈，左脚上的一只鞋已经脱落在一旁，他甚至还没有进到屋内，只在门口便跪倒在地，不能起来。父亲已经年迈，身躯早已不再挺拔，看上去虚弱却非常慈祥，他的双眼红肿，目光没有什么神采，双手正颤抖地抚摸着小儿子的后背，他的怀抱依然那样宽广而温暖，猩红的披风像是一团火焰，带给人无限的温暖。

与父亲激动拥住小儿子的画面形成鲜明对比的是，在画面阴暗之中倚在门上的大儿子表现出冷漠和排斥的状态，对久违的重逢没有表情地袖手旁观。左上角的最暗处还有一个面目模糊的女性，应该是母亲或姐姐，她的心里一直记挂着她的孩子或弟弟，目光一直盯着这离家已久的孩子，再也没有挪开。

在现实社会中，我们也经常会听到“浪子回头金不换”的俗语，所以不论在哪里，家庭的温暖可能是每一个人在一生中都能够感受到的，有家的地方就有温暖，有人牵挂就有人爱。陈志武先生也曾在《金融的逻辑》一书中提到，不管是古代人还是现代人，都会面临生老病死的状况，现代金融有养老保险等产品可以规避这样的风险。而在古代，没有支持跨期交换的类似产品，人类就做了很多的文化和组织创新，比如“养儿防老”就是一种金融安排，让儿子作为父母防患于未然与养老保障的载体，这种思想在欧洲也曾经有过：比如英国都铎王朝亨利八世为生儿子继承王位，多次结婚与离婚；不少贵族家庭将家产分给大儿子等。当然，权力继承、家庭财产分配等事项也可能是产生家庭内部纷争的重要源头。

金融视角

从养儿手段到具有融资功能的年金制度

在公元前 40 年，古罗马颁布了《法尔什德法》(Roman Falcidian Law)。该法律规定，家庭财产的继承人通常是家中存活的长子，有权继承家中财产至少 25% 价值的部分，而非长子则通常以人寿年金的形式领取遗产。当时的罗马人用“收益年份”计量年金，比如：某笔年金每年支付 100 元，收益年份为 20 年，这就意味着该年金至少有一种价格计算方法是 100 × 20 = 2 000 元。查士丁尼时期的法理学家乌尔比安曾经规定过年金的价值应该随着领受人年龄的增长而降低，如领受人年龄为 20 岁时，可领取 30 个收益年份的人寿年金；而当领受人的年龄到 60 岁时，只能领取 7 个收益年份，可惜的是我们并不知道他确定收益年份的依据。

到了中世纪，人寿年金变为政府向人民集资的手段，特别是 1653 年法国政府推出一种名为“唐提养老保险”的政府集资计划，计划以推荐人洛伦佐·唐提的名字命名，协议内容是：一组参加保险者向基金投入相同资金，然后每年他们共同得到一笔指定数额的年金并平均分配。如果某一成员因为死亡而退出，就由余下成员分享年金总额。由于年金总额保持不变，因而每人分得的年金会增加。当只剩下一个成员存活时，他就得到了全部年金。最后，当所有参保成员都去世时，年金支付就会停止，基金的本金归基金的发行者（政府）所有。这是一种以自己的生命做赌注的财富游戏。

由于年金购买者只收到利息，本金也并不返还，所以年金并不是债务，没有违反教会的禁止高利贷的规定，而且政府也提供了二级市场允许年金持有人对年金进行交易，实现提前套现。因此，对年金持有人预期寿命的估计成为精确计算年金计划价值或年金支出的重要凭据。

首次对人类预期寿命进行精确调整的是荷兰执行官德·维特。德·维特本人在 1654 年通过协商结束了第一次英荷战争，打造了强大的荷兰海军，在他执政时期，荷兰的大多数债务来源于年金，这些年金被以同样的价格出售给不同年龄的人，而他认为应该基于每个人年龄的不同收取不同的费用。1671 年他出版了《永续年金的价值》一书，对于不确定性下的贴现理论进行了系统阐述，通过投资人的年龄来计算人寿年金的价值。虽然他的方法不算精确，但他所测算的数据可以作为第一份死亡率表。

他的假定是在一份合同的 768 人中：

第一个 50 年中每 6 个月将有 6 人死亡；

接下来 10 年内每 6 个月将有 4 人死亡；

再接下来 10 年内每 6 个月将有 3 人死亡；

再接下来 7 年内每 6 个月将有 2 人死亡。

通过假设复利率4%，对768个年金合同持有人计算死亡时间，并一一计算其对应年金现值，然后取算术平均值，即年金的价格。这也应该算是最早的利用净现值法计算资产价格的案例吧。

不幸的是，在第二次英荷战争中，法国趁荷兰虚弱，动员了十几万大军进攻荷兰。荷兰政府抵挡不住法国军队，一败再败，德·维特打算割地赔款、忍辱求和，但当地的民兵发生暴动，杀死了德·维特兄弟二人并将尸体悬于闹市。而无数普通民众一拥而上，或将尸体开膛破肚，或投掷石头、臭鸡蛋来表达自己对于这位前领导人的不满。有幅名画叫《德·维特兄弟的尸体》，画的就是这件事。

“内”有料，型男潮女：《秋干》

秋干

弗拉戈纳尔
1766 年 / 木板油画

爱好虚荣的人，用一件富丽的外衣遮掩着一件丑陋的内衣。

—— 莎士比亚

弗拉戈纳尔的《秋千》是按照委托人圣朱利安男爵的要求创作出来的。他提出的要求很特别：我的情人坐在一架秋千上，身后则是一位主教在推秋千，请把我安排在可以看到这个可爱人儿的腿的位置；如果你想让画面变得更生动的话，甚至可以让我看到更多。

经过弗拉戈纳尔的艺术创作，在有浓密树荫的花园里，一个年轻女子穿着嫩粉衣裙像玫瑰一样在秋千上盛开。画面右侧树木枝叶的秋千阴影处，一个中年男人也就是女子的丈夫，拉着绳子使秋千来回动荡，左侧玫瑰花丛中贵族青年的视线朝向裙底，脸庞泛红，神情愉悦，青年身处的玫瑰花丛象征着爱情的甜美和苦涩。女子、丈夫和青年的位置构成了一个三角结构，象征着画中人物的三角关系。而将手指竖在嘴唇边的丘比特雕像，视线朝向女子刻意踢飞的高跟鞋，也正好隐喻了他们之间的关系。

这幅画代表了当时贵族的艺术趣味。以调情为内容，在弗拉戈纳尔的全部作品中占有一定地位，而且无论从内容与形式上看，比起他的老师布歇来，则有过之而无不及。诚然，弗拉戈纳尔进步的艺术思想与颓废的贵族趣味是并存着的，在为显贵们定做的这些画作上表现得非常露骨，轻佻的内容与高超的色彩技巧是弗拉戈纳尔继承布歇“向妇女献殷勤”的一种绘画“传统”。

被掀起的裙子 / 弗朗索瓦 · 布歇 /1766 年

弗拉戈纳尔的老师布歇的作品则更直接、露骨地体现了王公贵族的口味——色彩浓艳、纤巧华丽、充满色情意味，把当时反映贵族小资情调的洛可可艺术发展到了最高水平。他的画作《被掀起的裙子》以一种偷窥的角度，表现了贵族女士“真空”出镜的着装，当女士在衣物间里换装时的情景被搬上画作时，满足了各位看客猎奇私密的阴暗心理。

如果要为布歇和弗拉戈纳尔画作里的女主角穿上内裤，得等上100多年才能实现。世界上最早的内裤出现在7 000多年前的古埃及，那时候的人们在腰间系一块三角形的亚麻布，甚至有些壁画上的男女只穿兜裆布，而没有其他衣物。到了中世纪欧洲，男性普遍穿上了束脚马裤，却没有内裤加身。后来，出现了一种叫“braies”的衬裤，“braies”是萨克森语，指口袋似的宽松衬裤，长及膝盖，用亚麻布做成，腰部穿有绳子，可以束紧，从国王到农夫都穿它。文艺复兴时期，这种braies衬裤长度变短，增加了裆部开口，方便小便时使用，这可以说是现代平角内裤的始祖了。

风景中的年轻骑士 / 维托雷 · 卡尔帕乔 /1505 年

到了16世纪，欧洲男人间开始流行穿一种叫“裆袋”的内裤。他们不穿外裤，将紧身长筒袜套在衬裤外，用吊袜带固定，只是用一块布料在两腿间遮羞，这就是“裆袋”。出于男人在某些方面的胜负欲，裆袋的用料逐渐变得多种多样，有皮料做的，甚至还有金属做的，形状也有所变化，以此显示男性某些部位的雄岸。裆袋的功能也被开发为多用功能，可以随手塞入零钱以及其他的一些小物件。小汉斯 · 荷尔拜因的《亨利八世画像》就充分体现了这种装扮，在这幅画里，亨利八世穿了当时最流行的时尚套装，外搭红色金边的大衣，让他看起来威武雄壮。他的腰间有一个明显的金色凸起，那个就是裆袋。裆袋是骑士们必备的衣饰，威尼斯画派的维托雷·卡尔帕乔的《风景中的年轻骑士》中英俊的男子穿着盔甲，手握宝剑，红色的裆袋非常醒目，可以看到裆袋上塞着几封随手就能拿到的信，也可能是骑士携带的汇票。

1717 年，俄国沙皇访问巴黎，骑马走过万众欢呼的街道时，一位美丽女子不巧在他的马前摔倒，顿时春光乍泄。沙皇在他的回忆录中颇为玩味地写道："天堂之门在我面前訇然打开。"也就是说，即使在 18 世纪的时尚之都巴黎，贵族女子们虽然身着层层叠叠的衬裙、裙撑、华丽的礼服，但裙摆下仍然是一片真空。所以，内裤真正成为一个文明现代人的日常必需品，是从 20 世纪 40 年代之后女权主义兴起时开始的，与丝袜风潮合流，成为女士着衣的时尚，并逐渐演化成现在的样子，说起来，流行存在的时间还真不长。

金融视角

内衣世界的诱惑与坚持

年轻的亚瑟王被邻国抓获，邻国的君主没有杀他，并承诺，只要亚瑟王能够回答一个非常难的问题，他就可以给亚瑟王自由。这个问题是：女人真正想要的是什么？

这个问题连最有见识的人都困惑难解，更何况是年轻的亚瑟王。于是人们告诉他去请教一位老女巫，只有她才知道答案。女巫答应回答他的问题，但他必须首先接受她的交换条件，这个条件是：让她和亚瑟王最高贵的圆桌骑士之一、他最亲近的朋友加温结婚。亚瑟王惊骇极了，他难以置信地看着女巫：驼背，只有一颗牙齿，浑身发出难闻的气味，丑陋不堪……

亚瑟王拒绝了，他不能因为自己而让他的朋友娶这样的女人。加温知道这个消息后，对亚瑟王说：“我同意和女巫结婚，对我来说，没有什么比拯救你的生命更重要了。”于是婚礼举行了，女巫也回答了亚瑟王的问题：女人真正想要的是可以主宰自己的命运。每个人都立即知道女巫说出的正是真理，于是邻国的君主放了亚瑟王，并给了他永远的自由。

而亚瑟王却陷入了无法解脱的痛苦，加温一如既往地温文尔雅，而女巫却在婚礼上表现出最丑陋的行为：蓬头垢面，用脏手抓东西吃，用嘶哑的喉咙大声讲话，她的言行举止让所有的人都感到恶心。

新婚的夜晚来临了，加温依然坚强地面对可怕的处境。然而，走进新房时，却为眼前的景象惊呆了：一个他从没见过的美丽少女正躺在婚床上！加温如临梦境，不知这到底是怎么回事。少女回答说，因为当她是个丑陋的女巫时，加温对她非常体贴，于是她就让自己在一天的时间里一半是丑陋的，另一半是美丽的。她问加温：“在白天和夜晚，你想要哪一半呢？”

加温没有做任何选择，只是对他的妻子说：“既然女人最想要的是主宰自己的命运，那么就由你自己决定吧！”于是女巫选择——白天和夜晚都是美丽的女人。

在所有衣物中，内衣是最后的防线，也是人们性幻想的终点。而如果女人穿着透明或镂空的内衣，会让男人产生联想，对男人来说是一种刺激，所以，内衣的存在充满了诱惑。

1977 年，30 岁的美国塔夫茨大学以及斯坦福商学院毕业生罗伊·雷蒙德走进一家购物超市，想为自己的妻子买一件合适的内衣作为礼物。结果当他在琳琅满目的内衣中挑选自己中意的款式时，女店员会用若有若无的警惕目光看着他，似乎是把他当作了一个色情狂。罗伊从这件尴尬事情上嗅到了商机，他下决心为男人开设一间给老婆买内衣内裤时不会尴尬的店铺。于是他从银行贷款 4 万美元，自己又东拼西凑了 4 万美元，共计 8 万美元，在加州的帕罗奥图市斯坦福购物中心租了一小块场地，专门售卖女性内衣。

罗伊开的这家店铺，内部装潢使用了英国 19 世纪维多利亚女王统治时期的内饰风格，而且采用了大量海报和产品画册的方式，为前来购物的男人们提供私密的、充分的服务。于是这家店被命名为“维多利亚的秘密”。这家小小的内衣店，也就是如今的维密内衣商业帝国的前身。至于为什么如此命名，一是在英国维多利亚时期，女性主义意识开始觉醒，女人们开始渴望获得受教育和经济独立的自由，这些具有反抗精神的女性被称作维多利亚时期的新女性。二是从法国路易十四时代开始，有身份的女士一次所穿的裙子不得少于三条，第一条裙子下面镶着大波浪的花边，名字叫“端庄裙”；第二条裙子，如果裙子主人的情夫没有耐心的话，会把它弄皱，因此叫它“调皮裙”；第三条裙子叫“秘密裙”，因为只有自己的丈夫或男友才能知道它的秘密。当然其中也可能有创始人的一些个人爱好，这些综合形成了“维多利亚的秘密”。

1982 年，罗伊将公司连同品牌全部出售给了另一家原本主要经营运动品牌的 LTD 公司的创始人莱斯利・维克斯纳。LTD 收购了维密之后，保持了罗伊在维密商店平台上开创的个性化定制交易方式，而在 LTD 手里，维密扩大了产品线与销售区域，逐渐成为最畅销的内衣品牌。特别在 1999 年全美收视率最高的超级碗决赛的中场休息时段，维密组织了一场优雅、热情、具有挑逗性的内衣秀，二十几位穿着甚少的模特在跑道上走起了猫步，这画面引发了网络直播的“灾难”——有 150 万人蜂拥上网争睹美女风采，承接比赛直播的网络被疯狂涌入的网民搞到瘫痪，还影响到了超级碗的直播。

有人说男人是视觉动物，“维多利亚的秘密”的内衣秀是为了制造视觉刺激，内衣也是为取悦男人而穿的，也许很有道理。但从另一方面而言，女人是氛围动物，不同风格的内衣是对女人不同心境的延展，内衣其实是女人为了营造气氛，为自己挑选的一件戏服。

真正懂得爱自己的女人，就应该如同加温的女巫一样，深知每个人的生命都是独一无二的，所以在这趟生命的旅程中，她们不违背自己的本心，尊重自己，接纳自己，因为这才是最真实的自己，懂得成为自己喜欢的那个人，也懂得为自己选择最合适的内衣。

“饿”难挡，美味土豆：《种土豆的人》

种土豆的人

让－弗朗索瓦·米勒
1861 年 / 布面油画

我想传达的观点是，借着一个油灯的光线，吃土豆的人，用他们同一双在土地上工作的手，从盘子里抓起土豆——他们诚实地自食其力。

——凡·高

几百年前，当欧洲探险者在印第安人的菜园里看到土豆时，叫它“怕怕”。16 世纪，西班牙殖民者将其带到欧洲，因为没有在《圣经》中查到对“怕怕”的记载，便咒骂它是“罪恶的食物”，认为吃了土豆会得鼠疫，甚至连一些医生也告诫人们，吃土豆会患麻风病、肺结核、软骨症等。18 世纪中叶，各种瘟疫和灾害导致普鲁士王国粮食歉收，上百万人饿死。爱民如子的腓特烈大帝听说南美洲有种叫土豆的植物产量高、营养丰富且易于种植，于是决定在全国推广土豆种植。

1740 年的一天，腓特烈大帝让士兵在柏林郊区种植了一片土豆，土豆开花结果后就派重兵把守。农民对此十分好奇，议论纷纷，他们觉得国王当作宝贝的食物肯定不寻常，而值得重兵把守的东西就一定值得偷。腓特烈大帝早就洞察到了这一点，命令士兵看守要松一点，如果有人偷挖土豆，就睁只眼闭只眼，装作没看见。结果，这一招果然奏效，有人把土偷挖回家自己种，由于土豆种植容易，味道甜美，人们百吃不厌，这样一传十、十传百，土豆的种植和食用慢慢得到了普及。也正因为如此，腓特烈大帝得以在“西里西亚战争”和“七年战争”中以土豆为食物支撑军队坚持到最后的胜利。而土豆种植技术的普及，又使数千万欧洲人从次次饥荒中得救，令欧洲人口稳定上升，从某种意义上说，欧洲有近现代的繁荣，土豆功不可没。

饮食学家曾经对食物有一个基本结论：食物是有“阶层”之分的，不同的人群会青睐不同的食材。简单说就是：你吃什么，你就是谁。土豆一开始只是劳动者的食物，在让－弗朗索瓦·米勒那个时代，很多人认为土豆甚至都不适合给家畜吃，但农民只有种土豆才能让自己不饿肚子。在画家们看来，土豆和农民身上的气质是一样的，会给人一种质朴凝重、真挚动人的印象。因此农民出身的画家米勒用自己的画笔记录了巴比松的田园劳动者，并使一幅幅平凡的农村生活场面放出奇光异彩来。在《种土豆的人》这幅作品中，米勒将人物置于春光下朦胧的美景之中，为画中主人公残酷的现实生活增添了美丽和尊严。树旁酣睡的孩童和驴子不禁让我们想起了另一个贫穷的家庭——

圣家族。整个画面平和安宁，构图概括简练，给人以朴实凝重、感情真挚之感。

彼得大帝时期，出访西欧的彼得大帝以重金从荷兰买回一袋土豆，种在皇宫花园里。1842 年，俄国发生饥荒，沙皇尼古拉一世根据国家财产部的建议，命令在几个省设立土豆育种基地，按公有方式种植土豆。但农民对土豆不了解，开展了抵制行动，尼古拉一世不得已动用军队予以镇压，历史上称为“土豆暴动”。可以说，土豆是伴随着枪声和血泪在俄国的土地上安家落户的。这之后，俄国人开始大量种植土豆，并使其成为主食，而“土豆加牛肉”已经成为幸福生活的标志。

1885 年，凡·高的父亲去世。葬礼完成后，弟弟启程返回巴黎，妹妹与母亲不太喜欢凡·高，让他变成了孤家寡人。没了人际交往，凡·高开始努力研究自然。在这期间，他认识了德格鲁特一家人，并和他们成为朋友。凡·高的作品《吃土豆的人》就是描绘了五口之家围坐在一张粗糙的木桌旁吃土豆的情形。白天他们都得下地干活，常

吃土豆的人 / 凡 · 高 /1885 年

年的劳作让他们的脸晒得黝黑，简陋的屋子里只有桌子、椅子、箱子以及一盏垂挂着的煤油灯。祖孙三代农民住在同一个屋檐下，齐聚一堂享用着一顿粗茶淡饭，土豆是这家人唯一可以果腹的食物，年轻的女人面前有一大盘热气腾腾的蒸土豆，她正在分餐，脸上带有一种询问的表情看向她的丈夫。她对面的老妇人正在向杯子里倒着麦芽咖啡，旁边的老人正在将土豆递给她，昏暗的灯光照亮了整个场景。

而在此时的遥远的东方，从马铃薯得到广泛种植的乾隆六年（1741）到鸦片战争时期，在短短的100年间，中国的人口从1.4亿直线上升到4.3亿，从大洋彼岸传来的食物——土豆、玉米、红薯，可以说是厥功至伟。

金融视角

爱尔兰人的苦难：吉芬效应

在近代欧洲，没有比爱尔兰与土豆关系更密切的了。这是一个贫瘠的岛屿，谷类植物在这个岛上长得不好，小麦几乎就不能生长。虽然从1801年起，这个岛屿在法理上成为“大不列颠与爱尔兰联合王国”不可分割的一部分，但在伦敦看来，爱尔兰不过是自己的一块国内殖民地。由于地缘政治关系，爱尔兰首先是英国殖民者的掠夺目标，岛上稍微肥沃一些的土地都被英格兰地主所霸占，而且多数大地主居住于英格兰，只关心谷物和牲畜的出口，因此爱尔兰大多数农业产品输出国外。在1751—1775年，爱尔兰人只拥有5%的土地，大多数人成了英国土地贵族的佃农，由于他们所获得的土地面积非常小，一无所有的爱尔兰农民只有在少得可怜的土地上种植适应恶劣环境的土豆才能养活家人。因此，300万爱尔兰人主要靠土豆维持生计。

1845—1850年，爱尔兰的土豆因晚疫病菌而造成大面积歉收、减产，导致爱尔兰发生饥荒。此时英国仍从美洲进口大量粮产，其中一部分经过爱尔兰的港口转运，但饥饿的爱尔兰人却买不起这些粮食，依然只能购买土豆充饥。在经济学中，需求定理是指在其他条件相同时，一种商品价格上升，该商品市场需求量将会减少，这是绝大多数人所共知的道理，也符合理性人行事的假定。但是，1845 年在爱尔兰大饥荒时期出现了一件奇怪的事，土豆价格在上升，但需求量也在持续增加。

当土豆价格上升时，消费者变穷了，但因为收入减少又使消费者想少买肉而多买土豆。从可替代食品的因素来看，对于已经是低档产品的土豆而言，已经没有其他可以替代土豆的食物了，因此在饥荒期间，虽然土豆的价格上升，但需求量仍在增加。英国统计学家罗伯特·吉芬最早发现了这一现象，因此被命名为“吉芬难题”，而价格上升，需求量仍在增加的产品则被称为“吉芬商品”。

在 1849 年，有一个名叫约翰·福勒的工程师到爱尔兰出差，由于目睹了爱尔兰土豆饥荒的恐怖，作为基督教中教友派的他，下决心贡献他的时间和资源来使粮食生产廉价化。但当时大量的土地因缺乏排水而不能开垦为农田，在他的努力下，开发设计了第一辆拖拉机，想以此将劳苦大众从艰辛困苦的劳役中解放出来。

最终将土豆解放出来走向千家万户并普及到社会各阶层的仍然是土豆自身的力量——变成薯片。据说薯片是由一个叫乔治·加林的人在纽约发明的。1850 年，他受雇于一家为曼哈顿富裕家庭提供服务的高级餐厅。一位挑剔的顾客抱怨薯条太厚，由于对这位顾客非常反感，加林准备“报复”他一下，于是他把一批土豆切成纸一般薄，继而油炸成酥脆的状态，并用大量的盐调味。只是报复不成，顾客却很喜欢这种土豆的新吃法。很快，加林和这家餐厅就因为他们特殊的“萨拉托加薯片”而闻名。工业化体系带来薯片的进一步普及，薯片则不负众望地打破了食物的阶层界限，对大众社会的到来做出了自己的一份贡献。

“买”得到，麦田声音：《拾穗者》

拾穗者

让－弗朗索瓦·米勒

1857 年 / 布面油画

不管鸟儿飞得多高，它总得在地上寻找食物。

——丹麦谚语

秋天是收获的季节。金黄色的田野看上去一望无际，画面最前方是三个农妇，她们在田地里弯腰捡拾遗留在地上的麦穗，三个农妇在画面上斜向排开，姿态各异，动作不同。画面最右边的妇女，侧脸半弯着腰，手里捏着一束麦子，正仔细巡视那已经拾过一遍的麦地；中间扎红色头巾的农妇正快速地拾着，另一只手握着鼓鼓的袋子；扎蓝头巾的妇女，左手握着右手捡来的麦穗，敏捷地把它们放在背后。画面的背景是一片收割的田地，广袤无垠，麦垛堆积如山，一片收割忙碌的景象。一辆载满麦子的马车正要离开，右上方有一个骑在马背上的人用手指着正在劳作的农夫。这是法国著名风景画家让－弗朗索瓦·米勒的一幅画作，凝聚着米勒对农民生活的深刻感受，是现实主义艺术风格的典型代表作。从画面中我们也能够知道，小麦是法国农民家庭餐桌上的主要食物。

中国有句俗语叫“民以食为天”。人类从诞生之日到现在，通过生态系统的自然选择，五谷杂粮成为基本的粮食来源。其中小麦就是发源于西亚地区的一个品种，在西亚被考古发现的最早的小麦遗存距今9 000年。西亚地区是世界上一个重要的农业起源中心区，在西亚中心区被栽培的农作物主要有小麦、大麦、鹰嘴豆、豌豆、蚕豆等。小麦被栽培后逐渐成为当地的传统农作物品种，以小麦为主体农作物的西亚农业为两河流域古代文明的辉煌打下了经济基础。小麦被栽培后开始向尼罗河流域、印度河流域、欧洲等地传播，向东北通过中亚传到中国，逐步取代了小米，成为中国北方旱作农业的主体农作物，对夏商周古代文明的建立和发展产生了一定的影响。

秦王嬴政当政初年，秦国统一天下的雄心已渐显露，燕、齐、楚、赵、魏、韩六国惶恐不安，纷纷想办法阻止秦国进一步发展壮大，在这些国家中，与秦国相邻的弱小韩国所感到的威胁最为强烈，于是精心设计了一个阴谋，派出一位名叫“郑国”的高级水利工程师到秦国，说服秦王在关中平原北山的山坡上，横向开凿一条长约150千米的大水渠，连通渭河的两大支流——泾水和洛水。鼓动秦国修建这条水渠的冠冕堂皇的理由是：有利于关中平原的农业灌溉。但真实的目的却是诱骗秦国调动大量人力和财力，投在一个巨大的工程项目上，以达到消耗秦国国力、延缓秦国出兵天下的目的。但是，工程的结果却与韩国的初衷大相径庭。由于这条水渠的建成，使得八百里秦川一跃变成了良田沃土，关中地区的粮食产量大幅度增加，秦国的国力猛增，反而加快了吞并六国的步伐。

郑国渠的巨大作用是韩国始料未及的，这是因为韩国的决策层在设计这个阴谋时，仅考虑到灌溉因素，却忽视了决定农业生产的另一个更为关键的因素——农作物品种。战国时期，包括韩国在内的中原地区诸侯国的主要农作物是谷子和糜子，也就是我们常说的两种小米，而陇东地区的秦国的主体农作物是小麦。小米和小麦的不同之处主要在于对灌溉的需求，前者基本不需要灌溉，而后者却极其需要灌溉。同时，小米是耐逆性很强的谷物，耐旱、耐瘠、耐盐碱，但产量相对较低；小麦虽然耐逆性较差，季节性又强，种植难度大，却是高产作物。由于郑国渠的修建，关中平原可以种植小麦的土地面积大幅度增加，原先仅能种植小米的土地现在都可以改种高产作物小麦了，由此粮食的平均亩产翻了几番，秦国农业得到了突飞猛进的奇速发展。民以食为天，人口也因此得以快速增长，为秦灭六国打下了坚实的经济与人口基础。

农业是人类社会生存的基础。原始人群是以采集和渔猎来取得维持生存的生活资料，后来逐步耕种作物和饲养牲畜，发展为原始的农业。农业就成为人类历史上一个最古老的物质生产部门，并且在很长的历史时期内是唯一的物质生产部门。丰衣足食的秦朝能够统一中国，而没有饭吃的李闯王只能带领大家闹革命，说明只有解决了人口的温饱问题，社会才能稳定与发展，才能民富国强。如果没有工业革命将农业机械引入农业生产领域，提高人类生活资料的供给能力，英国人口学家马尔萨斯《人口论》中的第一条基本规则“食物作为人类维系生存的保证与限制条件”将仍然会发挥作用。

金融视角

农业工具分期付款助力农业发展

在 19 世纪，大多数农民所用的农具与《圣经》时代的人相比只是略有改进，在收获的紧要关头，生产谷物的农民就会遇到生产过程中难以应付的瓶颈：他们得抓紧时间，赶在已经成熟的粮食被自然环境因素破坏之前，进行收割、脱粒和扬谷。

在整个从播种到收割的谷物生产周期中，收割需要的劳动量大而且时间短，是爆发性的需求，直到 19 世纪 30 年代，收割仍然是束缚农业劳动生产力的重要因素。那时候主要是手工收割，而且必须在一个相对较短的时间内进行，农场可以通过雇用临时帮工的办法来解决人手不足的问题，但所有的农场都是在相同的时间段进行收割，大家都有自己的农田需要收割，临时的帮手很难雇到，即使能雇到少数的帮工，工资也会被抬得很高，很多农场是雇不起的，这就越发凸显出机械收割机的重要性。为了解决这个矛盾，美国的许多企业投入了众多人力和物力对机械收割机进行研究。

美国人塞勒斯·霍尔·麦考密克在 1831 年制造出第一台马拉收割机，1834 年获得专利，1847 年在芝加哥建厂制造，随后进行标准化生产。刚开始的时候，收割机卖得并不好，1850 年的销量仅有 3 400 台，但是后来销量开始增加，据历史资料统计，1851—1859 年，共卖出了 7 万多台收割机。截至 1862 年，全美国一共有 25 万多台收割机投入了使用。

由于爱尔兰土豆歉收，欧洲增加了从美国进口的粮食，同时还使英国于 1846 年废除了此前一直阻止美国粮食进口英国的《谷物法》。1848 年，加利福尼亚发现金矿后，为西部地区提供了大量的金子，增加了资金，东部的大量劳动力涌入西部，进一步使机械化成为迫切的需要。于是，1840—1890 年，美国农民开始用上了不同种类的脱粒机、收割机、摇臂收割机、打捆机、扎捆机等，机械化使

1 英亩谷物的收割时间从以前的 20 小时降到了 1 小时。

随着农业机械工具的大量使用，农业生产效率也稳步提高，为人类提供了更多的食物与能量。法国著名印象派画家毕沙罗的画作《小麦脱粒》便展现了农民使用农业机械进行脱粒工作的场面。在一片金黄色的麦场里，一台绿色的脱粒机旋转着自己的圆轴，围站在周边的农民或将手中的麦草递入机器进行脱粒，或将已经脱粒后的麦草堆成高垛。当时，一台收割机或脱粒机 100 美元的售价，对大多数农民而言花费仍然太大，一季收获之后获得的收入无法全额支付，于是麦考密克在现金购买享有折扣的基础上，推出“分期付款赊销”和“退钱保证”的销售手段。“分期付款赊销”要求客户首付 35 美元，余额在约定日期还清；“退钱保证”是客户只需花 30 美元，就可以获得收割机的 6 个月使用权，试用期结束后，如果满意的话，支付 90 美元

小麦脱粒 / 毕沙罗 /1876 年

买下，如果不满意，就归还机器并取回他的30美元。对于农民来说，这是再方便不过了。6个月的使用权，使他们可以先收获粮食，待粮食售出后再付钱。在向农民介绍分期付款购买理念的过程中，分期付款成为农用机具销售体系最重要的创新，并成为未来金融创新的主要支点之一，助力美国从农业大国向工业大国的转型。

“喝”得爽，喧嚣酒吧：《费里贝热尔酒吧》

费里贝热尔酒吧

爱德华 · 马奈

1882 年 / 布面油画

没有一样东西比一杯香槟更能
使人生变得如玫瑰般瑰丽。

——拿破仑

酒吧遍及世界各地的各个角落，只要是有人群的地方，就少不了酒吧。欧洲有一句谚语：要找人，不在办公室或家里，到酒吧去，不在酒吧也肯定在去酒吧的路上。酒吧文化实质上是西方文化的重要表现形式，属于一种新型的娱乐文化。西方绝大部分人都把酒吧当成社交、娱乐和饮食的场所，人们的交往联系及生日、结婚纪念等重要聚会，往往都是在酒吧举行的。

关于“酒吧”这个名称出自哪里，说法有很多。有人说“酒吧”一词来自英文的“bar”的谐音，原意是指一种出售酒的长条柜台，是昔日水手、牛仔、商人及游子消磨时光或宣泄情感的地方。最初，在美国西部，牛仔和强盗们很喜欢聚在小酒馆里喝酒。由于他们都是骑马而来，所以酒馆老板就在馆子门前设了一根横木，用来拴马。后来骑马的人逐渐减少，这些横木也多被拆除，而有一位酒馆老板不愿意扔掉这根已成为酒馆象征的横木，便把它拆下来放在柜台下面，没想到却成了顾客垫脚的好地方，受到了顾客的喜爱。其他酒馆听说此事后，也纷纷效仿。由于横木在英语里念“bar”，所以人们索性就把酒馆翻译成“酒吧”。也有人说“酒吧”名称的出现时间还要更早，因为“bar”在英文中也当长木板讲，而吧台都惯用长木板做成。

爱德华·马奈的画作《费里贝热尔酒吧》描绘了巴黎的夜总会女神游乐厅内的场景，这也是马奈的最后一幅作品。画面中酒吧女招待挤在大理石吧台与一面大镜子之间的狭窄空间里，镜子照出了她能看见却无法参与的一切。她的眼神看上去空洞、迷离，在她面前，各种酒类琳琅满目；身后的大镜子折射出酒吧的喧闹，人头攒动，人声鼎沸，她本人的镜中映像被移到右边，而镜子中的映像说明有位衣冠楚楚、戴高礼帽的男子正在接近她，可能是想来吧台购买饮料和水果。但有些艺术史家认为他与女招待有着某种秘密交易，并引用了当时很多女招待兼任妓女的事实，还指出她们与女神游乐厅的欢宴一样诱人。这种意见无疑解释了镜像中女招待身体那不合理的变形，其实表明她身兼两职。

女招待背后所反射的景象是欢快、喜庆的现代生活，舞厅内人头攒动、活力四射的场景实质上象征着当时的巴黎夜生活。女神游乐厅消费高昂，为的是迎合富人的口味，尽管镜子中的映像欢乐华美，但作为实像的女招待却以悲伤、空洞的眼神望着大家。画面中充满了空虚与哀伤，流露出疏远孤立之感，令人联想到金钱并不能买来幸福，而其所流露出的疏远孤立之感才是城市生活的真实写照。

经过数百年的发展演变，各种崇尚现代文明、追求高品位生活、健康优雅的“吧”正悄然走进人们的休闲生活，同时也在现代城市中形成一道亮丽独特的文化风景。现在，酒吧通常被认为是各种酒类的供应与消费的主要场所，专为客人提供饮料服务及消闲而设。酒吧常伴以轻松愉快的调节气氛，通常供应含酒精的饮料，也随时准备汽水、果汁为不善饮酒的客人服务，以降低人们醉酒的可能。

人类醉酒的历史与喝酒的历史一样古老。《圣经》中挪亚在洪水过后的第一件事情就是喝酒，结果喝醉后裸体睡在了帐篷里。柏拉图认为可以通过醉酒看清一个人的真正品性：“如果想做到谨慎小心，那么还有比喝酒更好的办法吗？首先它可以测试一个人的性格，其次它还可以培养一个人的性情。”荷兰画家阿德里安·布劳威尔的画作《酒馆场景》就表现了这样的场面。在一家乡间的小酒馆内，在身边三个人的起哄与注视之下，一个身穿绿色上衣的醉酒男子正将自己的手伸入身边女人的怀里摸索着，在后方窗户上有人正伸出头来偷窥着他们的行为。过量饮酒引起人行为失控而导致了很多的社会问题，在法学家、社会学家眼里，酒是犯罪和贫穷的根源，因此，历史上也不乏国家进行限酒与禁酒，试图限制自己国家的人民的醉酒行为，其中最著名的当属俄国沙皇尼古拉二世的禁酒令与美国《沃尔斯特法案》禁酒令了。

1914 年，俄国沙皇尼古拉二世在俄国全境禁止销售伏特加。正值一战进行正酣的时候宣布禁酒令的主要原因是，俄国军队的士兵经

酒馆场景 / 阿德里安 · 布劳威尔 /1635 年

常醉得一塌糊涂，连打败仗，节节败退。俄国人酷爱喝酒，并且喜欢让别人喝酒，这有着很悠久的历史，很多有名的历史人物如彼得大帝、伊凡四世都有喝酒的轶事流传。特别是伊凡四世创立了一套国营酒类管理制度，把俄国内的酒吧收归国有，国家依赖酒类专营收入。在一战期间，全俄 1/4 的财政收入来自对酒的征税，这就意味着国家依赖于人们对酒精的依赖。1914 年的尼古拉二世则打破持续了 400 年的传统，宣布禁酒，要通过禁酒来“改善人民的经济状况，同时不必担心财政损失”，因为国家的收入不应该来自破坏人民“精神和经济力量”的产品销售收入，而是应该有其他更健康的来源。但尼古拉二世的结局是被布尔什维克秘密警察处死在叶卡捷琳堡的一处地下室里，这位末代沙皇最终也未能通过改革来挽回俄国封建王朝灭亡的命运。

在美国历史上，是否应当禁酒，一直是争论的焦点。随着民权运动、女权主义的兴起，在“禁酒不仅是个人道德问题，而且是维护清教主义的理想”的信念支撑下，基督教妇女禁酒会、反酒馆联盟等团体应运而生。1913 年，美国国会通过了法案，禁止酒类输入已禁酒的各州。到 1916 年，已经有 19 个州禁酒。一战后，国会又以“经济、效率和道德”为由，禁止制造和售卖烈性酒。1919 年，国会通过宪法第 18 条修正案，规定：“禁止在合众国及其管辖的所有领土内酿造、出售和运送作为饮料的致醉酒类；禁止此等酒类输入或输出合众国及其管辖的所有领土。”

但是，事实表明这是一个无法执行的法案。全美出现了大规模的违反禁酒令的活动。一方面，私酒贩子成为一种职业，因为非法贸易会带来暴利；另一方面，政府当局对此现象严加惩处，导致 1920—1932 年，75 万人因违反禁酒法而被捕，罚款总额超过 7 500 万美元，没收财产 2.05 亿美元，社会矛盾激化。私酒贩子买通警察或结成帮派，采用威胁、暴力甚至谋杀的方式，大有“邪能压正”之势。到最后，政府也开始怀疑“以暴制暴”是否真能解决问题。1933 年，联邦国会被迫通过宪法第 21 条修正案，提出：“美利坚合众国宪法第 18 条修正案现予废除。”第 18 条修正案成为美国宪法史上的一大丑闻，后来，美国人在撰写宪法史时几乎没有人再提到它。

金融视角

酒吧里发明的收银机

代顿是美国俄亥俄州西南部的一座城市，这里因出过飞机的发明者莱特兄弟而声名远播。不过除了莱特兄弟之外，这里还有一位发明家同样也很出色，他就是收银机的发明人詹姆斯·瑞提。

瑞提于 1871 年开设了自己的第一家沙龙酒吧，并以“纯酿威士忌、醇酒与雪茄经销商”自居，由于他经营有方，酒吧生意红火。随着生意的扩大，他发现以前店铺小的时候，每天的流水有限，晚上关门的时候随手一算，对这一天的盈亏基本就有数了。现在摊子大了，每天进进出出，算起来十分费心力。还有就是由于缺乏有效的监督，他不能确定收银员对每一笔账都能计算准确，也不能确定收银员会不会顺手牵羊，把一些营业款装到自己的腰包里。

由于瑞提在经营酒吧之前还做过工程师，发明和制造机器也算是他的本职工作，于是他就开始着手研究一种可以监督收银员收银行为的机器，但他一直没有找到合适的思路与方法。直到有一次他坐船远行，无意间看到船上有一种可以记录螺旋桨转动次数的机械装置，这个装置给了他灵感，他回去就画了设计草图，并找来了自己的兄弟约翰，两个人一起造出了收银机的雏形。

瑞提设计的收银机有一个数字表盘，上面的按键对应着不同的钱数。收银机顶部有个两面可以显示的显示屏，里面同样内置了数字表盘。两套数字系统通过内部的齿轮连接，当按动下面的按键时，显示屏上就会出现相对应的数字，店员和顾客都能看见。

这种收银机虽然笨拙，但是已经具备了现代收银机最重要的功能——记录每笔交易的金额。而且顾客也能看到收银机上显示的数字，若是店员输错，顾客肯定会提出异议，无形中让顾客成了店员的监督者。这样，老板每天只需要把钱库里的钱和收银机上的记录核对一下就行了，从此再也不用担心店员浑水摸鱼了。

当詹姆斯·瑞提将自己的产品卖给开商店的约翰·帕特森时，极具商业意识的帕特森很快关闭了自家的商店，创办了后来叱咤风云的国民收银机公司。国民收银机公司把“重复有效的行为”作为行为指南，培训了很多的销售人员，推销自己的收银机设备，并且改革内部管理制度，成为公司福利制度改革中影响力最大的一家企业。19世纪，在几乎所有的雇主看来，雇员都是拿着尽可能少的工资、做尽可能多的工作，并且按雇主心情可以随时被解雇的人。不管男雇员还是女雇员，他们如何工作、在什么环境下工作也都无关紧要，因为雇主们从没想过为他们工作的是人，而是白天上班晚上回家的机器。但当发生了一次因产品质量问题被退货而导致公司差点破产的事件后，作为企业家，帕特森开始思考工人工作态度问题的原因，并改进了管理方式。他选择设立福利部门，并雇用专人来负责员工福利事务，人力资源的概念也第一次出现在公司的日常管理之中。公司将厂房进行翻修，确保光照、温度和通风条件良好，并用明亮的颜色粉刷了墙面和机器，3 800 名员工均可享受图书馆、午间电影、健身课、周末出游，以及历史、舞蹈、英语和音乐课程培训，还有幼儿园可以照顾员工子女。这也是查理·芒格把国民收银机公司当作好企业的原因之一。

“品”有范，咖啡布道：《星空下的咖啡馆》

星空下的咖啡馆

凡 · 高
1888 年 / 布面油画

我宁愿喝咖啡，也不愿变得无知。

——拿破仑

在静谧的蓝色夜空里，星光弥漫之下，一间还在开业的咖啡馆外，橘黄色的灯光与浅褐色的地砖给人带来了温暖的感觉，咖啡馆的服务生穿着白色的侍者服，在询问顾客的需要，边上的咖啡桌边都坐了人，只有近处零星的几张桌子空着。鹅卵石铺就的街道向前延伸，街上的行人或并肩而走，或独自前行。咖啡馆的房间里也透出灯光，街道深处与夜连成一片静默，夜空中的星星如同一个个彩色小太阳般挂在那里，撒给人间点点温馨。

这是凡·高的著名画作《星空下的咖啡馆》所描绘的街头一角，用了他最喜欢的蓝色与黄色作为主基调，很容易让人联想到《星空》。不同的是，画中的夜晚并没有给人压抑之感，而是多了几分和谐欢畅。那时凡·高的心情应该是自由快乐的，暂时忘却了生命的孤独。蓝色与黄色两种对比色，一个诉说着恬静的心情，一个代表着喧闹的气氛，在这幅画中，即便静谧的蓝色夜晚将至，但由鹅卵石铺成的广场在黄色调的灯光下，依旧展现着人们的欢乐与活力。

咖啡原产于埃塞俄比亚的卡法地区。埃塞俄比亚军队曾经两次占领过阿拉伯半岛西南部的也门，而军队的士兵有嚼食咖啡豆的习惯，出征时还会随身带着咖啡豆和动物脂肪混合而成的干粮，咖啡树因此在也门生了根，特别是埃塞俄比亚对岸近红海的摩卡地区，成了今日全世界公认的最好的阿拉伯咖啡豆的起源地。从也门的一种名不见经传的地方宗教饮品到风靡世界的时尚饮品，咖啡的传播经历了一个漫长而曲折的发展历程。《古兰经》里有明确禁止喝酒的经文，因此，当世界各地的穆斯林每年到麦加朝觐后，就会将喝咖啡提神的习惯带回去，接着奥斯曼土耳其人和意大利人也开始流行喝咖啡了。

俄国绘画大师康斯坦丁·马科夫斯基的作品《在开罗的咖啡馆》就体现了埃及人民在咖啡馆里的日常生活。画面是在一所破旧的阿拉伯风格建筑中，一个女人与小男孩敲打着手鼓载歌载舞，而一些上了年纪的男子们围坐在一边，有人抽着旱烟，有人端着刚刚煮好的咖啡正准备递到长者的面前请他品尝，所有人的目光都被这杯咖啡所吸引。

在开罗的咖啡馆 / 康斯坦丁 · 马科夫斯基 /1872 年

咖啡成为联结世界的纽带，咖啡豆不仅穿梭了漫长的时光，其足迹也曾到过世界的各个角落。1554 年，奥斯曼土耳其帝国的首都伊斯坦布尔出现了第一家咖啡馆——卡内斯咖啡屋，不仅提供咖啡，还采用豪华装修来吸引顾客，引起了咖啡消费的浪潮，现代意义上的咖啡馆就此出现。在精明的威尼斯商人的策划下，威尼斯人向阿拉伯人取得了咖啡专卖权，1645 年在威尼斯诞生了欧洲第一家公开的街头咖啡馆。当时意大利教士所穿的教服为棕褐色的外袍和一顶白色的帽子，而意大利人喜欢喝的咖啡中白色的奶沫像极了教士们所穿的披风上的帽子，人们便以其名“cappuccino”来命名这款咖啡，音译过来就成了卡布奇诺。

咖啡与浪漫之都巴黎的缘分也是咖啡历史中的重要篇章。1669 年驻法国巴黎的土耳其大使受路易十四邀请，在凡尔赛宫举行了一场精彩而豪奢的咖啡礼仪，咖啡文化的香醇芬芳、优雅精致令法国贵族瞠目结舌。后来这位大使在巴黎租下了一所豪宅，凭借其极具异域风情的装修和香醇咖啡，吸引了不少法国贵族携家眷光顾，甚至成为巴黎极具知名度的社交场所，很快，一场由上而下的咖啡热潮逐渐在法国扩散开来。今天世界第一大咖啡生产国巴西的咖啡“母树”也来源于法国。1714 年，荷兰阿姆斯特丹市的市长将皇家植物园培育成功的咖啡树苗送给路易十四，结果一个法国海军军官偷偷将一株树苗移植于马丁尼克岛后成功存活，从而打破了也门与荷兰对咖啡的垄断，也使南美的巴西成为当今世界第一大咖啡生产国。

奥斯曼人在 1683 年围困维也纳，久攻不下。有一个精通土耳其语的小伙子科胥斯基冒充土耳其士兵混过盘查，到波兰找到了救兵，最终波兰援军与维也纳军队里外夹击，解除了维也纳之围。奥斯曼军仓皇撤退，走的时候留下了很多袋咖啡豆。对咖啡一无所知的维也纳人将这些咖啡豆连同房子一同奖励给冒险出城搬救兵的科胥斯基。科胥斯基曾在土耳其居住多年，知道怎么烤咖啡豆、怎么煮咖啡，他便在那所房子里利用这些咖啡豆创办了维也纳的第一家咖啡馆——蓝瓶子咖啡馆。但他在经营这家咖啡馆时仍面临许多困难，如奥地利人喝了咖啡后会觉得太苦，于是科胥斯基向维也纳人的传统饮食习惯妥协，创造出有别于土耳其咖啡的新喝法，过滤咖啡渣后把当地盛产的牛奶加到咖啡里，因此以后他就被称为“拿铁咖啡之父”。

从 18 世纪中叶开始，北美的咖啡馆逐渐成为政治家、商人聚会之所，层次大幅提升，但政治氛围的加重自然减少了轻松愉快的氛围，尤其是波士顿的咖啡馆是当时策划革命的大本营。由此可见，不管在欧洲还是北美，最早的咖啡馆都是政府头疼的“重灾区”。1773 年，一群反抗英国霸权的波士顿居民伴装成印第安人，强行登上了英国货轮，将几百箱价值不菲的茶叶倒入大海，旁观者振臂欢呼，史称“波士顿倾茶事件”。1774 年，独立后的美国民众更是为了表达爱国情操而拒绝喝茶，转而饮用咖啡，这也是美国人至今喜欢喝咖啡而不喝茶的原因。

金融视角
咖啡馆里诞生的交易所

1650 年，一个名叫雅各布的犹太人在牛津开了英格兰的第一家土耳其咖啡馆，从此以后，咖啡馆越来越多，每个教派、政党、时尚流派都有自己的会议场所，而咖啡馆中的幽默谈话使伦敦的生活越来越有活力，从而逐渐成为情报和学术交流的中心。随着欧洲国家的海外殖民地扩张传遍世界各地，作为酒精饮品的重要替代品，咖啡逐渐走上世界舞台，并深得知识分子和商人们的青睐。更具时代意义和进步意义的是，咖啡馆既是人们饮用咖啡的场所，又为社交应酬、文化交流、商业谈判和政治对话提供了一个全新的环境。

在 18 世纪早期，咖啡馆被称为“一便士大学”。因为一杯咖啡只要一个便士，而在这里你可以聆听或了解到这个时期伟大的文学人物和政治人物的思想。于是咖啡馆比俱乐部更受欢迎，来自世界各地的消息对国内的经济至关重要，而获得消息最快的地方就是咖啡馆。

1698 年，位于伦敦柴思胡同的乔纳森咖啡馆里，活跃着的是 150 名“被驱逐”的经纪人——他们因喧哗吵闹，被从皇家交易所驱逐出来，遂集中在此交易。一名叫约翰·卡斯塔因的经纪人在乔纳森咖啡馆进行股票交易时，为了提高效率，自制了一本小册子，名为“交易与其他事项的流程”，列出了一张他持有的股票与商品价格清单，供其他经纪人参考。这种小册子顿时流行开来，许多经纪人效仿他提供此类清单。咖啡馆随后将此类清单公布在咖啡馆内的公告栏里——这就是股份挂牌交易的开端。它经历了 1745 年的大恐慌和 1748 年的大火，到 1761 年才得以重建，并重新命名为“新乔纳森咖啡馆”。然而很快，它又有了一个新名字——“伦敦证券交易所”，一直沿用至今，成为世界金融的绝对中心。

1653 年，一群荷兰移民忙忙碌碌地在纽约市曼哈顿岛接近南端的地方竖起了一排高 12 英尺的原木墙，目的是保护自己免于遭受印第安人和英国人的袭击和骚扰。32 年后，一群测量人员沿着这排木墙画下了建设街道的白线，并给这条还不存在的街道起了一个名字——华尔街。在此之后的 100 多年里，华尔街一直默默无闻，直到 1792 年 5 月 17 日，华尔街的 24 位经纪人共同签署了《梧桐树协议》:

> 我们，在此签字者——作为股票买卖的经纪人庄严宣誓并承诺：从今天起，我们将以不低于 0.25% 的佣金费率为任何客户买卖股票，同时在任何交易的磋商中我们给予会员彼此的优先权。

于是，这 24 位在协议上签了字的经纪人组成了一个独立的、享有交易特权的有价证券交易联盟。这就是后来纽约证券交易所的雏形，这一天也因此而成为纽约证券交易所的诞生日。

1793 年，经纪人搬进了唐提咖啡馆，这儿也成为这些经纪人在下雨天的交易场所。唐提咖啡馆位于华尔街和水街交叉路口的西北角，在其巅峰时期，是纽约市内最大的证券交易场所。人们聚在这里，讨论着形形色色的商品和股票价格。咖啡馆内有拍卖室、宴会厅和舞厅，甚至还提供一套登记系统，供那些跨洋而来的海运商在这里登记货物和奴隶。唐提咖啡馆没有阶级门槛，各个社会层次的人都可以进来，鱼龙混杂的同时处处商机涌动。1817 年，参与唐提咖啡馆证券交易的经纪人通过了一项正式章程，并成立“纽约证券交易会”，而这就是今天的“纽约证券交易所”会员们草拟的《纽约证券和交易管理条例》，它成为未来一切证券交易所章程的模板，其中关于会员、统一佣金和联盟互济的精神，直到今天仍然是证券交易市场的基本规则。

“乐”悠闲，轻松假日：《大碗岛的星期日下午》

大碗岛的星期日下午

乔治 · 修拉

1884—1886 年 / 布面油画

财富的增长和闲暇的增加是促进人类文明的两大要素。

——迪斯雷利

大碗岛的意思是“古代的大碗”，名称来源于岛的形状。该岛位于巴黎近郊，是塞纳河中的沙岛，也是一个野餐会友的绝佳去处。每到假日，巴黎各阶层的男女纷纷从右岸（工厂林立的贫民街区）和左岸（巴黎的中心住宅区）聚集到这座小岛上乘凉、游玩。

法国画家乔治·修拉的《大碗岛的星期日下午》就描绘了巴黎某一个周日休闲的日子里，大碗岛河畔草地上休憩游玩的各式人物构成的场景。无数细小的色点创造出一种夏日炎炎的自然光中闪烁颤动的极明亮绚烂的效果，给人一种阳光灿烂、影影绰绰的幻觉。画中的人物大多没有什么动作，只有块面组成的剪影似的形体，分不出五官细节，更看不出个性特征。当我们欣赏这幅画时，新鲜光亮的色彩，以及扑朔迷离、若隐若现的场景仿佛使我们置身于盛夏的大碗岛，成为游玩人群中的一员，沐浴着灿烂的阳光，享受着星期日轻松、愉快的时光。

岛上四处种植着纤细笔直的树木，在云朵一般蓬松轻盈的树荫下，一大片与绒毯别无二致的柔软草坪铺展开来。人们以各种各样的姿势尽情享受着闲暇时光：从事体力劳动的男子裸露着强壮的手臂半躺在草坪上，嘴里叼着长长的烟杆；女子在岸边垂钓；负责照顾老人的护士头戴缝着长蝴蝶结的布帽子背对我们而坐；还有吹小号的男子、与小女孩牵着手的母亲、夫妻、情侣以及制作花束的少女。画中，两名军人并肩行走的前方有人非常随意地躺在地上。前景中一条大黑狗正在嗅着草地上的气味，旁边有另一只可爱的小狗正朝它跑过来。画面中央穿着白色连衣裙的小女孩身边飞舞着几只蝴蝶。而在白衣小女孩的右后方，还有另一个女孩子衣裙飞扬地奔跑着……不过，这些原本饱含速度感的行动也在瞬间停滞了，而且看上去这种停滞将一直持续。

画面右侧占据空间最大的一对男女究竟是什么关系？他们是一位头戴丝绸礼帽、身穿正装的绅士，以及穿着只有臀部位置高高翘起的时髦长裙（在内衣外面穿着裙撑才能实现这样的造型）的女士。这一对想必是有钱人与他的情妇吧，隐藏的证据就是这位女士手中牵着的宠物是一只猴子，而猴子正是“败德”的象征。

当人们的物质生活充裕后，就会想体验或获取一种心灵的放松，此时便会关注工作与休闲的平衡、关注身体与心灵的平衡、关注物质与精神的平衡，不仅仅满足于在精神世界里徜徉，也不仅仅满足于在物质世界里存活，而是要在身体与心灵的共同激荡中实现自己的幸福。因此，休闲既是感性的也是理性的，既是精神的也是物质的，当它们合二为一时，才会令人感受到幸福。

因此，亚里士多德说：“休闲可以使我们获得更多的幸福感，个人的幸福在于休闲，城邦（国家、集体）的幸福在于和平。”“休闲是一切事务环绕的中心”“只有休闲的人才是幸福的”等观点对西方文明产生了深刻影响，成为其社会共识和研究共识。

大多数人放松心灵的休闲方式是旅游，《大碗岛的星期日下午》中的人们就是通过出行来享受生活，而还有很多人放松自我的方式是

纽约电影院 / 爱德华 · 霍普 /1939 年

看书或是看电影。爱德华·霍普的《纽约电影院》在向人们展示这种休闲方式的同时，也提出了对精神世界与物质世界互相扰动的思考。

在纽约的一家电影院里，一堵深褐色的墙将画面分成了两个世界，一边是代表精神世界的电影厅，另一边是代表现实世界的门厅走廊。在墙里的电影厅内，电影幕布上正放映着黑白影片，也许是当时的经济萧条影响了人们的收入，也许是这部电影并不吸引人，所以猩红色的座位上零星地坐着几个观看电影的人。在墙外电影门厅的走廊入口内，一个穿着藏蓝色连衣裙的金发女郎用手抚腮靠墙而立，她好似被电影中的情节触动了心绪，或者被现实世界的某些问题所困扰，有一种淡淡的哀愁。尽管此画作于 1939 年，当时已经可以观看彩色电影，但画家依然选择黑白影片与彩色世界的对比来反映精神世界与物质世界的冲突。

随着时代的变化，人们逐渐形成具有自身特点的消费文化，电影中也记录与传达着不同时代的消费观念。消费并不仅仅指人们对于基本生活需要的满足，如对各类物质的占有或利用等，还指向了不同精神世界代表的价值观，并通过电影将这种价值观传播出去。简言之，精神世界在消费时代下也被符号化了，符号化成为个体理解世界、接触世界的一种方式。而在市场、媒介以及大众的共同作用下，符号往往又意味着等价交换和理性计算。生活中的林林总总几乎都可以被放入商业的逻辑中考量，而人类的欲望也在消费语境下被赋予了合理性，并成为金融社会可以计价与交易的标的。

金融视角

消费升级：消费主义与装在口袋里的银行

二十世纪五六十年代是美国的一个黄金时代，国内经济飞速增长，越来越多的人过上了现代化的生活，工厂里不停地生产出各种商品供人们购买。生产线上的工人穿着同样的制服，执行固定的生产流程，高效地生产出同一品质、同一外观的产品，就像复印一样，这叫作标准化生产。人类历史上从来没有生产出这么多商品、创造出这么多财富，也从来没有这么鼓励买东西、这么重视金钱的价值。很多美国人家里有汽车、冰箱、洗衣机、电视机、吸尘器、洗碗机等家用电器，他们白天出门工作，吃同样的食物，喝同样的饮料，晚上回家打开电视，观看同样的娱乐节目，播放的广告都在推荐同样的产品，诱惑他们买新的食物、新的衣服、新的电器、新的汽车。这是一个被称作消费主义、商业主义的时代。

马克思主义认为，消费主义是资本主义社会过度生产的必然产物。而资本主义要维持运作，就必须将工人转化为消费者，才能将大笔钱花在大量生产的货品上。消费主义之所以成为资本主义主要的意识形态之一，就是因为只有消费大量超过需求而生产的货品，才有可能维持资本主义的运作。资本主义和消费主义的伦理可以说是一枚硬币的正反两面，要将这两种秩序合而为一：资本家的最高指导原则是——“投资获取利润”，而工薪阶层的最高指导原则是——“消费满足欲望”。

在消费主义的认知下，人们之间的关心与照顾可以用消费行为取而代之。只要个人买得起或者为他人买得起某种具有符号意义的商品，就可以自动收获爱情、友情和亲情。而获得他人尊重的重要方式，就是看这个人是否能够进行某种炫耀性的消费，能否不计后果地大讲排场和大肆花销，能否拥有某种象征和代表身份地位的奢侈品。美国学者彼得·N. 斯特恩斯在《世界历史上的消费主义》中断言：“消费主义是现代历史至关重要的一部分。”根据他的定义，消费主义意味着这样一种观念：人生目标与获取商品是紧密关联的，纵使这些商品并非生存所需，也不是为了传统意义上的炫耀需求。在消费主义中，人们沉迷于获取商品的过程，将此作为自身认同的基础，而社会经济制度也服务于消费主义，例如专门负责增强产品吸引力的设计师，以及铺天盖地无所不在的广告等，他将此称为“消费体制”。

美国艺术家安迪·沃霍尔注意到了这种特点，他的画作《金宝汤罐头》就采用商业广告的手法创作，将当时美国人最流行、最常见的金宝汤罐头按照不同口味排成行列，看起来醒目又壮观。沃霍尔用这个平民文化象征的罐头影射了他所在时代消费主义的盛行，同时讽刺了当时的工业文化，看似高效却毫无内涵。

在消费主义的引导下，“消费者”取代了“顾客”，成为一种去个体化的抽象群体，而大众的需求是由满足他们需求的一方所创造的，即萨伊定律所说的“供给创造需求”，甚至是通过“强化欲望创造需求”，这种产品供给不仅出现在制造行业，也出现在了金融行业。

20 世纪 50 年代的一天，美国商人弗兰克·麦克纳马拉在纽约一家饭店招待客人用餐，就餐后发现他的钱包忘记带在身边，于是不得不打电话叫妻子带现金来饭店结账，并因此深感尴尬。这次经历让他产生了创建信用卡公司的想法。1950 年春，麦克纳马拉与他的好友施耐德合作投资 1 万美元，在纽约创立了“大来俱乐部”，即大来信用卡公司的前身。大来俱乐部为会员提供一种能够证明身份和支付能力的卡片，会员凭卡片到指定的 27 家餐厅可以记账消费，不必付现金，这就是最早的信用卡，这种无须银行办理的信用卡的性质属于商业信用卡。到了 1956 年，大来卡的交易额接近 3 亿美元，特约商户达到 9 000 家，但因为没有金融机构的支持，大来卡只能赊账消费，没有贷款功能，对普通市场吸引力不大，很难普及。

1958 年，美洲银行研发部主管约瑟夫·威廉斯认为美国经济进入“黄金时代”，经济向好、收入增加会极大地刺激居民消费，而信用卡正好可以满足人们的消费欲望。他成功说服老板在加州的弗雷斯诺市试行信用卡，全市共有 6 万多户居民收到了美洲银行的塑料卡片及来信，告诉他们可以在商店赊账消费，而且不用一次性付清全部货款，人们亲切地称这次投递为“弗雷斯诺大投递”。

在此之后，美洲银行又把信用卡业务拓展到全加州，但业务规模的突飞猛进使美洲银行忽略了信用卡客户的违约风险，这次大跃进使美洲银行损失了2 000万美元。然而美洲银行并没有对信用卡失去信心，他们建立了一套科学合理的信用卡风险管理体系，并采用了一个全新的名称——维萨卡。目前，维萨、万事达、银联成为全球最大的三家信用卡服务组织，为全球各国、各地的持卡人提供最新、最完整的支付服务。

于是，信用卡成为每个人口袋里的银行，革命性地改变了人们的生活方式和消费习惯，极大地刺激了消费，带动了经济的快速发展。

“抽”过瘾，烟雾缭绕：《吸烟者》

吸烟者

阿德里安 · 布鲁维尔

1636 年 / 木质油画

在地球所出产的所有植物当中，烟草是最受男人喜爱的植物。

——理查德 · 苏德尔

在一座破旧的小酒馆里，男人们围坐在一起喷云吐雾。坐在右边的一位黑衣男子正就着炭火在卷他的纸烟。点燃烟斗、转过身来的另一位男子以惊诧的表情看着画外，仿佛被从门口进入房间的人所震惊，张着嘴仰首朝天，口中香烟的烟雾升腾消散于空气中。他背后的几位男子都在挤眉弄眼地做着鬼脸。这是17世纪荷兰风俗画家阿德里安·布鲁维尔记录的当时流行于阿姆斯特丹当地小酒馆里吸烟者的形象。由于烟草的盛行，当时的荷兰画家对吸烟者的描绘屡见不鲜，在艺术作品中，烟草的魔力无处不在，"时而飘散，时而聚集，这就是我，这就是一切"，法国著名诗人波德莱尔的诗句形象地表现了烟草烟雾的无穷变幻。当烟草的气息被喷成雾状，仿佛给人外在的形体套上光环，一次次的呼吸之间，在集中与飘散中浪漫而快乐地跳动，实现心醉神迷的释放。

由于吸烟有令人兴奋的作用，跟随哥伦布来到美洲的西班牙人受当地人吸食烟叶习惯的熏陶，将这种新的消遣方式带回欧洲。1560年，法国驻葡大使让·尼古特将烟草带到巴黎，并献给美第奇家族的法国当权者凯瑟琳王后。那时人们认为烟草可以治疗溃疡和呼吸道疾患，因此吸烟也被称为"吸药"，所以这种"药物"以尼古特的名字命名为"尼古丁安那"。1928年，海德堡大学的波塞特和雷曼分离出烟草生物碱，为纪念让·尼古特，也把它命名为"尼古丁"。

在荷兰，烟草大概是西班牙军队带来的，写作于16世纪末叶的一部《尼德兰史》中提到，烟草已经在荷兰扎根了20～25年，人们像酗酒一样吸烟成瘾。1602年成立的荷兰东印度公司自然不会放过这个好生意，从1620年开始，他们从北美弗吉尼亚进口烟草，随后是切萨皮克湾，整个17世纪的阿姆斯特丹是弗吉尼亚和马里兰烟草的欧洲最大交易集散地。

1614年，英国商人在荷兰城市豪达建了一个垄断性烟斗生产企业，主打产品是白色的黏土烟斗——黏土原料皆需进口，最好的黏土来自英格兰。豪达烟斗在当时远近闻名，也经常出没于荷兰的静物画中。它那带有光泽、两端稍稍收缩的白色烟锅，还有长长的烟管简洁明快，具有极高的辨识度。很多知名的荷兰画家如彼得·克莱兹等都曾经将这种白色烟斗画在他们的画作之中。

静物与吸烟管 / 彼得 · 克莱兹 /1636 年

除了吸食之外，当时的人们认为烟草的作用还有很多。18 世纪，烟雾灌肠法大行其道，深受英国医学界的欢迎，并被用于一种非常特别的治疗：溺水之人的复苏。把烟吹入溺水之人的身体，被认为可以实现两个医学目标——温暖病人和刺激呼吸。当时，在泰晤士河中溺水是件频发的事情，为此，一个社团成立了，并专门筹资用于提高溺水之人的复苏率。社团成员在泰晤士河较危险的河岸巡逻，随身携带烟草灌肠套装，随时准备帮助不小心跌入河中需要唤醒的可怜灵魂。如果真的遇到险情，社团成员会一跃跳下实施救援，将溺水之人拖出河，撕开他的所有衣服，翻转他的身体，让其腹部朝下，然后将一根管子塞入对方的肛门，并打开烟熏器和鼓风机。当然，把烟吹入人的肠子实际上什么也实现不了，这是一个毫无意义的举动。

1881 年，美国人杰姆士·邦萨克从整理羊毛的机器上获得灵感，发明了卷烟机。与惠特尼的轧棉机、胜家缝纫机、福特汽车一样，邦萨克的卷烟机深深改变了美国人的生活，也改变了现代人的生活，标准化的廉价香烟从此源源不断地流向市场、流向世界，成为当今世界各国消费的大宗货物。

抽烟的吉卜赛人 / 罗伯特·亨利 /1906 年

罗伯特·亨利的《抽烟的吉卜赛人》以黑色的背景色映衬着一个正在抽烟的年轻吉卜赛男子，他拥有典型的吉卜赛人相貌，面部上宽下窄，下巴有点尖，眼睛明亮，鼻梁高挺且有点鹰钩的感觉，嘴巴较宽，表情沉着神秘，带些冷漠感。吉卜赛人起源于现在的阿富汗和巴基斯坦交界的地区，他们原来是世代生活在这块地区的罗姆人，但是随着突厥人的入侵，被迫害又无力反抗的罗姆人不得不离开世代居住的地方而开始流浪。这些流浪的罗姆人，就是如今吉卜赛人的祖先。作为一个天生流浪的民族，吉卜赛人有着很强的民族个性，他们拒绝其他文化与变化，保守着内心关于流浪的一些浪漫的向往和天生的特质。他们用流浪书写着一代又一代的历史，如同画作中吉卜赛男人口中的香烟，有人匆匆吸完，有人细细品味。

香烟在这幅画里成为一个注脚、一个无声的标题，和传达创作意图的工具，但在真正的历史中，更多人物或事件成为香烟文化的注解。比如文学作品中第一个吸烟的女性卡门也为香烟与吉卜赛人的魅力增添了更多的故事。

一个美丽而倔强的吉卜赛姑娘——烟厂女工卡门在一次和其他女工的斗殴中遇到了骑兵队班长唐·何塞。本欲逮捕卡门的唐·何塞被她野性的美貌和桀骜不驯的气质所吸引，不但放走了卡门，还与她坠入情网。在卡门的诱惑下，唐·何塞加入了卡门所在的吉卜赛走私犯行列，与卡门一起过上了漂泊的生活。

唐·何塞觉得自己既然为卡门失去了所拥有的一切，卡门就应该完全属于他。于是，完全被一种疯狂的占有欲所支配的唐·何塞，对卡门表现出日益严重的自私与霸道。他要求卡门完全听从他的摆布，放弃他认为放荡不羁的生活，把卡门看成私有财产，卡门对他只能顺从、依附和恭敬。好景不长，卡门后来又爱上了意气风发的斗牛士埃斯卡米罗，唐·何塞苦苦哀求她回心转意，但被卡门拒绝，并将之前唐·何塞送给她的戒指从手上摘下，狠狠地丢在地上。恼羞成怒的唐·何塞用藏在身上的短剑刺死了卡门，而后向官府坦白了自己的罪行。

可能很多人难以理解作者梅里美对卡门为了追求自己的独立和自由，为了忠于自己的个性和理想，最后被唐·何塞所杀的故事构思。这就需要结合小说创作的历史背景：随着工业革命的浪潮侵袭，当时法国正处于一个激情与理智对立的时代，拜金主义、犬儒主义成为时尚，道德被捆绑在财神的马车上，在“万能”的金钱面前，“人”沦为奴性十足的佣仆。梅里美只能寄托于这种“道德返极”，把进步寓于表象倒退的表达之中，通过卡门那种矢志于人格的独立、思想的自由和以身殉志的崇高壮举，向这个物欲横流、金钱万能的社会宣战。因此，卡门的死在某种意义上有种浓烈的悲剧色彩，死得惨烈、死得悲壮。

金融视角

门口的野蛮人——垃圾债券与烟草公司的价值

1987 年 10 月 19 日是纽约股票交易所最黑暗的一天，史称黑色星期一。道·琼斯指数重挫 508 点，下跌 22%，创下了单日最大跌幅的纪录。一天之内，纽约股票交易所的总市值蒸发了 5 000 多亿美元，相当于当年美国国民生产总值的 1/8。

雷诺兹 – 纳贝斯克是当时美国非常著名的烟草和食品公司，拥有知名产品骆驼牌香烟和奥利奥饼干，股灾当日其股价从65美元狂跌到45美元。尽管公司总裁约翰逊动用2亿美元资金回购股票，但之后股价仍然跌破40美元，几周之内公司的市值蒸发了近40%。实际上，雷诺兹–纳贝斯克的业绩非常稳定，是一家公认的好公司，股价突然暴跌让一只暗中盯了它两年之久的基金喜出望外，它就是华尔街最有实力的股权投资基金KKR集团。

作为当时在美国仅次于菲利普·莫里斯的烟草生产企业，雷诺兹–纳贝斯克每年仍能产生10亿美元的现金利润，可是公司的首席执行官司罗斯·约翰逊拿着巨额的经理津贴，却毫不重视股东利益。1988年10月19日，约翰逊在美国运通公司、希尔森–莱曼–赫顿公司、所罗门兄弟公司等投资银行的支持下，提出以每股75美元的价格收购公司的方案。但由于代表雷诺兹–纳贝斯克方面利益的股东与约翰逊不和，所以对他提出的收购方案迟迟不予表决。

不久，听到风声的华尔街“杠杆收购之王”KKR加入了雷诺兹–纳贝斯克公司的收购战。1976年，科尔伯格、罗伯茨和克拉维斯三人组建了KKR公司，至今它仍是美国最重要的私募股权投资基金公司之一。成立之初，公司主要从事MBO收购业务，即管理层收购，帮助目标公司的管理层融资，支付部分或全部资本金以获得公司股权，使企业的经营者变成企业的所有者，以使他们有更强大的动机为所有股东的最大利益服务。

一场被称为世纪大并购的股权争夺战就此拉开了序幕。双方的出价此消彼长，经过多轮竞价，从最初的每股90美元一直涨到100美元，最终KKR以每股109美元，交易规模高达250亿美元的天价完成了对雷诺兹–纳贝斯克的收购，超过200名律师和银行家与会签署了收购合同，华尔街的大牌投行美林、摩根士丹利、“垃圾债券之王”迈克尔·米尔肯和德崇均参与其中。

KKR的资金是从哪里来的呢？答案就是垃圾债券。垃圾债券是20世纪80年代华尔街最大的金融创新之一，它以少量自有资金外加拟收购目标的资产为抵押，因此大大降低了收购方的资金压力。当年的“垃圾债券之王”米尔肯曾经夸下海口：如果有人愿意，我随时可以让他收购通用电气公司。要知道，通用电气可是当年全球最大的公司。KKR 靠垃圾债券融资收购了很多公司，他们不管这些公司的股东和管理层是否合作，均能得手，因此在华尔街获得了“收购之王”的称号。不过，他们还有另外一个不太好听的名字——门口的野蛮人。收购战结束后，约翰逊黯然退出公司，几年之后，KKR 分拆卖掉了雷诺兹 - 纳贝斯克，获利甚丰，而帮助 KKR 发行垃圾债券的公司也分了一杯羹。

米尔肯是垃圾债券发展史上的一个里程碑式的人物。1974 年，美国的通胀率和失业率双双攀升，且信用度严重紧缩，很多基金公司投资组合中原本为投资级的高回报债券都被债券评级机构下调为“垃圾债券”，基金公司都急于抛售这些债券，以免因亏损而有损基金及公司的形象。

当时所有人都认为垃圾债券是一个纯粹的垃圾，但是，米尔肯却有不同的看法，他认为美国的监管措施已经逐步完善，投资者不会因为企业破产或者违约而遭受损失，并且一些著名的大公司是不能破产的，也就是现在所说的“大而不能倒”，因而债券的信用等级越低，违约后投资者的回报就越高。他把这些垃圾债券称为“值得拥有的所有权债券”，认为这些债券在利率风险高企时反而能保持稳定，因为其回报是与公司的发展前景挂钩，而不是与利率相关。

20 世纪 70 年代末，由于米尔肯的努力，他为机构投资者推荐的垃圾债券投资收益率达到 50% 以上，随后他将目光转向为新兴公司和高风险公司包销高回报债券。其中与美国世通公司的合作堪称经典，他为当时规模还很小的世通公司筹集了 20 亿美元，成功助力世通公司打破美国电报电话公司对电信行业的垄断。

随着米尔肯在华尔街的影响越来越大，美国证券交易委员会开始对他进行调查。1986 年，一个曾得到米尔肯资金支持的“野蛮人”

伊万·博易斯基被抓住了小辫子，博易斯基不仅承认自己从事了内幕交易等证券欺诈违法行为，还指控米尔肯也参与其中。以此为突破口，官方彻查了米尔肯所经手的全部垃圾债券承销业务，并据此提出了 98 项指控，很多罪名都史无前例，可以说是专为米尔肯量身定制的罪名。最终，米尔肯被判入狱 10 年，罚金和民事赔偿共计 11 亿美元，并被终身禁止从事证券业务；受此拖累，他供职的德雷克斯公司宣告破产，而为米尔肯和德雷克斯提供大量资金支持的“管理层人寿保险”也于 1991 年 4 月因资不抵债而申请破产。

随着“垃圾债券之王”的倒台，高收益债券逐渐显露出其“垃圾”本质，大量购买垃圾债券的社区储蓄公司和保险公司因此而倒闭，20 世纪 80 年代在华尔街横行的杠杆收购高潮逐渐退去。

“穿”有型，服饰变化：《缝纫机前的女孩》

缝纫机前的女孩

爱德华·霍普

1921年/布面油画

时尚易逝，风格永存。

——加布里埃·香奈儿

人人都知道，衣、食、住、行是人类生活的基本需求，它们的发展过程，代表着人类物质文明的历史进程。在古代的纺织加捻技术发明以前，人们是先从容易生产的长丝纤维开始的，也就是丝和麻。远在石器时代，人们就栽培亚麻，取其纤维织成衣料，亚麻织布最迟出现在公元前 5000 年～公元前 4000 年。古埃及男子的衣着习惯是上身袒露，下身缠着围裙，这种裙子就是亚麻布制成的。在古希腊罗马时代，亚麻传入地中海沿岸，中世纪传入欧洲内陆。10 世纪，亚麻纤维在欧洲市场上普遍流通。

1760 年，俄国发明家罗季昂·格林科夫发明了亚麻梳麻机，使亚麻纺织工业进入了新时代。随后，在盛产亚麻的法国，拿破仑为了解决当时的衣着问题，勒令悬赏 100 万法郎奖励发明可以生产更好的亚麻纺织品的纺纱机。1810 年，法国人热拉尔·菲利普发明了湿纺细纱机，从此人类纺织史上就出现了亚麻纺织业的第一次兴盛时期，亚麻织品以更为广阔的用途进入人们的生活领域。在以后的一个多世纪里，纺织原料和纺织技术继续发展，棉、毛织品发展更快，以后又是人造纤维的飞速发展，而随着棉纺织工业的兴盛以及棉花的广泛种植，亚麻逐渐淡出普通大众的生活。

随着东西方贸易关系的加强，欧洲在大量进口东方的丝织物及其他奢侈品的同时，手工业得以发展。12～13 世纪，手工业开始与农业分离，并且成立了各种行会。应社会日益增长的各种需求，工种被细分化，如服饰业就被细分为裁剪、缝制、做裘皮、绲边、刺绣、做皮带扣、做首饰、染色、鞣制皮革、制鞋、做手套及做发型等许多工种和独立的作坊。特别是纺织技术和染色技术的发展，使当时的衣料大为改观。

随着纺织材料的逐渐变化，制衣技术也在逐步改进。法国裁缝蒂莫尼耶于 1830 年只使用一根线和一根钩针就发明了第一台功能性缝纫机。然而这位发明家几乎被一群愤怒的法国裁缝杀死，他们烧毁了他的服装厂，因为他们害怕因为蒂莫尼耶的新发明而失业。但历史的潮流不可阻挡，当1853年美国胜家兄弟发明脚踏式的缝纫机并作为商品销售时，顿时将每个心灵手巧的居家妇女变为时尚达人，她们通过裁缝手艺为自己或家庭谋求生存与致富的权利，也开启了服装品牌的历史。

香奈儿的创始人加布里埃·香奈儿出生于法国，父亲是商贩，母亲因肺结核去世，她是5个孩子中最小的。她的父亲将她送到天主教修道院的一家孤儿院，在那里她从未停止等待她的父亲返回并带她回家。正是在孤儿院，小加布里埃学到了裁缝手艺。在18岁时，加布里埃离开了孤儿院，开始为当地的裁缝铺工作。同时，她也开始在咖啡馆和音乐厅担任歌手，并起了艺名“Coco”以赚更多的钱。

在这段歌女生涯中，年轻的她穿着自制的及膝黑色套裙，头戴线条简洁的钟形帽，在一片盛装打扮的贵妇之中，令人眼前一亮。这些特立独行的行径使这位离经叛道的山茶花夫人成为当时女性主义启蒙的重要起源。在此期间，加布里埃先后结交了两位老主顾，成为他们的情人和知己，一位是英国工业家，另一位是富有的军官，在他们的支持下，令她有经济能力开设自己的店。

1910年，加布里埃在巴黎开设了一家女装帽子店，凭着非凡的针线技巧，加布里埃缝制出一顶又一顶款式简洁耐看的帽子。她的两位知己为她介绍了不少名流客人。当时的女士们已经厌倦了花哨的饰边，所以加布里埃简洁、舒适的帽子对她们来说犹如甘泉一般清凉。短短一年内，生意节节攀升，加布里埃把她的店面搬到气质更时尚的康明街区，至今这个区仍是香奈儿总部的根据地。步入20世纪20年代，加布里埃设计了不少创新的款式，例如针织水手裙、黑色迷你裙、樽领套衣等。而且，加布里埃从男装上取得灵感，为女装添上了一些男儿味道，一改当年女装过分艳丽的绮靡风尚。1914年，加布里埃开设了两家时装店，对后世影响深远的时装品牌香奈儿正式宣告诞生。

金融视角

服务升级：胜家的特许经营与消费分期

在基督教传统中，金钱常常被描绘为产生邪恶行为的诱惑，甚至被说成是邪恶的精神力量的物质表现，如果人们严格遵守理财道德法则，金钱的力量就可以被控制。英国文化研究学者威廉斯指出："消费"一词可追溯至 14 世纪，意同挥霍、用尽；而在 16 世纪出现的"消费者"一词，也有相似的负面意思。

到了 19 世纪的维多利亚时代，"消费者"已转化成中性词，往往会相对于"生产者"而言，此时，节约、节俭以及计划是消费伦理的三项首要原则，正如本杰明·富兰克林化名穷理查在《穷理查年鉴》中所说，人可能"用小钱时聪明，花大钱时愚蠢"，提醒人们不要将节约下来的金钱用来购买华而不实的东西。

1851 年，美国机械工人胜家兄弟二人经过两年多时间的努力，研制出一台全部由金属材料制成的缝纫机，它与以前发明的缝纫机相比有多种改进，配置了木制的机架，缝纫速度每分钟可达 600 针，机器缝纫的稳定性和耐用性也大大提高，从而解放了妇女的双手，提高了劳动生产率。

1853 年，胜家兄弟取得了政府授予的专利权，在法国巴黎举行的世博会上拿到第一个奖项，为世人所瞩目，于是开始组织大规模的生产销售，缝纫机第一次作为商品在市场上出现，之后逐步形成了一个独立的产业。

事业刚开启时，如何让人们认识到胜家缝纫机的优越性，并愿意掏钱购买，成为胜家兄弟极力想要解决的问题。胜家兄弟尝试进行各种营销宣传推广手段，邀请巡演团和马戏团带着缝纫机到各地推销，甚至在百老汇店面的橱窗里，用真人秀的方式宣传胜家缝纫机。但不久，正在起步的胜家公司被告侵权，曾帮助他们取得专利权的著名律师乔丹安排自己的女婿克拉克帮助他们打这场官司，条件是获得 1/3 的股权并掌管公司财务。面对争执不清的诉讼与反诉讼，律师团队提出一个创新的办法：将各个专利者所拥有的各项发明集中到一起，形成一个总的专利权共同出售；各成员每出售一台机器，就向这一缝纫机联盟支付 15 美元，但不共享其他利益。缝纫机价格可由各厂家自行确定，实行自由竞争。这种专利联营成为日后很好的专利权合作经营的一种模式。

为全面打开家庭市场，克拉克挑选了一批销售代理人，并在全国各地设立分销处，不仅进行产品销售，还提供使用服务及演示，教会购买者使用缝纫机。随后在美国各地设置加盟店，撰写了第一份标准的特许经营合同书，被公认为现代意义上的商业特许经营的起源。

1856 年，克拉克借鉴为刺激农民购买收割机而推出的短期融资方式，采用长期分期付款的销售策略，通过代理机构，以分期付款的形式销售缝纫机。分期付款的购买形式从高收入阶层延伸到工人阶层，到了 19 世纪 70 年代，一台胜家缝纫机能够以 1 美元的首付买到，每周只需支付 50 美分，这种方式，除了增加缝纫机的销售量，还让客户感受到胜家公司传达的信任感。

到 19 世纪末，胜家公司的年产量就达到了 135 万台，被称为“缝纫机之王”。在很长一段时间内，“胜家”以向人们展示改良的技术面貌和新鲜的缝纫方式为荣，在世界缝纫机制造领域里，“SINGER”一度成为世界优秀缝纫机产品的代名词，并成为美国第一家跨国企业。

“亮”如昼，光明使者：《蒙马特的林荫大道夜景》

蒙马特的林荫大道夜景

毕沙罗

1897 年 / 布面油画

天才是百分之一的灵感，
加百分之九十九的汗水。

——爱迪生

夜色来临，巴黎蒙马特林荫大道的天空飘起了细雨，就像眼睛被雨水打湿一般，街道上的景色看起来雾蒙蒙一片，道路边上的马车排成一行队列，等候着远处街角红磨坊里观看演出的人们，商店和咖啡馆里的橙色和黄褐色灯光照到被雨淋湿的人行道上，楼上的公寓中零星闪烁着昏暗的光，街道正中间现代化的街灯如天上的星星一般，把浅白色的灯光化为利箭，想要去刺穿那远处无边的黑暗。

毕沙罗的《蒙马特的林荫大道夜景》用三组不同的灯光给出了不同的人生场景，有繁花似锦的商业生态，也有养家糊口的生活境遇，还有来去匆忙的街头众生，他们都笼罩在现代化的气息之中。19世纪前，人们用油灯、蜡烛等来照明，虽已冲破黑夜，但仍未能把人类从黑夜的限制中彻底解放出来。而在画中，古老的灯光与现代化的灯光交织在一起，让人感觉到科技创新的活力。

灯是人类征服黑夜的一大发明。在电灯问世以前，人们一般日出而作，日落而息，顺应自然，倒也生活得颇有规律，只是人们的作息在很大程度上受到自然的限制。夜晚人们普遍使用煤油灯和煤气灯作为照明工具，燃料在燃烧过程中会产生浓烈的黑烟和刺鼻的气味，并且使用起来也很不方便，还容易引发火灾，人们迫切需要一种既安全又方便的照明灯。直到发电机诞生后，才使人类能用各色各样的电灯让世界大放光明，把黑夜变为白昼，从而扩大了人类活动的范围，赢得更多时间为社会创造财富。

把光明带给人类应归功于电灯的改良者爱迪生，虽然他不是第一个发明电灯的人，但人们通常把功劳归于他，这是因为他是第一个通过建立发电机和发电系统，真正把电灯商业化的人，是他让千千万万的普通家庭用上了电灯。

美国画家诺曼·洛克威尔在20世纪20年代的一幅名为《欢迎的标志是灯光》的作品中就体现了这种将光明带给每一个普通家庭的感受。画中，皎洁的月光之下，一辆载着一家三口的老式汽车刚刚停在路边茂盛的大树边，车上的小姑娘已经迫不及待地要跳下车去，她身后的妈妈紧跟着站起来准备拉住她一起下车。面向街边的一间宽敞的房屋已经打开门，门前正站着欢迎他们的女主人。屋里的橘黄色灯光映衬着夜色，仿佛点亮了全世界，驱散了不安、寒冷，带来了希望和期盼，是那么温暖、那么令人难忘。

爱迪生于 1879 年在认真总结了前人经验之后才开始对电灯的研究，他认为延长白炽灯寿命的关键是提高灯泡的真空度，和采用耗电少、发光强且价格便宜的耐热材料做灯丝。爱迪生先后试用了 1 600 多种耐热材料，结果都不理想，最终他将目光放在了棉纱上。1879 年 10 月的一天，他用碳化棉线做灯丝放入玻璃球内，并将球内抽成真空，结果这种灯丝发出了明亮而稳定的光，竟能连续使用 45 个小时。由此，世界上第一批碳丝白炽灯诞生了。1879 年爱迪生在美国申请了专利。爱迪生发明的白炽灯的基本结构是由高电阻材料（碳丝）的灯丝和低电阻材料的电源线和导线组成，当电流流过灯丝时，由于材料电阻率高，产生大量热量，从而发光。

爱迪生并没有止步于此，为了使电灯亮的时间更长，他决定寻找更合适的灯丝材料。根据棉线的性质，爱迪生决定从植物纤维这方面去寻找新的材料。经过大量的试验，最后爱迪生选择了竹纤维。他把碳化后的竹丝装进玻璃泡，通电后，这种竹丝灯泡竟连续不断地亮了 1 200 个小时。经过进一步考察和比较，爱迪生发现在日本生长的一种竹子最适合做灯丝，于是从日本大量进口这种竹子，并开设电厂，架设电线。很快，美国人便用上了这种价廉物美、经久耐用的竹丝灯泡。在竹丝灯使用了多年之后，1906 年，爱迪生又改用钨丝来做灯丝，使灯泡的质量再次得到提高，并一直沿用到今天。

除了在改良及应用电灯方面的贡献，爱迪生还拥有超过 2 000 项发明，其中包括留声机、电力系统和有声电影，这些发明丰富和改善了人类的生活。在美国，爱迪生名下拥有 1 093 项专利，而他在美国、英国、法国和德国等地的专利数累计超过 1 500 项。因为这 1 000 多项发明，爱迪生也身陷多个发明诉讼纠纷之中，幸运的是他基本都胜

特斯拉

诉了。他也利用自己的地位和专利优势，对竞争对手进行了残酷打击，堪称电气时代的“电霸天”，流传最广的当属他和特斯拉的“直流电与交流电之争”。

特斯拉是塞尔维亚人，1856 年出生于现在克罗地亚的一个小农庄。1882 年，26 岁的特斯拉来到巴黎，受雇于爱迪生旗下的巴黎分公司，因为表现优异，两年后便转调美国纽约的爱迪生总公司。而特斯拉来到美国，就是在爱迪生的直流电系统下工作。抵达美国后不久，爱迪生便交代特斯拉进行改良直流发电机的任务，并说如果成功了就给他 5 万美元，相当于今天的 100 万美元。几个月后，特斯拉不负众望，完成了改良，但爱迪生却以开玩笑为由拒绝兑现 5 万美元的承诺，使特斯拉心生嫌隙。此外，对比而言，特斯拉比较严谨，爱迪生则完全随性，两人无论在生活习惯还是研究态度方面都截然不同，爱迪生甚至多次窃取特斯拉的发明成果，致使两人渐行渐远。于是特斯拉提出辞职，并于 1886 年研发出了交流电。

当时，美国初期的电力系统都是爱迪生发明的，所以直流电主宰了美国的配电标准。爱迪生的直流电系统要求每一平方英里内就要有一个发电站，并且因为传输过程中的损耗过大，传输距离也十分受限；而特斯拉的交流电系统用的导线更细，电压更高，传输损耗小，传输距离远。很明显，交流电更有优势。最终，特斯拉发明的“三相交流电输电线路”技术被威斯汀豪斯的西屋电气公司买下，成为爱迪生直流电网最大的竞争对手。

爱迪生的公司先前已经投入大笔资金在直流电的研发上，并申请了许多专利，怎么可能轻易认输，他知道特斯拉的资助方后勃然大怒，动用自己的宣传机器，开始无所不用其极地抹黑交流电。爱迪生认为，既然交流电是高压电，那就容易电死人，所以猛攻交流电很危险这一点。为了让民众能更深刻地了解交流电的危险性，爱迪生在听说纽约州政府正在考虑用电椅代替绞刑架的时候，原本不支持死刑的他突然改变主意，大力推荐使用交流电电椅，并且积极使用各种手段，最终使用交流电电椅处死一名死刑犯。为妖魔化交流电，他还不断用交流电公开电死一些小动物，甚至亲自拍摄了一部电影，电死了一头大象。

对此特斯拉也开始反击，他在一个公开场合，用手接通电路，用身体当导线，此时他全身闪出电火花，而他却安然无事，借以传达交流电是很安全的信息。在特斯拉的努力下，事情又发生了转折。为了改变公众对交流电的印象，1893 年，在芝加哥世博会上，当西屋公司通过交流电系统为芝加哥世博会点亮群灯的时候，整个城市为之沸腾，这是交流电的历史性胜利。此后，交流电逐渐开始取代直流电，成为城市供电系统的第一选择。1895 年，特斯拉在美国和加拿大边境的尼亚加拉瀑布设计了世界上第一座水力发电厂，也是世界上首座交流发电站，自此，世界逐渐步入了交流电时代。

金融视角

被金融资本驱逐的发明创业家爱迪生

19 世纪 70 年代，爱迪生这个名字在美国可谓是家喻户晓，他发明的电报、电话、留声机等改变了人们的生活和工业生产的基本方式。他平均两个月就能获得一项专利，他的成就赢得了全世界人民的认同和赞赏。但这个时候的企业家或发明家想要创办自己的企业，就得去游说有钱人的支持，或者去找银行家贷款。爱迪生从小没有接受过正规教育，完全靠自学成才，而且在生活中不拘小节，甚至很多时候不回家睡觉，在实验室夜以继日地工作，不梳理头发，也不换衣服，这样的形象，让严谨的银行家觉得他很不合适作为投资对象。

而当时的欧洲正处于普法战争之后重新架构秩序的过程中。在英国的金融市场上盛传着美国摩根家族靠战争借款赚取了第一桶金的说法：普法战争爆发后，法国政府派人到伦敦融资以购买军火，伦敦银行家却无人敢借钱，一是怕法国战败，二是出于对普鲁士铁血宰相俾斯麦的畏惧。就在伦敦银行家纷纷拒绝借款之际，33 岁的皮尔庞特·摩根站了出来，向法国发放了 1 000 万英镑的银团贷款。第二年，法国果然大败，接着又爆发了巴黎公社运动。动荡的局势中，眼看 1 000 万英镑要打水漂，然而拿破仑三世政府讲究诚信，虽然战败却偿还了贷款，于是摩根因此净赚了 150 万英镑的利息。这次豪赌，让摩根从籍籍无名的银行家，一跃成为纵横伦敦和纽约的金融巨子，自此站到了世界舞台上。

1878 年 9 月，爱迪生开始研究电灯，当时美国家庭的照明工具是蜡烛和煤气灯。在爱迪生突破技术难题后，成立了爱迪生电灯公司，找到了几个愿意出钱资助他研究电灯的股东，这些股东中就包括皮尔庞特·摩根的合伙人埃及斯托·法布里，他以德雷克赛尔–摩根公司的名义投资入股爱迪生电灯公司，成为合伙人之一。但爱迪生屡屡失败，很快就用完了原始投资本金，一部分股东的信念开始摇动，爱迪生苦苦劝诱，股东们才决定继续资助爱迪生。虽然最终爱迪生成功发明了电灯，但爱迪生电灯公司的资金也即将用尽，而且面临如何把电灯推广到各家各户的问题，这光凭爱迪生一个人恐怕没法解决，他虽然拥有技术，但没有资本和运作资本的经验。而且在技术方面，想将电流送到居民家中还要建造必要的设备工厂和中型发电站，花费将更加巨大。1879 年，一些董事终于失去耐心，影响了董事会不愿意再追加投资。爱迪生为了增加资金，只好卖掉了自己的大部分股份，把剩下的股权也进行了抵押借贷，甚至开始找朋友借钱来继续他的发明。在这个关键时刻，即 1880 年年底，德雷克赛尔–摩根公司又一次出手帮助，皮尔庞特·摩根决定提供 100 万美元的股份，组建起一家新的公司——爱迪生电力照明公司，该公司的第一个项目就是在曼哈顿商业区的珍珠大街上建立起第一座中央发电站。摩根掌控了这个新公司的运营，并且获得了国内外白炽灯泡的经营销售权。

得到了摩根家族的支持，爱迪生的电灯获得了广泛的关注。有历史学家说，爱迪生超越所有竞争对手的最大优势，就是来自华尔街的信任和支持，具体而言，就是摩根的支持，这让爱迪生“拥有了世界发明史上空前的能力”。虽然摩根和所有出钱的投资人一样，会在某些事情上表现得比较强势，但他从不做空头承诺，爱迪生也承认摩根是他能找到的最好的合作伙伴，会鼎力支持他的发明。

1882 年 9 月 4 日，爱迪生为摩根家装上了灯泡，于是他家成了全世界第一个使用电灯的家庭。为了庆祝这个光明、伟大的时刻，摩根还在家里举行了盛大的宴会，邀请了近 400 位当时的名流前来参观。想要同时点亮所有灯泡，需要用地下室的蒸汽发电机来启动，会发出巨大的噪声，甚至冒出滚滚浓烟，所以它不适合一般家庭使用，而且还会存在一定的安全隐患。没过多久，当摩根全家出门观看歌剧时，图书室的电灯线路起火，将屋里的整个书桌、地毯烧毁，如此，摩根也算是第一个受电力伤害的家庭。

1884 年，摩根帮助爱迪生成功重组爱迪生电力照明公司的董事会，把一些对爱迪生不满的投资者从董事会中赶了出去，在随后的日子里，爱迪生创办的几家公司被合并成爱迪生通用电气，合并的目的是为了争取交流电与直流电技术路线斗争的胜利，应对西屋电气公司及其他电力经营企业的竞争等。但当摩根发现利润率更高的交流电企业汤姆森－休斯敦电气公司更具竞争优势，两家公司合并后可以在交流与直流技术方面形成强大的互补、占据更大的市场份额时，摩根就毫不犹豫地支持与主导了以汤姆森－休斯敦电气公司为主的重组。新成立的公司命名为通用电气公司（GE），去掉了“爱迪生”的名字，爱迪生则将自己所剩不多的股份全部卖出后黯然出局。这一合并使通用电气公司成为当时电气系统和电气领域的领导者，并逐渐发展成为世界上最大的多元化服务性公司，同时也是高质量、高科技工业和消费产品的提供者，还是道·琼斯工业指数自1896年设立以来在榜时间最长的公司。

现在看来，皮尔庞特·摩根投资爱迪生的电灯项目，为华尔街开创了一种新的业务范式——资本力量主导技术商业推广。在长达十多年的时间里，摩根一直是爱迪生电力事业的支持者，他的支持也让爱迪生可以在很多发明家中脱颖而出。但是，当摩根意识到爱迪生已经不再是领导公司最合适的人选时，他就会果断支持卖掉爱迪生通用电气，成立一家跟爱迪生没有关系的新公司。从公司创始人爱迪生的角度来看，一个想改变世界的创业家和发明家，被资本的力量驱逐出了自己的公司，凸显出了资本家的冷酷无情。但是从结果来看，这让通用电气成为20世纪最伟大的工业公司之一，也给社会乃至全人类带来了难以估量的好处。

“跑”得快，车轮滚滚：《西方汽车旅馆》

西方汽车旅馆

爱德华 · 霍普
1957 年 / 布面油画

汽车产业是工业中的工业。

——彼得 · 德鲁克

汽车是现代社会中一种常见的交通工具，而美国经常被称为“车轮上的国家”，由此可见汽车已经深入美国社会的方方面面。画家爱德华·霍普的《西方汽车旅馆》就清晰地反映了美国人日常生活的一景。这是一个阳光明媚的日子，一位刚刚放下自己的行李，穿着深红色长裙的现代女性端坐在汽车旅馆的房间内休息，屋里宽大的办公桌占据了大片的地方，桌子对面的沙发上放置着这位女士的浅蓝色外衣。大块的落地窗外很显眼地停靠着一辆深绿色汽车，沿着车头的方向，一条柏油路在黑漆漆的高山下延伸向远方。也许这是一位正在旅行途中的旅人，也许这是一位正在赶回家中为女儿庆祝生日的母亲，也许这是一位家庭事业双发展的商业女性，正在赶往商谈投资项目的路程当中。而所有的这一切都离不开汽车，这就是辉煌的汽车时代，汽车已成为家庭中的一员。

1871 年的一天，正在德国曼海姆街头行走的机械工厂设计师卡尔·本茨边走边读着一本书，他深深地被书中所阐述的理论所吸引。忽听一个清脆的女声：“注意，小心车！”还没等他反应过来，一个眉清目秀、身材高挑的年轻姑娘就骑着自行车和他撞了个满怀，两人一起摔倒在地。但正是这次碰撞使命中有缘的两人相遇了，骑自行车的姑娘名叫贝瑞塔，出身于德国名门望族林格家，是一位贵族千金小姐，也是个与众不同的女孩，她喜欢骑自行车与旅行，对各种稀奇古怪的新鲜事物兴趣盎然。由于贝瑞塔的父母很开明，她不仅进入学校学习，而且对自然科学颇有心得。当贝瑞塔遇到与自己有着相同爱好的卡尔·本茨时，两个思维天马行空的年轻人一拍即合、相见恨晚。这次相遇，使贝瑞塔成了卡尔·本茨车间里的常客，两人从早到晚泡在这里，讨论世界上层出不穷的科学新知，设计创造各种奇思妙想的机械发明。她从不在意车间里机器的轰鸣、四溅的油污和烟熏火燎，也不介意世人异样的眼光，相信只要坚持理想并付诸行动，没有什么不可能实现。

虽然年轻的卡尔·本茨只是个家境贫寒的工程师，而贝瑞塔是名门闺秀，两人门不当户不对，但贝瑞塔被卡尔·本茨的理想所感染，深爱上了这个与自己志同道合的穷小子。最终，贝瑞塔说服了家人，与卡尔·本茨终成眷属。

婚后，卡尔·本茨全身心投入内燃机的研发当中，并在 1879 年制成了第一台单缸煤气发动机。但是，这个领先时代的发明并未获得投资商的青睐，后续开发无以为继。关键时刻，贝瑞塔变卖首饰、嫁妆，给予了丈夫最重要的支持。卡尔·本茨后来曾回忆说："在那些多灾多难的岁月里，只有一个人始终陪伴在我的身边，她就是我的妻子。她用自己的勇气重新撑起了我的生活之帆。"

经过几年夜以继日地工作，卡尔·本茨一再完善设计方案，并得到了皇家摄影师埃米尔·比勒等人的资助，终于试制成功了单缸汽油发动机，并制造出世界上第一辆单缸发动机三轮汽车"奔驰 1 号"，他也被誉为"现代汽车之父"。

不过，卡尔·本茨制造的第一辆汽车并没有立刻为他带来荣誉和掌声，反而是铺天盖地的嘲讽。由于技术尚未成熟，卡尔·本茨的汽车总是因为五花八门的原因抛锚，被人讥讽为"散发着臭气的怪物"。备受打击的卡尔·本茨甚至不敢开车上街，怕沦为世人的笑柄，于是世界上的第一辆汽车就这么躺在库房里落了灰。

也许只有贝瑞塔对卡尔·本茨的发明深信不疑，她决定用行动来支持自己的爱人，亲自驾驶卡尔制造的汽车进行一次史无前例的远行。1888 年 8 月的一个清晨，贝瑞塔带着两个孩子偷偷将卡尔的最新作品"奔驰 3 号"推到离实验室足够远后才将它发动。贝瑞塔母子从曼海姆出发，前往 100 多千米外的普福尔茨海姆，探望孩子们的外祖母。一路上，贝

贝瑞塔驾驶"奔驰 3 号"出发

瑞塔凭借自己丰富的科学知识和聪明才智解决了遇到的问题，加了一次油，修理了一次制动器，最终历尽艰辛抵达终点普福尔茨海姆，全程106千米。这是历史性的创举，引起了轰动。当时世界上还没有任何一辆汽车行驶过如此远的路程，此前所有的汽车旅行都是短途试验的性质，而贝瑞塔也因此被公认为世界上第一位汽车驾驶员。

在慕尼黑工业博览会上，卡尔·本茨的汽车终于大放异彩，自此他的事业蒸蒸日上。而汽车作为人类历史上最重要的交通工具，也正式走上了历史舞台，开始崭露头角。1893年卡尔·本茨生产的“维克多利亚”牌四轮汽车成为世界上第一种批量生产的汽车，他用毕生心血创建的奔驰汽车公司至今仍然是汽车行业中的佼佼者。

金融视角

凭借金融手段的逆袭：通用分期与宝马并购

1928年6月，美国的《世纪杂志》发表了一篇文章，讲了一个关于分期付款的故事。很久以前，商界有一个坏小子，他的名字叫分期付款，他受到富裕的哥哥现金交易以及更受尊敬的表兄赊购账户的极度鄙视。德行社会将他视为禁忌，只有贫穷不幸者和这个无忌狂童打交道。这小子无论走到何处，随他而行的都是扣押财产、没收和过高的利率。被人看见与这个坏小子玩耍，就会危害你的社会地位，而要想使人难堪，你只需指摘他以分期付款方式买东西就行了。

但是，十分奇怪的是，坏小子长大成人后，变为社会的优秀分子，如今引领着数百万美元的商业销售大军。他改名更姓，现在以承兑或融资方式的新面孔跻身于杰出人士圈子之中，凭借着这一造型，帮助汽车、收音机、家具以及衣服制造商度过糟糕的无利可图的日子。

学院派经济学家和实力雄厚的金融家称赞他的工作，写出有关他的著作，形成有关他的哲学，他逐步变为这个国家的强大力量[①]。

这篇文章对分期付款对社会的影响进行了深入浅出地描述，因为在当时的美国，70% 的汽车、85% 的家具、75% 的洗碗机、65% 的吸尘器都是靠贷款卖出去的，人们的消费习惯已经有了翻天覆地的变化。

当亨利·福特推出第一款 T 型车时，美国汽车的大众时代尚未开始，更确切地说，大众的汽车消费市场开始于汽车销售商们尝试分期付款赊销之后。1916 年，一个叫爱德华·鲁梅利的财务顾问向福特公司的创始人递交了一份报告，建议福特公司自办一家汽车金融公司，专门为其汽车经纪商和顾客提供低息贷款，让他们先买走车，后分期付款，以此保证甚至提升市场份额。他说："或许是由于人的本性，更多人愿意先买车，后分期付款，而不愿意先存钱，等到有足够现金时才一次性付清买车。"同时，他还建议针对不同的人，买车后的还款安排应该也不一样。如果工人张三是按月领工资，月供就适合他；如果农民李四一年只有秋收这一次收成，那么他每年秋季还款一次就行……如此贴切地把支付时间安排跟借款方的收入规律相匹配，当然也能促进销售。

然而，亨利·福特在得到如此天才般的建议后，却回答说："我们的车非现金不卖！"亨利·福特是一位虔诚的天主教徒，而当时的天主教对借钱花是坚决反对的。竞争对手通用汽车于 1919 年成立了自己的汽车金融公司，专门为其汽车销售服务，包括给通用汽车专卖行提供贷款。到 1926 年，通用汽车的市场占有率就超过了曾经拥有半壁江山的福特汽车公司。

相比福特与通用之间的没有硝烟的战斗，大洋彼岸的两家著名德国汽车品牌奔驰和宝马之间，则上演了一出生死存亡的大戏。在人

---

① 资料来源：伦德尔·卡尔德. 融资美国梦：消费信贷文化史 [M]. 严忠志，译. 上海：上海人民出版社，2007.

们的印象中，德国是这个世界上最精于机械的国家，刻板的生活态度、严谨的工作作风、刻苦的钻研精神，以及大胆与传统的完美结合，使得德国的机械低调而华丽，实用且耐久，也因此成就了不少世界顶尖的汽车制造企业。“坐奔驰、开宝马”是德国两个汽车品牌在消费者群体中的心理定位，反映了宝马走时尚、运动的路线，而奔驰却是尊贵地位的象征。但很多人不知道的是，在60多年前，宝马差点成为奔驰旗下的车轴制造厂。

宝马公司成立于1916年，曾经是德国巴伐利亚州的骄傲，生产飞机发动机。可不幸的是，受一战影响，德国航空工业受到了严格的限制，《凡尔赛条约》禁止德国人生产战争武器，包括飞机发动机。为了生存，宝马在1923年开始生产摩托车，很快便取得了成功。但它绝不甘心于此，在开始研发汽车的同时接管了埃森纳赫汽车公司，并开始生产镶嵌“蓝天白云”车标的埃森纳赫汽车。直到1933年2月，第一辆被公认为“真正的宝马”才在柏林车展上出现，它就是宝马303。二战又一次让整个欧洲蒙受战火的摧残，宝马则在当时成为德国军方的专属供应商，并开始大规模生产航空发动机用于战争，因而在二战结束后受到盟军的毁灭性打击。宝马公司大部分的财产控制权几乎都被剥夺，用于生产的机械也被运到世界各地作为战争的赔偿，从此陷入危机，一蹶不振。

1959年2月，在宝马总部召开了一场事关公司生死存亡的股东大会。会议审议一项发行700万马克的新股给戴姆勒－奔驰，从而成为奔驰旗下的一家车轴制造厂的计划。这项计划遭到了中小股东和工会的激烈反对。其中有一个小股东的律师发现了宝马公司财务报告中存在差错，根据德国公司法的规定，如果财务报告存在差错，股东有权要求股东大会延期。因此，此次股东大会延期导致奔驰的收购计划自动作废。

而在当天参加会议的人群中，有一个名为赫伯特·匡特，持有奔驰公司9%的股份的股东，被小股东和工人们的精神所感动，从而看好宝马公司的未来潜力。匡特是德国二战以后最杰出的企业家之一，他看好汽车业广阔的发展前景，曾经增持奔驰公司股票谋求控股，但没有成功。他认为宝马公司只是产品结构不合理、现金流短缺，只要解决财务问题就可以重整旗鼓，于是决定投资并控股宝马。他拿出自己所有的财产作为赌注，但仍然没有银行愿意为濒临破产的宝马提供资金，而当时德国最大的银行德意志银行也拒绝为宝马提供帮助。最终由法兰克福银行协助宝马发行 535 万新股，匡特作为协调人承诺：如果增发的股票没人认购，他将全部买入。这个承诺极大地鼓舞了中小股民的信心，最终只有 10 万股没有被认购。现金的及时流入帮助宝马度过了危机，“白衣骑士”匡特也将宝马从奔驰的收购计划之中解救出来。

在此后的发展历程中，宝马几乎是一帆风顺的，即便是陷入危机，也能凭借自身准确的判断力扭转乾坤，不断发展；并且用有限的精力创造了无限的可能，成就了 MINI，挽救了劳斯莱斯，还与华晨合作打开了中国市场。就像宝马集团董事长科鲁格所说：“在宝马集团的百年历史中，我们不断革新，还曾数次涅槃重生；我们将秉承这样的精神，面向未来，不断前行。”

“住”宽敞，幸福家居：《建筑工人》

建筑工人

费尔南・莱热

1950 年 / 布面油画

安得广厦千万间，大庇天下寒士俱欢颜。

——杜甫

烈日当头，偌大的建筑工地上，一排排的钢筋框架已经被搭建起来，天边飘过的云朵显示着这座摩天大楼已经到了一定高度。炙热的桑拿天气几乎令人窒息，但仍然可以看到4个建筑工人光着膀子，站在高高的钢筋脚手架上用力地抱着一条钢板，辛辛苦苦地工作着，火辣辣的太阳光直射到他们身上，皮肤仿佛已被烤焦，他们那宽大而裸露的肩膀在烈日的曝晒下闪着黑红的光泽。在他们身后的高处，有一位仿佛是工头的人在看着他们，指挥他们将钢板放到合适的位置上。在更高位置的地方，另一位工人骑在钢板之上，在加固着某些零件。费尔南·莱热的《建筑工人》是一幅体现现代摩天大楼建设的画作，用立体主义的视角展现机器和城市生活，人物与抽象元素之间形成对比，反映了莱热提醒人类在利用自然的过程中，不要将自己的意志凌驾于自然之上，必须尊重自然的心理，毕竟，摩天大楼也是有高度限制的。

在现代，摩天大楼是评判城市发达程度的重要指标之一。位于美国中部的芝加哥就因壮观巍峨的建筑而颇受赞誉，它不仅是现代摩天大楼的发源地，也被誉为世界建筑艺术馆。然而，这一切都源自一个多世纪前的一场滔天大火。

由于美国的西部开拓进程，还是偏僻小镇的芝加哥在南北战争之后迅速发展起来。经济的兴旺发达、人口的快速膨胀大大刺激了住房需求。为了能多快好省地建造房屋，大多数芝加哥人都选择用木板来盖房子。据统计，芝加哥当时有6万多幢木质建筑，可以说是一个由木板构成的城市。就连通往各建筑的街道和人行道也大多是由木板铺就、木栅栏圈围着的，木篱笆、木仓库、木马棚等木质结构随处可见。因政府和居民消防意识淡薄，在1871年10月的一天，一场大火猛烈来袭，火势借着风力迅速蔓延，不远处的库房、教堂、街区等都被引燃了。无情的大火越烧越旺，将房屋烧得轰然倒塌，街上的马车被烧得面目全非。人们被这猝不及防的大火吓得惊慌失措，四处奔逃。最后，除了白塔等屈指可数的石头建筑留存下来以外，芝加哥将近 2/3 的地方被烧毁，留下 2 000 多公顷的焦土，以及惨不忍睹的废墟。

在各方的帮助下，芝加哥人在对火灾的反思中，开始以极快的速度重建自己的家园。这也恰恰掀起了一场建筑革命，拉开了现代高层建筑的新篇章。过去建筑的墙壁需要用石块砌筑，每层必须承载其上各层的重量，所以一般来说，利用承重墙的建筑物最多也不超过 5 层楼，而且最底层的墙不得不厚达 5.2 米。

当时的建筑师威廉·勒巴隆·詹尼从鸟笼的样式中得到启示，设计了一个完全由钢制或铸铁构成的全金属骨架，并大胆地采用砖墙框架和铁制梁柱相结合的办法，直接用铁构成的箱式框架来承担重量；将铁框架搭建好之后，外面敷上石料或混凝土就可以了。他建造了世界上第一座摩天大楼——家庭保险公司大厦，因此被誉为“摩天大楼之父”，而这座建筑也标志着芝加哥建筑学派的真正兴起。

这些高层建筑也符合经济高速发展对建筑的需求。随着经济的发展，现代建筑的大潮势不可挡。美国印象派画家蔡尔德·哈萨姆的《小屋子与摩天大楼》从俯瞰的角度展现了摩天大楼建设的场景。冬季白雪皑皑的大地之上，远处的公园里树木茂密，在林间有人策马奔腾；公园的马路边，行人与马车行走于两幢已经盖好的摩天大楼之间；黑色的建筑工地之上，一幢摩天大楼正在拔地而起，施工人员正在忙碌搭建着材料；最令人有感触的是老式的塔吊笔直地耸立于画面一角，仿佛要冲破天际一般，预示着这又将是城市空间里一座标志性的摩天大楼。

当人类向空间发展寻求突破时，创造最具价值的固定的人造空间的房地产业就逐渐成为最大的行业。只要我们人类向上生长的技术不停止，人类的居住空间、工作空间的生产就是无限的，而对人类来说，房地产既是生产资料，也是生活资料，任何人（甚至动物）的生活和休息都离不开房屋，在现实中任何经济活动的展开也几乎都需要办公室、厂房、仓库等固定场所。

小屋子和摩天大楼 / 蔡尔德 · 哈萨姆 /1904 年

房地产开发、投资和消费领域系统涵盖建筑业、金融业、能源供应业，以及建材、家具、钢铁、化工、机械、非金属矿物制品、黑色金属冶炼及压延加工等各类制造业。由此，房地产业通过建筑和土地增加社会财富，成为推动经济发展的全民产业，也成为国民经济的支柱产业，所以陷入萧条的美国人首先选择发展房地产业来摆脱衰退。

金融视角

住房抵押贷款穿越大萧条与大衰退

20 世纪 20 年代是美国的和平与繁荣时期，对于富裕阶层和中产阶级来说，拥有汽车正变得越来越普遍，于是人们利用假期到全国各地自驾游。在此期间，股票市场极度繁荣，许多投资者变得非常有钱。风景优美的佛罗里达成为新富人群的追寻热点，变成了著名的“富人和名人的游乐场”。每到旅游旺季，来自纽约等经济发达但冬季严寒的北部富翁便纷纷南下，由于棕榈滩岛上汇集的富翁如此之多，有人形象地说“美国 1/4 的财富在这里流动”。

佛罗里达的旅游业开始蓬勃发展，导致土地价格短短几年之内上涨 3 倍之多。精明的投资者注意到了佛罗里达不断上涨的房地产价格，开始对当地房地产进行炒作投资。佛罗里达的人口很快就呈指数级增长，而该州的房屋供应无法满足飙升的需求，也向周边城市甚至全国蔓延。随着佛罗里达经济的蓬勃发展，廉价信贷变得如此充足，几乎任何人都可以投资房地产并获得财富，人们在相互告诫：“今天不买，明天就买不到了。”

1926 年 9 月，一场极具破坏力的飓风摧毁了南佛罗里达，时速 201 千米的大风几乎将棕榈滩变成沼泽地。可怕的自然灾害造成 13 000 多座房屋被毁，多人死亡。风暴过后，佛罗里达房地产业的泡沫也随之破灭。据说，美国商界大名鼎鼎的“麦当劳之父”雷・克洛克当年因这场危机而一贫如洗，此后被迫做了 17 年的纸杯推销员；股票传奇炒手杰西・利弗莫尔也因参加了这一游戏而损失惨重。

紧随其后，美国股市泡沫破灭，引发了 1929—1933 年的“大萧条”。当罗斯福总统执政后，推出一系列改革法案，重新构造美国金融体系，其中提高美国房地产市场活力、扩大房地产市场需求是重要的内容。因此，1934 年他推出改变美国房地产市场的《全国住房法》，成立“联邦住房管理局”，专门为中低收入家庭提供住房贷款保险，并同时把贷款期限从原来的最长 5 年增加到最长 30 年，而且把贷款本金分摊到每个月中支付，这样月供里既包括当期利息，也包括一部分偿还的本金。延长住房贷款期限，使居民的短期支付压力减小，让老百姓有钱去进行其他消费，从而促进经济增长。

在 1938 年由美国复兴金融公司特许设立联邦住宅贷款抵押公司，即房利美公司。房利美成立的初衷是通过购买由联邦住房管理局担保的各家银行发放的长期限的住房抵押贷款，来为房贷市场提供流动性，它一直是政府全资企业，直到 1968 年才转型为国会特许的政府资助企业。在新的制度安排下，房利美既是政府特许机构，也是公开上市的私有企业，虽然有了新的公司形式，但依旧购买联邦担保的抵押贷款。

房利美当时只能购买由非存款类机构发起的住房抵押贷款，而不能购买互助储蓄银行所发起的住房抵押贷款，为此，储蓄和贷款行业要求国会特许设立另一家政府资助企业为储蓄机构服务。于是，美国国会于 1970 年特许设立了美国联邦住房贷款抵押公司，即房地美。

在成立房地美公司的当年，房利美也成立了一个叫“吉利美”的子公司。吉利美的运作方式是成立许多信托计划，每个信托计划类似一个有限责任公司，然后把房利美之前对不同地区、不同种类的尚未到期的房贷装入信托计划，打成贷款包，并将该贷款包的未来还款流分成众多份额，再把这些信托份额以证券的形式向国内外投资者发行。这些份额形成的证券可以在公开市场上的不同投资者之间进行交易。由于这些份额背后的现金流是来自房贷的还款，所以在风险特征上，这样的证券跟债券类似，收益相对稳定，可预期性比较高。

吉利美的这一金融创新成为 20 世纪首例资产证券化。它是把住房抵押贷款这样的金融资产进行证券化，其效果是进一步增加房贷的流动性，同时大大扩张了住房贷款的资金来源，使房贷资金的供应达到几乎无穷尽的地步。所谓的资产证券化创新，就是将流动性较差但未来现金流稳定的应收款项，通过结构优化和重组，转换成可在金融市场上议价出卖的证券，最终实现融资的过程。近 40 年来，资产证券化凭借其低成本、高流动性、有效隔离风险等优势，已成为继股权融资和债券融资之后的第三大主流融资工具。在发达国家的金融资本市场上，资产证券化已经成为一种非常成熟的融资模式。

传统的信用链条是贷款机构吸收存款、发放贷款，而证券化技术则将这一信用链条“延长为一个以贷款为起点，由借款人、商业银行、投资银行、保险公司、其他金融机构和众多投资者组成的长信用链条。证券化打通货币市场、债券市场及衍生品市场，建立起彼此间‘一荣俱荣，一损俱损’的密切联系，在通过专业分工提高市场效率的同时，也放大了风险传导的危险”。[①] 最初的信贷机构面临的是可分散的单个风险，而资产证券化实际上是将风险系统化。

从 20 世纪 90 年代开始，老布什、克林顿、小布什三届政府均以提高住房自有率，特别是提高中低收入和少数族裔家庭的住房自有率为住房战略。随着互联网泡沫破裂和 9 · 11 恐怖袭击事件发生后，美国国会又通过了《美国梦首付法案》等一系列法案，继续降低中低收入者的购房首付比例与贷款利率。2007 年 40% 的新增次级贷款的首付比例低于 3%。住房抵押贷款借款人信用分数高于 660 分的为优质贷款，借款人分数低于 660 分，拥有良好信用记录，但没有完整的资信证明的为次优级贷款，借款人分数低于 620 分的为次级贷款。因此，次级贷款发放比例越高，放贷机构承担的风险越大。当放贷机构通过资产证券化将次级贷款销售出去后，风险都转移给了市场，而大量真实信息仅存于原始贷款公司，投资者没有真实的信息，完全依赖于评级公司的定价，由于信息不对称的原因，市场并不能对所有的风险进行准确识别。

在 2000 年左右的中国，政府刚刚推行住房改革政策，引入住房

① 资料来源：洪艳蓉 . 重启资产证券化与我国的发展路径 [J]. 证券市场导报，2011（9）：4–3.

抵押贷款，提倡民众贷款购房的时候，曾经流行这么一则故事：在天堂门口，中美两个异国老太太相遇了，上帝让她们各自说出自己一生中最高兴的事情。

“我攒了一辈子的钱，终于住了一天新房子，我这一辈子活得也不冤啊。”中国老太太高兴地说。“我住了一辈子的房子，在我去世之前终于把买房的贷款还清了。”美国老太太也高兴地说。上帝叹了口气，说：“选择不同，效果也是不同的。”

当时，很多人用中美老太太的话来比较两国人民消费理念的差异——美国人喜欢“活在当下”，而中国人则“活在未来”。也正是这个故事教会人们“花明天的钱，圆今天的梦”的生活方式，我们可以通过银行贷款，提前买房享受生活。

其实，“活在当下和活在未来”这两种状态，并没有谁好谁坏之分。一味地“活在当下”，从某种意义上来说是一种透支，是没有安全感的，一旦遇上危机，日子就不好过了，就像2008年美国次贷危机引起的“大衰退”。当美联储认为经济过热，于是持续加息之下，美国房地产泡沫破灭，许多低收入阶层放弃了偿还房贷，导致次级贷款大量违约，而建立在次贷证券上的金融帝国瞬间崩盘，贝尔斯登、雷曼等百年老店相继破产，无数的银行损失惨重，让很多美国人陷入了生活的窘境。而一味地“活在未来”呢？尽管面对危机有抵抗的能力，未来的生活也更有保障，但是很容易就错过了当下的种种机遇与美好。

第四章

国王的权力

财富、知识、荣耀，不过是权力的几种类型。

——霍布斯

秩序，是自由的第一条件。

——黑格尔

权力的象征：《帝座上的拿破仑一世》

帝座上的拿破仑一世

让·奥古斯特·多米尼克·安格尔

1806 年 / 布面油画

虽然权力是一头固执的熊，可是金子可以牵着它的鼻子走。

——莎士比亚

读过安徒生童话的人都应该知道《皇帝的新装》这个故事，讲述的是两个骗子说自己能做出“只有聪明的人才能看见”的衣服，欺骗了皇帝、大臣以及百姓的故事。每个读完故事的人都会嘲笑皇帝的愚蠢、骗子的狡诈、成人的虚伪，认为指出真相的孩子是最纯真与勇敢的人。然而，再认真仔细回味一下童话的内容，我们会沮丧地发现，童话不仅仅是讲给孩子的趣味故事，更是世间真相的另一种委婉表达，皇帝身穿新装招摇过市的情况在现实生活中无处不在。很多时候，我们也会发现自己如同那些被嘲笑的大臣或百姓一般，在已经觉察众人在附和谎言的情况下，仍选择了沉默，最多不过在背后吐槽一番，而不是心无挂碍地说出事实。

这种对皇帝或权力的尊崇在法国著名画家让・奥古斯特・多米尼克·安格尔的画作《帝座上的拿破仑一世》中也是表现得淋漓尽致。身高只有 1.68 米的法国皇帝拿破仑穿着奢华的皇袍端坐在镀金的王座上，双手分别持着查理权杖与“正义之手”，象征着他是英明的统治者和正义的裁判者；头戴金冠，毫无表情地注视着前方，让人感受到皇帝的高大与威严，而忽视甚至忘却了皇帝被人诟病的身高以及并不完全相符的容貌；脚下地毯上的朱庇特神鹰传递了从罗马帝国到加洛林王朝，再到法兰西第一帝国权力传承的关系；衣饰上的小蜜蜂则是因蜜蜂具有严密的组织形式，上下有序、各司其职，是执政者最想看到的国家运作模式，因此被拿破仑选做家族徽章。这些细节都将拿破仑描绘成一个神化的帝王，因此，此画作一经展出后因为对权势的过度渲染与赞美而受到各方的批评。

我们都知道世界本就是多元的，每个人都有各种优缺点，也有不同的思想，对世界有不同的认知，这是最真实不过的事情。我们应该对各种看法、说法进行多方比较，才能得出客观正确的结论，而不是被一种思想束缚，被一种声音蒙蔽，使我们失去质疑和反对的勇气。如果这个社会只允许一种声音存在，那么这种声音会带有绝对的欺骗性，如同在童话故事《皇帝的新装》中一样。为什么在成人的世界里听不到不同的声音呢？这不仅是自私的心理在作祟，更主要的原因是每一个看到“新衣”的人，不想让自己成为国王眼中的蠢人。否则，国王手中的权力将会屏蔽社会中不同的声音，而这种时候就是权力集中的时候，就会出现拿破仑这样的经过民选的独裁者。

在另一幅现代以色列画家塞缪尔·巴克的画作《国王》中，用国际象棋中的王、地上放置的圆球、在王前耸立的长矛这三件很平常的物品勾勒出一幅蕴含深意的权力运行游戏。国王是国际象棋中对胜负起最终决定作用的棋子，一个穿衣服的棋子国王其实就是代表了人世间的国王，不论这个国王是什么样的人，或胖或瘦、或高或矮，甚至不良于行、天生智障，只要他能坐到王位上，他就会变成一个对地上圆球所在疆域发号施令的权力拥有者。而国王身前的长矛如同拿破仑手里的权杖一样，是国王权力的象征与来源。中国古代历史上有各种代表国王权力的物品，如玉玺、龙袍等；欧美国家则有束棒、权杖、佩剑等。

在罗马共和国时期，最高行政长官有 12 个卫士相随，他们肩扛束棒，中间插有一把战斧，象征着国家的最高权力。棒子用于施行笞刑，斧子用来执行死刑。束棒的拉丁文是“fasces”，音译为“法西斯”，所以又称“法西斯束棒”，捆在一起的木棍代表团结，而斧头则代表最高权力。

法西斯主义原本不具有贬义，而是团队精神的象征，意思是唯有依靠意志如一的团队，才能产生一般个体和离散群体无法产生的强大合力。法西斯标志在法国国徽，美国参议院徽章、众议院大厅、华盛顿以及林肯雕塑等地方均有体现，成为权力的象征。

而将“束棒”的意思演化为“法西斯主义”，是墨索里尼最先提出的。一战结束后，墨索里尼在意大利建立了法西斯党，鼓吹和推行法西斯主义，党徒身穿黑色制服，故又称“黑衫党”。1922 年，墨索里尼发动政变，夺取政权，在意大利建立了世界上第一个法西斯专政。墨索里尼以“法西斯”命名自己的政党，并采用“束棒”作为党徽。

林肯坐像

金融视角

权力更替伴随金融制度的变迁

世上任何一种事物都有其产生、发展、壮大、变化、萎缩、灭亡的过程，权力也是如此。当某一种权力走向鼎盛的时候，就会物极必反，逐步走向下坡路，最终会导致全面崩溃。世界历史上的朝代更替或权力斗争，实际上就是一种权力的破灭和另一种权力的崛起。在权力更替的过程中，往往伴随着旧制度的瓦解与新制度的建立，所谓不破不立、破而后立就是这样的意思。但是，新生的权力很快又会走上旧权力的老路子，总是在重复“其兴也勃焉，其亡也忽焉”的周期规律。

在历史的潮流中，勇立潮头敢为人先的权力先行者们往往会通过个人的魅力尝试改变：汉谟拉比制定了最早的金融法律，欧洲之父查理大帝将庄园制度传遍欧洲，路易十四带动了从头到脚的衣物流行时尚，影响欧洲各国君主的废立，改变世界历史的进程。而更多的君主则是如同国际象棋中的国王一样，停在自己的棋盘之上，固守权力的疆域，不做新的尝试，这种固化的权力也必将受到挑战。

坚持奴隶制农业经济的罗马帝国，需要大量的奴隶进行农业生产，而政府持续的税收与通货膨胀造成了罗马权贵阶层对各行省的财富虹吸效应，殖民地农业因缺乏奴隶输入而无法进行扩大再生产，也是罗马行省经济衰退的根源。由于罗马各行省的殖民地农业退化成散居农村的庄园经济，这种政治上独立（不承担赋税）、军事上独立（有自己专属的庄园护卫）、经济上独立（自给自足，不参与远程贸易）的庄园生产形态，具有强烈的地方主义倾向，甚至这些庄园主日后会成为日耳曼民族攻占罗马的带路党与参与人。

独守城堡多年的中世纪城堡庄园主们，迎来了一场承载着人们的思想、生活、饮食、绘画、情感以及音乐等方式变化的文艺复兴运动。虽然这里的“人们”仅指占社会总人口 5% 的特殊阶层，但他们是富有的统治阶级或中上层人士，拥有着不同功用的客厅、餐厅、厨房和卧室，更从未体验过 12 个人挤在同一个房间里居住的窘境。他们成为文明的携带者与传播者，将改变文明的基因辐射出去。佛罗伦萨的银行能够借钱给英吉利海峡对面的英国国王，威尼斯人的债券技术被荷兰人在阿姆斯特丹发扬光大，甚至教皇与皇帝对叙任权的斗争都能为法律制度的完备增添颜色。

帝座上的拿破仑更是将“自由、民主、博爱”的精神传播到世界各地，打破了欧洲的权力平衡。他征服了欧洲的君主国家，解放了欧洲人民的思想，他制定的《拿破仑法典》彻底废除了中世纪的徭役、什一税、优惠和特权、封建经济和宗法关系，极大地促进了当时乃至以后很长时间的世界法治建设。甚至拿破仑自己也说：“我一生最大的骄傲并不是我所指挥的那 40 次胜仗，滑铁卢一战抹去了关于那一切的回忆。真正能为后人所记住的是我的法典。”

古老的聚居：《哥贝克力石阵》

哥贝克力石阵

苏美尔人

公元前 12000 年 / 石刻

以眼还眼，以牙抵牙。

——《汉谟拉比法典》

哥贝克力遗址，又名“哥贝克力石阵”，是已知人类最古老的人造宗教寺庙，位于今土耳其东南部的安纳托利亚地区。这片石阵建于公元前12000年左右，比英国巨石阵早8 000年，比胡夫大金字塔早9 000年。这里的每根石柱重达7吨、高5米。在附近的一个采石场，甚至还发现了一根尚未完工的石柱，重达50吨。这里全部加起来，总共有十多个遗迹结构，规模最大的宽度近30米。遗址中有着考古价值非凡的平顶T形巨石，上面的雕刻充满想象力。大多数巨大石柱上雕有奇特精致的图案和纹饰，包括野猪、野鸭以及狩猎和娱乐的场面，盘起来的巨蛇是另外一个常见的图案，有的巨石上还雕有蝎子或者狮子。石头的形状似乎是人形，有些甚至还有风格各异的“胳膊”，从侧面沿一定角度垂下。从功能上说，此遗址似乎是一处神庙和祭祀之地，而要建造哥贝克力庙之类的建筑，古人必须非常团结。神庙建成后，人们聚集在这里，越来越多，以至常规的狩猎和采集无法养活那么多人，于是大家开始在山上耕种野草。所以是信仰推动了这里的人们从事耕种活动，而安纳托利亚平原正是农业的摇篮。

哥贝克力石阵全景

为了避免粮食短缺，人们一方面把余粮存入仓库，另一方面举行祭祀仪式向神灵祈求丰收，二者相互交织，所以人们一直把捐余粮当作对神的供奉，从而将仓库演变成了神庙。在新月沃地的许多地方，都可以找到公元前8000年左右刻着字的泥石。这些泥石在当时是用来记载捐粮的明细，以保证所有村民都尽可能地将余粮拿到公共粮仓。这种有宗教意味的捐粮仪式由行政祭司主持，他们靠余粮生活，也指导集体活动，如房舍的建造、灌溉系统的维护等。这也播下了管理体制的种子，开启了会计和写作等职业的先河。

世界上最早的家猪发现于将近100千米之外的恰约尼遗址，绵羊、牛和山羊也最早驯养于土耳其东部。全世界的麦种都来自单粒小麦——最早种植于哥贝克力附近的山上，而世界最原始的谷物如黑麦和燕麦也都开始于这里。在传统的想象中，人是先建立起村落，接着等到村落繁荣之后，再在村落中心盖起信仰中心。但哥贝克力石阵显示，人类很有可能是先建立起信仰中心，之后才围绕着它形成村子。

金融视角

《汉谟拉比法典》里的利息

在1901年12月，由法国人和伊朗人组成的一支考古队，在伊朗西南部一个名叫苏撒的古城旧址上进行发掘工作。一天，他们发现了一块黑色玄武石，几天以后又发现了两块，将三块拼合起来，恰好是一个椭圆柱形的石柱。石柱两米半高，它的上方刻着两个人的浮雕像：一个坐着，右手握着一根短棍；另一个站着，双手打拱，好像在朝拜。石柱的下部刻着像箭头或钉头一样的文字，经考证，这正是用楔形文字记录的法律条文——《汉谟拉比法典》。

《汉谟拉比法典》是中东地区的古巴比伦国王汉谟拉比（约公元前1792～公元前1750年在位）颁布的法律汇编，是最具代表性的楔形文字法典，也是迄今世界上最早的一部较为完备并且完整保存下来的成文法典。《汉谟拉比法典》原文刻在一段高2.25米，上周长1.65米，底部周长1.90米的黑色玄武岩石柱上，故又名“石柱法”。

《汉谟拉比法典》

《汉谟拉比法典》是世界上所发现的最早的成文法律条文，是人们研究古代巴比伦经济制度与社会法律制度的极其重要的文物。同时，它还是古代巴比伦艺术的代表，尤其因为古巴比伦王国流传下来的艺术品十分罕见，所以这个石碑就更加显得珍贵。石碑的雕刻比较精细，表面高度磨光，上面刻满了楔形文字，全文282条，对刑事、民事、贸易、婚姻、继承、审判制度等都做了详细的规定。在法典上部的浮雕中，太阳神形体高大，胡须编成整齐的须辫，头戴螺旋形宝冠，右肩袒露，身披长袍，正襟危坐，正在授予汉谟拉比象征权力的魔标和魔环；汉谟拉比头戴传统的王冠，神情肃穆，举手宣誓。太阳神的宝座很像古巴比伦的塔寺，表示上面所坐的是最高的神。

汉谟拉比为了表示对神的敬畏和显示自己的高贵，决心要“给这片土地带来正义的法律，消灭缺德和邪恶的人，从而使强者不伤害弱者”。他坚信能够“给臣民带来长久福祉”的唯一途径是消灭人治，“以法治国”，于是人类历史上的第一部成文法《汉谟拉比法典》就诞生了。《汉谟拉比法典》消除了原来各城邦的立法，把全国的法令统一起来，它的制定和颁布也是古巴比伦王国奴隶制中央集权强大的表现。

在该法典中，有很重要的一项内容就是规定了债权人与债务人的法律关系。法典为当时的借贷行为确定了利息的上限：如果借的是谷物，那么在一年后需要多还出1/3的谷物，也就是借三还四；如果借的是银子，则需要在一年后借五还六，年利为20%。所有的借贷都有文书合同作为凭证且有官员作保。如果有人在中间作弊，偷偷收取超过法典规定的利息，那么债务本金可以被免除。借债时，需要有抵押品，仆人、妻女、奴隶都可以充作抵押，也可以用本人的劳动力来抵债，不过这种形式的无偿劳役不得超过3年。

从哥贝克力石阵到乌鲁克祭祀瓶[①]，再到《汉谟拉比法典》，反映出了原始社会信仰形成到神庙管理，再到王权管理的变迁过程，而这种变化，往往会导致国王的王权与祭司集团的管理权之间关系的不融洽，随着时间的推移，这种矛盾可能需要旷日持久的争执或公开诉诸武力来解决，而王权会通过神话或仪式来强化自身形象，以及掌握经济或军事权力等方式来巩固地位。

在汉谟拉比这般强大君主的统治下，对外贸易由过去代表苏美尔神庙公社进行转变为主要代表君主进行。但即便是在汉谟拉比时代，私人贸易也依然存在，只是需要获得王室的准许。《汉谟拉比法典》一方面显示了国王力图控制王国内的商人，并对他们征税；另一方面体现出王室法律将商业往来纳入其管辖范围之内，从而保护商人群体。统一的法律和执法官员的存在对在各处进行贸易的职业商人来说，确实是一个极大的有利条件。

---

① 苏美尔早期的手工艺制品，由乌鲁克匠人制作，瓶上雕刻的内容为人们在神灵的指导下分配物品。

法律与秩序：《查士丁尼及其随从》

查士丁尼及其随从

佚名

54/ 年 / 马赛克镶嵌画

法律的基本原则是：为人诚实，不损害他人，给予每个人他应得的部分。

——查士丁尼

在西罗马帝国灭亡之后，东罗马帝国依然保留了罗马帝国的文化与制度，直到7世纪，在经历了一系列的动荡之后，东罗马帝国发展出了自己独特的文化：它将古希腊文化和斯拉夫的文化因素结合起来，在继续保持与西欧同样宗教的同时，全面采用了希腊的语言和文化。不过，当时的东罗马人一直以罗马帝国的正统继承人自居，他们从未使用过“拜占庭”一词来指代自己，不将自己称为“拜占庭人”或“拜占庭帝国”，而是一直沿用“罗马人”与“罗马帝国”的名称。所谓的“拜占庭”或“拜占庭帝国”其实是后世欧洲历史学家为了避免混淆而使用的研究性术语。

古希腊、古罗马是西方文明的源头，拜占庭是罗马帝国的延续，是古典世界的延续，属于古典世界的范畴。由于长期位处亚欧交界，拜占庭受到东方文化的熏陶，帝国的社会文化结构与欧洲走向了完全不同的方向。拜占庭是当时唯一能与中国相提并论的组织有序的国家，其国家的延续性与以超稳定结构著称的中国非常相似。统治拜占庭的皇族也几经易手，虽然国家、领土不变，但经历了多个王朝的更替，却并没有出现欧洲那样支离破碎的封建体制。而在拜占庭帝国延续近千年的历史进程中，只有君士坦丁、狄奥多西、查士丁尼三位君主被称为大帝，其中又以查士丁尼出身最低。

查士丁尼作为拜占庭帝国历史上最杰出的皇帝之一，并非名门之后，而是生于乱世，出身低下，其父是巴尔干半岛的农民，青年时代因家境贫苦而随其舅父从军。舅父查士丁一世能以禁卫军队长的身份称帝，就是因为采纳了外甥的意见，借助众多贵族企图通过他用大笔金钱贿赂士兵的机会，取得了部下的忠心，在皇帝死后被部下拥立成为新的皇帝，而查士丁尼则被任命为恺撒副皇帝。在辅佐查士丁一世期间，查士丁尼十分注意网罗各方面的人才，不以出身门第为标准，任人唯贤，唯才是用，为其日后治理帝国做好了组织准备。

《查士丁尼及其随从》是拜占庭装饰艺术中最典型的代表性作品之一，也集中体现了拜占庭镶嵌画独特的艺术特点。画面以黄色的马赛克作底，查士丁尼大帝位于画面的中心位置，他头戴镶嵌着珠玉的帽子，身穿紫红色长袍，长袍上有金光闪闪的圆形饰物，手上捧着装盛圣水的器物，表情威严而自信。他的左边，是两个身穿白色加紫红色服装的贵族，可能是他的重要近臣，看上去忠诚而谦恭。再往左边是多个手里拿着矛、盾等武器的年轻侍卫，看上去机警而勇敢。

在查士丁尼的右边，是身穿黄白色衣服的大主教马克西米尔，他的手里捧着一个象征基督教的小十字架，衣服上还画着一个十字图案。在查士丁尼和大主教之间站得略微靠后的人据推测是阿尔罕塔利亚。再往右是两个助祭者，一个手里拿着精心装饰的《圣经》，另一个提着教会中使用的油灯。整幅画具有浓厚的宗教色彩，而画中的皇帝显然是以耶稣的化身自居，当时，查士丁尼大帝大力推行基督教文化，想以此凝聚人心，为恢复古罗马的辉煌而奋斗。

画面的构图是水平一线的模式，人物都一字正面排列，站立得极为整齐，并且高低相差不大，肩部水平，脚步都站成“八”字形，看上去客套而呆板，显然是举行某种仪式的场面。画中人物的身体比例明显拉长，好像都是踮着脚一样的不自在，但是把身体的修长线条表现得流畅而夺目。可以很明显地看出来，画家着力表现的不是人物的具体形象，而是一种神圣的宗教化的威仪和肃穆，不管是什么人物都笼罩在神圣的光环中。

这幅画的色彩极为明快、讲究。查士丁尼衣服的颜色集中了白、紫红、金黄几种颜色，其中以紫红色为主色调。而他左边的两个大臣身上绘有大块的紫红色，右边的主教身上有大片的金黄色，都与查士丁尼衣服上的某种颜色一致，这似乎也具有一定的寓意。整幅画白、紫、烟黄、青、红诸色交替搭配，明快、醒目，构成了这幅镶嵌画最突出的艺术特色。

在查士丁尼做皇帝的38年时间里，他东征西讨，在很大程度上恢复了罗马曾经的版图，同时大兴土木将君士坦丁堡建设成为当时世界上最伟大的城市。他编纂了《查士丁尼法典》，让罗马法得以流传百世。但更为人津津乐道的是他与皇后狄奥多拉的爱情故事，《狄奥多拉皇后及其侍女》就是拜占庭人为纪念狄奥多拉皇后而制作的镶嵌画，与《查士丁尼及其随从》一起成为拜占庭艺术的瑰宝。

狄奥多拉皇后及其侍女 / 佚名 /547 年

狄奥多拉与查士丁尼一样，出身于社会下层，其父阿卡鸠斯是大赛场驯兽师，负责看管比赛用的动物。狄奥多拉年少时家庭生活极为困苦，她曾与亲姊妹一起跪在大赛场上乞求观众们的施舍。后来，由于生活所迫，她们流浪到亚历山大和安条克等地卖艺求生。当她最终以艺妓的身份出现在君士坦丁堡大赛场上时，正值查士丁尼担任恺撒之际。他很快便为她的美丽、聪颖和对时世的见解所倾倒。普罗柯比在他的历史名著《秘史》中直言不讳地将狄奥多拉称为“最邪恶的妓女”，在他看来，这位风尘女子之所以能够成为查士丁尼的皇后，完全是依靠容貌的魅惑和阴险的算计，而查士丁尼的婚姻更是帝国的奇耻大辱。

事实上，狄奥多拉之所以能够赢得人们的心，和她坚强的性格密不可分。532 年 1 月，拜占庭发生尼卡暴动，战车比赛中的死对头蓝党和绿党联合起来反对查士丁尼的统治，首都数以万计的市民发起暴乱，他们洗劫了官府，焚烧了监狱，拥立了另一个皇帝。查士丁尼眼见大事不妙，准备逃跑，这个时候是狄奥多拉阻止了他。狄奥多拉说宁可穿着紫袍而死，也不愿平凡地苟活于人世。紫袍是拜占庭皇室的颜色，狄奥多拉的话意味着她宁可选择作为皇后死去，也不靠逃跑而活下去。狄奥多拉不仅有勇气，还有智谋，她深知蓝绿两党历来不和，便派手下溜出皇宫，用重金收买了蓝党的首领，成功分化了暴动的阵营。与此同时，名将贝利撒留指挥远征波斯的军队回到首都，通过蓝党敞开的大门进入竞技场，镇压了暴动。

自此，查士丁尼宣布狄奥多拉为他的共治统治者，一个妓女成为东罗马帝国拥有最高权势的人。在狄奥多拉死后的 17 年时间里，没有子嗣的查士丁尼并未再娶，他孤独地守护着庞大的帝国，最后郁郁而终。

在查士丁尼大帝的另一项重大工程——制定《查士丁尼法典》中，也能够清楚地看到狄奥多拉所起到的作用。这部法典保护了女性的权利和荣誉，规定了上帝面前人人平等的原则，明令禁止男性无故抛弃女性的行为，明确了妇女拥有继承财产的权利，并且将强奸列为死刑罪名。

由于它是欧洲历史上第一部系统完整的法典，因此它不仅成为拜占庭帝国之后历代皇帝编纂法典的依据和蓝本，而且成为欧洲各国的法律范本。不仅如此，由于这部法典明确地确定了公法和私法的概念，为私有制的商品社会关系提供了法律基础，因此对近现代世界范围内法学发展的影响也极为深远。

金融视角

从东方到西方的丝绸

2 000 多年前，古罗马纺织技术非常发达，用亚麻织造的麻衣轻柔透明，风靡整个贵族阶级，不过，当他们看到美丽的丝绸后，就不可遏制地爱上了它，丝绸很快成为风靡罗马上层社会的奢侈品。

据西方史书记载，古罗马人第一次见到丝绸是在公元前 53 年。与恺撒并称罗马“三巨头”的克拉苏由于在国内政治斗争中失利，负气率军出征东方，与西亚的帕提亚王朝开战。在著名的卡雷战役中，帕提亚人突然展开鲜艳的军旗，在明晃晃的太阳底下挥舞着。旗子耀眼刺目，晃得罗马军队军心大乱，仓皇溃逃，克拉苏本人也死于这场战役。据考证，那些鲜艳的旗子就是罗马人以前没见过的丝绸。

在罗马帝国时代，以丝绸、香料、宝石为代表的东方贸易被当成是推动罗马帝国商业发展的动力，也是帝国征税的一个重要对象。1 世纪时，罗马帝国就向丝绸贸易商征收 25% 的高关税。从事丝绸等东方奢侈品贸易在当时的罗马社会是一条致富的捷径，如丝绸贸易给连接地中海、红海、阿拉伯半岛的重要港口城市亚历山大的航运商人带来了大量的财富。

542 年爆发的大瘟疫沉重打击了拜占庭帝国，众多城市和村庄几乎全被废弃。据统计，在君士坦丁堡大约有 25 万人死亡，大约占该城居民的一半。许多农民也因瘟疫死去，大量土地荒芜。这使查士丁尼时期的拜占庭农业几乎没有发展，无法再从农业中榨取更多的财富，因此向商业贸易征税势在必行。获利丰厚的丝绸贸易成为查士丁尼和拜占庭官僚集团征收税赋的重点，甚至通过强买强卖和行政司法手段，将丝绸贸易完全置于国家垄断和操纵之下。

对于罗马帝国来说，由于中国丝绸的不可替代性，使得政府必须要做两件事：一是寻求中国丝绸的定价权，二是确保中国丝绸稳定的供应链。而当时，波斯以其独特的地理位置，垄断了中国丝绸的贸易，再由波斯商人转手销往罗马。罗马人为了买到更便宜的丝绸，就去联合埃塞俄比亚人，计划绕过高价垄断经营的波斯，从海上去印度购买中国丝绸，然后东运罗马。然而，这个计划不幸被波斯人得知，波斯王竟然以武力向埃塞俄比亚相威胁，阻止他们帮助罗马人购买丝绸。无奈，查士丁尼只好请波斯的近邻突厥可汗出面调解。不料，波斯王不但不听调解，还毒杀了突厥可汗的使臣，使双方矛盾激化。最终，东罗马帝国联合突厥可汗于571年攻伐波斯，这场西方历史上著名的“丝绢之战”打了20年之久，最终未分胜负。

公元前138年，从中国长安出发的张骞使团走向西域，开辟了前往西方的官方通道。公元前126年张骞返回长安时，不仅第一次带回了外部的信息与知识，而且中国从此开始将丝绸、漆器、铁器、铜器等大批商品传到西方，也将良马、玻璃、毛毡、亚麻、香料、胡椒、葡萄、石榴等引入中国。“使者相望于道，商旅不绝于途”，汉代中国开辟丝绸之路的价值不仅在于拓展了交通路线，更引导中原华夏文明由此开始有意识地关注外部世界，并大大延伸了本土文化的传播空间。

在此之后的中国各朝代，对外联络和对外贸易活动络绎不绝，特别是唐宋两朝，进一步拓宽了东西方交流的友谊之路，中国的丝绸养殖技术被拜占庭人学会，使中国的丝绸在欧洲落地生根。

12世纪，十字军东征时，意大利人在近东地区俘虏了2 000名丝织工人，把他们带回意大利去养蚕、缫丝，中国的丝绸纺织技术逐渐在意大利发展成熟，并使其成为欧洲丝绸工业的中心。

古代丝绸之路作为不同文明交流、互鉴、融合的最为生动的象征，给世界人民留下了抹不去的记忆。从关隘到驿站、集市到商贸、信仰到宗教，此起彼伏的历史性事件一波盖过一波，但是贸易带来的利益、文化带来的交融、艺术带来的互赏，激活了彼此接纳、包容、沟通的条条新路。丝绸之路给沿途国家带来休戚与共的依存感、命运相连的互助感，以及交流共享的价值感，成为人类命运共同体认知与实践的基石。

帝国的衰落：《卡拉卡拉大浴场》

卡拉卡拉大浴场

劳伦斯 · 阿尔玛 – 塔德玛

1899 年 / 油画

真正的罗马上层社会，声色犬马、骑马打猎、泡澡堂就是生命的全部。

——罗马谚语

一座巨大的浴池边上，三个身穿丝绸衣服的年轻罗马女性正在窃窃私语，正中间的蓝衣女子慵懒地仰身躺下，面朝着旁边坐在椅子上的黄衣女子；她身体另一边手持鲜花的米色衣服女子仿佛被她们的话题所吸引，前倾身体凑上前参与讨论。紧挨三人身后的巨大的大理石柱显示着这座建筑的宏伟与巨大。身后的浴池中有人在游泳、有人在嬉戏，最让人惊讶的应该是站在浴场中大理石船头的两名全裸男子，他们神情自若地看着远方，没有被眼前的这些“风景”所吸引，却不知他们已经成为别人眼里的“风景”。在浴场更远的地方，人来人往，一切都是那么自然而然，但奢华与颓废也隐藏其中。这是画家劳伦斯·阿尔玛－塔德玛的《卡拉卡拉大浴场》中所描绘的罗马大浴场的场景。在这幅画中，塔德玛为我们重现了古罗马人极端享乐的日常生活。卡拉卡拉浴场于212年落成，以古罗马皇帝卡拉卡拉的名字命名。该浴场十分庞大，可以同时容纳1 600名浴者，这里不仅是洗澡的地方，人们还可以进行其他活动，艺术馆、画廊、室内体操室、玫瑰花园、藏书楼、会议室、演讲台，还有卖饮料和食物的小商店，可以满足人们的各类需要。画家塔德玛根据当时考古的最新发现，在浴场中央画了一艘大理石船，该船以文艺复兴时的古罗马复制品为依据。

由于自然环境的影响，潮湿的气候导致很多罗马市民患有风湿病，而洗浴可以提高罗马人的身体素质。在浴场里，罗马人尽情地消磨时光，同时也在这里畅谈自己的政治见解和对文学艺术的看法，这其中蕴含着文明和精神的进步。因此，古罗马人非常爱洗澡，甚至可以说整个民族中的许多人都有洁癖，他们走到哪里，就会把浴场带到哪里，罗马浴场的遗迹遍布罗马世界的各个角落，因此，有人称他们为“泡在浴室里的罗马人”。

古罗马浴场文化的变化，也是罗马帝国由盛至衰的见证。在早期的罗马共和国，浴场内很少见到华丽装饰或者独特设计，只是为了满足简单的生理需要。当时的浴室多建得阴暗狭小，设施相对简陋，体现着实用主义的特征。而到了共和后期至帝国初期，第三次布匿战争的全面胜利，使得罗马的外在威胁得到解除，同时广袤的土地更是带来了无数的财富和奴隶，使得罗马一跃成为社会财富的聚集地。财富的增长使得罗马人的道德观也发生了巨大的改变，奢靡浪费之风在社会上蔓延开来，物质享受和奢侈浪费成为罗马人生活的主要目标。

生活在快乐与享受之中的罗马贵族，当然不能了解最底层的奴隶阶层的生活与痛苦。《罗马奴隶市场》这幅画是法国著名画家热罗姆以古罗马时期近东地区司空见惯的奴隶拍卖为主题的画作，画面中被剥去衣衫的女奴赤裸地站在台上被拍卖，台下是争相竞价的商人，他们伸出手指——暗喻买奴隶的价格，女奴们则茫然地望着这一切，听凭命运的摆布。

罗马奴隶市场 / 热罗姆 /1884 年

奴隶是罗马帝国最特殊的一个群体，是时代的产物。共和初期的罗马，因还不起债而被迫进入债务监狱，或者成为债务奴隶的人群是奴隶群体的主体，但数量相对较少；到了共和后期，债务奴隶制虽然取消，但战争与海外贸易为罗马带来了更多的奴隶，并且越来越多地成为社会居民的主体，甚至远超罗马公民的人数。奴隶开始成为罗马主要的劳动大军，也是帝国中的一群举足轻重的人物。奴隶使得罗马的农业、手工业、矿业等行业重新繁荣，使得行省制度正常运行。关键的时候，奴隶也能被征召入伍，替罗马打仗卖命。罗马三巨头之一的克拉苏就是最大的奴隶主，而且正是由于他的运筹帷幄，罗马人平定了难以消灭的斯巴达克起义。

帝国时期，罗马人把兴建公共浴场作为与兴建体育场、图书馆具有同等意义的大事。据计算，4 世纪时，罗马城的公共浴场已超过 1 000 家，其中特大型的有 11 家，最大的两家浴场分别是戴克里先浴场与卡拉卡拉浴场，分别能够容纳 3 000 人及 1 600 人同时进场，享受热水浴、温水浴、冷水浴等服务，以及浴场内的体育场、图书馆、画廊、音乐厅、游戏室、散步长廊等其他各项设施。

罗马浴场大致有温泉浴场、私人浴室、公共浴场三类，对大多数普通罗马人来说，他们只能光顾公共浴场。罗马贵族更是在这种风气的影响之下，将建筑装饰与个人财富的多寡和身份地位的高低联系起来。这一时期的浴场由实用性向奢华高调转变，一改过去阴暗狭小的格局，变成宏伟的建筑风格。

卡拉卡拉是罗马帝国塞维鲁皇帝的长子，本名为安敦尼努，卡拉卡拉是他的绰号。卡拉卡拉为争取民心，在 211 年颁布“皇帝敕令”，内容为扩大罗马帝国内拥有公民权的人数，帝国内所有人民都可获得罗马公民权，不论元老院成员或解放奴隶及角斗士等皆可享受一般公民权。而扩大公民的范围，目的是向公民收取更多的税款，增加帝国中央的税收收入。他不经政府预算，私自建造著名的“卡拉卡拉大浴场”供罗马市民享用，使得大量金钱和人力投在浴场修建之中，在本身社会劳动生产率低下的前提下，更加重了物质的负担，使农民税收负担加重，导致社会矛盾尖锐。

卡拉卡拉浴场的修建，是帝国最后的狂欢。这一时期，帝国已经十分衰落，罗马正在浴场的奢靡之中逐渐沉沦，以往罗马人积极进取和无私奉献的民族精神已然消失殆尽。在卡拉卡拉时期，甚至出现了男女混浴的情况，进而不可避免地发生了一些越轨行为，而且屡禁不止。特别是在帝国晚期，主张禁欲主义的基督教在罗马兴起，人们更是无法容忍浴场里的糜烂之风。终于在 320 年，劳迪塞主教会议下令禁止妇女去公共浴场，而圣约翰·克里索斯托姆主教会议最终在 4 世纪末封杀了所有浴场。537 年，卡拉卡拉大浴场由于供水管道遭人破坏而停止使用，并逐渐被废弃。

金融视角

罗马帝国的衰亡从通货膨胀开始

在 1 世纪，罗马人全年的假日有 66 天，到了 4 世纪竟多达 175 天。罗马人用近半年的时间，沉迷于观看奴隶角斗、斗兽、海战、戏剧等表演，其靡费之大令人震惊。有这么一句流传下来的谚语："真正的罗马上层社会，声色犬马、骑马打猎、泡澡堂就是生命的全部。"

谁家浴室内的墙壁要是没有金碧辉煌的饰板，没有亚历山大的大理石、路尼比亚的贴花饰物，没有一整圈精心设计、丰富多彩、美如画卷的饰带，浴池四周砌的不是萨索斯石板，水龙头不是白银做的，汗流浃背、精疲力竭时不能在这种豪华浴池享受一番，就会让人觉得很寒酸。

历史学家曾经断言：罗马帝国的衰亡是人们性关系堕落、生活奢侈和挥霍放荡的必然结果。帝国上下享乐主义盛行，各种大型娱乐场所鳞次栉比，那罗马的统治阶层是靠什么来维持自己奢华的生活享受呢？一个主要的手段就是通货膨胀。统治阶层通过货币贬值的手段攫取财富以支持自身奢华、过度的享受，而罗马人民则承担了通货膨胀的后果。

早在罗马共和国时期，帝国就爆发过金融危机。由于罗马三巨头之间的内战导致不动产价格快速下跌，大量债务出现违约情况，很多人不得不通过抛售资产来偿还债务，而这也进一步拉低了资产价格，导致恶性循环，金融危机由此爆发。屋大维上台后采取了宽松的财政和货币政策，并通过税制改革、建立自由贸易区、财政补贴等政策来加快经济复苏。为确保增加税收，政府加强了对居民和流动人口的管控，要求所有行业建立所谓的委员会，令从业人员加入行业协会并签署契约，不得更换当前职业和居住地点，而且他们的子孙也必须从事相同的职业。

在这之后，罗马统治者为了应对不断出现的财政问题，曾经建立了一个公共的坏账银行，向债务人无偿提供无息贷款，实际上这相当于政府履行“最后贷款人”的职责，借钱给民众。而当政府也没有足够的金属货币时，他们就想到了货币贬值的办法，通过降低钱币中金银的含量来收取铸币税。但如美国经济学家帕尔伯格所说：“罗马人航行在通货膨胀的暴风骤雨中，手中却没有经济学的罗盘。”他们对货币贬值后造成的通货膨胀并没有相应的概念。

罗马的通货膨胀起始于克劳狄王朝的尼禄皇帝。尼禄皇帝是一个充满野心而且穷奢极欲的人，罗马的城市建设和贵族消费都在他的统治下达到顶峰。罗马已经实施了金属货币制度，金、银、铜币广泛流通在占领区域，其中罗马币最为贵重。在无法继续提高税赋水平，同时不得不支付庞大军队和官吏群体的成本的情况下，尼禄开始在银币中加注廉价的合金如铅、铜等，发行不足值货币（即货币贬值）。很快，老的银币就陆续退出流通被回收熔化再制造出更多的廉价银币。这就是金融界所称的“格雷欣法则”，即劣币驱逐良币。货币贬值导致交易低下、经济衰落，又需要政府继续投入更多的贬值货币，这种不断恶性循环的结果，就是政府信用和执政能力逐渐破产。

据记载，在1世纪含银量达90%的罗马银币在戈尔蒂安皇帝统治的238年含银量只有28%，而到了268年的克劳狄二世时，含银量已经下滑到只有0.02%，基本已经成为信用货币了。事实上，以银币发行量之大，如果足值发行，罗马帝国已经没有可以挖掘的银矿了。尼禄开了头，之后的历代罗马皇帝都如法炮制。根据英国著名学者琼斯的研究，138—301年，罗马军人的服装价格上涨了166倍，自2世纪中叶到3世纪末，小麦的价格上涨了200倍。

为治理通货膨胀，帝国也采取了措施。其中最为著名的是戴克里先皇帝在301年颁布的冻结物价的法令。法令指责囤积居奇的奸商："哄抬物价的罪恶罄竹难书。"同时公布了700~800种物品和服务的最高价格，其中包括小麦、棕榈油、甘蓝菜、鹅等商品的价格，甚至对理发师、家庭教师等的最高工资也做了相应的规定。该法令异常严格，触犯法令的人将被处以死刑。物价冻结后，经济陷入萧条，市场上除了恐惧之外一无所有，后来君士坦丁大帝将此法令废除。

欧洲之父：《查理大帝加冕》

查理大帝加冕

拉斐尔 · 桑西

1517 年 / 湿壁画

学会第二语言，就拥有了第二灵魂。

——查理大帝

罗马帝国崩溃后，西欧成了群雄争夺的战场，经过百余年厮杀，许多新生的王国建立起来，填补了罗马人走后的权力真空。在这些王国中，最有名的莫过于法兰克王国，他们原本是日耳曼人的一支，但从5世纪后，他们的势力逐渐扩大，最终掌握了今天法国和德国境内的大片地区。随后几百年里，法兰克王国分分合合，王权则逐渐旁落到了掌管宫廷事务和王室地产的宫相手中。

751年，当时的宫相——丕平废除了法兰克国王，自己登上了王位，由此建立了加洛林王朝。但丕平的王位是篡夺而来，因此名不正言不顺，而当时正好新任教皇斯特凡二世请求法兰克王国出兵剿灭伦巴第国王埃斯图尔夫对教廷的入侵。于是丕平答应与教皇合作，不但出兵讨回教廷失地，并且把所占领的伦巴第人的领土的一部分送给了罗马教皇，即现在罗马教会所在地梵蒂冈城国，罗马教会一下获得了大片的土地。为感谢丕平对教会的支持，罗马教皇为丕平举行加冕仪式，开启了教权与王权的合作。这样，欧洲的一些土王开始有了一个新的认知：只要王位能获得罗马教皇的加冕，就算当初是自立为王，此时也具有合法性了。由于欧洲各公国的王位基本上都要接受罗马教廷的加冕，从而增强了天主教会在欧洲的势力，王权甚至要臣服于教权，由此宗教统治成为中世纪欧洲的代表。丕平建立起的新王朝称为加洛林王朝，也正是在这个王朝，出现了当时影响最深远，被称为“欧洲之父”的君主——查理大帝。

800年12月25日圣诞节，据说当查理大帝跪在圣彼得大教堂做弥撒时，由其支持获得教皇位置的利奥三世为他戴上了一顶金皇冠，封他为“罗马人的皇帝”，并高声宣布：“上帝为查理皇帝加冕，这位伟大的和带来和平的罗马皇帝，万寿无疆，永远胜利！”参加仪式的教徒也齐声高呼：“上帝以西罗马皇帝的金冠授予查理，查理就是伟大、和平的罗马皇帝和罗马教皇的保护人。”从此，法兰克王国被称为“查理曼帝国”，查理国王亦称“查理大帝”。

意大利著名画家拉斐尔·桑西通过《查理大帝加冕》记录了此

次中世纪欧洲最早的皇帝加冕仪式，也算是开创了一种画作的先河，后世关于加冕仪式的许多著名画作如《拿破仑的加冕》《维多利亚女王加冕典礼》等都或多或少地受到此幅画作的影响。处于画面正中央最高位置的教皇正在将手中的皇冠戴在跪在他面前的查理大帝的头上，红衣主教及佩戴白色三角高冠的教士们围坐在四周的地面、台阶或椅子之上，在他们身后，有戴着高帽、佩戴盔甲的战士。查理大帝的跪姿及教士与战士的站位显示出教权高于皇权的用意，可以看出拉斐尔与其学生创作壁画时讨好教皇的用心。画中的查理大帝的形象具有当时法国国王弗朗索瓦一世的特征，也是因为当时的美第奇家族的教皇利奥十世正在寻求与法王的结盟。

查理大帝像 / 阿尔布雷特 · 丢勒 /1512 年

查理出生于 742 年，据说他身高超过 1.9 米，高大魁梧。他活了将近 70 岁，执政时间长达 46 年，在当时是独一无二的。他是中世纪西欧的第一位加冕皇帝，在位期间，查理频繁对周边地区发动战争，并扩大了王国的统治范围。这位法兰克王国加洛林王朝的国王大部分时间都在马鞍上，每征服一个民族，就逼迫他们皈依基督教，且没有任何商量的余地。从这个意义上来说，查理大帝也是第一个十字军东征的骑士。查理大帝还组建了禁卫军——他们在战场上作为精锐冲锋陷阵，平时则是国王的骑马护卫。作为回报，许多成员获得了土地和封号，由此成为早期的骑士。在查理大帝的统治下，这些骑士的功绩也得到了广泛传播。

当时无论从军事上还是宗教上来说，最难啃的一块骨头是撒克逊人。他们打游击战，顽强抵抗查理的军队，也抵制基督教。不过，撒克逊人最终还是寡不敌众，在顽抗32年、死伤无数之后，最终接受了查理的统治，也皈依了基督教。

德国著名画家阿尔布雷特·丢勒的画像《查理大帝像》中，已经年迈的查理大帝身披黄金圣衣，头戴皇冠，手持王剑与十字金球，象征皇帝受命于上帝，统管基督世界，他身后的王室百合与黑鹰徽章都是权力的象征，尤其是王室百合，不仅仅是王室的身份象征，而且还被赋予了神化的作用，百合的三片花瓣分别代表国王、贵族、教士，而孕养三片花瓣的泥土则代表人民。四者之间形成循环，生生不息，国王利用它来增加凝聚力，影响人心，从而扩大王室权力。

查理死后不久，帝国就出现了分裂。到了843年，他的三个孙子各自为王，帝国一分为三。以后的西欧各国就是在此基础上逐渐发展起来的：东法兰克王国成了以后的德国，西法兰克王国成了以后的法国，东、西部之间的地区成了以后的意大利。法兰克人的语言也出现了明显的分化，形成了法语、德语和其他西欧国家的民族语言。

金融视角

从马尔克公社到庄园制

土地制度的产生以出现定居为前提，而定居又是在农业有了一定发展后才出现的。日耳曼人的定居大约是从恺撒时代开始的，直到公元前后（约公元前50年至公元元年），日耳曼人基本都实现了定居，农业也在社会经济中占据了重要地位。但尚武的日耳曼民族的生活重心并不在农业上，只有女人、孩童和体弱多病之人才会从事农业生产，强壮的武士只以分享首领通过战争得来的战利品为生。这种依靠战争分配物资的方式，使日耳曼人的社会群体并不以自然居住点或职业划分，而是以适宜于战争的集结方式，以及提供战争的兵源来划分，形成由上到下的社会组织结构。百户之下的马尔克，是一个居民点的单位，是自然形成的村落，村落由多少户人家组成尚且不知，但依据游牧民族的特点，马尔克是会移动的。随着人口的增加，为了管理全民族直接占有的土地和监督领土以内的下级马尔克，整个民族构成了一个统一的马尔克公社。

马尔克公社制度中，在土地归公社全体共有的前提下，每一个马尔克的土地均被分为三类：其一为份地，即每个自由人可以得到一份份地；其二为公有地，包括河流、森林、沼泽、草场等，归马尔克公社成员共同使用，亦由马尔克召开村民大会共同决议；其三为宅基地，是神圣不可侵犯的，只有拥有宅基地之人才被视为马尔克公社之人，受到马尔克的保护，有权享有马尔克公社土地上的产出。公社内成员的土地依照等级高低进行划分，耕地定期重新分配进行耕种。

随着日耳曼人进入罗马帝国，日耳曼的马尔克公社制度与罗马大地产制逐渐融合，马尔克村社分给村民的份地已经不再重新进行分配，而是交给村民世袭继承使用。812 年，查理大帝颁布了著名的《庄园敕令》，共 70 条，详细地规定了庄园里各个部门的组织形式和生产管理方式，反映出查理大帝对庄园制的鼓励和发展。

庄园内部的运作方式依然依据传统惯例。庄园的土地分为两部分，一部分由领主直接管理，另一部分交由农民使用，采用抽签方式决定农民的份地。耕地划分为条状，份地分条交错，每个人分到的土地可以世袭，但土地所有权依然是领主的。与依附农相比，自由农的人身是自由的，可以在任意时间在自己的份地上进行劳作，但需要向领主缴纳实物地租，而依附农则被领主世世代代固定在了土地上，为领主服徭役，失去了人身自由，成为农奴，可以随同土地一起被出卖、转让或者赠送。这一时期，马尔克公社时期所共有的河流、沼泽、森林、牧场等公有地的归属也发生了变化，虽然规定庄园内的每个人都有利用森林和牧场的权利，但从 8 世纪末查理大帝颁布的《庄园敕令》中可以看出，那些过去为马尔克公社所共有的森林、牧场、荒地都成了领主的财产，农民必须缴纳一部分费用后才可使用。同时，《庄园敕令》也反映出领主在领有土地和占有农民之余还拥有由此衍生出来的司法权力。也就是说在领主体系之下，土地的领主对自己领地上的农民拥有大量的封建权力，这其中就包括利用庄园法庭行使各种司法特权，依照庄园习惯审理案件的权力。这同马尔克公社制度是一脉相承的，既是一种经济组织，又是一种社会组织。[①] 君主与领主之间、领主与领主之间、领主与家臣之间建立起一种特殊关系。在封君封臣关系结成时，要举行臣服礼和宣誓效忠仪式。封君保证封臣的安全，为其提供保护和维持生计的土地等。封臣则必须尽三种义务：效忠、帮助（就是服劳役、军役等）和劝告（就是参加封君召开的会议，提出一些建议）。双方的关系不能随意被解除。这种政治经济相结合的社会关系是封建主利用其掌握的土地对农民进行剥削和控制的一种方式。

① 资料来源：丰惠茹．日耳曼人土地制度的变化——以《日耳曼尼亚志》《萨利克法典》《庄园敕令》为视角 [J]. 开封教育学院学报，2017（2），12–13.

权力的斗争：《亨利四世在卡诺莎》

亨利四世在卡诺莎

爱德华·施沃伊

1869 年 / 布面油画

赋税是政府机器的经济基础。

——马克思

从基督教成为国教开始，罗马帝国就实行政教合一的管理，即政治当局对教会享有委任权，中世纪早期的欧洲都是如此，这样，整个西欧社会就陷入了基督教会与世俗君主的双重统治之下。早期，世俗君主与基督教相互利用以达到各自的目的。统治阶级为稳定统治，给自己的统治罩上一层神秘的光圈，企图借助神权来强化自己的统治，使人民安于天命。于是，统治者开始不断向教会供奉土地、粮食和金银财宝，从而形成了强大的教会经济。一方面，在这样的帮助下，基督教不断发展，迅速成为第一宗教，巩固了基督教在整个西欧社会的地位。另一方面，皇权利用基督教为自己的“君权神授”找到了更好的切入点，利用基督教义维持社会的稳定与自身的统治。全欧洲的皇帝、国王、封建领主都在任命主教，也有权力召开教会会议，颁布教会法律。据史料记载，在 1059 年之前的几个世纪任职的 25 位教皇，有 16 位是皇帝直接指派，有 5 位被皇帝废黜。显然，此时的宗教已然沦为政治权力的附庸与工具，成为为王权服务的组织。

然而，随着政治权威对宗教权威的一步步依赖，教会权力得到巨大发展。“丕平献土”以及查理大帝接受教皇的加冕，变相承认了宗教权力高于世俗权力，使得教权凌驾于王权之上，以后的君主开始承认教皇的加冕，“君权神授”逐渐变成“君权教会授”。在多数欧洲国家中，教会逐渐拥有 1/4 到 1/3 的土地，从而得到收入和自治。由于政治当局控制了教会圣职的任命，教会的独立程度还相当有限。教会的土地经常被认为是皇家的赞助，统治者经常委任亲戚为主教，主教和教士又被允许结婚，常会卷入他们所管辖地域的家庭和宫廷的政治。教会的土地可以变成遗产，传给主教的孩子。教会官员也担任政治职位，进一步增强了宗教和政权的牵连。所以，教会本身就是前现代的家族组织，私有化情况十分严重，整个教会陷入了被世俗控制的威胁之中。

11 世纪晚期，以法国克吕尼修道院为首的教会组织着手改革，他们主张实行严格的禁欲主义，教士须过集体生活，教士不得婚娶，以防止教产私有化，禁止买卖圣职，要求独立。

教皇格里高利七世甚至亲自组织改革，强调教会要独立于政治权力，最重要的一点就是要严禁教士、主教结婚和生儿育女，即禁止教士组织家庭。这项改革自然遭到现有主教的反对，格里高利七世也明白，他只有有权任免主教，而不是皇帝，才能赢得这场改革的胜利。

格里高利七世在 1075 年颁布《教皇敕令》，要求收回世俗领主的主教叙任权，但这条法令与神圣罗马帝国皇帝亨利四世的利益发生激烈冲突，亨利亦做出反应，于次年 1 月召集德意志主教举行会议，谴责教皇。面对亨利的反扑，格里高利决定将其革除教籍，这使得亨利四世失去了众多领主的支持，他不得不前往意大利卡诺莎向教皇请罪求恕，即历史上著名的“卡诺莎之辱”。

画家爱德华·施沃伊的画作《亨利四世在卡诺莎》就呈现了亨利四世在卡诺莎拜见教皇时的情形。卡诺莎是一座荒山古堡，隆冬时节又是冰天雪地，亨利四世为表示忏悔，全身只裹着一件土黄色的毡毯，赤着脚站立在凛冽寒风之中，在城堡外冻了三天三夜，请求教皇宽恕。边上的城堡门口，几名守城卫兵正一边看着他，一边议论着皇帝与教皇之间发生争执的故事，而上方的城堡内，隐约可以看到避而不见的教皇一手指向天空，一手指向亨利四世站立的方向，仿佛在表示他代表着神灵授权帝王管理人间，也可能是在吩咐教士去将在城堡外已经等了三天的亨利四世请入城堡之内。在欧洲王权与教权的斗争中，王权卑躬屈膝到这个地步还是空前的，日后“卡诺莎之辱”成为西方世界的著名典故，是屈辱投降的代名词。

与皇帝发生冲突时，格里高利七世和继承者没有自己的军队可以调动，只能通过呼吁合法性来加强自己的力量。于是，教皇派发动了一次对法律源头的搜索，以支持教会享有普遍司法权的主张。搜索结果之一是 11 世纪末，在意大利北部的图书馆内重新发现《查士丁尼法典》。迄今，《查士丁尼法典》仍是民法传统的基础，不管是欧洲大陆，还是受其殖民或影响的其他国家，包括从阿根廷到日本。很多基本的法律常识，如民法和刑法、公法和私法之间的差别，都可从中找到起源。

宗教神权与世俗王权的斗争经过卡诺莎之辱这一事件后，亨利四世在平息内部领主叛乱后率领大军重新兵临罗马，格里高利七世则逃往意大利南部，并死于流亡途中，但他的《教皇敕令》却发挥了巨大作用。1122 年，教皇卡利克斯特二世和国王亨利五世订立《沃尔姆斯宗教协定》，皇帝基本上放弃叙任权，即任命主教的权力，而教会承认皇帝在一系列世俗事务上的权力。《沃尔姆斯宗教协定》在西方教会的历史上终止了政教合一的时代，也明确将精神领域和世俗领域进行分离，从而为现代世俗国家的发展铺平道路。

金融视角

税收制度的变迁

在西方国家的税收史上，很长时间以来就存在着两种截然不同的税收方式。一种是以 18 世纪英国议会为代表的旨在寻求一种确定、有效、公平的税收机制；另一种是以包税制为代表的征收方式。包税制在古罗马时期就已盛行，其特点是中央政府把全国行省分成若干税区，把每个税区需要征收的税额以某一固定数额承包给私人或团体征收；包税人的实征税额，大于包税数额的差额，即包税人的收益。历史上的包税，多采取招商投标形式，以标额最多者承包。因此，包税又有“扑买”“买扑”“商包制”等名称。

包税制的实行是古罗马社会发展的需要。随着罗马帝国的迅速扩张，政府管理机构不能适应新的形势，仅就财政事务而言，罗马共和国公务员少，没有专人负责征税，因此为了征收意大利和各行省的间接税、租金、公共财产使用费，以及部分行省的直接税，罗马人只好依靠私人承包商，于是便有了包税制。许多包税人本身就是骑士或雇佣骑士组织，骑士只要缴足了中央规定的数额，余下的统归自己。罗马共和国三巨头之一的克拉苏就是“包税人骑士阶级”的代表，也是奴隶主的代表。

由于货币的积累，罗马的各种投机活动也繁荣起来，包税人阶层或者成为罗马城里高利贷的放贷人，或者从事金钱兑换等业务，甚至如克拉苏这样的大奴隶主、大财主，也在罗马市内从事地产的投机。当罗马发生火灾的时候，克拉苏花极少的钱收买已经着火的房子和火场邻近的住宅，然后转卖地皮或建筑新房子。克拉苏用投机的手段，慢慢成了大半个城市的地主，成为罗马最富有的人。

罗马帝国灭亡后，欧洲仍然实行包税制，而且实行的国家多、延续的时间长。在工业革命之前，经济以农业为基础，而农业的生产力相对只有非常有限的盈余产出，统治阶层即使有绝对的权力对百姓进行盘剥，获得的收入也很少。但在各家封建诸侯互相竞争、军事危机不断的情形下，相对巨额的军费支出是当时缺乏弹性的财政收入难以承担的，于是，各家王室为了打仗，只有向唯一有钱的商人阶层借贷。作为借贷的条件，他们把自己未来几年的收入抵押给这些商人。这些商人就扮演起包税商的角色，替这些王室收税，并把这些所得直接装进自己的腰包。马里纳斯·凡·雷梅尔思维勒的画作《两个税吏》就表现了16世纪两个包税税吏工作时的情形。这两个税吏正坐在收钱的柜台内，一个头戴红色包头布、身穿湖水蓝衣服、围着围脖、戴着眼镜的老年男子正用右手心无旁骛地记录着当天的收入，而他的左手紧紧攥着金币；旁边面色狰狞的绿头巾红衣男子正用恶狠狠的目光直视过来，歪着的嘴角好似挂着一点笑意，仿佛在说：该你交税了！

1475年，英国爱德华四世以反法战争为借口要求征收财产所得税，上议院迫于压力同意了该课税要求，但下议院对此税收用途做了严格限制，并在获得国王特别允诺之后才批准征税。从此，英国形成了国王政府的课税案应先提交到下议院批准，通过后再转送上议院的惯例。至此，议会完全控制了课税批准权，下议院几乎成为民主的代名词。后来，詹姆斯二世试图未经议会批准私自征税，遭到普遍抵制

两个税吏 / 马里纳斯 · 凡 · 雷梅尔思维勒 / 1530 年

并诱发了光荣革命。光荣革命之后，英国议会成为一个常设机构，并逐步控制了国家财政权。从光荣革命到拿破仑战争结束，这 100 多年间英国经历了深刻的变革，政府不断对税收征管方式进行改革，最终使国家有能力管理每一项税收，逐渐在公共财政领域建立起现代税收制度。

在具体的税收项目中，极具特色的税收品种包括什一税与所得税。什一税是教会利用《圣经》中“农牧产品的 1/10 属于上帝”的说法，向基督教信徒征收的税种。779 年，法兰克王国查理大帝开始明确规定：缴纳什一税是每一个法兰克王国居民的义务。之后，西欧各国纷纷效仿，而远离欧洲大陆的英格兰则到 10 世纪才规定必须缴纳什一税。当时征收的什一税分为大什一税（粮食）、小什一税（水果、蔬菜）和血什一税（牲畜）等，其税额往往超过纳税人全部收入的 1/10，大部分负担主要由农民承担。此税种在西欧大多数国家直到 18 ~ 19 世纪才先后被废除，而英国一直征收到 1936 年。

所得税的创设成为英国建立现代税制的标志，它引发了国家与人民、议会与行政、中央与地方、直接税与间接税，以及社会各阶级、各团体之间现存利益格局再平衡的要求。1799 年，小威廉 · 皮特创设所得税的理由是“其他可供选择的岁入生产形式都不能应付战争支出和日益增加的国家债务”，但征收所得税作为一项临时财税措施似乎并不成功，预计可征收 1 000 万英镑的所得税，结果只征收到了一半左右。拿破仑战争结束后，所得税即停征，直到 1842 年罗伯特 · 皮尔再度开征所得税。

18、19 世纪，英国的税收结构以间接税为主，这表明当时的政府并未对社会不同阶层间的收入进行调节。进入 20 世纪，英国不断扩大社会福利支出和军事支出，1907 年，所得税开始区分劳动收入所得和非劳动收入所得。1909 年，劳埃德·乔治对高收入者征收超额累进税，开始实行累进所得税制。英国在一战之前完成了以直接税为主的税收体系改革，为国家提供了强有力的财力支持。

权力与金钱：《查理五世骑马像》

查理五世骑马像

提香 · 韦切利奥

1548 年 / 布面油画

在朕的领土上，太阳永不落下。

——查理五世

1519年，查理的祖父马克西米安一世去世，查理成为哈布斯堡家族的领袖，并在当年的竞选中打败萨克森的腓特烈三世、法兰西的弗朗索瓦一世以及英格兰的亨利八世，成为新的神圣罗马帝国皇帝。1520年他加冕为德意志国王，并在1530年于博洛尼亚被教皇克莱门特七世加冕为神圣罗马帝国皇帝，也是最后一位由教皇加冕的皇帝。查理五世是西班牙殖民帝国极盛期的君主，他的领土最广时不但包括西班牙和它的庞大殖民地，还包括意大利南部、尼德兰（就是现在的荷兰、比利时等低地国家）、法国的勃艮第，以及神圣罗马帝国哈布斯堡王朝的所有领地（也就是现在的德国和奥地利等地），单就领地的面积而言，几乎不亚于极盛时期的罗马帝国。

在其统治时期，查理五世将其帝国领地扩张近5倍，两个臭名昭著的征服者——科尔特斯（1485—1547）和皮萨罗（1475—1541），都是印第安人的灾星，他们各灭掉一个庞大的帝国，将大片肥沃的土地记入西班牙国王的名下。科尔特斯于1521年征服阿兹特克帝国（今墨西哥），被朝廷任命为新西班牙（即墨西哥）的都统。1529年皮萨罗获得觐见国君的机会，他向查理五世请求远征秘鲁，查理五世表示同意，任命他为“远征军司令”，并给了他一笔经费。皮萨罗用这笔钱招募了一支不足200人的探险队，最后奇迹般地征服了有600万人口的印加帝国。查理五世成功地将这些殖民地纳入王室的掌控之中，他准许殖民者们强迫印第安人劳动并榨取贡品，大量黄金白银源源不断地运回西班牙，引发了欧洲大陆的“价格革命”。

与他的外祖母伊莎贝拉女王资助哥伦布远航一样，查理五世资助了麦哲伦（1480—1521）的环球航行。1517年，刚刚登上西班牙王位的查理五世接见了这位野心勃勃的葡萄牙跛脚航海家，在自己的祖国不能一展抱负的麦哲伦，在邻国找到了知音。麦哲伦很快与查理五世达成了协议：国王提供航海的一切费用，探险过程中新发现的任何土地都归国王所有，但其中5%的收入归麦哲伦，他将被任命为这些新领地的总督。远航途中，麦哲伦死于菲律宾，但船队于1522年完成了人类的第一次环球航行。1542 年，查理五世派出西班牙船队再次航行今菲律宾群岛，并以王储——查理五世的儿子菲利佩（即后来的腓力二世）的名字命名其为“菲律宾”。1571 年，西班牙人占领了吕宋岛，建设了马尼拉城，正式确立了对菲律宾的殖民统治，此后菲律宾被西班牙占领了 300 多年。当时西班牙人通过从南美运输贵金属到菲律宾，又通过菲律宾的华人到中国本土去换取丝绸、瓷器等物品，赚得盆满钵满，当然华人中间商也从中牟得了不少利益。

从初出茅庐到如日中天，查理五世一生的绝大部分时间都在征战中度过。伴随着查理五世的连年征战，这个占有欧洲 1/4 人口、实力与日俱增的大国，终于继法国之后，成为欧洲其他国家最大的威胁。连英王亨利八世在没有男性继承人的情况之下希望离婚都难以获得教皇的批准，因为他的王后阿拉贡的凯瑟琳是西班牙王国的公主，即查理五世的姨母。而与西班牙战败后深感力不从心的法王弗朗索瓦一世甚至抛弃“笃信王”的光荣称号，破天荒地向基督教世界的敌人奥斯曼土耳其的苏丹寻求帮助，因为不联合就难以抵御他们共同的敌人。为了对抗哈布斯堡王朝的独霸地位，法王与教皇克莱门特七世及其他反对查理五世的势力缔结了“神圣同盟”。然而查理五世在和法国的霸权争夺战中并未取得决定性的优势，两者的不和消耗了双方大量的元气，在一定程度上为奥斯曼在欧洲的扩张创造了客观条件。在新教的处理问题上，查理五世未压制住宗教改革的浪潮，基督教也由此走向了分裂与对立。

由于查理五世长期镇压新教，新教诸侯于 1531 年 2 月组成施马尔卡尔登同盟，与皇帝及天主教诸侯对抗，查理五世亲自率领军队与新教诸侯领袖萨克森选帝侯约翰·弗雷德里克一世和黑森领地伯爵菲利普一世在易北河边的米尔贝格进行了一场大战，取得了胜利。

《查理五世骑马像》是受匈牙利修女玛丽亚委托而作，以庆祝查理五世 1547 年在米尔贝格对抗施马尔卡尔登反叛者战争中取得胜利。在画中查理五世以骄傲的姿态手持长矛，灿烂的光辉映照在钢铁的胸甲上，连镶边的金线也熠熠生辉，映衬出皇帝庄严神圣的气质。一整套的马克西米利安式铠甲价值相当于一个大臣 14 年的收入，而当年火炮、火枪已经开始在战场上使用，所以铠甲逐渐退出了战场，仅成为身份与地位的象征。皇帝的手里提着代表皇家权力和统治的朗基努斯之矛，这支曾经刺入耶稣胸膛的长矛，传说能够使主人免于死亡，并且在战场上所向无敌，而一旦失去圣矛，持有者将立刻死于非命。提香通过这幅画创造了一种英雄形象，而这种肖像模式也成为最受官方欢迎的风格之一。

米尔贝格战役使新教诸侯们在此之前结成的施马尔卡尔登同盟土崩瓦解。约翰·弗雷德里克一世在投降仪式后不久被迫辞去选帝侯的尊位，而他的大部分领地被他的堂弟萨克森的莫里斯获取。1550 年，查理五世颁布诏令，取缔宗教改革宣传品，违者以破坏社会治安和国家秩序罪论处，激起新教诸侯的反抗。1552 年，查理五世在同新教诸侯的战争中失败，但他不愿直接与新教妥协，故授权其弟斐迪南（即斐迪南一世）主持议和。经长期谈判，双方于 1555 年 9 月 25 日缔结和约，签署《奥格斯堡和约》，采用“教随国定”原则，重建德意志地区之稳定。和约首次根据法律正式承认新教路德宗在国内的地位，使其势力得到发展。但也同样因只承认路德宗的地位，忽视其他新教教派的应有权益，为日后的纷争埋下了导火线。由此可见，《奥格斯堡和约》影响了神圣罗马帝国之后的政治和宗教发展，也成为引发 30 年战争的根源。

金融视角

杠杆经营的先行者：富格尔家族

14 世纪以前，德意志区域一直处于罗马或拜占庭帝国的管辖之下，使用的货币来自罗马、佛罗伦萨、拜占庭等区域，于是总是处于短缺状态。1325年，德意志通过教皇获得铸币权，实现区域性的经济自主。领主们开始在自己管辖的区域内铸造货币，但货币的种类杂乱无章，价值也是千差万别。作为货币单位的“塔勒”，乃是由神圣罗马帝国皇帝查理五世于1524年宣布使用波希米亚铸币区——亚希莫夫锻铸的塔勒银币作为帝国标准货币开始的，它在欧洲货币史上有接近400年的显赫地位。“塔勒”（thaler）是德文“山谷”的意思，在英语中写成“dollar”，也成为未来美元的货币单位。

神圣罗马帝国的哈布斯堡家族取得西班牙王位后，也把这种大面值的银币带到了西班牙和西属美洲，这种西班牙银元硬币在美洲对华贸易中流入中国。在明朝和清朝前期流入中国的银币大多被熔化后重新铸成银锭，而在19世纪中叶以后流入中国的那些银币（大多铸造于墨西哥）直接成为流通货币，因其形状而被称为“银圆”，这也是后来中国及日本、朝鲜、韩国的货币单位“圆”（元）的来历。

在中世纪的欧洲，赋税的收入远远不能满足王室、贵族对奢侈生活和排场毫无节制的追求。而邦国之间的战争也给王室带来巨大的耗费，甚至超过了战争赔款和胜利国所获得的战利品的价值。随着军队规模的不断壮大，所需费用也在高涨。通过提供当权者急需的资金，在经济上和政治上获得影响力，再通过这种影响力，继续扩大放贷规模，增加利息和利润规模，这种商业、金融运作模式促使欧洲的金融业快速地发展起来，而奥格斯堡的富格尔家族正是其中的代表。

富格尔家族的历史开始于1367年。一个农民的儿子——汉斯·富格尔从在奥格斯堡一家小作坊的织布师傅那里帮工开始，学习纺织技术，并进行了革新，他把亚麻和棉花放在一起用织机织成布料，这种新布料被人们称为“绒布”，质地比单纯的麻布更细腻和富有弹性。过去只有意大利人才会生产绒布，富格尔通过扩大地区销售成为奥格斯堡的首富。他的儿子雅格布·富格尔把公司变成一家商行，并在欧洲各地设立了分行，将商业和金融结合在一起，使富格尔家族成为欧洲的一股政治势力。

当雅格布到了 26 岁的时候，按照家族继承人的规定，要先去外地当值，具体地点是因斯布鲁克附近，也就是卡尔文德尔山脉边缘的施瓦茨地区，人们在这里发现了银矿。他以通过贷款支持当地领主的方式换取了这座银矿的采矿权，使富格尔家族成为掌握货币权力的顶级豪门。

曾经在佛兰德斯收税的过程中被当地平民痛打一顿的国王马克西米利安想要抛开过时的封建采邑骑军制，打算以德意志人为骨干建立一支雇佣兵部队，因而长期举债。雅克布·富格尔深谙马克西米利安集团内部的各方需求，他有时大方地借钱给国王，有时又拒绝向国王提供贷款，通过圆滑的交际策略对国王施加影响。他总是包揽与特权、抵押品、出售武器装备和佣兵，以及后勤供给有关的大宗买卖。

1498 年，富格尔家族和另外三个贸易家族一起向马克西米利安提供了一笔非常可观的款项，共计 15 万古尔盾。作为回报，国王也允许他们有自主权地开发经营蒂罗尔铜矿山。1508 年，雅克布·富格尔为马克西米利安皇帝加冕提供了经济援助。

1516 年查理五世接掌西班牙的王位后，富格尔决定全力支持查理五世竞选神圣罗马帝国皇帝，出资贿赂拥有选举权的贵族（选帝侯），然而想成功竞选担任神圣罗马帝国皇帝不仅要面对这些选帝侯，还要面对其他诸如法国国王弗朗索瓦一世、英国国王亨利八世等竞争者，以及竞拍皇位的梵蒂冈教廷。当时的教皇是来自佛罗伦萨美第奇家族的利奥十世，他是著名的艺术赞助家，却对

马克西米利安一世皇帝画像 / 阿尔布雷特·丢勒 /1519 年

宗教毫无尊敬之心，利奥十世的名言是“皇位竞价，价高者得”。法国国王弗朗索瓦一世不惜一切代价也要阻击和削弱哈布斯堡家族，声称无论查理给选帝侯多少钱，他都愿意开出更高的价格，但最终并未成功。原因之一是德意志地区内部在刺激之下也出现了民族意识的萌芽，他们憎恨弗朗索瓦作为外人干预政治，加上先皇马克西米利安一世的骑士故事在民间获得了极佳的口碑，因此选帝侯们把票投给了查理。于是查理正式加冕，成为神圣罗马帝国的皇帝查理五世。另一个原因是1519年3月达成了如下协议：查理五世向富格尔与其他金主借款85万金币，分给选帝侯后才当选为皇帝。这85万金币的超级贷款中，富格尔家族出资54.3万，韦尔泽家族出资14.3万，热那亚与佛罗伦萨商人出资16.4万。

富格尔家族的巨额资金来自哪里？原来，富格尔家族利用富有的教会主教们希望他们的资产增值的愿望，满足他们秘密投资的要求，吸收主教们成为富格尔家族的秘密股东或债主，由此雅克布·富格尔筹集到了大量的资金，这也算是“杠杆经营”的先行者了。同时，富格尔家族还充当了教廷秘密出售教职的掮客。梵蒂冈教廷长期将德国境内的高级教职贩卖给出价高的人，富格尔家族一方面吸收富有主教的资金，另一方面为购买教职资金不足者提供贷款，成为整个教廷最大的债权人。

当教皇利奥十世急需大笔资金整修圣彼得大教堂时，贪腐不堪的教廷提出向信徒兜售赎罪券，宣称“ 钱币落入钱柜底响叮当，灵魂瞬间脱离炼狱升天堂”。而当时德意志的主教因为购买教职耗光了个人资产，并对富格尔家族欠下巨额贷款债务，为了兼顾债权人富格尔家族的利益，教廷授权富格尔财团作为赎罪券的包销商。事实上，赎罪券的销售额大部分落入了富格尔家族的口袋，同时主教还必须拿出所得的一部分偿还所欠的贷款。作为这场交易最大的受益者，富格尔家族实际上一手操纵了赎罪券的贩卖，是这一肮脏交易的参与者与受益人。

1557 年，西班牙国王第一次宣布财政破产，后来又在 1575 年、1596 年、1607 年、1627 年、1647 年一再故技重施。富格尔家族在王室第五次宣布破产后，也随之宣布破产（哈布斯堡家族总计负债 800 万弗罗林）。

政治就像利润一样捉摸不定，时常招致灾祸，政治危机会引发经济危机。1563 年，西班牙哈布斯堡家族欠富格尔银行的债务达 4 445 135 弗罗林，而 1574—1617 年，哈布斯堡家族的奥地利一支也向富格尔银行借款达 615 000 弗罗林。

纵观富格尔家族的发展，可以说是“成也王室，败也王室”。作为国王及侯爵最大的债权人，富格尔家族先后影响了两位教皇的选举，并一手推动查理五世当选国王。然而，随着王室破产，大量的贷款得不到清偿，随之而来的是银行业的大规模破产，最终也导致了富格尔家族的衰落。

国王的需要：《大使们》

大使们

小汉斯 · 荷尔拜因
1533 年 / 木板油画

让我们别再为英格兰的尼禄唱赞歌了。

——菲利普 · 梅兰希通

《大使们》是小汉斯·荷尔拜因绘制的一幅双人全身肖像画，是文艺复兴时期的杰作。画中，左边是法国驻英大使丹特维尔，右边是丹特维尔的朋友塞尔维，他当时是一名外交官和主教。当塞尔维于 1533 年 4 月出访英国时，丹特维尔请小汉斯·荷尔拜因绘制了这幅画。画中两个人物分别对称地站在装饰柜的两侧，所摆的姿态就像在照相，显得非常呆板。但画家并不是单纯刻画人物的面部神态，而是整体描绘人物的姿态动作和所处环境，以此在整体画面中显示出人物的身份和性格特点。画家在这幅画中基于彻底的写实主义，充分施展了完美的写实技巧。在装饰柜的上面，摆放着各种乐器、工具和仪器，它们象征着两位大使有渊博的知识，几乎精通当时的每个行业。而在现实中，丹特维尔和塞尔维的确精通当时大学所教授的音乐、数学、几何学、天文学等科目。大使们和所有物件的背后是绿色的挂帘，几乎覆盖所有背景。但是，如果仔细去看，就会发现在画面的左上角，露出一个很难让人察觉的雕像，是耶稣被钉在十字架上。它暗含着当时人们热衷于天主教和新教之争，却几乎完全忘记了基督教的根本——耶稣和他所代表的一切。两位大使所站立的地板图案是伦敦的威斯敏斯特大教堂的图案，象征着他们是来到英国谈判的。地板上有一个稀奇古怪的形状，仔细看会发现是一个人头骷髅。这个骷髅象征着画面上的权贵、政治、财富、纷争、宗教、科学等一切在死亡的面前都是短暂的，只有死亡是永恒的。此外，丹特维尔手上拿着的短剑剑鞘上刻着拉丁文，显示他的年龄是 29 岁，旁边塞尔维胳膊下压的书上写着 24，也显示了他的年龄是 24 岁。

画中有很多精致的小道具，其实都是具有一定意义的东西。装饰柜上层左边紧挨丹特维尔的是天文地球仪，指针刚好点在梵蒂冈，暗示两位大使出访英国的任务是代表梵蒂冈教皇的天主教和英国当时的国王亨利八世谈判，以调和宗教矛盾，防止英国背叛天主教而加入新教。下层右边紧挨塞尔维的是一把琴，琴上有一根断弦，暗含了两个大使和英国的谈判最终没有达成共识。断弦琴的前面是一本翻开的乐谱，曲子的内容是主张缓和基督教的内部矛盾（如天主教和新教之争等），有谱无琴，再次点明了这次谈判的破裂。

在这幅画中，画家大量运用了象征和符号，把时间、空间、人物、过程、前因后果都浓缩成为最简单的物件，以后成为许多画家经常使用的手法。小汉斯·荷尔拜因通过断弦、乐谱、骷髅、十字架等物件，不仅暗指了亨利八世事件，也将宗教纷争等展示了出来，使今天的人们也能够理解其中之意。

《大使们》中的两位主人公，前往英国要拜见的人是英国都铎王朝的第二位君王亨利八世。在亨利八世的众多轶事中，最为人乐道的就是他的多次婚姻与数不尽的情人。在他的六任结发妻子中，一位遭到监禁，一位被斩首，一位被处绞刑，一位死于产褥热；其中有一位曾经是自己的嫂子，三位曾经是前任王后的女侍官。英国乃至世界历史的后续发展，在很大程度上也与他的婚姻有关。

亨利八世的第一次婚姻纯属政治联姻，王后阿拉贡的凯瑟琳（1485—1536）本是西班牙公主，起初嫁给了亨利八世的哥哥亚瑟，不料婚后不到五个月亚瑟猝死，为了维系与强大的西班牙王国的同盟，亨利七世命令次子亨利娶了哥哥的遗孀。在近十年的婚姻关系中，凯瑟琳王后不幸多次流产，唯一幸存的女儿被英国人称为“血腥玛丽”，曾对不信天主教的英国人大开杀戒。

1525年，亨利八世认定阿拉贡的凯瑟琳不能为他生下男性继承人，并以《圣经》中说弟娶兄嫂者会无后代为由要求离婚，另娶与法国王室关系密切的侍从女官安妮·博林（英女王伊丽莎白一世之母）。但凯瑟琳坚持认为自己是王后，拒绝与亨利八世离婚，因为凯瑟琳是西班牙公主，也是当时西班牙国王兼神圣罗马帝国皇帝查理五世的姨母，所以教皇没有批准亨利八世离婚。于是亨利八世让大法官沃尔西与教皇交涉，希望能够获得教皇的同意。与教皇谈判失败的沃尔西被流放，沃尔西的继任者托马斯·莫尔以及剑桥大学校长费希尔均因反对亨利八世离婚而被砍头，其中托马斯·莫尔即最早的空想社会主义著作《乌托邦》的作者。1533 年 1 月，在没有获得教皇许可的情况下，亨利八世秘密与安妮·博林结婚，罗马教皇宣布将亨利八世驱逐出教。作为报复，英国国会随即立法脱离罗马教廷，大主教克兰麦接着宣布亨利八世与凯瑟琳的婚姻无效，与安妮·博林的婚姻合法。

亨利八世像 / 小汉斯 · 荷尔拜因 /1537 年

当时英国宫廷的御用画家是德国人小汉斯·荷尔拜因，他是托马斯·莫尔的至交好友，正是由于莫尔的引荐他才从德国来到英国，成为都铎王朝的宫廷画家。好友的离世让他对亨利八世的权势心生畏惧，因此，他的《亨利八世像》中的国王服饰尽显华贵，到处镶嵌着珠宝和真金，宽阔的身躯和方正脸盘上的小眼睛形成对比，脸上透出彪悍、固执、精明和阴险，一代枭雄的形象呼之欲出。从画像中甚至根本看不出亨利八世在那一年的一次马上长矛比武中受伤的大腿，而亨利八世也因为受伤从此不良于行，变得越来越胖，去世时的体重估计超过 190 公斤。

1534 年，英国议会通过《至尊法案》，规定国王为英国教会最高首脑，教皇无权干涉英国教会事务。同时，该法案还宣布保留天主教主教制、基本教义和仪式。后来，亨利八世又下令封闭修道院，没收修道院的土地等财产，严重削弱教会实力，进一步增强了王权。改革后的英国基督教称为英国国教，英国民族教会称国教会，必须服从国王的意志和国家法令，成为英国专制统治的工具。天主教的运行规则不变，但是教宗变了，原来效忠于罗马教廷，现在效忠于英国国王，英国成了一个政教合一的国家，英国国王兼任英国教会的教皇。

议会从1529年到1536年，在克伦威尔等改革派人士的策动下，通过一系列议会法案来实行宗教改革。根据议会法案，先后使亨利八世从教会勒索了大笔罚金，截留给罗马教皇的年贡，取得制定教规和任命主教的全权，取得教会最高司法权，取代罗马教皇成为英国教会最高首领，把主教首年俸和什一税归为己有，解散所有修道院，将其巨额土地财产收归王室。从此，英国脱离了罗马天主教会体系，建立了由国家政权控制的，以国王为最高统治者的英国国教会。

金融视角

信托制度的变迁

古罗马时期，民间有一种“遗产信托”的遗产分配方式，指的是遗产通过遗嘱转移部分或者全部给指定的第三人，而自己的后人作为受益人。“遗产信托”是当时在罗马的外国人为规避《罗马公民法》对他们的限制而发明的。因为当时非罗马公民是不能拥有很多特权的，自然财富的升值能力会很弱，所以外国人便将遗产转移给可信任的罗马人，由他们打理遗产，让自己的子孙得到收益。随着罗马经济的繁荣，遗产信托在罗马流行开，最后在元老院的决议下，将其列入《罗马法》，成为法律条文。

遗产信托问题被写进法律，就出现了“信托遗赠”制度，在某种意义上遗产继承有了法律约束。当时的《罗马法》规定，按遗嘱划分财产时，可以把遗嘱直接授予继承人，若继承人无力或无权承受时，可以按信托遗赠制度，把财产委托或转让给第三者处理，实现遗产的有效继承。在这个时期的古罗马，“信托遗赠”已经有了一个比较完整的信托概念。

现代的信托制度则起源于英国。中世纪时期由于英国人对宗教的狂热，同时教会一直向信徒宣扬一种“捐献财产可以上天堂”的理念，因此作为虔诚的宗教徒都要对教会做出贡献，而往往只有土地可以作为对宗教团体的重要贡献，所以许多民众通常在将死之前留下遗嘱，死后把财产赠予教会，随着时间的推移，教会获得的土地越来越多。根据当时的法律，教会的土地是免征役税的，这样国王与封建领主的税收就越来越少，因此13世纪的英国国王亨利三世为维护其利益，颁布了《没收条例》，规定要把土地赠予教会团体，必须获得君主或领主的同意，否则，发现擅自出让或赠予者，就没收其土地。而当时的宗教势力也很强大，他们利用英国沿袭古代罗马法律的背景，借鉴古罗马信托遗赠制度创设“用益制”，由教徒生前立下遗嘱，将土地转让给第三人所有，明确约定由他人代替教会打理土地，土地的收益归为教会。

明面上英王亨利三世颁布了新法律保障了自己的权益，但实际上教会还是占据上风。英国法官大多是教会信徒，为了维护教会的利益，他们通过“衡平法”规定土地贡献给教会不是直接过渡而是赠送给第三方，第三方必须将从土地上获得的收益转交给教会。这种“曲线模式”就是最早的财产信托，这里的第三方相当于受托人，他们名义上拥有土地，但实际上并不享有土地带来的利益，教会才是真正的受益人。

1535年，亨利八世由于战争开销过大，决定打击用益制，在颁布的《用益法》中规定：“被用益的财产，所有权归受益人，而受托人没有所有权。”原来实行的用益制，教徒在用益制契约中约定直接把土地赠予第三者所有而非赠予教会所有，教会只有使用权或取得土地的收益权，而没有名义上的土地所有权，所以国王和封建领主均无从没收其土地，《没收条例》成了一纸空文。但新的《用益法》

取消了用益制设置的屏障，这看似是一个打击用益制的法案，却推进了信托制度的建立。虽然在《用益法》中限制了很多用益的使用范围，但是实质上保障了本来基于信任有着一定风险的受益人的权利。

直到 1925 年，英国颁布《财产法》，废除了《用益法》，从此，所有的用益都可以采用信托的方式予以设立。将用益转化为信托是英国人对世界法律体系最重要的贡献之一。

19 世纪末至 20 世纪初，美国从英国引进信托法，伴随着成文法运动的推进，美国信托法的成文化也有了显著发展。其最大的特点是最早完成了个人受托向法人受托的过渡和民事信托向金融信托业的转移，逐渐形成了自己特有的信托法规则，为现代金融信托制度奠定了基础。美国于 1822 年成立的纽约农业火险放款公司，后更名为农民放款信托投资公司，是世界上第一家信托投资公司。如今，信托业在美国经济和居民日常生活中扮演着极为重要的角色，同银行、证券、保险一起，并列为金融业的四大支柱。

衰落的开端：《立法者苏莱曼一世》

立法者苏莱曼一世

克里斯多法诺·德尔·阿尔蒂西莫

约 1550 年 / 布面油画

苏莱曼一世将超越征服者本人的成就，在开疆拓土的同时将奥斯曼帝国推向权力与声望的顶峰。不过，在穆罕默德二世刚刚去世之后，奥斯曼家族手足相残的固有做法演变成了长期的内讧。

——帕特里克·贝尔福

1520年，奥斯曼帝国苏丹赛利姆一世因病去世，在去世前赛利姆一世杀光了除苏莱曼之外所有的儿子，以保证苏莱曼能够顺利继承王位，成为奥斯曼帝国的第十位苏丹。据说土耳其语中的“苏莱曼”就是“所罗门”，是由赛利姆一世在给儿子取名时打开了一本《古兰经》，随机选中的单词，也预示着苏莱曼自出生之日起就是天选之子，一生大富大贵。

《立法者苏莱曼一世》是由意大利文艺复兴时期的阿尔蒂西莫完成的画作。画中的苏莱曼一世头戴传统“洋葱头”式样的包头布，黑色内衣之上，披着一件如同猎豹皮一样的大氅。

由于苏莱曼一世亲自进行了社会、教育、税收和刑律等方面的立法改革，他主持编撰的权威法典奠定了在他逝世后数个世纪的奥斯曼帝国法律制度的基础，因此，苏莱曼一世的文治武功使其在西方被普遍誉为“大帝”，也被称为“立法者”。

1526年，苏莱曼亲征匈牙利，双方军队在莫哈奇爆发大战，混乱不堪的匈牙利军队被打得大败，国王拉约什二世在撤退的途中被淹死，进而引发了匈牙利王位继承危机，匈牙利大部分领土被奥斯曼的附庸特瓦西兰尼亚占领。1529年，查理五世的弟弟斐迪南大公宣称继承匈牙利王位并率领军队进入匈牙利占领了布达城，于是苏莱曼再次进军匈牙利，击败了哈布斯堡军队，夺回布达城，并在当年秋天率领10万人包围了维也纳，不过因为补给不足和冬天将至而全身而退。战后双方签订停战条约瓜分匈牙利，而哈布斯堡每年要给奥斯曼帝国交一大笔钱来换取奥斯曼对哈布斯堡在匈牙利的王位的认可，这笔钱一直交到1664年奥斯曼在圣哥达战役失败后。

1542年，为了对付同一宿敌哈布斯堡王朝的一次普通威胁，抱着敌人的敌人就是朋友的原则，当时的法兰西王弗朗索瓦一世请求与奥斯曼帝国联盟，为此苏莱曼命令海雷丁帕夏带领200艘大帆船开往西地中海支援法国。海雷丁帕夏在开往法国途中洗劫了那不勒斯和西西里岛沿海地区，到达法国后，弗朗索瓦一世把土伦港让给海雷丁帕夏作为他的海军司令部。在此次远征中，海雷丁帕夏于1543年攻占了尼斯。1544年弗朗索瓦一世与查理五世讲和，从而结束了法国与奥斯曼帝国的短暂联合。

苏莱曼将他发动的所有战争都涂抹上宗教的色彩，他真诚地相信，上苍特意安排他让整个世界服从伊斯兰教。苏莱曼近乎不可战胜的神话让马丁·路德无比警惕，这位宗教改革家号召所有欧洲人，无论是新教徒还是天主教徒加入十字军，以便打败苏莱曼。马丁·路德称其为“最邪恶的恶魔化身”。

1566年，在绞杀了几个儿子从而稳固了继承人赛利姆二世的继承权后，72岁的苏莱曼亲征匈牙利，在奥斯曼人取得西盖特瓦尔战役的胜利之前离开了人世。

金融视角

许蕾姆苏丹与奴隶贸易

贩奴是阿拉伯人的传统贸易，早在伊斯兰教创立之前，就已经有贩奴生意。到奥斯曼帝国建立起来的时候，通过伊斯兰的扩张，所到之处被捕获的居民很多都被当成奴隶卖掉。北部的克里米亚地区是奥斯曼帝国的势力范围，当地的穆斯林把贩奴作为一项主要经济收入，奴隶的来源地主要是波兰、立陶宛和俄罗斯，南部则以巴尔干地区为主要交易地。

许蕾姆苏丹 / 提香·韦切利奥 /1550—1560年

正如参与了奥斯曼政府改革的

18世纪法国军官巴隆·托特所说："不可否认的是，对待奴隶和女奴不好的是欧洲人。其原因在于：奥斯曼人为了买奴隶而挣钱，欧洲人为了挣钱而买奴隶。"

在奥斯曼帝国历史上具有传奇色彩的皇后许蕾姆也叫罗克塞拉娜，她出生在波兰的一个乌克兰东正教教徒家，在克里米亚汗国对当地的征服战争中被掳走，后来被辗转卖到了奥斯曼帝国首都伊斯坦布尔，在那里她被挑选入苏丹的后宫。当许蕾姆进入托普卡帕皇宫时，她只是一名身份最为卑微的女奴。许蕾姆的相貌并不是特别出众，却气质优雅，聪明开朗，而且文笔很好，最重要的是懂得如何利用智慧和手腕征服苏丹的心。当时奥斯曼帝国的苏丹就是土耳其历史上著名的苏莱曼。许蕾姆用尽各种手段去吸引苏莱曼的注意，特别是在苏莱曼出征的时候，许蕾姆给他寄去了一封接一封火辣浪漫的情书："我的苏丹，这样痛切的离别之苦无穷尽。现在不要再管那悲惨的事情，不要藏着你那些尊贵的信。当读到你那些信时，你的仆人和儿子米尔·穆罕默德还有你的奴隶和女儿米赫丽玛赫会因为想念你而痛哭流泪。他们的哭泣已使我揪心不已。"[①] 渐渐地苏莱曼被许蕾姆的热情所感动，宠幸了她。许蕾姆彻底征服了苏莱曼后，通过一系列精心策划的计谋打败了她在后宫中所有的情敌，完成了从女奴到皇后的逆袭。威尼斯画派大师提香的画作《许蕾姆苏丹》中的许蕾姆皮肤白皙，身着传统穆斯林妇女服饰，正用深情的目光凝视着前方。也许这就是给非常宠爱她的苏莱曼随身携带的物品之一，以安慰大帝征战在外的相思之苦。由于实在宠爱许蕾姆，苏莱曼为了她修改了很多奥斯曼帝国一直沿袭下来的规矩，比如苏丹不准带着嫔妃在公开场合露面、苏丹一生不会结婚等。苏莱曼为许蕾姆打破了先例，他和许蕾姆举行了一场盛大的婚礼，在当时的欧洲各国引起了

---

① 资料来源：西蒙·蒙蒂菲奥里．耶路撒冷三千年 [M]. 张倩红，马丹静，译．北京：民主与建设出版社，2014.

轰动。

当阿拉伯人的奴隶变为帝国的皇后之时，近代西方殖民者的扩张也逐渐从非洲开始。15～19 世纪，约有 1 500 万非洲黑人被贩卖到美洲为奴，这就是历史上有名的奴隶贸易。葡萄牙和西班牙是最早进行殖民活动的国家，而葡萄牙是最早进行黑奴贸易的国家，英国则曾是世界上最大的从事黑奴贸易的国家。

美洲新大陆被发现后，欧洲一些国家在美洲建立了殖民地。为了从殖民地获得更多的财富，殖民者除加紧对海外洗劫、掠夺外，又着手经营殖民地。最初，在美洲各地种植园和矿山劳动的多数是白人契约工，他们是欧洲各国横渡大西洋而来的贫苦移民，在原居住地与海外劳务公司签订了契约，到美洲后用几年劳动来偿付为他们垫付的旅费。随着种植园的发展，劳动力严重不足，于是欧洲殖民者不得不寻找新的劳动力来源，非洲的黑人便成了他们猎取劳动力的主要对象。在种植园或矿山使用奴隶劳动要比使用白人契约工便宜得多，海上奴隶贸易就这样兴起了。

17 世纪中叶至 18 世纪下半叶，是大西洋奴隶贸易的高潮时期。此时奴隶贸易迅速发展，成为世界上规模最大、赚钱最多的行业，奴隶成为非洲可供输出的“单一作物”，奴隶贸易成为非洲、欧洲和美洲之间重要的贸易活动。

欧洲殖民者把非洲、欧洲和美洲之间的贸易有机地串联起来，成为当时盛行的三角贸易。三角贸易由以下三个航程组成。第一个航程从欧洲国家的港口到非洲西部大西洋沿岸地区，这是一个货物运输过程。贸易船上装着的货物是欧洲市场上的廉价制成品，如酒、棉织品、工业品及各种装饰品等，还包括武器、弹药等军火。第二个航程是把奴隶从非洲运到美洲各地，这是一个黑奴运输过程。经营者把从欧洲市场上带来的廉价制成品、工业品在非洲市场交换成黑奴，或通过各种不正当的手段获得黑奴，并把黑奴作为一种特殊商品运到美洲，在美洲市场上交换成矿产和农产品。第三个航程是把从美洲交换得到的矿产和农产品运回欧洲，这也是一个货物运输过程。经营者把从美洲带来的工业原料和种植园农产品在欧洲市场上出售，获得利润。三角贸易的每个航程都可以使贩奴商人获得极大的利润，而以第二段航程利润最高。贩奴商人出航一次，一般可以获得 100%～300% 的利润，有的利润甚至高达 1 000%。

女王的神话：《伊丽莎白一世无敌舰队肖像画》

伊丽莎白一世无敌舰队肖像画

乔治 · 高尔

1588 年 / 木板油画

在我的大理石墓碑上，应该刻着这么一句墓志铭，那就是：一位在位这么久的女王，至死还是处女——这对我来说足够了。

——伊丽莎白女王一世

在英国历史上有过七位各具特色的女性统治者，其中包括被称为九天女王的简·格雷；有西班牙哈布斯堡家族血缘，信仰天主教，上位后即屠杀反对者的“血腥玛丽”；也有被称为欧洲的祖奶奶，建立了日不落帝国的维多利亚女王；还有继位时间即将 70 年且仍然在位的伊丽莎白二世。这些女性君主都是在前任君主绝嗣或男性继承人早亡的情况下开创了女性继承王位的历史。她们在任期内的表现都可圈可点，为英国的发展奠定了历史基础，而其中最具影响力的应该就是 1558—1603 年在位的伊丽莎白一世。从某种程度上看，伊丽莎白女王与武则天十分相似，她们都曾在男性主导的社会中站在了权力的最顶峰，都曾为争夺权力杀害亲人，都曾为走向权力巅峰运用各种手段，都曾用权力使国家繁盛，也都曾用权力让社会群体中的一部分饱受压迫。

伊丽莎白一世是英国历史上最著名的君主之一，她以女子之身，为了国家的统一与强大而终身不嫁，所以她也是英国都铎王朝最后一位君主，而她的父亲就是因生不出男性继承人要与西班牙的凯瑟琳离婚的亨利八世，她的母亲就是亨利八世离婚后迎娶的安妮·傅林，也是英国历史上第一位被斩首的皇后。所以，伊丽莎白一世在皇室的生活环境并不稳定，但她以坚毅的性格铸就了个人的辉煌，同时也成就了一个辉煌的时代——伊丽莎白时代。在其近半个世纪的英国女王生涯中，伊丽莎白把英国文艺复兴推向高潮，使英国新时代的哲学、文学、艺术和建筑等领域出现一片兴旺景象，很多英国著名历史人物如培根、莎士比亚等都生活在那个时代；一个繁荣、昌盛的英格兰出现在不列颠，并逐渐从蕞尔小国发展为海上强国，为日后“日不落帝国”的建立奠定了坚实的基础。

都铎王朝在建立之初，通过战争剥夺了部分贵族的土地，扩大了王室领地范围，土地收入显著增加。亨利七世时期国家没有卷入欧洲大陆的战争，所以军事财政开支有限，而且也没有扩展行政机构。但是长期以来，英国王室并不富裕，在中世纪，英国王室经常借债以弥补开支的不足。在伊丽莎白的父亲亨利八世执政时期，通过没收教会财产，王室获得了一大笔财富，但是亨利八世对欧洲大陆的战争却葬送了这笔财富。都铎王朝的三次远征，造成了巨大的经济负担，国家不仅要依赖强制性贷款和货币贬值，还向市场抛售了从修道院没收的土地。因此到了伊丽莎白时期，继承了巨额的财政赤字，而且其统治期间收支一直不能平衡。此时贵族的经济也开始走下坡路，贵族之间的财富落差加大，造成了贵族之间的贫富差距。因此如何通过政策提高国家收入，并且提高部分贵族的收入，使他们获得与其身份相适应的财富，成为伊丽莎白当政时的首要任务。

1573 年，在女王的支持下，著名海盗德雷克绕过麦哲伦海峡更南端的海角（现在这片地方被称为德雷克海峡），前往秘鲁抢劫到价值 2 万英镑的白银。他们经过麦哲伦海峡的时候，袭击了毫无防卫的太平洋沿岸的一些商民，又获取了大量白银。后来他们在摩鹿加群岛购买了大量的香料，并于 1580 年返回英国。伊丽莎白从这次抢劫活动中获得巨额分红，国库紧张的状况得到暂时缓解。从此之后，几乎每次远洋冒险，女王都会入股，并从中获利。比如在 1585 年德雷克的第二次远征当中，女王本人就拿出了 2 万英镑，一半是现金，另一半是舰船，此时德雷克舰船的排水量已经达到 850 吨，其中女王的 2 万英镑占到总股本的 1/3，其余大部分都是由贵族提供的。

由于受到英国海盗的骚扰与抢劫，而且为报复伊丽莎白处决信仰天主教的苏格兰女王玛丽一世，1588 年西班牙无敌舰队带着所向披靡的声誉驶向英国。然而英国海军使无敌舰队在格拉沃利纳海战中失利，后来，无敌舰队又在苏格兰附近海域遭遇了暴风雨天气，最终，西班牙出发时的 130 艘战舰仅剩下 65 艘。

为纪念这一影响重大的历史性胜利，伊丽莎白一世批准绘制以无敌舰队覆灭为场景的肖像画，英国宫廷画师乔治·高尔的《伊丽莎白一世无敌舰队肖像画》就是其中的一幅。此时已经 55 岁的伊丽莎白一世在画中宛如一位少女，人们将之戏称为“戴着青春的面具”。

女王端坐中央，宽大的华服掩盖了女性魅力，使她看起来与男性一样雄壮，纤细的手指，瘦削的面庞，又暗示着伊丽莎白的纤弱。在英国的传统中，珍珠是贞洁的象征，因此女王身上几乎能够镶嵌珠宝的位置都布满了珍珠……暗示着其一生未婚的贞洁。她右手按着地球仪，仿佛在告知所有人“世界是我的”，其右臂侧边是显示威严的王冠。身后两扇窗户内绘有海景：右边是风雨如磐的西班牙舰队，左边是英国船只驶过平静的海面，暗喻双方的胜败结果。

一生中，伊丽莎白一世很少委托他人为自己绘制肖像，而女王肖像画用途又十分广泛，既要作为赠予外国君主和宠臣的官方礼物，又要赏赐给贵族成员以示恩宠。作为伊丽莎白一世最知名的肖像画，这幅《伊丽莎白一世无敌舰队肖像画》就有三个不同的版本，其中两幅收藏于英国沃本修道院和伦敦国家海事博物馆，而第三幅画被伊丽莎白一世赏赐给曾经的“海盗王”弗朗西斯·德雷克爵士，在公众的呼吁下，其后裔于2016年将其所拥有的此画捐由英国官方保存。

金融视角

圈地运动与格雷欣法则

在都铎王朝之前，英国仍然是一个经济落后、工商业不发达的“农业附庸国”，在整个国民经济中，羊毛和粮食的输出占有重要的地位。如果说圈地运动是英国农业资本主义革命的序幕，那么揭开这一序幕的便是都铎王朝的重商主义政策。都铎王朝禁止羊毛特别是优质羊毛的出口，扶植、鼓励发展呢绒制造业，以出口呢绒换取货币，这种政策刺激了毛纺织业的突飞猛进，因此，对羊毛的需求量激增，造成了羊毛价格节节上扬，贵族和乡绅为了追求高额利润，便掀起了全国性的圈地养羊运动。

对于传统的英国贵族地主而言，土地总是与生活资料、封建特权和地位相联系的；对于种地的传统农民而言，土地是其生存的依靠；对于圈地者来说，土地是资本，是增加收入和取得更好经济效益的砝码。圈地运动的使命是要变革英国农村的土地经营模式，使分散的敞田制和三圃强制轮作制的土地经营变为集中的、个人自由自主的大农场制经营。简言之，旧的土地经营观和经营方式主要是为了自给自足，新的经营模式就在于其有良好的经济驱动力。正如人们所公认的，圈地运动从发生、发展到走向高潮，都是因圈地来生产市场上价格上扬较快的商品，使农场变得特别有利可图而起。

进入16、17世纪，不仅羊毛价格持续攀升，粮价的上扬也格外醒目。相较于16世纪20年代的平均价格，100年的时间内，羊毛价格又陡涨了357%，粮价则飙升了510%。所以，圈地运动的发展表现为既大量圈地养羊，又大量圈地兴办粮农场。之后，英国圈地兴办的农场在市场价格因素的作用下，更是进一步朝着多元化的方向发展，特别是工业革命时期，同样由于市场上粮食及各种农副产品价格的飞涨，圈地来生产这些商品的圈地运动也真正步入了鼎盛期，资本家们直接把兴办粮农场的圈地运动推到了最高潮。

在重商主义的都铎王朝时期，有一种非官方但很重要的职位在政府组织中逐渐成形，即王室代理人。16世纪中期，处于上升时期的英国与法国、西班牙、爱尔兰之间征战不断，国库严重亏空，如何筹措资金成为最紧迫的问题。由于当时金融体系还不发达，一般金融机构只能提供中小规模的资金，无法应付军费等大笔需求，当王室急需巨款时，须派代理人到欧洲大陆去筹措。而王室代理人在国际间奔走时，顺便替政府开展外交活动，诸如收集军事情报、打间谍战、代购军火、担任密使而穿梭于各国朝廷之类。因此，代理人是多功能的地下大使。王室给王室代理人的直接报酬并不高，但间接酬劳包括颁赠爵位、赏赐封地，甚至授予工商贸易特许权等，其价值就难以估量了。对一般商家而言，能成为王室代理人，经济收益是次要的，最主要的是一种政治地位和社会荣誉。

从亨利八世开始，历经爱德华六世、玛丽一世、伊丽莎白一世的格雷欣家族是名闻国际的王室代理人，其中又以托马斯·格雷欣爵士最为著名。英国的经济史学家理查德·托尼对格雷欣有一番精辟的评价："他是个奇妙的三合一体，成功的商人、金融专家、政府的优秀代理人。而第三个身份和其他两个身份，从来没有停止争战过。"这说明托马斯·格雷欣不仅有圆滑的交际手段，还知道各方人士、各行各业的需求与供给，能周旋其间并获得利益。

在经济学上有一条非常著名的"格雷欣法则"，也称为劣币驱逐良币法则，是格雷欣爵士在任职期间的经验总结。原意是指在实行金银双本位制条件下，金银有一定的兑换比率，当金银的市场比价与法定比价不一致时，市场比价比法定比价高的金属货币（良币）将逐渐减少，而市场比价比法定比价低的金属货币（劣币）将逐渐增加，形成良币退藏，劣币充斥的现象。更为简单的理解是，当两种货币法定面值相同，而实际面值不同时，人们更趋向于使用实际面值低的货币，而将实际面值高的货币储藏起来。

1565年托马斯·格雷欣筹建了伦敦皇家交易所。交易所尖顶上有一只大蝗虫，这是格雷欣家族的标志。据说格雷欣家族的祖先出生时，被遗弃在北诺福克的长草地中，有个妇女走过时听到蝗虫声，才注意到这个婴儿，所以当被救的婴儿长大成为格雷欣家族的祖先时，采用代表着智慧与高贵的蝗虫纹章作为家族的徽标。建成后的皇家交易所由伊丽莎白女王揭幕，并被她称为"最璀璨的珍珠"，交易所周边逐渐演变发展为世界上最大的金融城。但不幸的是，这座交易所在1666年的伦敦大火中被毁。

在格雷欣之前，都铎王朝的财政依靠强征暴敛与帝王之术；在格雷欣之后，则依赖利息、汇率的计算运用。"君子爱财，取之有道"，格雷欣等一批专业理财人士缔造了近代化收支体系，英伦金融城的第一块砖石就此砌成。

太阳王的光芒:《路易十四像》

路易十四像

亚森特 · 里戈

1701 年 / 布面油画

朕即国家。

——路易十四

18 世纪法国哲学家、史学家伏尔泰称法国路易十四时代是历史上“兴隆昌盛、文化技艺臻于完美的时代”，同时他也说过另一段话：“人类肯定想象不出一个比这（指中国）更好的政府……如果说曾经有过一个国家，在那里人们的生命、名誉和财产受到法律保护，那就是中华帝国。”

作为绝对君主与王权象征的法国国王路易十四，以“太阳王”自喻，宣称“朕即国家”，在位时间 72 年，是世界上在位时间最长的皇帝，与同时代的清朝康熙皇帝、俄罗斯彼得大帝同为历史上著名的君主。尤其是路易十四与康熙皇帝分别统治着同时期东西方最强大的帝国，可以称之为“一时瑜亮”。他们两人身上有很多的共同点：都是幼年继位的君主，在执政后遇上了权臣专政，通过机智的手段扳倒对方，取得对皇权的绝对控制；也都曾经亲自率军亲征，正是因为康熙平定噶尔丹，才能建立 1 300 多万平方千米的帝国，而正是因为路易十四在西班牙王位继承战中亲征，打败了西班牙及奥地利哈布斯堡王朝，才使法国成为当时首屈一指的欧洲强国。

孟德斯鸠曾说：“国王们所显示的华丽和光彩是其权力的组成部分。”而路易十四就是诠释这句话的最好范例，他的生活极尽奢华，同时还伴随着极为复杂的宫廷文化。亚森特·里戈所画的《路易十四像》，不仅是画家本人最好的作品，也是路易十四最看重的肖像画。正如法国美术史学家皮埃尔·弗朗卡斯泰尔所说：“把行将结束的 17 世纪的全部排场、全套风格都表现出来了。”画中头带蓬松假发，披着厚重的帝王礼服，佩戴查理大帝之剑的“太阳王”路易十四在一个红色的大帘幕下，以矜持的姿态严肃而认真地摆着架势，蓝色背景的帝王服饰和宝座上覆盖着法国王权象征的金色百合花，右手紧握“审判之手”，支撑在一张小矮桌上。坚固的多利安式罗马宫廷柱隐隐现出一角，基座上古典式美女手持的利剑与公平秤代表着君权的正义力量，神话故事已退居柱子底座也隐含了皇权的强大。

毫无疑问，高跟鞋、假卷发、紧身裤正是路易十四自我形象的绝妙代言，如果在现代，这样的打扮绝对会被认为是个娘娘腔，但在当时，路易十四可是欧洲男子汉气概和男人味的代表。

17 世纪的法国内战频发、民不聊生，地方权力被贵族掌握，各个区域处于独立而治的状态，就算王室居住的巴黎也经常有暴乱，年少时的路易十四就曾在暴乱中两次逃出巴黎。长大后的路易十四为了稳固王权，建立绝对的君主制，削弱贵族的势力，接受了财政大臣科尔贝的建议："没有什么比使人敬畏的建筑物更能彰显君主的伟大，所有的子孙后代都通过他们生前建造的宏伟宫殿来评判他们。"于是就在狩猎行宫的基础上建立起奢华无比，拥有 2 000 多个房间的凡尔赛宫。法国画家老皮埃尔·帕特尔的画作《凡尔赛城堡和花园鸟瞰图》就向我们展示了凡尔赛宫宏伟壮丽的外观和严格规则化的皇家园林景色。凡尔赛宫是法国封建专制统治鼎盛时期文化上古典主义思想所产生的结果，几百年来欧洲皇家园林几乎都遵循了它的设计思想。

当凡尔赛宫建成后，路易十四将各地的贵族召至凡尔赛宫居住，

凡尔赛城堡和花园鸟瞰图 / 老皮埃尔·帕特尔 /1668 年

在这里的贵族需要侍奉王室并处在严密的监控下，且无权回到自己的封地。路易十四利用自己的魅力和计谋将贵族们困在凡尔赛宫这座金丝牢笼中，宫里设立了赌博、晚宴、狩猎、派对等各种奢侈的娱乐活动以供贵族享受，同时要遵守烦琐复杂的礼节，严格的礼教、奢华的生活让法国贵族的一举一动都成了欧洲的时尚风向标。

路易十四热爱时尚生活，喜欢展示漂亮的服饰以及各种各样华丽的东西，所以经常在凡尔赛宫内举办舞会、晚宴，邀请达官贵人前来参加。他的记性非常好，如果有人没来出席，前途将会受影响，所以没人敢不参加。路易十四本人也是一位狂热的芭蕾舞爱好者，在他还是少年的时候，就已经以“太阳王”的形象在皇宫里表演芭蕾，他甚至还先后出演了 26 部芭蕾舞剧。据说，当舞会成为整个巴黎的流行时尚时，居住在宫廷里的宫女们经常晚上偷偷翻墙出去参加舞会，路易十四就让工匠设计一种让宫女行动不便的鞋子，鞋匠于是将宫女的鞋跟加高，踩踏地板时会发出嘎吱声，来引起人们的警觉，制止宫女偷跑的行为。可是没料到，几个月后宫女们习惯了穿高跟鞋，并且发现高跟鞋对拉伸腿型很有好处，还显得苗条，于是她们继续穿着高跟鞋外出参加贵族们的舞会，使得高跟鞋在上层社会流行开来。而路易十四得知真相后，也开始穿高跟鞋，以弥补自己身高的不足，不过只有他的鞋底是象征国王尊荣的红色。

与高跟鞋相配的长筒丝袜也是路易十四所好之物。当时欧洲的男性贵族服饰华美，衣着考究，长筒丝袜可以完美地塑造男性的下半身曲线，威猛又不失优雅。而且紧身服饰穿起来骑马作战十分方便，不会挂到尖锐物体，在气候寒冷的西欧，贴身的衣物更利于保暖，于是丝袜之风在欧洲上层贵族中间流行起来，不仅法国国王喜欢穿，教皇及其他皇帝和贵族也非常喜欢穿。高高在上的太阳王像一个杰出的魔法师，将装着高贵、优雅、奢华的琼浆洒在巴黎的每一个角落，从鞋、靴子，到咖啡、香槟和镜子，路易十四让巴黎弥漫着时尚之都的醉人气息。

从 17 世纪起，大航海打通了欧洲通往亚洲的航线，一批又一批传教士从海路来到中国，形成一场规模浩大的西学东渐运动。从明末天启、崇祯年间西方传教士的“成绩”来看，众多上层士大夫、皇帝的后宫成员对天主教表现出的关注和热情，给予了传教士们巨大的鼓励。同时，众多传教士又通过书信和著作将中国介绍给欧洲社会，在西方掀起了地理大发现之后又一个了解中国的高潮。为了争取皇家和财团的支持，传教士所介绍的多是他们观察到的中国好的一面，甚至寄希望于中国皇帝的皈依。

1682 年，史料记载的第一个到达欧洲的中国人沈福宗被尼德兰传教士柏应理以皈依上帝的优秀人物代表带回欧洲，在欧洲大地上掀起了研究东方的热潮。在 1684 年，他受到路易十四的邀请共同进餐，用筷子吃饭的沈福宗让路易十四大为惊讶。次年，沈福宗来到英格兰受

皈依上帝的中国人 / 戈弗雷 · 内勒 /1687 年

到国王詹姆斯二世的接见，由宫廷画家戈弗雷·内勒爵士绘制了《皈依上帝的中国人》。画中身穿清朝服饰、细眉小眼的沈福宗站在一张铺有绛紫色绒布的方桌边，头部微微扬起，表情沉静，用右手指着左手所持的十字架，好像在告诉观画者他已经信仰上帝了。

正是在这种背景下，1686 年，在欧洲的中国热方兴未艾时，法国国王路易十四派遣洪若望等多位科学家以海路方式来到中国，同时派遣了一个科学传教团，希望借道俄国赶赴中国。不想，当时的俄国规定，若未持有法律文件，任何人不得绕行西伯利亚前往中国。为此，路易十四分别致信给彼得大帝和康熙皇帝。可惜的是，俄国拒绝借道，康熙因此未能看到法国国王路易十四当年写给他的信，而这封信现仍收藏于法国外交部。

然而，路易十四对中法交流的渴望并未因此而停息。1688 年，路易十四派遣的科学家历经两年的艰难行程，抵达北京。这几位科学家还身兼传教士的身份，他们成为当年康熙与路易十四远隔万里的对话桥梁。其中的白晋、张诚进入清宫，成为康熙的数学、天文学、物理学甚至人体科学的老师，仅康熙一朝，来自法国的传教士就达 50 多位。

这一时期，传教士的主要精力集中在与中国上层社会的交往上，采取的方式主要是以两方的科学知识和科学仪器作为沟通交流的媒介，对于天主教教义的宣扬，则被包装在中国传统儒学的体系中，以符合儒家伦理规范的形式嵌入中国社会，对于天主教教义与儒家伦理之间的严重分歧和冲突，则隐而不谈。因此，即使是与传教士交往时间最长、范围最广的康熙皇帝，对天主教的了解也非常浅显。

直到康熙晚年，中国人祭祀祖先的孝道与天主教严禁祭祀天主之外的其他神灵的矛盾才演变成重大冲突而爆发出来。罗马教廷所派特使多罗和嘉乐两人先后来华，向在中国的西方传教士和中国信众颁布了一系列规定，致使清廷与罗马教廷的冲突公开化。于是康熙在

1720 年 12 月下谕旨："以后不必西洋人在中国行教，禁之可也，免得多事。"从此结束了中西方文化交流史上第一次西学东渐的浪潮。

金融视角

法国财政大臣科尔贝与重商主义

经济学通常被认为是研究人类经济活动的规律，即价值的创造、转化、实现等规律的理论，也是研究资源生产、交换、分配、消费的科学。从 1776 年亚当·斯密的《国富论》问世以来，经济学成为正式的学科，而在这之前的先驱思想是"重商主义"与"重农主义"。

重商主义是文艺复兴时期产生于西欧社会的一种经济思想，它的发展可分为两个阶段：15 ~ 16 世纪为早期重商主义时期，16 世纪下半期 ~ 17 世纪为晚期重商主义时期。早期重商主义采取行政手段，禁止货币输出和积累货币财富。晚期重商主义则认为国家应该将货币输出国外，以便扩大对外国商品的购买，但对外贸易必须做到输出超过输入。

早期重商主义在西班牙和葡萄牙表现为对殖民地的直接、血腥、暴力掠夺。据不完全统计，1521—1600 年，西班牙海军从海外运回的黄金达 200 多吨，白银达 18.6 万吨，到 16 世纪末，世界金属的开采 83% 均为西班牙所得，而为填补采矿人口的不足，西班牙又开始从非洲进口黑奴，开始了另一桩肮脏的交易。为了积累财富，西班牙皇室制定了严格的措施把金银留在国内，但如同古希腊神话中的国王弥达斯一样，虽然得到了点金术，但无法吃喝，最终还将自己心爱的女儿也变成了一尊黄金雕塑；西班牙人得到的黄金也终归只是金属，不能吃也不能喝，皇室及贵族只能用黄金去挥霍，购买其他国家生产的奢侈品，而没有用来提高自己国家的技术能力与发展生产力，最终沦为被淘汰的对象。

在此之后，英国在都铎王朝伊丽莎白女王的统治下，认为财富就是货币，货币就是财富，于是统治者把国家的经济政策和一切活动统统归结为攫取金银，通过重商主义政策去换取西班牙人手中的金银，甚至伊丽莎白女王赞助海盗王德雷克去抢劫西班牙的船只，还在1581年以视察军舰的名义，将平民出身的德雷克封为弗朗西斯爵士。商人如格雷欣、海盗如德雷克，帮助英国贵族聚敛了更多的财富，反过来贵族又资助了商人和海盗的航行事业。伊丽莎白在甲板上封德雷克为爵士的一幕便象征着统治者和商人之间联盟的缔结与权力的交换，也成为重商主义发展到新阶段的标志。

正如马克思所说："所有这些方法都利用国家权力，也就是利用集中的有组织的社会暴力，来大力促进从封建生产方式向资本主义生产方式的转变过程，缩短过渡时间。"重商主义新的生产方式在学步时，还必须依靠国家之手的搀扶，因此，强有力的中央集权国家来推行能体现商业利益的经济政策，并利用行政措施，尽量把各种货币吸引到本国来，就成为重商主义的经济思想。法国路易十四时期的财政大臣科尔贝即为这种政策的倡议者和推行者，因此在法国重商主义亦称为"科尔贝主义"。

科尔贝出生于世代从事贸易与金融业务的大商人家庭，未及而立之年便依靠家庭的财力、人脉以及个人婚姻，为朝廷中枢效力。自1651年起的10年里，科尔贝担任首相马扎然的私人专员，充分赢得了首相的信任。1661年，临终的马扎然向路易十四举荐科尔贝，同年，科尔贝斗败了权倾一时的财政总监富凯。自此以后，他实际掌控法国财政大权22年之久，围绕中央集权制的巩固，科尔贝成为法国重商主义政策的首要倡导者，这些政策强调经济自给自足。他创立了法国东印度公司及其他贸易公司，由国王赋予这些公司殖民地贸易的专营权；此外，他帮助路易十四在巴黎城边缘建立起皇家戈布兰挂毯制造厂，鼓励纺织业和其他出口制造业的发展；他还修缮了道路，监督法国运河网的扩建工程，包括将地中海与加龙河和大西洋相连的郎格多克运河（米迪运河）的修建。

在财税和金融政策方面，他制定了法国历史上的第一份国家预算，撤废或限制国内关税，统一国内税则，增加间接税（主要是盐税）的比重，减少直接税（主要是人头税）的比重；建立国家储蓄银行，提高资金融通便利，降低利率水平，改善公共债务情况；动用国家行政力量去干预和组织经济活动，由国家主导制造业发展，招聘外国企业家和工匠，向这些经营与技术人才提供资金支持、市场特权、宗教宽容等激励条件，效仿荷兰和英国的方式，组建享有官方垄断授权的贸易和殖民公司加强对外商业联系；严格控制外国制成品的进口，特别是 1667 年为平衡贸易差额，成倍提高与荷兰贸易品关税税率，甚至影响法国不惜将贸易战升级为军事战。

科尔贝的作用有何等关键，对照他 1683 年去世后的法国情况的三个事件就可以知晓：一是 1688 年大同盟战争时，路易十四只能增加税收，并以向税吏借高利贷的方式融资借钱，唯一一次向国际银行借款，还把债权人拖到破产境地；二是当路易十四在 1715 年去世时，债务规模空前，将整整 3 年的收入提前支取，相当于又回到了科尔贝接手财政之前的状况，且有过之而无不及，从此以后，法国的财政一直处于亚健康状态；三是 1685 年取消南特敕令标志着宗教宽容的结束，对新教徒的迫害导致法国丧失了大量劳动力和技术人才、财政金融专家，对经济发展产生了破坏性后果。

因此，经济学家李斯特说："法国工业的全盛时代是从科尔贝开始的。当马扎然死的时候，法国不论是工商业、航运业或渔业都没有达到重要地位，那时法国的财政更处于最恶劣的境地。科尔贝却有勇气独立担起一种任务，这种任务在英国是经过三个世纪不断努力、两次革命的代价，才得以顺利完成的。"[①]

---

① 资料来源：弗里德里希·李斯特. 政治经济学的国民体系 [M]. 北京：商务印书馆，1961.

此外，在科尔贝的支持下，为整顿法国商业秩序出台的《法国商法典》成为法律系统规范会计行为的鼻祖，其中对由不同种类的账簿组成的会计系统、运用簿记系统的方法、与商品有关的资产计价问题、账簿使用的规则、财产目录表的编制以及在此基础上形成的资产负债表与利润确定方法等都做了明确规定，甚至特别强调对会计账簿的设置、使用和妥善保存，对大陆法系国家会计规则的影响至今都可以找到。

最成功的情妇：《蓬帕杜夫人》

蓬帕杜夫人

弗朗索瓦·布歇

1756 年 / 布面油画

重农主义的产生，既同反对科尔贝主义有关系，又特别同劳氏制度的破产有关系。

——马克思

社交名媛蓬帕杜夫人是法国皇帝路易十五的情妇，也被称为史上最成功的情妇。由于路易十五并不勤于政务，凭借自己的姿色立足于皇帝身边的蓬帕杜夫人同时也是一位铁腕女强人，她积极投身于各类政务及社会活动之中，影响着当时路易十五的统治和法国的艺术。

法国著名画家弗朗索瓦·布歇的画作《蓬帕杜夫人》就是当时流行的洛可可艺术的代表作之一。画中的蓬帕杜夫人优雅地斜靠在卧榻上，仪态雍容华贵、高傲而自信。她穿着华丽美艳的裙子，上面缀满了绚丽多姿的各色花朵，胸前的一大朵粉红色蝴蝶结更是美丽无比，也把她衬托的娇艳妩媚。她的左手支靠在绣花枕上，右手拿着一本正在阅读的诗集，以表现她渊博的学识；手臂上戴着珍珠手镯，显得珠光宝气。她那傲娇的眼神中透露出一种洞察世事的精明和干练，活脱一个聪明女人的形象。地板上散放着制作铜版画的工具，表示她正在学习版画制作。画面左面一个有着明显洛可可艺术风格的小桌子上，摆放着夫人使用过的鹅毛笔和一封待发的信。

整幅画看上去铺张而浮华，但也不失精巧和细致，很能代表当时的洛可可艺术特色。由于路易十五和蓬帕杜夫人的倡导和推动，洛可可艺术在宫廷里大行其道。她对布歇的艺术天分也颇为欣赏，经常请他为自己作画。

蓬帕杜夫人于1721年出生在巴黎的一个不起眼的中产阶级家庭，父亲是一名商人，经常在外出差。据说，蓬帕杜的性格酷似她的教父，后来她的教父成了她的法律监护人。包税人图尔内姆则资助她接受良好的教育，并安排她嫁给了自己的外甥埃蒂奥斯，也正是通过这次婚姻，使她走进了上流社会。1745年，路易十五和蓬帕杜夫人在凡尔赛宫的一次化装舞会上擦出了爱的火花，很快，蓬帕杜夫人就宣布离婚，正式成为路易十五的情人，居住在凡尔赛宫国王楼下的一栋奢华公寓里，灰姑娘终于变成了公主。

蓬帕杜夫人是一个个性鲜明的女人，她当然不会满足于在路易十五的庇护下战战兢兢地生活，深藏于宫中，做一只笼里的金丝雀。她广泛地参与社会公众生活，特别是她将凡尔赛宫夹楼里的一栋医务室改装成一个沙龙，这个沙龙接待了许多当时巴黎的“危险人物”——自由派人士，这些自由派人士在路易十五的眼皮底下大讲“天赋人权”“自由博爱”等思想理念。在蓬帕杜夫人进入凡尔赛宫之前，就曾经与伟大的思想家、哲学家、文学家伏尔泰有交往，而伏尔泰因为反对君主专制制度、批判天主教会、主张言论自由，一度遭到巴黎法院的逮捕，不得不过了 15 年逃亡隐居生活。蓬帕杜夫人成为路易十五的情人后，极力劝说国王放弃对伏尔泰的追捕。不仅如此，1746 年伏尔泰还被法兰西学院选为院士，1749 年回到了久违的巴黎。可以说，蓬帕杜夫人极大地改善了伏尔泰的生存环境。

蓬帕杜夫人还与法国启蒙思想家、唯物主义哲学家、作家、百科全书派代表人物狄德罗交往甚密。1745 年，狄德罗着手编辑法国历史上的第一部百科全书。这部鸿篇巨制顺应了法国日益高涨的革命热情，点燃了人们思想的火花，与君主专制的法国政治体制格格不入。而且，由于缺乏出版资金，这部百科全书差点夭折。这时候，又是蓬帕杜夫人出手进行资助，使得这部百科全书得以在一个君主专制的国家出版。狄德罗因此被视为百科全书理念的奠基人。

“沙龙”一词最早源于意大利语，原指上层人物住宅中的豪华会客厅，后引申为上流社会的社交中心。从 17 世纪开始，沙龙就是西欧上层社会社交和文化生活的重要中心。它的影响力遍及法国、意大利等西欧主要国家，一直绵延几个世纪，其中，影响力最为深远的就是法国的沙龙。

从 18 世纪开始，沙龙席卷整个法国贵族阶层的生活，巴黎的名媛贵妇纷纷把自家的客厅冠以艺术之名，打造成一个个著名的社交场所，引得政界名流、小说戏剧家、诗人、音乐家和哲学家济济一堂，高谈阔论。那时候流行着这样一句话：“洛可可时代的每一位年轻贵妇人都渴望拥有一个沙龙。”沙龙由此演变为一种新型的文化现象。

贵族们需要有文艺性的消遣，需要有文人的才华做点缀，而文人也需要有这样一种途径去接触上流社会。因此，沙龙不仅是当时法国社会中最为显赫的名士、淑媛聚会谈天的场所，亦与当时最丰富优秀的精神生活交织在一起。

卢梭曾说："和一群哲学家讨论道德问题，不如和一个巴黎的美妇人讨论。"当时法国的著名沙龙除了蓬帕杜夫人的沙龙外，还有乔芙兰夫人、德·唐辛夫人、内克夫人、杜·德芳夫人等人举办的沙龙。其中，乔芙兰夫人的沙龙被许多人称为"社会的奇迹之一"。因为她不是什么贵族名门出身，也没有美丽动人的外表，更没有像当时的大多数女性那样受过教育。她年少时就成了孤儿，14 岁时嫁给了圣戈班皇家玻璃厂的管理者，20 多岁时才通过邻居德·唐辛夫人第一次接触到沙龙运作。但她是一位优雅、机智、善于言谈的女主人，可以让沙龙的气氛始终活跃。她经常邀请当时法国著名的学者做客沙龙，讨论文学、哲学、时尚及各种流行话题，使她的沙龙最终成为最成功的沙龙之一。法国画家阿尼塞 – 查尔斯 · 勒蒙利尔的画作《1755 年

1755 年乔芙兰夫人的沙龙 / 阿尼塞 – 查尔斯 · 勒蒙利尔 /1812 年

乔芙兰夫人的沙龙》就表现了她在家中举办沙龙的场景。据说此画所表现的是一位名叫达朗见的人在朗读伏尔泰的悲剧《中国孤儿》，有50多位当时的文人与社会名流参加了此次沙龙。画中右边坐在一排男人当中的女性即沙龙主人乔芙兰夫人，坐在她身边的就是卢梭、孟德斯鸠等人。伏尔泰的悲剧《中国孤儿》的创作灵感来自中国春秋时期的故事《赵氏孤儿》，围绕赵氏孤儿所发生的那些故事感动了伏尔泰，触发了这位伟大思想家的灵感，他创作了一个全新的故事，表现了自己对中国文化的向往，热情礼赞了中国文明的巨大魅力。

这些求知、自律的时代女性，无疑是这个精英思想圈的中枢与核心，由她们组织的沙龙聚会为学者与知识分子提供了一个权衡并讨论各种观点的社会空间，她们还通过规范化的聚会以及鼓励、组织智识活动，将此前贵族的、休闲的社交集会转变为严肃的工作场合。伏尔泰、孟德斯鸠、卢梭、狄德罗等人，都是那一时期沙龙的常客，他们常常在沙龙闲谈中谈及自己的著作，或是援引他人的观点，与意见不同者争论。

18世纪是启蒙的世纪，也可以说18世纪是沙龙的世纪。启蒙思想并非无本之木、无源之水，在沙龙这种相对自由的话语场域中，既有贵族、官员等掌权者，又有文人、剧作家等平民阶层，当进入具体话题的讨论时，两个阶层的地位却变得平等起来。在话语的沟通中，只有智慧的高低、言语的精妙，没有政治权力的威压。文人可以让自己的智慧自由驰骋，随意发表观点，在争论之中促进彼此思想的进步。启蒙的意识便在这种平等的讨论中蓬勃生长了起来。这种交流成为启蒙思想诞生的社会基础，而这种惯性，一直延续到法国大革命前期。

大革命期间，沙龙不仅是思想的交流地，更直接介入了政治斗争中，其中，罗兰夫人的“罗兰夫人第二沙龙”成为大革命期间吉伦特派的集聚地，并在吉伦特派下台后遭遇了毁灭性的打击。大革命后，文学沙龙在法国逐渐式微，随着工业革命的推进，由于社会阶层的进一步分化，贵族阶层逐渐退出历史舞台，沙龙所代表的闲适生活逐渐被工业化所取代，所以传统的沙龙也逐渐被适应现代生活的新的社交方式所取代。

金融视角

医生魁奈与重农主义

伴随着17、18世纪的沙龙文化，在沙龙中交流中国文化和中国商品也成为一种时尚与潮流，法国学者莫里斯·罗宾曾这样写道："在古代欧洲和启蒙运动时代的西方，中国简直无所不在。""中国热"对18世纪欧洲的启蒙运动产生了重大的影响。当时法国的启蒙思想家，如伏尔泰、卢梭、孟德斯鸠、狄德罗、霍尔巴赫、魁奈等，非常崇拜中国文化，将中国古代文化中的人道主义价值观、民主观、平等观、自由观、博爱观等视为他们建立理想秩序的重要思想来源。

当时，"重农学派"的代表人物蓬帕杜夫人的医生魁奈也是沙龙文化的积极参与者，甚至成为每周沙龙颇有影响力的人物，被称为"欧洲的孔子"。他曾经撰写《孔子简史》，对孔子予以高度的评价，在将孔子与古希腊圣贤进行比较时，明显褒扬前者贬抑后者，说孔子的《论语》远远胜过古希腊圣贤的哲学。而儒家哲学中的重农思想，明显对魁奈重农观念的形成产生过重要影响。

在重农学派思想形成之前，17世纪下半叶法国实行科尔贝的牺牲农业扶植工商业的重商主义政策，使农业生产受到极大的破坏，农民生活困苦不堪，国家财政也濒于绝境。这种情况导致了重农主义的先驱者如布阿吉尔贝尔、沃邦元帅和达让逊侯爵等人群起而抨击重商主义政策，提出重视和发展农业的经济思想，而18世纪20年代法国实行的约翰·劳的信用货币制度的破产，更促进了这种经济思想的发展。

在中国古代哲学的影响下，魁奈提出了“自然秩序”的思想，认为只有地球才是财富的创造者，而农民、工人、手工业者、商人所做的事情，只不过改变了财富的形式或性质，并没有使之增加，强调应当只根据地产来决定赋税。同时，重农学派也看到，约翰·劳的制度非但不能克服重商主义政策带来的问题，反而加深了法国面临的财政经济危机。由约翰·劳的制度发展起来的疯狂的金融证券投机，造成了严重的通货膨胀，使整个法国陷于混乱状态，只有土地这种不动产似乎没有因此受到损害。在这种历史情况下，加上小农经济分化、技术进步等历史条件，农业企业即资本主义大农业有所增长和发展，更加坚定了魁奈等人的信念，引起了重农主义思想的广泛传播，从而促进了重农学派的形成。

在启蒙运动的影响下，魁奈试图表明，经济中各个阶层之间的关系就像行星的运行那样有自己的规律和法则。他提出了关于经济关系的法则，把这个法则称为“经济表”，把经济设想为一个循环系统：从心脏流入身体各个部分，然后再流回来，在经济中，商品和货币的河流往来循环，就像在大自然中一样，一切都是有规律的，关键是不能干扰这种循环。

魁奈选择了土地占有者（国王、教会和贵族）、自由人（商人、手工艺者、工人）、农民（佃农）三个阶层进行分析。农民在一年中为整个社会生产食品，自己留一部分维持生活，从商人那里换取他们需要的产品，剩余部分一律上缴给地主，而地主则是这些食品的消费者，或者用它们交换其他人生产的东西。按照魁奈的观点，产品比投入有更大的价值，这种净产值完全来自农民，因此农民为生产阶级，商人或手艺人依赖农民的净产值的存在，称为“无创阶级”。所以，魁奈建议向“生产阶级”农民征收统一和适量的捐税，以防止破坏他们的生产力。与重商主义不同，他要求自由买卖粮食，以提高粮食价格，使农民的净产值提高，而这种净产值就是经济的生命力与活力。

作为医生，魁奈把经济视为一个巨大的有机体，净产值这种宝贵的经济剩余如同对生命至关重要的供血功能。经济在农民、自由人和土地占有者之间形成一种净产值剩余的循环流动，当剩余增加，他们之间会产生更多的资源流动，经济随之增长；当剩余减少，经济就会萎缩，而当时法国经济萎缩的主要原因就是让农民阶级承担过重的税收。路易十四时期的财政大臣科尔贝曾经说过："税收艺术好比拔鹅毛，要在尽可能少的嘶鸣声中获得尽可能多的鹅毛。"魁奈认为法国经济的这只鹅，实际上已经在沉重的压榨下被拔光了所有的毛，几十年后它定会呼号哀鸣着奋起反抗。

魁奈试图通过找寻规律来描述经济行为以及使用模型方法对其进行描述的方式可以说是十分现代的，但他的经济表曲线令当时的人们感到困惑，很少人有人能够弄明白其中蕴含的经济理念。当一位名叫马奎斯·德·米拉波的侯爵弄懂了这些曲线的含义后，宣称魁奈是最有智慧的人，他的头脑可以和苏格拉底比肩。于是，米拉波侯爵基于魁奈的思想出版了一本书叫《税收理论》，宣扬应该取缔对法国农民的征税，而向贵族与地主征税。结果国王一怒之下将侯爵关押入狱，还是在魁奈寻求蓬帕杜夫人的帮助之后才使米拉波侯爵重获自由。

在魁奈逝世后，法国贵族在1789年大革命的腥风血雨中被彻底推翻，旧制度土崩瓦解，经济学家对于魁奈的重农学派的思想不再重视。但不论怎样，他都为之后的经济学者开辟了通往现代经济形式的新道路。在20世纪，美国的经济学家华西里·列昂惕夫（Wassily Leontief）曾以魁奈为榜样，制定了一份现代经济运行图，并因此而获得诺贝尔奖，后来这个循环图表进一步演变为国民收入和生产核算表，用来计算一个国家国民生产总值或国内生产总值，这也可以算是宏观经济学的起点。

动荡的时代：《马拉之死》

马拉之死

雅克－路易 · 大卫
1794 年 / 布面油画

法国大革命就像生活本身一样，是一个混合物。它既鼓舞人心，又令人难以接受。在大革命中，希望与恐怖交织，暴力与博爱杂陈。

——密特朗

马拉是法国大革命时期雅各宾派的主要领导人之一，《人民之友》报的主编，他以犀利的文笔猛烈抨击法国封建王朝，宣扬共和思想，但是由于他的非理性，也将底层民众的破坏欲煽动起来，最后演变成暴民政治。1790 年以后，马拉开始抛弃自己原先标榜的自由平等理念而倡导独裁，并且鼓吹恐怖革命，此时杀戮成了主要手段。1793 年雅各宾派的领袖罗伯斯庇尔、马拉、丹东等人着手清洗反对派，开始了血腥的恐怖统治时期。这一时期，国民政府在短时间内处死了大批贵族和上层人士，法国社会弥漫着一片恐怖气氛。

与其犀利的文风相比，马拉的身体的确是弱不禁风。他患有肺病，还有皮肤病，只有泡在澡盆中才能减轻皮肤病带来的痛苦。浴盆成为马拉最喜欢的居所，他经常浸泡在药水中处理工作和文件。一天，吉伦特派的支持者夏洛蒂·科黛以申请困难救济为名，谎称自己是一位共和党人的遗孀、5 个孩子的母亲，请求马拉接见并给予帮助。正当马拉阅读她递上的纸条时，女刺客用匕首刺进了马拉的胸膛，他倒在了血泊之中。马拉被刺的消息一时震动巴黎城，著名画家雅克 – 路易·大卫是马拉的朋友，当他闻讯后立即赶到现场，亲眼看见了马拉被害的惨相，于是用 3 个月的时间完成了这幅作品——《马拉之死》。

画面中，马拉倒在浴缸里，鲜血正在从伤口中流出；带血的匕首滑落在地，而凶手已经逃离现场，马拉垂下的右手中还捏着正准备写字的羽毛笔。右手前方暗黄色的木箱有几处艺术家精心安排的细节：在木箱上，墨水瓶、几张指券和一张纸条依次排开，纸条上写着："请把这五个法郎的指券给一位五个孩子的母亲，她的丈夫为祖国献出了自己的生命。"木箱的底部有两行字：第一行是致辞"献给马拉"，第二行签着作者的名字"大卫"。

《马拉之死》创作于法国历史上动荡、血腥，也是伟大的变革时期。路易十六治理下的法国因资助美国独立战争而承担了巨额财政支出，收入拮据迫使国王向人民增税，以避免破产。因为贵族、神职人员可以免税，但是穷苦的平民却要为此掏空口袋，因而爆发了法国大革命，路易十六还为此上了断头台。当代表底层人民的雅各宾派执掌政府时，也依然缺乏资金支持的渠道，只好将目光转向资产抵押债券。他们没收了天主教会和一些贵族的财产，用没收的资产来支持发行货币，然后开始用纸质凭单（指券）支付其账单。这便是《马拉之死》中五个法郎指券的由来，也是革命重新分配财产的例证。最终雅各宾派在金融方面的尝试也如同约翰·劳一般以失败收场，主要原因在于印刷了太多的指券，而可供购买的资产太少。简言之，指券也可以当作一次纸币的发行尝试，但还是因通货膨胀而最终失败。

在刺杀的现场就被逮捕的科黛很快就交由法庭审判，审判过程很短，她承认所做的一切，但认为自己无罪，她说她只是为“九月大屠杀”的受难者复仇，“我杀死一人却救了一万人。”她坦白地表示为

刺杀马拉之后的科黛 / 保罗 · 波德里 /1860 年

达到目的而“不择手段”。在宣判后的几个小时，她被处决于大革命广场。她受到群众的咒骂，群众甚至拒绝一位教士替她做宗教仪式。在法国画家保罗·波德里同样以马拉被刺杀的事件创作的油画《刺杀马拉之后的科黛》中，换了另一个刺杀现场的视角：科黛就站立在被害人的身旁，双目透出坚毅镇定的眼神，一脸正气浩然的样子，表现出她对自己的行为负责，俨然是一位正气凛然的英雄。

可见，在不同人的眼中，拥有不同的世界。在“革命的群众”眼里，马拉就是革命英雄，被无耻地刺杀，甚至在面对死亡之前，都依然在关心着困难革命者的利益；而在另一些人的眼中，马拉就是彻头彻尾的骗子与屠夫，这些人中肯定包括被马拉送上断头台的“现代化学之父”拉瓦锡。

拉瓦锡本来十分富有，但维持化学实验室需要大量钱财，于是在包税制度兴盛之时，他也凑热闹将自己继承的遗产投进一家包税公司，每年可以收取数目极为可观的资金。他本人虽然没有亲自参与征税，但从包税公司获取了暴利却是事实。当然，这些资金主要被用来装备他的化学实验室、从事科学研究也是事实。大革命时期，包税人全被抓了起来。拉瓦锡作为一位著名的科学家，当然也有人保他，但他最终没有保住性命，据说便是与马拉有关。

1780年，当马拉还是个记者时，曾提交了一些毫无使用价值的文件申请加入法兰西科学院，但是当时科学院的院士拉瓦锡不仅驳回了他的申请，还严厉批评了这个“自吹自擂的马拉”。马拉在12年后仍然对此“奇耻大辱”耿耿于怀，因此就利用革命之后的新形势将拉瓦锡送上断头台。1794年5月8日，拉瓦锡这个现代化学的奠基者与其他27个税务官一起被推上断头台，年仅50岁。一个在化学领域中完成了无可比拟的科学革命的人，却在另一场政治社会革命中成为失败者。当拉瓦锡的头被砍下时，在场的法国数学家拉格朗日说出了一句著名的话：“砍下他的脑袋只需一秒钟，但是要再长出这样的头脑也许还要几百年。”

拉瓦锡之于化学，正如牛顿之于物理，他被后世尊称为“现代化学之父”。他的离去让他的妻子悲痛欲绝，拉瓦锡夫人虽然免于一死，但是新政府没收了她的全部财产，这还不算，所有的实验手记和设备也被通通收走。拉瓦锡夫人经历了这样一场劫难，几乎一无所有，但即使这样，她依旧克服了诸多磨难，坚持出版了拉瓦锡的回忆录。回忆录里记录着拉瓦锡和他的同事们十分宝贵的研究成果：液体的形成、有关热量的研究、水的组成等。正是她的不懈努力，才让自己的爱人在化学领域的那些伟大的研究成果在科学史上大放异彩。

拉瓦锡夫人能做到这些是因为她也曾长期在丈夫的科学事业中担任着实验助手和秘书的角色，为马拉作画的雅克－路易·大卫以前是

拉瓦锡夫妇 / 雅克－路易 · 大卫 /1788 年

她的美术指导老师与仰慕者，也曾经为他们画过名为《拉瓦锡夫妇》的肖像画。画面中拉瓦锡坐在一张写字台的一角，他左胳膊肘支撑在桌面上，右手握着羽毛笔，正准备写点东西。写字台上覆盖了一块红色的绒布，桌上摆放了水银气压计、气量计、蒸馏瓶，以及一个墨水瓶、三只羽毛笔和一叠写着字的稿纸，整张桌子代表的是拉瓦锡的科学世界。身穿白色长裙的拉瓦锡夫人站立着倚靠于丈夫，一只手搭在他肩上，另一只手轻轻放在桌边，暗示着她也参与了丈夫的化学研究工作。在拉瓦锡的皮鞋前面，是一个倒地的烧瓶和两只瓶塞，一只瓶塞封住了烧瓶瓶口，另一只瓶塞闲置着。这些物品在暗指拉瓦锡通过实验发现了氧气，把发端于 17 世纪中期的波义耳、成熟于 18 世纪初的斯塔尔的燃素说，变成了氧化说，还进行了空气分析和分解、提出成体系的酸理论等。

拉瓦锡死后，拉瓦锡夫人又结了一次婚，第二任丈夫名叫本杰明·汤普森，也是一位著名的科学家，在当时可以说是最有名的一位，追求了她 4 年，足见拉瓦锡夫人多么优秀且有魅力了。就算是选择再婚，她还依旧保留着“拉瓦锡”这个姓氏，对第一任丈夫的深情和怀念可见一斑。

金融视角

财税知情权引发的法国大革命

1776 年，积欠巨额债务的法国，已经步入了李嘉图所说的“极不正常的状态”。因为美国独立战争，法国在 1778 年与美国签订军事同盟条约，并正式对英宣战直至 1783 年战争结束，导致法国政府因军事开支而增加的公共债务暴增至 30 亿里弗尔以上，而每年偿还上述债务所支付的利息总额就高达 3 亿里弗尔以上（同期公债利息率基本维持在 5.5%～6%），仅这项债务利息支出，就已占到当年财政总支出的

50%，严重挤压着同期社会福利、教育、交通、城市建设等民生方面的财政支出。

为了解决当前这一棘手问题，国王提名来自瑞士的银行家——雅克·内克尔来担任本国财政总监。他希望内克尔作为一名白手起家的商人，可以利用其在日内瓦及巴黎等地丰富的人脉关系，特别是常年经营银行和农业贸易业务所积累的宝贵经验，为政府进一步的外债举借等财税筹资工作打通阻碍、铺平道路。

内克尔坚信一份透明、公开、略有结余的预算收支将有助于经济繁荣、社会正义及政府合法性的构建，更为紧迫的是，如果透过财政预算的公布，来维系政府日趋下滑的公共信用，以利政府的持续借款，那可谓一举两得。终于，在1781年，内克尔公开发表了《上呈国王的账目报告》。

在这份报告中，他阐述了当时政府的财政收支情况，这估计在人类历史上都尚属首次。更值得关注的是，他向社会大众展示了财政收支的计算过程及具体结果——法国当年的财政实现了1 020万里弗尔的预算盈余。正是这一财政盈余，可以明白无误地告诉民众，政府可以通过财税改革挖掘税源、节省开支，实现法国政府债务的稳步下降。

这份报告引起了轩然大波。长久以来，凡是涉及政府财政收支的数据信息，都是作为国家秘密而被权力阶层处心积虑地锁在“保险箱”中，普通民众难以接触到，更别说一览全貌了。而此份报告的推出，让民众看到了法国财政支出中军费开支、皇室花销支出与社会保障投入的严重不匹配。因此，内克尔得罪了法国官僚体系内的政府同僚及特权阶层，以报告内容极不严肃且错漏百出的缘由遭到解雇，反对者推出了新版本的报告以维持颜面。

但在此过程中，随着内克尔与反对者围绕财政收支计算结果的论辩，使广大民众受到启蒙与洗礼。针对公共财务收支状况的计算，首先应服务于纳税人，这也是作为纳税人知情权的进一步延伸及必然要求。公共财务计算的准确度越高，纳税人缴纳税款的遵从度也越高。一个负责任的政府及其部门，其实质的行动表现，是对所征收自纳税人的税款，是否能够做到恪尽其用且量入为出。倘若呈现在纳税人面前的是一本“糊涂账”，那将意味着政府及其部门在使用税款时的失责，甚至可以被认为是存在某些不可告人之秘密。

总之，能够为纳税人提供充分、透明的公共财务信息，是责任政府构建的必备要素，也是得到纳税人信任的必由之路。正是因为在内克尔的主导下，《上呈国王的账目报告》的公布，让纳税人看到了一个政府官员的典范，这也是内克尔即使下野，其在民间特别是工商业者与农民等第三阶层中，仍拥有较高的声誉及认可度的原因。

1788年，路易十六将内克尔官复原职，重新执掌财政总监职位，以推动进退维谷的法国财税改革，同时，内克尔也作为第三阶层的代言人参与国王的内阁统治。在三级会议上几近强势的税改主张，裹挟着民意，可谓步步逼迫，这让一贯享有绝对权威的国王越发感到其权力受到了可怕的制衡甚至某种程度上的威胁。

1789年6月23日，巴黎城中谣言四起，据说是以皇后玛丽·安托瓦内特为代表的皇室贵族要求国王再次将内克尔免职，这个传言激怒了城市民众，群情激愤的人们纷纷涌向凡尔赛街头，并试图冲击城堡。对此，路易十六下令集结附近的军事部队，伺机反扑。

1789年7月11日，国王的军事部队开进巴黎。在危机形势下，自信能够代表新兴工商业者及农民等第三阶层的内克尔为民请命，当面向路易十六提出抗议，希望能够避免暴力，而采取相对温和的改革路径，而正是这个举动导致内克尔被再度免职。

7月14日，义愤填膺的巴黎市民聚集在巴士底监狱前。他们认为，国王再次将内克尔免职，是公权力对民意的侵犯，也是当权者对纳税人知情权的一再轻视，还是权贵阶层即将疯狂反扑的不祥征兆。在群众中，有人振臂高呼道：“今晚，国王的军队会屠杀这里的所有人，目前，我们只有一条路可走——那就是抢夺武器。”

于是，这场轰轰烈烈的大革命终于爆发了。

第五章

战争的洗礼

战争是政治的延续。

——克劳塞维茨

黄金和财富是战争的主要根源。

——塔西佗

苹果的诱惑：《拉奥孔》

拉奥孔

埃尔 · 格列柯

1610 年 / 布面油画

战争是万物之父。

——赫拉克利特

金苹果是古希腊神话中著名的宝物。金苹果最早出现在宙斯和赫拉的婚礼上。大地女神盖亚从西海岸带回一棵枝叶茂盛的大树给宙斯和赫拉作为结婚礼物，树上结满了金苹果。宙斯派夜神的三个女儿看守栽种金苹果的圣园，另外还有百头巨龙拉冬帮助她们看守。

在人类英雄帕琉斯和海洋女神忒提斯的婚礼上，众神均受邀参加婚礼，唯有不和女神厄里斯没有受到邀请。厄里斯怀恨在心，在婚礼上将一个金苹果呈现给宾客，上面写着“送给最美的女神”。女神中地位最高、同时也是最美丽的三位女神——赫拉、雅典娜、阿芙罗狄忒为了这个金苹果争执不下，其他神祇害怕得罪女神都不敢发言，天神宙斯则让山上牧羊的特洛伊王子帕里斯做评判。

三位女神为了获得金苹果，分别开出诱人的条件：赫拉要给他无上的权力，并保佑他做一个高高在上的统治者；雅典娜愿意赐给他智慧和力量，鼓励他有勇气去冒险，闯出一条英雄般辉煌的路；阿芙罗狄忒答应让世界上最漂亮的女子爱上他，并做他的妻子。帕里斯想来想去，觉得权力等他以后继承王位就拥有了，英雄的道路他自己有的是一身好本事去闯，但爱情却不是每天都可以遇到的，于是就将金苹果给了阿芙罗狄忒。后来，帕里斯在阿芙罗狄忒的帮助下拐走了斯巴达的王后——美女海伦。

斯巴达国王向兄弟迈锡尼国王阿伽门农求助，阿伽门农遂率领希腊军队发动了著名的特洛伊战争。出征前，阿伽门农在阿耳忒弥斯的神庙里杀死了狩猎女神的宠物鹿，因而触怒了女神。女神提出只有用阿伽门农长女的牺牲来祭祀死鹿，才可以原谅阿伽门农。于是，阿伽门农全然不顾妻子的哀求，杀死长女，奔赴战场。战争持续了整整十年，阿伽门农终于攻陷了特洛伊，带着特洛伊公主返回迈锡尼。他那等待复仇并与堂弟私通的妻子，在阿伽门农回国的当夜，趁机将其杀害。8年以后，阿伽门农的儿子长大成人，便与姐姐一起杀死了母亲，替父报仇。

在希腊人攻打特洛伊城的十年间，涌现了许多著名人物与事件，其中最著名的当属“木马计”的故事了。在希腊人久攻不下之时，多谋善断的将领奥德修斯提出妙计，建造了一个大木马，并假装撤退，希腊将士却藏身于马腹中。特洛伊人以为希腊人已经撤离，就把木马当作是献给雅典娜的礼物搬入城中。特洛伊城的祭司拉奥孔识破了希腊联军攻城的木马计，并告诫特洛伊人勿将内藏精兵的木马拖入城中，还在一怒之下把长矛向木马掷去，因而触怒了暗中佑助希腊的雅典娜。于是，雅典娜派出两条巨蛇，将拉奥孔的两个儿子缠住，而拉奥孔为救儿子也被蛇咬死。特洛伊人见拉奥孔身死，以为是拉奥孔当初的警告触怒了神灵，于是特洛伊人更加深信不疑地将木马拉进城里，最终导致了灾难的结局。

著名画家埃尔·格列柯的画作《拉奥孔》就取材于这个故事。画面笼罩在一种虚幻、悲剧的神秘气氛当中，清冷的月色与变幻的人物形体形成强烈的对比，使人有一种挣扎、扭动与逃离的感受。画面前方小山之上两个代表雅典娜的人物正在看着被毒蛇缠咬的拉奥孔父子三人，黑暗的石块，银白色的人体，烘托出一个恐怖、变形、混乱的世界。由于极度的痛苦，他们的身体都已经扭曲变形，拉奥孔睁大了惊恐的眼睛，抓住毒蛇的头部在做垂死挣扎，他头顶的一个儿子已经被咬死在地，而右边的儿子虽然抓住蛇身正在与毒蛇搏斗，可是毒蛇已经张开了嘴咬在他的腰间，预示着他将要死亡的命运。他们的身后是岌岌可危的特洛伊城，一匹金黄色的马正朝城的方向走去，象征着“木马计”的得逞。《拉奥孔》的画面蕴藏了画家内心深处的危机感，正如毕加索的评论：“在他眼里，这个世界正在崩溃，而他也在描述这种崩溃。”

埃尔·格列柯原名多米尼柯·狄奥托科普洛，出生于希腊克里特岛。当他长大后，离开希腊来到意大利、西班牙生活，被人称呼为格列柯，即“希腊人”的意思，后来他便以此为名。作为异乡人的他在罗马并不被人认可，生活得并不愉快，米开朗琪罗死后，教皇想修改他画的祭坛画《最后审判》，为的是能给一些裸体人物添上衣裳。这个任务由谁来承担呢？名气还不大的格列柯竟毛遂自荐，说他可以担任这项工作，并且还声称可以把祭坛画铲去重画。他的这番豪言壮语自然引起了周围人们的不满。由于他的愿望不能实现，最后，只好郁郁寡欢地离开了意大利，后来一直在西班牙生活。

比格列柯的绘画作品更有名的一幅关于拉奥孔的作品是公元1506年在罗马乡间的一个葡萄园里出土的《拉奥孔群像雕塑》。据说当时喜欢艺术收藏和鉴赏的教皇儒略二世知道这件事后，给了葡萄园园主一个在罗马城税收部门当书吏的工作后换回了这一组雕塑。雕塑一到宫殿，教皇立刻就请很多艺术家来鉴赏，这其中就包括非常著名的米开朗琪罗、拉斐尔，以及建筑师布拉曼特等人。当时拉奥孔本人残缺的手臂引发了艺术家们的争论：应该以什么样的姿态呈现？很多人觉得既然拉奥孔是在与神派来的巨蛇纠缠，那么他的手臂也应该有力而趋向伸直；只有米开朗琪罗凭艺术直觉认为，恐惧绝望中的拉奥孔，手臂应该是蜷曲回折的。在400年后的1906年，当年出土拉奥孔雕塑的地方，又挖出一截断臂，梵蒂冈博物馆将这截手臂和拉奥孔的雕像组接，居然完全吻合，证明了米开朗琪罗的想法是正确的。

拉奥孔雕塑群像 / 阿格桑德罗斯 / 公元前 1 世纪

《拉奥孔雕塑群像》被认为是代表古希腊艺术最辉煌成就的一幅雕塑作品，不仅是有历史意义的题材，而且具有强烈的艺术动态美。整个雕塑以拉奥孔为中心，向两边扩展，两条巨蛇联结着三个人，构成了一个完整的金字塔形，稳定而富有变化。人随蛇的缠绕而扭动，与痛苦和悲哀的表情相互呼应，形成多变的整体，成为文艺复兴以后艺术家们研究学习的瑰宝。

金融视角

社会达尔文主义与资本的丛林法则

19世纪中期，达尔文通过在生物学领域大量的观察与考证形成进化论，认为地球上的生物随着环境变迁，有一个由低级生命形态向高级生命形态逐渐进化的必然趋势，并在他的两部十分重要的著作《物种的起源》和《人类的起源》中观点清楚地阐述了进化论："在这个世界上，从来都不是那些最强壮的物种生存，也不是那些最聪明的物种生存，而是那些最能适应变化的物种生存。"进化论引发了一场不仅影响生物学，还影响宗教、哲学、社会学，甚至政治学的大争论。

丛林法则是自然界里生物学方面物竞天择、适者生存、优胜劣汰、弱肉强食的规律法则。自然界中的生存资源有限，只有强者才能获得最多，为了生存和繁衍后代，自然就会出现有我没你、有你没我的竞争，实力不够的生物只好被淘汰，成为生物链上一级生物的口中餐。俗语"大鱼吃小鱼，小鱼吃虾米，虾米吃淤泥"就是对这一现象最通俗的描述。

在达尔文之前，已经有大量的哲学前辈对人类社会的演进和发展规律做了充分的逻辑论证和学术考证，当这些思想与达尔文主义相遇之后，最终形成了社会达尔文主义，认为先进的社会制度也通过"物竞天择，优胜劣汰"而来。比如一些列强以发现新大陆的名义侵占实际已经有原住民的地区，并自命为文明的传播使者，实际上他们信奉的就是社会达尔文主义的丛林法则与暴力手段。

人是群居的高等动物，只要生活在这个世界上，就免不了同其他人交往，这种交往关系就是人际关系。由于每个人都有自己的追求，都有自己的利益，可能是物质方面的，也可能是精神方面的，因此交际中就免不了要发生冲突。冲突的结局跟博弈的结局一样，也有三种，或两败俱伤，或一方受益，或共赢。两败俱伤是最糟糕的一种情况，有过这种经历的人一般会选择反目成仇，互不往来。

如果将社会达尔文主义应用于人类社会中，那么社会将失去基本秩序，人种差别、阶级存在都将有其合理性，权力成为金字塔的最顶端，战争及适者生存的选择机制不可避免地会发生，强者生存的法则就会在人类社会的不同地方出现，人类也会失去爱和自由这两种最珍贵的精神。所以达尔文认为进化论只能够应用在物种进化上面，他很反对有人将进化论用在人类社会上。

如果说经济学中也存在这种进化的力量，那就是人们对于利润的不懈追求。之所以全世界的财富都会向资本家集中，是因为经济体会把资本识别为进化的方向，而不是把劳动识别为进化的方向，资本的基因频率（资本利润率）高于劳动的基因频率（经济增长率）。对于不同利益的经济体来说，就是资金效率、挣钱效率的竞争。《马太福音》中说："凡有的，还要加倍给他；没有的，连他所有的也要夺过来。"只有金钱，才是经济社会最强势的基因，也只有这个强势基因的拥有者，才会被自然进化所选择。

当纸币脱离贵金属的约束后，货币供应量和纸面财富以史无前例的速度增长，这促使人们越来越依赖于资本市场来实现财富的保值与增值。而资本市场的投资也能刺激多巴安的释放，既使人无比兴奋，又极度焦虑；既让人名利双收，又让人血本无归；既是天堂，又是地狱。所以资本市场的丛林里，既存在着"物竞天择、适者生存"的力量，也存在着所谓的"门口的野蛮人"的故事。

利益的驱使：《十字军占领君士坦丁堡》

十字军占领君士坦丁堡

欧仁 · 德拉克洛瓦

约 1840 年 / 布面油画

君士坦丁堡陷落的历史意义许久之后才显现出来，事情发生时人们首先想到的，就是罗马帝国终于完全消失了。拜占庭是古罗马拖在身后的长达千年的车辙，虽也有过辉煌，但还是终于像烈日下的水渍一样蒸发了。当年，古罗马人在宏伟华丽的浴宫中吹着口哨，认为帝国就像身下的浴池一样，建在整块花岗岩上，将永世延续。现在人们知道，没有不散的宴席，一切都有个尽头。

——刘慈欣

西罗马帝国自 476 年灭亡以后，除了守卫欧洲门户的西班牙与东罗马帝国，基督徒与穆斯林之间一直保持着基本的和平。7 世纪，叙利亚被穆罕默德的信徒征服，基督教的圣地也被他们控制。但他们也将耶稣看作一个伟大的先知（尽管没有穆罕默德伟大），并没有阻挡前来朝拜的基督徒们，基督徒朝圣者被允许在大教堂里自由祈祷。到了 11 世纪，来自亚洲荒原的塞尔柱突厥人征服了西亚的伊斯兰国家，他们统治了基督教圣地的所有地区，让东西方之间的贸易往来几乎完全中止。

1060 年左右，基督教和伊斯兰教共同的“圣地”巴勒斯坦被土耳其人统治，土耳其人威胁进入圣地的基督教徒，并且攻击拜占庭帝国。在曼斯克特战役中，拜占庭溃不成军，一败涂地。仓皇失措的拜占庭皇帝向西欧各基督教国家求助，他指明如果君士坦丁堡被土耳其人夺取，通向欧洲的大门就会被打开，土耳其骑兵将会威胁到他们的安全。这个突发事件使基督教徒感到自己的宗教陷入了危机，1095 年在法国可来蒙特会议上，教皇乌尔班二世首先痛斥了异教徒糟蹋圣地的恐怖行径，然后描绘了这块流着奶和蜜的圣地从摩西时期以来是怎样养育万千基督徒的画面，强烈号召欧洲所有的教徒参加到捍卫基督教的圣战中来，从异教徒手中夺回“圣地”耶路撒冷。出征者衣缀十字标记，这就是著名的“十字军东征”。

十字军东征时正是西欧政治格局发生转变的时期，在历时 200 余年的十字军东征过程中，共进行了 8 次大规模的东征行动，采用了各种东征形式，农民骑士甚至儿童骑士都曾经出现过。这次跨世纪、跨区域的冲突和文明迁移事实上导致先进的东方文明真正进入欧洲，瓦解了领主封建制度，启发了文艺复兴，推动了商业与产业革命的兴起。

1204 年，罗马教皇英诺森三世发动了第四次十字军东征。这次东征最初的目标是埃及，然后再以埃及为根据地重夺耶路撒冷。这次的十字军主要由意大利北部城邦和法国出兵组成，他们希望借威尼斯共和国的舰队渡海去埃及作战，却给不了威尼斯足够的钱，结果几经周折之后，还欠了威尼斯共和国不少钱。这时一个名叫小阿列克修斯的东罗马王子找到了威尼斯总督，说只要十字军帮他夺回不久前他父亲失去的东罗马皇位，就可以帮助十字军偿还欠威尼斯的钱。然后十字军立刻调转矛头直扑东罗马首都君士坦丁堡，并在当年 4 月 13 日将其攻克，之后在城内大肆劫掠。

《十字军占领君士坦丁堡》这幅画中所描绘的就是第四次十字军东征过程中占领君士坦丁堡所犯下的残暴罪行。画面上充满了各种暴行：到处是殴打、虐杀、掠夺和迫害；到处是老人的哀愁、孩子的哭叫、妇女的惨死；城市被烧毁，美丽的土地上乌云密布、硝烟弥漫。画面中心那不可一世的入侵者佛兰德斯伯爵鲍德温九世披着橙色披风，骑着一匹栗色的战马，率领着胜利的队伍在城市的街道上行进，之后他将成为君士坦丁堡的国王鲍德温一世。在战马的左前方，三个聚在一起向他求情的人构成一个三角形，他们中的一个长者将一只手搭在旁边女人的肩上，正乞求鲍德温的怜悯，身前的小女孩回头无辜而茫然地看着他们，右前蹄微抬的战马，用带着一丝血色的浑圆眼睛怜悯地看着这一切。

在战马的左前方，非常靠近马蹄的危险位置，一个金发女子穿着被撕破的裙子，露出整个后背，她的双膝托着一个深色头发女人的尸体，带着一点情欲，也带着一些悲伤。在战马的右后侧，被俘虏的拜占庭帝国的皇帝阿历克塞被脱光上衣反手捆绑，无力地跟在马后。后方背景中，战斗仍然在继续。来自欧洲各个地区的十字军高举着代表自己地区的旗帜，旗帜的远方云层在翻腾，给人一种风雨欲来的感觉。战争的灾难笼罩着这个历史古都，悲苦的命运正在攫取人们的灵魂。悲剧性的题材、富于戏剧性的构图、强烈的明暗对比和动乱的环境，使得整个画面充满了悲壮的气氛。

被同样信仰基督教的十字军攻占了君士坦丁堡后，东罗马贵族逃亡到小亚细亚，建立了几个流亡政权。其中的一个名叫尼西亚帝国，这个国家在卧薪尝胆了 57 年之后，反攻君士坦丁堡成功，灭亡了拉丁帝国，重建了东罗马。但这个东罗马的国力与之前相比已经不可同日而语，这也为后来被突厥人再次灭亡埋下了伏笔。而这个变故也是十字军东征给后世带来的最大影响，且对欧洲来说是灾难性的影响。

在后来的100年中，基督教又进行了5次大规模的东征，1291年，当十字军丧失了东方最后一个据点——阿克城时，历时百余年，动用大量人力、物力的十字军东征终于还是不了了之。在东方征战多年的十字军骑士们也纷纷向西撤退，带着大量的财物与更多的人力回到西方。英国画家托马斯·琼斯·巴克的画作《忠诚的骑士》也许反映的就是一名正在撤退途中的骑士的心声。在皎洁的月光之下，身穿锁子甲的虔诚骑士坐在地上，左手放置在自己胸前心脏的位置，眼睛紧紧盯着右手紧握在空中的断剑，断剑如同十字架一般指向被云层覆盖的黑暗区域。骑士后方一片虚空中出现的温暖画面中的老人、孩子及女人仿佛是骑士记忆中的景象，让骑士不论在何时、何地都能践行

忠诚的骑士 / 托马斯 · 琼斯 · 巴克 /1850 年

曾经的誓言，驱赶黑暗，保护老弱妇孺，为公义而战，以对抗不平与邪恶，让光明永驻人间。卧倒在骑士身边长鬃飞扬的黑色骏马是这一切的见证者，而与所有黑色对比明显的白色长袍与红色腰带的装扮则显示着他是三大骑士团中圣殿骑士团的骑士。

圣殿骑士团、医院骑士团、条顿骑士团是十字军东征过程中建立起来的三大骑士团。骑士是中世纪西欧各国的职业军人，是封建贵族中的低级阶层。由于西欧贵族实行长子继承制，许多无世袭封号、无财产和土地的贵族就希望通过成为骑士或教士以寻求进身之阶，因而在各国割据战争盛行时期，骑士们活跃于西欧各国并成为十字军东征的主力。

医院骑士团由法国人杰拉德等人在耶路撒冷圣约翰教堂附近的医院里建立，他们的口号是“守卫信仰，帮助苦难”，全称为“耶路撒冷圣约翰医院骑士团”。他们在十字军东征结束后在马耳他岛的统治一直持续到 18 世纪。1798 年 6 月 11 日，拿破仑迫使医院骑士团投降，并占领了马耳他岛，岛上骑士团的教堂和修道院被法军洗劫一空，从此也失去了领土。此骑士团现在依旧存在，还是联合国观察员实体成员，总部在罗马，骑士团享有外交主权。条顿骑士团的成员均是德意志贵族，1198 年建立于巴勒斯坦，着白色外衣，佩戴黑色十字章，白色斗篷上绘有红色宝剑和十字，他们是最为成功的骑士团，不仅一手建立起了伟大的普鲁士，而且其精神被大部分斯堪的那维亚国家所继承，对欧洲各国影响十分深远。

金融视角

从汇款功能开始承担银行角色的圣殿骑士团

1099 年，第一次十字军东征时，十字军攻占了圣地耶路撒冷，引发西方基督教徒到东方朝圣的狂潮。然而朝圣之路充满了艰险，在从地中海东岸的港口到耶路撒冷的道路上，野兽和盗贼横行，朝圣者经常遭到撒拉逊人的袭击、抢劫和杀害。

朝圣者的悲惨遭遇唤醒了前来朝圣的西方骑士的责任心。1119年，9个“高尚的、虔诚的骑士立志保护朝圣者”，在耶路撒冷宗主教面前誓愿守贫、禁欲和服从，像正规修道士那样全心全意服侍上帝。宗主教赋予他们“严防盗贼和攻击者，保证道路畅通，特别是朝圣者的安全”的职责。

由于他们既无教堂，也无居所，所以，耶路撒冷王国的鲍德温二世将圣殿山上的阿尔－阿克萨清真寺的一角赐给了这些骑士驻扎。这个清真寺正是建在传说中的所罗门圣殿的遗址之上，修士会因此得名“基督和所罗门圣殿的贫苦骑士团”，即“圣殿骑士团”。1129年，罗马教廷在法国的特鲁瓦召开宗教会议，教皇正式承认了他们的地位。这次会议是一个里程碑，它为圣殿骑士团制定了章程，确认了圣殿骑士团在整个基督教世界的合法地位和罗马教廷对它的最高权威。教廷的确认进一步扩大了圣殿骑士团在欧洲的影响，并使其接受基督教徒的捐赠行为合法化。

最初，骑士团的成员由于守贫这一会规的约束，将财物交给骑士团保管，之后这种行为很快演变为商业行为并扩大到骑士团之外，许多欧洲的贵族将贵重财物存放到骑士团里，由骑士团负责保管，这就和现代银行业的存款业务十分相似。

事实上，骑士团还发明了一种跟现代银行中的存款单很相似的票据，凭借这种印有骑士团特殊记号的票据就可以在各地的骑士团支部取出财物。由于骑士团的支部遍及整个欧洲，再加上教廷给他们的支持，他们的存款业务发展十分迅速，各地的骑士团支部和圣殿里聚集了大量的财产，使他们又开始了贷款业务。

1135年，骑士团借贷给西班牙的朝圣者，资助他们前往圣地。从此，骑士团的借贷业务迅猛发展，其业务对象上至各国国王——他们曾经是法国国王最大的债权人，下至普通的朝圣者，甚至还借贷给基督徒的敌人撒拉逊人，这至少说明他们的信誉是十分卓著的。

在长期的金融实践中，圣殿骑士团的财务人员还采用了当时十分先进的复式簿记和汇票取款方式。由于路途遥远和安全状况较差，十字军战士在东征时往往不愿意携带现金。为了解决十字军的实际困难，圣殿骑士团采用了一种本地存款、异地取款的方法，人们可以持圣殿骑士团分支机构开具的书面凭证到另一个分支机构取款，这种书面凭证实际上就是现代银行所使用的汇票。这表明圣殿骑士团的金融职能已相当专业化了。

值得注意的是，骑士团的借贷是收取利息的，而当时收取利息是不合法的行为，受到教廷的谴责，但圣殿骑士团就这么不声不响地干下去了，信仰的力量在利益面前变得软弱无力。这些金融活动是圣殿骑士团在军事活动之外的主要活动，传说骑士团里堆放着的借据、账簿比宗教书籍还要多，这引起了很多人的不满。

圣殿骑士团的终结者，就是有名的法国国王——“美男子”腓力四世。在他的政治生涯中，出于加强君主地位、扩展法兰西民族利益的目的，他不惜与罗马教廷频频交恶。为应对连年征战、国库日绌的局面，他打破常规，下令向教会征税，从而触怒了教廷。1302 年 4 月，腓力四世同教皇的斗争正趋白热化，召开了法国历史上首次三级会议，大力贯彻其既定方针，迫使法国的主教们终于屈从其意志。教皇卜尼法斯八世发布通谕，威胁要罚以开除教籍，腓力四世却置之不顾，并针锋相对，1303 年索性派人将卜尼法斯八世拘禁入狱，恣意虐待。年近古稀的教皇怎堪这般羞辱，被释不久便一命呜呼。腓力四世随即扶立法国波尔多大主教雷蒙·贝特兰·德戈特继任教皇，称克莱门五世，并将教廷从罗马移至法国南部的阿维尼翁，摆在自己眼皮子底下直接监管，史称“阿维尼翁之囚”。由于长年举债，且无力偿还，腓力四世的财政境况十分窘困。也许是出于对现实的考量，更是为了最终实现强化王权的夙愿，腓力四世倚恃强权一再拿自己的债权人开刀，对犹太人和伦巴第人课征重税，并一举剪除圣殿骑士团，趁势夺其资财。显然，圣殿骑士团走向末日，是从1303年其政治支柱罗马教廷倒台、克莱门五世随后出任法王的御用教皇之日起开始的。

1307年10月13日星期五（这是西方“黑色星期五”迷信的由来之一），事前并无任何征兆，全法国的圣殿骑士团成员几乎都被逮捕，并被限制使用任何财产，以防止被移转出国。原因是法王腓力四世先前已广发密函，命令各地官员同时执行他的整肃行动，仅巴黎一地就逮捕了138名团员，包括总团长雅克·德·莫莱。

1307年10月20日，雅克·德·莫莱在狱中不堪酷刑而认罪，罪行是“否定耶稣基督，践踏十字架”。他随后被迫写信给每一位骑士团成员，让他们承认这些罪行，随后腓力四世以及教皇克莱门五世下令在整个基督教世界搜捕骑士团成员。骑士们大多死于审讯，其余被处以火刑。1312年，法王腓力四世迫使教皇克莱门五世宣布解散圣殿骑士团。1314年3月22日的黄昏，雅克·德·莫莱被绑上火刑架，他在上火刑架之前，诅咒法王腓力四世和教皇克莱门五世，说他们会在一年内面临永恒的审判。而事实也的确与之相符，教皇克莱门五世一个月后暴病而死，“美男子”腓力四世半年后打猎时突然身亡。

不管怎么说，圣殿骑士团作为一个组织从此成为历史，由于它与宗教、与圣地的密切联系，以及它曾经的强大和富有，再加上戏剧性的结局，圣殿骑士团一直都是传说中经常出现的主角。

东部的竞争：《黑海的月夜》

黑海的月夜

伊凡·康斯坦丁诺维奇·艾瓦佐夫斯基
约 1881 年 / 布面油画

靠海洋致富的方法有两种：一种是经商，另一种是当海盗。新生的海洋国家威尼斯，选择了前一种方法。

——盐野七生

皎洁的月光下，在安静的海湾中，一艘帆船在平静的海面划出细细的波纹，朝着不远处的海湾深处驶去，远处的山崖顶端依稀还耸立着几座要塞的废墟，这是几个世纪前跨越地中海和黑海建立了贸易帝国的热那亚人在克里米亚留下的痕迹。在夜的覆盖下，前景中的山与海笼罩在一片黑暗之中，海在山峦的阻隔里蜿蜒曲折，一切都是那样的静谧美好，却又道不尽千年的历史风霜。画作《黑海的月夜》带给我们平静，让我们感受到无论是剑拔弩张还是安宁和平，唯有黑海永恒不变。

自古以来，黑海北岸商路对于欧亚大陆的物资交流和人员往来都有着非常重要的作用，柏拉图曾经说过："希腊城邦环绕着大海而居，如同青蛙环绕着水塘。"在古希腊时代，乌克兰地区能向希腊出口的商品主要包括谷物、干鱼和奴隶，为了增加从黑海贸易中获得的利润，古希腊人曾经在黑海沿岸建造殖民地。而古罗马人对于曾经十分重要的黑海商路并不非常重视，他们难以信任那些桀骜不驯的野蛮民族，也懒得花费太多资源和精力与他们斡旋商榷，这种冷漠的态度，导致了黑海北岸商路的快速衰落。

12 ~ 13 世纪，蒙古西征再次重塑了欧亚商路的格局，起先，强盛的伊利汗国主导着商贸，西欧各国和十字军国家也愿意与和穆斯林作战的蒙古人开展贸易。但在伊利汗国崩溃后，西亚各国再次陷入了战乱不休的混乱时代，而北方国祚更长的钦察汗国让黑海商路重又焕发生机。

与此同时，意大利的城市通过兼并周边地区的小城镇及控制其经济生活，逐渐演变成有独立主权的城邦。这些城邦凭借意大利优越的地理环境，慢慢发展壮大。它们或依靠商业贸易，或依靠发达的手工业和纺织业，或依靠划时代的银行体系，至 13 世纪，意大利城邦的富裕程度已经远远超过了阿尔卑斯山以北的欧洲国家，商人和银行家逐渐取代了传统贵族的统治地位，意大利城邦间的竞争也由传统中世纪式的领土、继承权争夺，演变为争抢商业利益和经营霸权。

依赖于和拉丁帝国的合作，威尼斯人得以遨游于黑海当中，

1206 年在克里米亚半岛的苏尔达亚建立了一个贸易站，与北岸的游牧民族开展贸易往来。整个 13 世纪上半叶，威尼斯垄断了东地中海和黑海地区的贸易，它的船只在东地中海和黑海各处游弋和开展贸易活动，控制着大部分意大利和黎凡特的商业命运。

作为威尼斯的竞争对手，面对威尼斯建立起的海洋帝国，热那亚人一度通过组建劫掠船队的方式予以袭扰。1260 年，热那亚人派人拜访尼西亚帝国共治皇帝米海尔八世，许诺支持尼西亚帝国收复君士坦丁堡。在热那亚舰队的帮助下，尼西亚帝国的军队杀过海峡，夺回了君士坦丁堡，建立了拜占庭帝国的最后一个王朝——巴列奥略王朝。

从此，热那亚人获得了在君士坦丁堡的免税贸易特权，在爱琴海的关键贸易枢纽城市——寒萨洛尼基和士麦那等地都建立了热那亚人的自治贸易区，并且打通了黑海之间的贸易往来。1266 年，热那亚人从钦察汗国手中购买了一片克里米亚半岛上的土地，建立了卡法城，威尼斯人也继续努力经营他们在克里米亚的领地苏尔达亚，但热那亚人无疑拥有更加高明的外交手腕。随后在黑海区域的竞争中，1345 年，威尼斯人因为纠纷杀死钦察汗国贵族而被赶出该地区。在消灭了威尼斯的商业势力之后，热那亚成了蒙古人的下一个眼中钉，特别是热那亚人在卡法的高度自治，令习惯了东方式君主权威的蒙古可汗极为不适，于是便发兵进攻卡法。对此，热那亚人早有准备，卡法有着高耸的城墙和充足的物资储备，丝毫不畏惧蒙古人的围攻。由于城墙坚不可摧，久攻不下的攻城部队又受到流行的鼠疫袭击，蒙古人便把鼠疫死者的尸体从城外抛到城内，结果使保卫卡法城的许多士兵和居民染上鼠疫，被迫弃城西逃。当他们乘船逃回意大利的时候，又将瘟疫带到了整个欧洲世界，这便是一次性让欧洲损失 1/3 人口的黑死病。

老彼得·勃鲁盖尔的作品《死神的胜利》就展现了黑死病肆虐人类世界时造成的死亡全景。远处的天空被燃烧的城市的烟雾熏黑，海面上散布着沉船残骸。骷髅大军正向不幸的人类前进，人们要么恐惧地逃亡，要么徒劳地反击。骷髅以各种方式杀死人类：割喉、吊死、溺水，甚至将人类当作猎物。一个十字架孤独而无能为力地坐落在画面的中心，边上的城堡已经被攻陷，吹着号角的士兵或教士早已变成骷髅，而城堡上被骷髅摇响的撞钟体现出“丧钟为谁而鸣”的悲剧情怀。

在前景中，一只骷髅驾着装满头骨的马车缓慢前行，手中持有的世界丧钟在响着，另一只骷髅手持沙漏计算着他怀中国王死亡的时间，而国王身边代表财富的金币散落一地，被一个骷髅捡起，一只饿狗正在亲吻着已经失去生命体征的孩子的脸。画面右侧，骑在马背上的骷髅将军正挥舞着死神镰刀收割着人类的性命，人们拥挤着向印有圣殿骑士徽章十字架的安全之地逃亡，却不知这是死神早已布置好的陷阱。一些仍在及时行乐的人们不知死亡已经悄然来到他们身边，而一部分有志之士已是手持刀剑，准备抵抗死神军队来袭。

为争夺地中海与黑海之间的贸易控制权，威尼斯与热那亚两个城邦国家在1298—1382年共进行过四次大规模海战，最终威尼斯击败热那亚成为地中海和黑海地区的强国，进入全盛时期。黑死病过

死神的胜利 / 老彼得 · 勃鲁盖尔 /1561 年

后，欧洲开始了社会转型，教会的专制地位被打破，文艺复兴、宗教改革、启蒙运动、工业革命在欧洲兴起，改变了欧洲文明的发展方向。

金融视角

以收益预期借款的威尼斯债券

威尼斯共和国是意大利北部城市共和国，位于亚得里亚海北岸，始建于 687 年。从那时起，到奥斯曼土耳其着手建立海军的 15 世纪后期，意大利船队一直控制着地中海海域。后来，当十字军占领君士坦丁堡之时，意大利海军和商业活动也渗透到黑海，渐渐地，威尼斯和热那亚，还有其他意大利城市，甚至是阿尔卑斯山另一侧的某些城市，都从整体上依赖于地中海东海岸的贸易而繁荣和兴旺。

威尼斯原为一个渔村，由于其地理位置优越，便于从事东西方中转贸易，故 5 ~ 7 世纪时受匈奴人和伦巴第人侵扰的内陆居民纷纷迁移此地。687 年建立共和国，产生第一任总督，建国初期隶属于拜占庭帝国。10 世纪末获独立，成为富庶的商业国，由于协助拜占庭击退诺曼人的进攻，于 1082 年获准在拜占庭帝国境内建立商站免税行商。

第一次十字军东征（1096—1099）期间，十字军从穆斯林手中夺得了黎凡特沿岸，在围困安条克的关键时刻，威尼斯舰队赶来支援十字军，然后他们立即与取得胜利的基督徒们讨价还价，要求十分重要的贸易特许权。在获得成功后，威尼斯巩固了其在东方和爱琴海沿岸的地位，并乘机吞并拜占庭，包括克里特岛、伯罗奔尼撒西南部及爱琴海上许多岛屿的大片领土。1453 年土耳其攻占君士坦丁堡后，意大利城邦失去了在地中海东岸的特权，随后奥斯曼土耳其同威尼斯发生了海上战争，威尼斯在巴尔干和地中海的殖民地丧失殆尽。15

世纪末，随着新航路的开辟，欧洲商业中心从地中海转向大西洋沿岸，威尼斯遭到惨重打击。1797 年法国同奥地利争夺意大利的战争，给威尼斯最后致命的一击，拿破仑攻占威尼斯后，根据《坎波福尔米奥和约》，法奥分割了威尼斯的全部领地，从而结束了威尼斯共和国的历史。

中世纪的国王和领主拥有领地内的租金分配权、收益和财产控制权，他们可以给予一个人一座城市的管理权来换取礼品或赠予物，而获得辖区的管理权就具备收税的权力，于是拍卖辖区管理权就成为国王获得收入的一种形式，也成为投资者用现金收入换取未来收入的一种形式。这种合同形式在中世纪的欧洲非常普遍，它也被称为“年金”，指的是将货币转换为指定时间段内的财产收益。1164 年，在里亚尔托桥边的圣马可广场宫殿里的城市政治中心，威尼斯政府就与当地 12 个杰出的威尼斯富人签订了一个年金合同，以里亚尔托市场未来 11 年的收入做担保，从 12 位富人手中借入 1 150 银马克的贷款。

1171 年，拜占庭帝国皇帝受热那亚人的蛊惑，下令抓捕了君士坦丁堡所有的威尼斯人，将他们关进监狱，并扣押了他们的货物。为了解救人质，与拜占庭帝国谈判，威尼斯人急需资金装备船只。此次，威尼斯政府改变了筹资方式，通过强制发行公债，由所有威尼斯人共同承担融资，并根据威尼斯居民的财富水平制定发行总额度。在发行债券的时候，威尼斯政府将城市划分成了六块区域（这种区域划分保留至今），每个区通过纳税册评估居民的财富，然后按照比例分配征收公债资金并将其上缴，居民持有债券的优势在于未到期、未还清以前一直可以收到 5% 的利息。通过发行债券的方式，将对政府的债权分散到全体市民手中，而不是集中控制在少数富裕贵族家族手中。为了保证管理公债，同时成立的“国家借放所”可以说是西方最早由国家经营的贷款取息机构，这家借放所也叫作威尼斯共和国公债经营所。

1262 年，威尼斯政府出台专门的《债券法》，将政府以前所有的债务合并为单一的基金，新的基金按照融资额度的面值支付 5% 的利息，每年分两期支付，该基金后来被称为 Monte Vecchio 基金。Monte Vecchio 基金有两个主要特点：债券可以在投资者之间转让，政府不能通过偿还本金来偿还贷款。可转让性意味着被迫购买了一种债券的市民可以将债券转移，并出售给别人，债券转让后，其收益将归下一个债券持有人所有。政府还专门成立了里亚尔托市场作为专门的二级市场进行债券买卖，里亚尔托市场提供的流动性使得债券具有巨大的吸引力。

此后，威尼斯又陆续发行了两种此类政府借款，分别称为 Monte Nuovo 和 Monte Nuovissimo。此种政府融资方式的推行对资金收支管理及股权证交易监管的需求日益增加。威尼斯债券及其在里亚尔托的二级市场代表了对国家乃至个人而言非常重要的新型金融技术。它是一种能将未来资源转移到现在的工具，使人们认识到时间可以被定价，通过合理定价来利用这种工具以应对战略威胁或战略机遇。

中国债券市场指数及收益率曲线 / 刘晓逸 /2016

当威尼斯诞生的债券与荷兰的公司制度相遇后，便焕发了新的生命与活力，诞生了荷兰的证券交易所；而伴随着18世纪末到20世纪初欧美各国铁路网的修建，债券市场的规模也逐渐扩大。最早的几条铁路主要的融资形式就是债券，原因是一方面就投资者而言，信息来源渠道匮乏且可信度低，债券相对股票则风险较小。同时，当时的会计制度非常不规范，没有统一的标准，使得对股票的估价变得非常困难。而债券的估价相对容易得多，只要公司不破产并继续支付利息，投资者一直持有，其收益便是固定的。另一方面，从融资角度看，公司拥有者一般不愿稀释他们的股权。当时有限责任公司的形式已经成为主流，公司股东只愿意失去已投入的所有股份，而不想再拿公司之外的其他财产去冒险。

时至今日，从全球来看，股票市场与债券市场总值已分别超过100万亿美元和130万亿美元，债券成为金融市场的主要融资工具。发达经济体拥有发达的股票市场与债券市场，也拥有更高的债务水平和杠杆率。中国以121万亿人民币的债券市场规模和90万亿人民币的股票市场市值居全球第二，政府或企业通过不同的债券形式获得融资，为中国经济的发展提供了增长动力。

罗马的终结：
《穆罕默德二世策马进入君士坦丁堡》

穆罕默德二世策马进入君士坦丁堡

福斯托 · 佐纳罗

1885 年 / 布面油画

1 500 年之后，凡在卡利卡特所得之胡椒无不浸染着红色血迹。

——伏尔泰

人们曾经把君士坦丁堡陷落的日子——1453 年 5 月 29 日，视作欧洲中世纪和近代的分割点，其实这种划分只具有象征意义。当天，21 岁的奥斯曼土耳其苏丹穆罕默德二世率领奥斯曼大军攻陷了东罗马帝国首都君士坦丁堡，在意大利画家福斯托·佐纳罗的画作《穆罕默德二世策马进入君士坦丁堡》中，穆罕默德二世骑着白色高头大马，在旌旗招展中，率领着大批阿拉伯士兵进入拱形的君士坦丁堡城门。士兵中有人手持长矛、有人手持火枪，站在队伍最前端的黑人士兵手持阿拉伯长刀，昂首挺立，锋利的刀剑指向倒地的拜占庭战马和士兵。千年帝国就此落幕，不免让人唏嘘。当君士坦丁堡落入阿拉伯人之手后，他们很快迁都于此，并将其改称为伊斯坦布尔，穆罕默德二世对于被征服者表示了极大的宽容，鼓励他们在第一时间恢复生产和生活，为帝国稳定地创造财富，尤其是在基础设施和赈灾方面，各地的慈善基金会接受苏丹的捐款，从而建立庇护关系，提高臣民的生活幸福感。

年轻的奥斯曼土耳其苏丹以对异教徒的宽容与仁慈掩饰着自己的铁血与冷酷。在他的父亲穆拉德二世去世后不久，他便杀死自己的亲弟弟——一个没有名字尚在襁褓之中的男婴，开启了手足相残的继承制度，并将之形成法律条文。这条法规记载在《穆罕默德二世的法律书》中：“我的任何一个儿子，由上帝选为苏丹，他为了更好的世界秩序而杀死他的兄弟们，都是恰当的。”从后来的实践看，这就是杀兄屠弟灭子的制度。

早期，奥斯曼帝国苏丹的继承制度或者说家法，实行的主要是一种开放式的竞争制度，苏丹把自己的儿子们分配到全国各地，让他们学习政治、军事知识，学会管理一个地区。当苏丹死后，哪个王子最先赶到首都，得到大家的拥戴，就会成为新的苏丹，于是王子们为了胜出不惜刀兵相见，真正是成王败寇的丛林法则，但至少竞争失败的王子还有存活的机会。

而穆罕默德二世颁布的继承制度更为血腥和残酷，为了保证政权或者江山的稳定，当一个苏丹确立后，必须消除政权的竞争者，而兄弟以及兄弟的儿子当然是最有力的挑战者和竞争者，那么，新苏丹首要的任务就是立即杀死兄弟们，一个也不留；而有些老苏丹为了扶持中意的儿子上位，也可能将其他的儿子杀掉，如苏莱曼一世就是这样登基的。

江山稳固的穆罕默德二世在经历了多年战争之后，于 1479 年迫使威尼斯共和国签下《君士坦丁条约》，条约有个附加条件：要求意大利人选派一位最好的画家去伊斯坦布尔，因为苏丹对西方油画“法兰克式”的透视技法痴迷不已。急于息事宁人的威尼斯总督欣然从命，他派出了威尼斯画派奠基人雅各布·贝利尼的长子詹蒂莱·贝利尼前往奥斯曼帝国。

征服者穆罕默德二世 / 詹蒂莱·贝利尼 / 约 1480 年

詹蒂莱·贝利尼到达伊斯坦布尔之后不辱使命，创作了大量精美的宗教壁画，但这些壁画在奥斯曼传统势力看来都是些淫秽的垃圾。好在穆罕默德二世对詹蒂莱信任有加，还在意大利人聚居的加拉塔区为詹蒂莱建造了豪宅。1480 年，为了报答恩主，詹蒂莱为苏丹画了一幅笔法细腻的半身侧面肖像画《征服者穆罕默德二世》。画面上方是一座金色拱顶，顶端放置六顶皇冠，画面下侧窗台上搭着一块饰有华贵珠宝的挂毯，正中央是身着深红罩袍、头裹白色头巾的穆罕默德二世。他高耸的鹰钩鼻子显示着他强硬、冷漠的性格，脸上有着轻易就能察觉的疲惫、不安和憔悴，这是世界征服者的最后一幅肖像。

次年五月，在远征埃及的路途上，穆罕默德二世暴毙于伊斯坦布尔以东 50 千米的盖布泽，享年 49 岁。盖布泽亦是上古时期另一位世界征服者汉尼拔的驾崩之地。据传，穆罕默德二世的真实死因是波斯裔御医下毒，而幕后指使者是穆罕默德二世的儿子巴耶济德二世。穆罕默德二世的死，让整个基督教世界长舒了一口气。不可思议的是，巴耶济德二世弑父的动因竟然是因为作为奥斯曼传统势力的代表，无法容忍穆罕默德二世对异教徒的宽容。

金融视角

香料的利润牵引着大航海之路

1453 年，土耳其人攻占东罗马帝国首都君士坦丁堡，东罗马帝国灭亡。土耳其人开始建立地跨欧、亚、非三洲的大帝国，横在东西方之间，“香料之路”被阻断。1492 年的春天，一个家境并不富裕的意大利布商的儿子哥伦布，在认真读完《马可·波罗游记》后，决定从水路去往神秘的东方。4 月 17 日，西班牙王室和哥伦布签订协议，同意资助其航海，并封他为大西洋海军大元帅，准许他担任未来所发现岛屿与陆地的总督。

美国画家埃玛纽埃尔·洛伊茨的画作《在女王面前的哥伦布》即描绘了哥伦布在出发之前在宫廷朝见伊莎贝拉女王和费迪南德国王时的情形。场景安排在具有伊斯兰情调的阿尔卡萨宫中，画中的哥伦布正向国王夫妇介绍自己的计划，他身后的随从打开地图以供上坐的贵族和教士们观看。一位少年单膝跪在台阶边上，伸手展开哥伦布献给王室的礼物——东方的珠宝与丝绸；费迪南德二世与几位朝臣都以半信半疑的目光审视着眼前的外邦人，而与哥伦布同龄的伊莎贝拉女王目光低垂、以手托额，似乎正陷入深深的思考之中，当然也有人说这幅画中的伊莎贝拉女王是因为与哥伦布有私情而在躲避他直视的目光。

西班牙王室最主要的目的，是得到丰富的香料。协议中规定：远航所得全部财物，任哥伦布取 1/10，并且一概免税，余者归王室所有。在当时人们的心目中，远航的最大动力是来自遥远东方的香料，那才是真正的财富。

在女王面前的哥伦布 / 埃玛纽埃尔·洛伊茨 / 约 1843 年

西方人最渴求的香料，包括胡椒、丁香、豆蔻、肉桂等。香料的英文单词“spice”来自拉丁语“species”，原意为量小而贵重的东西。自古以来，香料与人类的生活息息相关，或作为不可或缺的食物调料，或作为供奉神灵的圣物，或作为治病驱邪的灵药，或作为修身养性的雅物。由于香料大部分来自阿拉伯乃至更远的东方，被西方人认为是“天堂之馨香”，所以在最匮乏的时代，将几粒胡椒或丁香从印度或有香料群岛之称的印尼经波斯带到罗马，付出的价格往往超过同等重量的黄金，其受重视的程度由此可见一斑。

这些来自东方的香料一直在欧洲宗教行为中占据重要地位，早在《圣经·旧约》之中就已经有了“以肉桂与丁香为主料”调制，用于敬拜耶和华的圣膏油。燃烧香料产生的香气自然地与平民市井生活中的臭鱼烂虾的味道区分开来，信徒便陷入一种神秘而宏大的氛围中。在信徒的想象中，天堂就是充满胡椒与桂皮香味的彼岸。而在印度的神话传说中，印度诸神为了赐福人类，让他们拥有健康而舒适的身心，便降下旨意，让胡椒降临并生长在这片肥沃的土地上。

对于中世纪的欧洲人来讲，由于数量稀少，胡椒更是成为贵族阶级身份的象征，再没有比胡椒更能证明自己身份与财富的东西了，家里胡椒多的“大款阔少”可以随意鄙视那些装作胡椒很多的“穷酸货”。法国人形容一件东西价值连城的方式是说其“贵如胡椒”，奸商们售卖胡椒时更是会在里面兑银屑以滥竽充数。香料的价值堪比等重量的黄金，因而胡椒被称为“黑色黄金”，拥有大量财富的人则被称为“胡椒袋子”。

从当时意大利画家保罗·安东尼奥·巴比奥里的画作《香料店》里可以看出，在17世纪的欧洲，存在专门的香料店来销售各类香料。在一家香料店里，一个穿着得体的年轻伙计站在一个摆放着香料的柜台边，一手扶着研钵，一手握着研杵，正在将香料研磨成粉。他身前的柜台上，离他近的地方放着称量香料的天平和其他器具。在更高一层的柜台上摆放着瓶瓶罐罐，里面装着从遥远的东方运来的各种不同

香料店 / 保罗 · 安东尼奥 · 巴比奥里 /1634 年

颜色的香料。

荷兰的东印度公司曾经靠垄断和封锁相结合的手段，使香料保持着昂贵的价格，但当英国人替代荷兰人占据东方香料产地时，香料孤立封闭的状态被打破，开始沦为商品，而更有利可图的茶叶、白银、橡胶及棉纺织品成为英国人新的摇钱树。同时从 17 世纪开始，人们逐渐用更便宜也更容易获得的葱蒜等自带香气的蔬菜代替香料，土豆、南瓜、西红柿、辣椒的出现使厨师们有了更多调味的可能。中世纪烹饪寻求的是食物味道的转化，而新的烹调方法强调食物自然、原本的味道，使材料经过烹调更彰显其特有的味道。民族国家的出现更强化了民族饮食的概念，比如意大利面条与法式菜肴。最终，香料失去了它们曾经所带有的神秘和近似魔幻的属性，成为人们餐桌上一道添加风味的食材。

国家与民族：
《宣誓批准〈明斯特和约〉》

宣誓批准《明斯特和约》

杰拉德·泰尔博赫

1648 年 / 布面油画

《威斯特伐利亚和约》确立了国家主权的规范，也就是当今世界秩序的基础。他们使国家成为世界体系中的主要作用者，承认每个国家享有神圣不可侵犯的主权，禁止国家间相互干涉内政。国家不再是君主的私人领域，而是一个公共实体；它不再是一个贡物的消费者，而是为了国家利益集中并富于创业精神地有效利用资源的代理机构。

——卜正民

16世纪反罗马天主教会的宗教改革运动兴起，导致了德意志的宗教分裂。神圣罗马帝国境内的几百个地方诸侯也乘机侵吞教会财产、扩张领土、称雄割据，渐渐形成了信仰天主教和新教两大不同教派的对立势力。以皇帝为首的天主教势力主要集中在德国的南部、东南部和莱茵河中下游一带，新教势力则集中在北部的萨克森、黑森、勃兰登堡以及莱茵河上游一带，两派势力水火不容，德意志陷入空前的分裂和不安定状态，而新教内又因教义和各自利益分化成路德派和加尔文派两大阵营，不能组成统一战线。

波希米亚是神圣罗马帝国的心脏地带，这里曾有着宗教自由的传统。直到哈布斯堡家族斐迪南大公担任波希米亚国王时，禁止一切新教活动，引起新教徒的强烈不满，终于在1618年5月23日，一帮怒气冲冲的波希米亚新教贵族闯进了哈布斯堡王朝的会议室，在四处未搜寻到国王后，为解心头之恨，便将国王手下的两个大臣和一位书记官从王宫窗口抛出窗外，并成立临时政府，宣布波希米亚独立，这便是闻名的“掷出窗外事件”。

由此，战争一触即发，天主教与新教两大阵营的矛盾日益扩大。战争愈演愈烈，两大阵营为了寻求同盟军的帮助，几乎拉来了所有的欧洲国家。先是波希米亚和普法尔茨联军在白山为天主教同盟军所败，后有丹麦在英、荷、法的援助下，站在新教一方出击德意志，依然被天主教势力击退。接着神圣罗马帝国皇帝联合西班牙军队打败瑞典军，使其被迫北撤。最后，法国、瑞典军分别重创西班牙军队和神圣罗马帝国军，取得胜利。经过30年的拉锯战，1648年，交战双方正式签订《威斯特伐利亚和约》，神圣罗马帝国宣告求和。

《威斯特伐利亚和约》由《明斯特和约》《明斯特条约》《奥斯纳布鲁克条约》三个互为补充的协议构成。荷兰画家杰拉德·泰尔博赫的画作《宣誓批准〈明斯特和约〉》就记录了条约签署现场宣誓的场景。一个庄严肃穆的大厅中放置着一张罩着绿色绒布的圆桌，圆桌上摆着签署好的文件与保管箱，身穿黑色法袍的权贵人士在桌后肃然而立，围站几排，前排中的两位代表分别手持文件进行宣读，有人右手高举，并拢食指与中指宣誓，有人为更方便地看到宣誓场景，站立在更高的地方。在画面最右端身穿教士服的代表与最左端身穿荷兰民兵服装的代表点明了此次签订和约的参与方除了当权政府人士之外，还有更多的如教会与民兵组织的各方代表。《明斯特和约》签署后，西班牙政府正式承认了荷兰共和国的独立，从而结束了与“三十年战争”交织在一起的荷兰人长达80年的独立战争。

《威斯特伐利亚和约》成为国际关系史上的一个转折点，因为它的条款不仅简单明了，而且涵盖范围广。历经战火洗礼的几十个参战方召集会议以确保来之不易的成果，国家，而不是帝国、王朝或宗教信仰，被确认为欧洲秩序的奠基石，昔日尊卑分明的等级制度被悄悄地抛到了一边，取而代之的是主权国家无论强弱、无论实行何种制度都一律平等的体系。

荷兰独立战争是历史上第一次胜利的资产阶级革命，建立了第一个资产阶级共和国，马克思曾经称它是17世纪英国资产阶级革命的“原型”。曾经属于西班牙王国统治的尼德兰地区被视为“王冠上的明珠”，为当时的西班牙国王贡献了一半以上的税收。1550年，西班牙国王发布“血腥敕令”，禁止传抄、散发、收藏、买卖马丁·路德或加尔文等宗教改革者的文集；凡帮助过新教徒或和他们说过话的人也要治罪，没收财产。在查理五世统治期间，有5万~10万尼德兰人死于宗教迫害。当腓力二世继任后，公开拒付国债，又致使尼德兰地区的许多债券投资人损失惨重。1566年，尼德兰地区的中小贵族向西班牙派驻总督请愿召开三级议会，遭到西班牙政府拒绝，于是尼德兰爆发了反抗起义。

在荷兰独立运动开始后，1568年，荷兰国父、奥兰治亲王威廉·奥兰治放弃了显贵的身份和优裕的生活，毅然加入尼德兰民众一方，成为全国抵抗力量公认的领袖。现在荷兰的国歌《威廉颂》就是以威廉·奥兰治第一人称的方式撰写，诉说荷兰人反抗西班牙统治者、争取民族独立的艰辛历程。由于历史上尼德兰地区各省之间都是相互独立的政治实体，所以荷兰人的国家民族观念比较淡薄，威廉·奥兰治作为在独立战争中成长起来的本土领导人，对提高荷兰国家的凝聚力和认同感起到了很大作用。

1581 年，尼德兰北部 7 个州联合成立乌得勒支同盟，发表了脱离西班牙的独立宣言，从而诞生了荷兰联邦共和国，选举威廉·奥兰治为第一任执政官。腓力二世对此耿耿于怀，派遣刺客暗杀了威廉·奥兰治，于是由威廉当时 18 岁的儿子莫里斯继任荷兰执政。莫里斯亲王逐渐成为当时最伟大的军事家之一，他敏锐地认识到火药革命对欧洲各国军队带来的冲击，改革了当时滑膛枪的战术使用规则，运用排枪发射的战术，即打仗时排成十排方队，前一排先开枪然后退下重新装弹，下一排则重复他们的动作，这样就产生了连续不断的杀伤性弹雨，滑膛枪的火力优势也得到了充分体现。为此，他还成立军事院校并进行日常军事训练，经过莫里斯改革的军队成为当时欧洲最优秀的军队。1597 年，荷兰与西班牙在图霍特展开激战，荷兰用这种莫里斯横队战术连同英国包夹西班牙方阵，以 100 人战死的代价让西班牙死伤 2 000 人，被俘 500 人。

荷兰画家弗兰斯·哈尔斯的画作《圣乔治市民警卫队官员宴会》就是描绘荷兰独立战争期间荷兰民兵们一次聚会时的场景。据说当时荷兰流行集体定制肖像纪念画，因为每个人交纳相同数额的酬金，所以他们会要求画家平等地描绘每个人的形象，在画中享受同样的地位。哈尔斯通过宴会的形式将众多的人物组合在一起，使每个人尽量显示出自己的全貌和个性姿态，除前面两个应该是军官身份的人物较突出外，其余形象尺寸基本相似，而参与宴会的这些警卫队员良好的精神状态也反映了荷兰人民对战胜西班牙政府抱有轻松的心态，画面洋溢着欢快的气氛。而另一位著名荷兰画家伦勃朗就是因为没有遵循这种人人平等的构图风格的画作《夜巡》而被订画者拒收，导致名声受损，甚至影响了后半生的生活。

圣乔治市民警卫队官员宴会 / 弗兰斯 · 哈尔斯 /1616 年

金融视角

被战火洗礼的阿姆斯特丹银行与交易所

荷兰共和国是一个在战火中诞生，又在硝烟中强大的神奇国度。荷兰人不仅开时代之先河，开创了一种以代议制为基础的共和国体制，由奥兰治家族成员只担任执政官而非国王，在这一制度下，统治者与代议机构分享权力，民众与统治者结成同盟。而且他们又在经济领域推出一系列的创新，荷兰人将银行、证券交易所、信用以及有限责任公司有机地统一成一个相互贯通的金融和商业体系，由此带来了财富爆发式的增长。

阿姆斯特丹的威瑟尔银行成立于 1609 年，目的是解决商家在荷兰遇到的多种货币的实际流通问题。当时欧洲的货币一片混乱，不仅各国君主可以铸造货币，而且各邦国和城市乃至有些私人也可以铸币，各类货币之间的成色不一，也有可能价值不一。因此，威瑟尔银行接纳所有人的货币，并自定各类货币的兑换比率，允许客户指定一种标准货币的账户，开创了支票账户系统和直接转账或过户。一个商人要付款给别人，不需要涉及现实的有形货币，只需要安排银行的账户进行扣款并对应记入。这个系统的限制只是要求威瑟尔银行保持存款与贵金属、货币储备的比率接近百分之百。

直到1760年，威瑟尔银行的存款余额不到1 900万弗罗林金币，而其贵金属储备超过1 600万弗罗林金币。因为手头有足够的现金，银行挤兑事实上是不可能发生的，这种做法虽然没有信贷的功能，但是毫无疑问保证了银行安全与银行信用。荷兰人甚至可以做到银行"信用"凌驾于一切政治包括国家机器之上，最典型的例子莫过于西班牙在海上与荷兰舰队酣战不休时，西班牙王室和贵族的资金仍然在阿姆斯特丹银行自由安全地出入。

1602年，阿姆斯特丹交易所正式成立，交易所内交易着各式各样的金融产品：大宗商品、外汇、股权和海上保险等。在当时，甚至已经出现期货交易和融资业务——投资者可将股票质押借款，然后再购买更多的股票。

阿姆斯特丹证券交易所的交易在飞速发展着，它的出现为证券买卖创造了一个常设市场，成为货币资本借以实现长期投资的机构，有助于保证证券市场运行的连续性，实现资金的有效配置，形成合理的价格，减少证券投资的风险，通过长期利率与短期利率变动联结市场的长期与短期资金。因此，交易所不仅有东印度公司和其他公司的股票，而且加入了荷兰公共债券、英国国债等政府债券品种。在17世纪中叶，阿姆斯特丹证券交易所里已经开始聚集着一些证券经纪人，他们都有固定不变的席位，分成几个派系进行交易战，通过股价或者债券价格涨跌挣钱。

欧洲各地的资金都潮水般地涌入这里，以至于城市里有名气的贸易和银行家族相互之间的贷款利率低到了那个时代难以想象的

2.5%。同时，几乎整个欧洲都向阿姆斯特丹借债，这些借债人当中包括了瑞典国王、丹麦国王、俄国沙皇、神圣罗马帝国皇帝、萨克森选侯、汉堡市政府，没有城市里富裕商人的资金援助，没有荷兰的阿姆斯特丹证券交易所，任何一方的战争都不会取得胜利。于是，当时的荷兰无疑是全欧洲最富裕的国家。

很明显，脱离了君主专制统治的荷兰人很早就认识到股票市场具有募集生产资金、优化资源配置、吸引公众参与管理、促进企业改革、集中风险并分散化解等作用，人们可以随时自由地将自己持有的股票变成现金或者将现金变为股票，也可以对某只股票和债券赌涨赌跌，投机者们全部可以空手买进，也完全可以空手卖出，收盘时结算盈亏，互相交割差额。

在一个混乱不安的世纪中，阿姆斯特丹的交易所一直是西方世界的金融中心。约 1775 年，亚当·斯密曾说："荷兰一地……依其领土和人口的比例计算，比英国还要富庶。"由此可见，阿姆斯特丹证券交易所的成立标志着现代金融市场终于开始形成。

跨海的盟约：《奥兰治王子威廉三世从荷兰出发在托贝登陆》

奥兰治王子威廉三世从荷兰出发在托贝登陆

透纳

1832 年 / 布面油画

银行系统的运作，用纸币替代金属货币的地位，可以说为人们提供了直上云端的马车。

——亚当 · 斯密

1651 年英国内战结束后，在护国公克伦威尔统治下的英国颁布了《航海条例》。条例规定："凡从欧洲运到英国的货物，必须由英国船只或原商品生产国的船只运送；凡是从亚洲、非洲、美洲运送到英国、爱尔兰以及英国各殖民地的货物，必须由英国船只或英国有关殖民地的船只运送；英国各港口的渔业进出口以及英国国境沿海的商业，应完全由英国船只运送。"《航海条例》订立的目的，在于保障英国本土的产业发展，并排除其他欧洲国家尤其是荷兰在贸易上的竞争，这是当时重商主义思想下的产物，也是对于英国当时经济的保护。这项制度引起了贸易竞争对手荷兰的不满，最终贸易竞争发展成两个国家之间的武装冲突，经过三次英荷战争，互有胜负，双方实力均受到不同程度的损害。而路易十四统治下的法国则在其中渔翁得利，获得了大片土地与商贸利益，国力直线上升超越荷兰，成为欧洲最强的霸权国家。

信仰天主教的斯图亚特王朝在克伦威尔死后复辟，尤其是在 1685 年即位的詹姆斯二世，通过增加税收加强王权控制军队，规定英国的所有酒馆等场所都要花钱购买执照，否则这些场所就要成为英军士兵的驻扎地。1686 年到 1687 年夏天，全英格兰的 100 多个村庄和城镇都驻扎了隶属国王的英军士兵。同时，1687 年詹姆斯二世又颁布了《容忍宣言》，公开宣布废除一切反对非国教徒和天主教徒的法律。这种试图在英国恢复天主教的做法引起各派代表的反对，终于在 1688 年，由包括伦敦主教、辉格党及托利党的 7 个政治要人共同做出决定，废黜詹姆斯二世，并迎立他的新教徒女儿玛丽及其丈夫荷兰执政官威廉为英国女王和国王。

在此之前的 1672 年，英法联合入侵荷兰，当时荷兰几乎亡国，最后是威廉领导的军队开海闸自淹国土，才挡住法国的进攻。16 年后的 1688 年，荷兰的处境更加不妙，法国又一次与荷兰展开了贸易战争，对荷兰的出口产品加以重税。此时的荷兰若得到英国的支持，将实力大增，于是威廉亲率军队于 1688 年 11 月登陆英国。12 月詹姆斯二世仓皇出逃法国，次年 2 月，詹姆斯二世长女玛丽与其丈夫威廉三世共同继承了英国王位，实现双王共治。这就是 1688 年政变，历史上也称为“光荣革命”，很多欧美史学家认为这是一场没有流血便获得了成功的革命。

但实际上威廉三世以倾国之力，调集两万大军、400 艘运输船只和 53 只军舰横渡英伦海峡，仅船舶数量就是百年前企图入侵英国的西班牙无敌舰队的 4 倍，所以，这是继 600 年前诺曼征服之后英国面临的最大一次跨海入侵。从英国著名画家透纳的画作《奥兰治王子威廉三世从荷兰出发在托贝登陆》中可以看到，英吉利海峡风高浪急、波涛汹涌，一艘艘船只来到离陆地不远的海上，有些船只已经降下主帆，有些船员已经坐上登陆船在雾气朦胧中向海边驶去。看似平静的登陆过程不知隐藏着多少汹涌澎湃的故事。

1689 年 3 月，也就是威廉即位后的一个月，英国国会就通过了《权利法案》，明确规定：今后英国国王必须是新教徒，必须尊重国会的意志，只有在得到下院的同意之后，政府才能够征收新税和招募常备军。当由议会所创造出来的新国王威廉三世接受《权利法案》后，就把近 100 年来困扰英国的主权问题解决了，既然是议会创造了国王，那么主权当然在议会。

威廉三世登基后，苏格兰和爱尔兰的“詹姆斯派”开始起来造反，在法国的协助下，詹姆斯二世在爱尔兰登陆，占领了爱尔兰的大部分地区，还组织了一支天主教军队与英格兰对抗。威廉与爱尔兰新教徒组成的同盟军在 1690 年年底的波恩河战役中击溃詹姆斯二世，才算暂时稳定下来，而在更惨烈的“九年战争”（又被称为英国王位战争）之后，威廉三世才真正得到法国承认而巩固王位。

光荣革命是英国历史的转折点，从表面上看，似乎一切都没有改变，只是换了一个国王，但从实质上看，光荣革命基本上就是由詹姆斯二世主导的“法国现代化模式”与威廉三世代表的“荷兰现代化模式”两者之间的冲突与选择。当时英国正处于向工业和远洋贸易经济转化的关键时期，詹姆斯二世支持以保守党（托利党）为代表的地主阶层，以及垄断性的海外贸易公司，如英国东印度贸易公司。而威廉登基后，代表新兴工商阶级的辉格党逐渐得势，其结果就是以商人为中坚力量的英格兰银行的成立。

金融视角

英格兰银行的成立与发展

在17世纪，一些平民通过经商致富，成了有钱的商人。他们为了安全，都把钱存放在国王的金库里。那个时候还没有纸币，所谓存钱就是指存放黄金。因为那时实行“自由铸币”制度，任何人都可以把金块拿到铸币厂里铸造成金币，所以铸币厂允许顾客存放黄金。

但是很不幸，这些商人没有意识到，铸币厂是属于国王的，如果国王想动用铸币厂里的黄金，他们根本无法阻止。1638年，英国国王查理一世同苏格兰贵族爆发了战争，为了筹措军费，他就征用了铸币厂里平民的黄金，美其名曰贷款给国王。后来到了1649年，查理一世被克伦威尔砍了头，这就是著名的英国资产阶级革命。

虽然被征用的黄金最终都还给了原来的主人，但是商人们感到铸币厂不再安全了，于是他们把钱存到金匠那里。金匠就为存钱的人开立凭证，并收取一定的保管费，以后拿着这张凭证就可以取出黄金。由于携带大量金币不方便，需要用钱的时候，只要把黄金凭证交给对方，对方再去金匠那儿兑换相应的金币就可以了。时间久了，凭证就相当于货币了。之后金匠开立了更多的凭证，只需要所有客户不是同一天来取黄金，这就是现代银行中“准备金制度”的起源，也是“货币创造”机制的起源。

1688年光荣革命后，荷兰的威廉三世入主英国，使得原先与法国交好的詹姆斯二世流亡法国，而此时法国的路易十四正欲在欧洲进行大规模的扩张，遭到荷兰、神圣罗马帝国哈布斯堡王朝、瑞典等国家组成同盟联合对抗，双方展开了为期 9 年的大同盟战争。

战争进行到第 5 年的时候，英国王室便已经打到国库空虚，无法继续下去。此时，英国政府与威廉·帕特森为首的伦敦金融家达成协议，以吨位税及新物品税为担保，由本来就是政府债权人的金匠们向政府提供 120 万英镑的现金作为政府的“永久债务”，年利率为 8%，每年的管理费为 4 000 英镑，建立一家私有的英格兰银行来为国王庞大的战争经费进行融资，这样每年政府只要花 10 万英镑就可以立刻筹到 120 万英镑的现金，而且可以永远不用还本钱。所以，成立英格兰银行最初的目的在于开辟市民储蓄渠道，用以筹集对路易十四作战的军费，而英格兰银行的这种将永久性税源作为付息担保进行长期贷款的方式被视为国债的起源。

作为回报，政府允许银行可以在今后 12 年内发行不超过资本金等额的记名支票的特权，支票可以背书转让，其实也就是起到发行银行券的作用。英格兰银行的记名支票一直流通到 1716 年可以发行无息银行券为止。由于英格兰银行券是以王室政府的税收作为担保兑付的，其承兑性明显要好于其他银行券（或票据），而且，英格兰银行的成立是由议会批准的，具有一定公共属性，所以，英格兰银行记名支票的被接受度较高。1707 年，英格兰与苏格兰合并，构建了现代英国的雏形。1710 年英格兰银行说服政府，统一印制面额一致的票据，这种票据可以兑换现金与黄金，打开了英国纸币流通的新时代。

1843 年，英国有 72 家股份银行和 207 家私人银行有钞票发行权。在数次金融危机下，英国有 64 家银行倒闭，物价因为信贷滥发一路飞涨，英格兰银行一方面因为金库空虚无法出手拯救各家小银行，另一方面因为自己持有垄断特权而惹得社会各界纷纷指责。于是 1844 年英国议会公布了一部新的《银行法》，取消其他银行的纸币发行权，同时规定英格兰银行必须把纸币的发行业务分出一个单独的机构来管理，并成立货币发行委员会，讨论决定货币政策。货币发行部必须向议会汇报，并将盈利上缴财务部。该法案的相关规定将货币发行的“私权”逐步转化为“公权”。1845年，议会通过另一项法案，规定英格兰银行为所有其他银行的“最后贷款人”，有义务在经济出现危机时利用货币发行帮助其他银行，此时的英格兰银行才真正成为“银行中的银行”。

另一项赋予英格兰银行的权力是可以代理国库和全权管理国家债券。国债的出现，让国家债务的持有人组成了新的利益共同体，国家的兴衰开始与各阶层甚至是个人利益息息相关。看起来你方唱罢我登场的政治游戏，以国债为重心形成了基础性的制衡，谁也不愿意以过激的举动来彻底颠覆国家，导致鸡飞蛋打的局面。在农耕经济时代，有恒产者有恒心；在资本主义时代，有恒债者有恒心。作为国家货币体系和金融市场的派生物，国债把国家与国债拥有者结合在一起，成为国家利益共同体的黏合剂。[①]

在荷兰与英国确定伙伴关系后，荷兰资本开始发生缓慢而又坚定的转移，英国利率在17世纪90年代初是12%，1694年英格兰银行成立时是8%。从18世纪开始，荷兰人为实现资本利润的最大化，将大量资金转移到英国，在“七年战争”前后，荷兰人持有的英国长期国债占到总量的32%，这使得英国人可以用荷兰的资本发展经济和军事力量，对竞争者法国以持续不断的打击。此时，英国的利率已经在阿姆斯特丹的金融市场上变得极具竞争力，从而使阿姆斯特丹的金融市场变成一个资本流入英国的漏斗，成为英国经济增长的助推器。

英格兰银行的创办对以后英国称霸全球、建立“日不落”帝国奠定了坚实的金融基础，也为声势浩大的工业革命注入了新的动力与生机，它是创建中央银行的成功范例，也是后来各个国家建立中央银行的样本。

① 资料来源：王湘穗．币缘论：货币政治的演化[M]. 北京：中信出版社，2017.

帝国的碰撞：
《腓特烈大帝在无忧宫演奏长笛》

腓特烈大帝在无忧宫演奏长笛

阿道夫 · 门采尔
1850—1852 年 / 布面油画

没有武力后盾而进行谈判，如同没有乐器而演奏音乐一样。

——腓特烈大帝

1700年，西班牙哈布斯堡王朝绝嗣。次年，法国波旁王朝与奥地利哈布斯堡王朝为争夺西班牙王位展开大战，史称“西班牙王位继承战争”。战争初期，作为哈布斯堡家族长期竞争对手的勃兰登堡－普鲁士公国突然向奥地利方面示好，以派遣8 000援军的代价换取了爵位的“晋升”。毕竟，奥地利大公同时兼任神圣罗马帝国皇帝的角色，而勃兰登堡恰在其治下。通过此次政治交换，普鲁士王国霍亨索伦王朝由此建立，普鲁士与奥地利在德意志内部两强争霸的局面也逐渐形成。

1707年，苏格兰和英格兰合并，大不列颠合众国正式成立，新国家很快无可争议地成为欧洲最强大的海上帝国。但是在欧洲大陆，法国仍然维持着它的优势，1700年，法国的经济规模是英国的两倍，人口是英国的三倍。随着英国开始大规模的海外扩张和殖民侵略，英国与法国的殖民利益发生冲突，于是两个国家间的斗争从欧洲一直蔓延到全世界。为了在未来的战争中战胜对手，英法双方都积极寻找同盟者，最后英国与普鲁士结成同盟，法国和奥地利、俄国、西班牙、瑞典等国结成同盟。

这个同盟的形成，与普鲁士王国国王腓特烈二世密切相关。腓特烈二世在成为杰出的军事统帅前，作为王位继承人的他因为沉迷音乐而无心政事，一度令他的国王父亲万分头痛。他甚至曾经主动放弃太子爵位，和好友打算逃到传说中无比自由的英国，去追求心中的艺术之梦，谁知还没跑到边界，就被父亲威廉一世派兵抓回来。威廉一世把与腓特烈朝夕相处的好友拉上刑场，当着腓特烈的面残忍处决。那生离死别的一刻和淋漓的鲜血，终于让“文艺青年”腓特烈接受了现实。在成为国王后，他在军事上展现了杰出的才能，不过其对音乐的热爱一直没有停止，他还是音乐之父巴赫的铁杆粉丝。

门采尔的《腓特烈大帝在无忧宫演奏长笛》就是表现普鲁士国王腓特烈二世在无忧宫演奏长笛的场景。腓特烈二世站在画面中央，光线和焦点都聚集在他的身上。在明亮的灯光下，宫廷乐师全神贯注地为腓特烈二世伴奏。客人们身穿华美精致的服饰，姿态洒脱地沉醉在美妙的音乐里。画中腓特烈二世的琴师半闭着眼睛，头转向演奏者一侧，似乎正要弹奏，他是著名钢琴家巴赫的儿子 C.P.E・巴赫。这幅画中最右边靠着墙的人是腓特烈二世的长笛教师匡茨，他身体微微弯曲，一只脚稍微前伸，低着头在欣赏腓特烈二世的演奏。

腓特烈二世虽然是一位军事天才、强硬的君王，但他还保留着自己年轻时的“文艺青年”范儿，除了喜欢吹笛子外，还喜欢写文章，并且文风刻薄。他曾辛辣地嘲讽奥地利、俄国和法国三位把持政权的女性（即奥地利大公特蕾莎、俄国沙皇伊丽莎白・彼得罗芙娜和法王路易十五的情妇蓬帕杜夫人）为“三条衬裙”。

其实腓特烈二世与奥地利大公特蕾莎还是表兄妹，但他们之间是相爱相杀的关系。当初神圣罗马帝国皇帝查理六世还曾经想把特蕾莎嫁给他，但当 1740 年老皇帝即将去世时，因无男性继承人，遂立遗嘱由女儿玛丽亚・特蕾莎继承奥地利所有领地。不料腓特烈二世带头反对，引发奥地利王位继承之争，虽然在英国、俄国等国支持下，特蕾莎保住了继承权与王位，但被腓特烈二世夺得西里西亚，普鲁士由此连成一体成为强国。

这一教训使特蕾莎意识到，如果奥地利还想在欧洲保持住大国地位，就必须进行改革，重整国家。为了扼制普鲁士，收复被占领的土地西里西亚，她在外交大臣考尼茨伯爵的帮助下，进行了大量卓有成效的外交活动，特别是通过自己最小的女儿玛丽・安托瓦内特与未来的法国国王路易十六之间的联姻，与哈布斯堡王朝的死敌——法国波旁王室达成和解，缔结了数个世纪以来第一个最终成立的盟友关系。欧洲外交由此发生了翻天覆地的大逆转，奥地利、法国、俄国三个“庞然大物”历史性地站在同一条战线上，而当时能够主政或影响这三个国家政策的女人就是腓特烈二世所称的“三条衬裙”。此时，普鲁士除了远在海外的英国，在欧洲大陆上没有一个盟友。

1756 年腓特烈二世先下手为强，突袭萨克森王国，拉开了七年战争的帷幕。于是欧洲大陆上普鲁士遭受西面法国、南面奥地利、东面沙俄和北面瑞典的夹攻，四面楚歌、举目皆敌。这其中，经过彼得大帝改革之后的俄国军队最为强悍，普、俄两军曾于1758年在屈斯特林附近打了一场遭遇战，流血漂杵，损失惨重，仅为平手。

当时在海峡对面主导英国政策的是老威廉·皮特，他从全球视角来考虑这场战争，相应地制定了依托海军的战略：在欧洲大陆，全力支持普鲁士，让普鲁士在欧洲牵制着法国和其同盟，而英国皇家海军在公海上狙击法国，在各殖民地的战斗就全部交给当地的英国陆军去打。皮特的政策依据是英国有着明显的经济优势：无论是造船、冶金，还是枪械制造，都已经超过了法国。

正是因为普鲁士在欧洲大陆的牵制作用，作为盟友的英国才能够在海外战场大获全胜。1759年11月，法国舰队最后发起垂死一搏，入侵英格兰。爱德华·霍克爵士率领英国海军在狂风暴雨中将法国舰队打得落花流水，2/3的法国船只都被击沉、烧毁或者攻占。从此英国取得了海上霸权，顺利地切断了法国与其殖民地之间的联系。英国的地面部队从此在全世界顺风顺水，在加拿大占领魁北克和蒙特利

沃尔夫将军之死 / 本杰明 · 韦斯特 /1770 年

尔，结束了法国人的统治。

美国画家本杰明·韦斯特的《沃尔夫将军之死》采用现实主义手法，再现了英国司令官沃尔夫在七年战争中的就义场面。詹姆斯·沃尔夫（1727—1759）原是英国海军陆战队的军官，在殖民地掠夺的战争中屡建军功，于1759年升任为远征魁北克的司令官。因为在他的率领下，英军攻占魁北克，并顺势攻占蒙特利尔，最终结束法国在北美的统治，所以他被称为“魁北克征服者”或“加拿大征服者”。沃尔夫在激烈的交战中三次负伤，但坚持不下火线，继续指挥军队作战，直到敌方的城池被攻克，他才因负伤慢慢死去。画上出现了许多军官，围在仰躺着的沃尔夫两侧，几个军人扶着他中弹的身体，他的枪支与军帽已被抛掷在地上。在他后面，有人拿着卷拢的英国米字旗，来衬托沃尔夫的壮烈就义。背景深处弥漫着战火的硝烟，晴空万里相对乌云滚滚，无边大地相对广阔海域，与画面前景中处于沉思状态的美洲印第安人互相映衬，让人不禁对战争正义与否进行反思。

七年战争是英法争夺霸权尤其是争夺殖民地和海洋统治权的战争。英法两国之所以展开一系列争霸斗争，直至爆发七年战争，归根结底是由它们国内的经济状况所决定的。正是由于经济的不断发展和经济生活的深刻变化，英国资产阶级才比以往任何时候都更加迫切地要求争夺殖民地和海上霸权，以便掠夺殖民地财富，扩大对外贸易，发展国内经济。

在对全球各地殖民地的争夺中，英国人将在加勒比海的产糖岛——瓜德鲁普岛、玛丽·加朗特岛和多米尼加岛的法国人赶走，在1762年又将法国的西班牙盟军驱逐出古巴和菲律宾。而当法国驻军撤出了在印度京吉的贸易基地时，英国“日不落帝国”的雏形就基本形成了。

七年战争后，北美、印度、西印度群岛的部分地区、非洲的部分地区都成为英国的殖民地，从此英国占有的广大殖民地迅速成为英国商品极好的销售市场，从这个意义上说，七年战争加速了工业革命的到来。正如恩格斯所说：“葡萄牙人、荷兰人和英国人在1500—1800年侵占印度，目的是要从印度输入，谁也没有想到要向那里输出。但这些纯粹由贸易利益促成的发现和侵略，终归还是对工业起了很大的反作用：只是由于向这些国家输出的需要，才创立和发展了大工业。”也正是由于有广大的国外商品销售市场，英国国内的工业生产才能正常地进行，工业革命机器才能不断地向纵深阶段发展，并达到它的最高点。

金融视角

风云百年的英国东印度公司

17世纪，英国东印度公司与荷兰东印度公司展开竞争，这对于英国来说意义重大，不仅打破了荷兰对香料贸易的垄断，英国东印度公司还在波斯湾、印度、爪哇和苏门答腊分别建立了贸易据点，拓展与亚洲其他国家的贸易联系。东印度公司敢于挑战当时世界上最强大资本主义国家的行为，顺应了英国国内的需求，且与国家利益结合起来，为后来英国独霸印度、称雄亚洲、走向世界殖民帝国奠定了良好的基础。

英国东印度公司开始是以一个商业公司的形象登上历史舞台的，在公司成立以后的数十年中，逐步从国王那里得到贸易以外的特权，而且范围越来越宽，不光有国王授权，后来还有议会授权。这些授权包括对公司职员的立法权和司法权，以及建立要塞、武装防卫、任命官员管理的权力，还包括建立军队的权力，据此，英国东印度公司建立了最早的军队，甚至还拥有对非基督教国家宣战议和的权力，以及自行处理战争中得到的领土，包括占有及其他处置权力，但国王保留对公司所占领土的最高领有权。当然，还有必不可少的特许状允许公司建立铸币厂，铸造印度货币供公司在印度使用。

东印度公司既然得到这么多贸易以外的权力，就不再是纯商业组织了，而成了一个商业、政治、军事、司法四合一的组织，其特权比荷兰东印度公司还要广泛——既经商又侵略，还能实施统治，这当然是公司里的那些冒险家求之不得的，而这也正是英国王室和政府在当时对外进行殖民扩张的需要。

自地理大发现以来，长期雄踞全球GDP首位宝座的印度一直是欧洲殖民者觊觎的焦点，当欧洲人占据与莫卧儿帝国约定的经营据点上百年以后，逐渐对莫卧儿帝国产生了威胁。而莫卧儿王朝的日渐衰败也成就了东印度公司的扩张，各地王公贵族自立山头、朝廷内部腐朽奢华和严重缺乏战斗力的军队，都使得皇帝无法对来自欧洲的生意人进行更多的限制，反而不得不一点点满足他们的各种要求。这导致印度的航海权、贸易权都被欧洲人垄断，他们一方面通过这种垄断获取巨额利润，另一方面又通过这种垄断打压印度本地的商业资本家。

1756年，莫卧儿帝国孟加拉总督在法军的支持下，攻占了英军在孟加拉的大本营加尔各答，并将146名俘虏关进监狱，由于这个监狱的通风条件非常差，结果当晚死亡123人，这一事件被称为“加尔各答黑洞事件”。很快，英国东印度公司孟加拉分公司总经理克莱武率军奔赴加尔各答，当普拉西战役正式开始时，英军面对兵力20倍于己的印法联军，一场突如其来的大雨改变了战争的进程：英军备有油布，把弹药遮盖起来，使得自己的火力没有受到损失，而印军的火药则被淋得透湿，丧失了战斗力。同时，在双方开战前，克莱武已经用金钱收买的手段拉拢了对方的将领，兵权最重的米尔·贾法尔就是被收买的将领之一。英国画家弗朗西斯·海曼的画作《1757年普拉西战役》就记录了普拉西战役胜利后克莱武会见米尔·贾法尔时的情形。刚从一匹黑色骏马上跳下来的克莱武伸开双臂，身穿印度传统服饰的米尔·贾法尔低头表示臣服与问候。在克莱武这边，一面英国国旗飘扬在空中，而在米尔·贾法尔身后，一头巨大的印度大象在默默地注视着这一切。

随着普拉西战役的胜利，声望达到顶峰的克莱武被任命为孟加拉

1757 年普拉西战役 / 弗朗西斯 · 海曼 /1760 年

总督，他在此后几年中以不可阻挡之势深入印度内陆，进而控制了整个莫卧儿帝国。这次战役标志着英国在印度的存在进入了一个完全不同的阶段：从以攫取金钱为主的商业入侵转变为包括政治、经济和文化等各个方面在内的彻底的殖民统治。普拉西战役成为人类历史上投入产出比最小、获益最丰厚的战争，以克莱武为代表的东印度公司掠夺了大量财富，并将其运回英国，导致英国市场上突然资金泛滥，物价飞涨。为了控制通货膨胀，英国政府鼓励人们投资一些高风险、非营利的项目，最大的受益者就是随后领导工业革命的瓦特等发明家。英国工业革命后，印度棉纺织业彻底衰败，大量原本种植棉花的印度人开始疯狂改种罂粟。东印度公司的货船依旧充当着运输工具，他们从英国装上制造品，运到印度卖掉，再装上印度盛产的鸦片，然后运到广东沿岸，把鸦片在中国卖掉，换成茶叶、丝绸，装上船运回英国。

从 18 世纪开始，中国的茶叶在英国已经成为普通人的日常生活必需品，而茶叶在英国的关税为 90%～100%，如果不能按时按量地供应，就可能严重影响英国的社会稳定和国家财政收入，结果，英国与中国之间的贸易产生了巨大的逆差。1710—1760 年，英中贸易逆差总额高达 2 600 万英镑，相当于一亿四百万两白银，几乎耗尽英国的白银储备。18 世纪 70 年代之后，美洲许多银矿枯竭，白银产量持续降低，英国人无法用越来越少的白银来维持对中国茶叶的进口量，于是，东印度公司与英国政府为了扭转贸易逆差的局面，开始打起鸦片的主意。

1773 年，东印度公司获得鸦片专卖权，首次从加尔各答向广州输入鸦片，开启了 140 多年的向中国贩卖鸦片的罪恶历史。英国的鸦片贩子为打开中国市场，对罂粟的麻醉作用加大虚假宣传力度，导致中国人普遍认为鸦片有添福添寿的功效，因此又称“福寿膏”或“长寿膏”。1796 年，中国政府宣布禁烟。两年后，考虑到与中国外交方面的因素，东印度公司不再做鸦片的直接出口商，而成了鸦片的生产者，鸦片贸易转由其发给特许证的自由商人经营。这些自由商人开始以走私、贿赂等违法手段，继续扩大对中国的鸦片输入。

英国东印度公司的鸦片仓库

1813 年，东印度公司对印度的贸易垄断权被取消。1834 年 4 月 22 日，东印度公司对华贸易垄断权被英国政府废除。1834 年以前，所谓的自由商人所组建的洋行已经掌握了一半以上的中英鸦片贸易。外资洋行大批涌现，其中最大的三家——英资怡和洋行、宝顺洋行以及美资旗昌洋行，几乎垄断了对中国的鸦片贸易，而此时的英国东印度公司已无法与更具活力的洋行竞争。更为雪上加霜的是，从波士顿倾茶事件开始，东印度公司就失去了美国市场，当中国的茶叶被阿萨姆茶抢占市场后，东印度公司也没有了具有竞争力的产品。

由于英国东印度公司的管理问题，1857 年引发了为期两年的印度雇佣兵大叛乱，东印度公司无力镇压只好求助英国政府。英国政府认为东印度公司已经不适合当时的印度形势，于是国会决议出台了《印度统治法》，英国东印度公司在印度殖民地的统治管理权被剥夺。至此，在印度称霸百年的英国东印度公司在失去贸易垄断优势的同时，又失去了对印度的管理权，被英国政府下令解散。就这样，在世界商业历史上产生过极大影响的英国东印度公司，在完成了它的历史使命之后，黯然退出了历史舞台。

白色的罪恶：《南方黑人的生活》

南方黑人的生活

伊斯特曼 · 约翰逊
1859 年 / 油画

大英帝国无永恒敌人，亦无永恒朋友，却有永恒利益。

——本杰明 · 迪斯雷利

由于在计量经济史学方面出色的工作，芝加哥大学教授罗伯特·福格尔荣获1993年度诺贝尔经济学奖，以奖励他在20世纪70年代惊世骇俗的研究成果。他在调查和收集了浩如烟海的美国南方种植园档案和家庭账本、商业记录等原始经济数据后，运用现代计量经济和数理统计方法，使用大型计算机分析数据，研究美国南方奴隶制并得出如下结论：

> 以前我们一直认为南方奴隶制是一种落后的体制，经济效益低下，南北战争后若干年内自行灭亡。但是，数据和统计证明，南北战争前夕，南方奴隶制作为一种经济制度，表现出前所未有的效率和强大，并出现持续巩固的趋势。由于规模经济、有效管理以及对劳动与资本的密集使用，南方奴隶制农业比北方家庭农场的生产效率高出35%，黑奴比自由的白人农业工人更加勤奋和高效。南方奴隶制拥有灵活而高效的激励机制，诸如奖金、休假、年终奖、对“劳动能手”的奖励、对完不成劳动定额的“拖后腿者”的惩罚，还有班组制和劳动分工、流水线作业等。对于一个典型的奴隶来说，终其一生，能够获得其生产总收入的90%。考虑到食宿、医疗和养老等基本福利，黑奴的平均收入和生活水平高于自由农业工人，营养水平甚至高于美国人在1964年的平均水平。

这个结论确实是离经叛道、不走寻常路，不仅在当时掀起了轩然大波，即便是在现在认可度依旧很低。但如果有人看到伊斯特曼·约翰逊的画作《南方黑人的生活》时，可能会同意这样的结论与分析。这幅南北战争前夕的画作描绘了一个复杂而又美好的生活景象，有点类似于美国名著《飘》中的主角斯嘉丽出生成长的塔拉庄园。在一个阳光明媚的下午，幽静、阴凉和神秘的庄园后院内，黑人奴隶们心平气和，怡然自得地唱歌弹琴、谈情说爱、含饴弄孙。而且令人惊讶的是，那时候的黑人就已经可以住到两三层高的砖制结构的房屋里了——一切看起来是那么的平和而美好，好像真如福格尔教授所得出的结论——南方黑人已经适应了这样的生活。

但当你们细细品味这幅作品的时候，却又会发现那在风中沙沙作响的松树似乎将画面分成了两个世界，形成了反差强烈的两个空间——有世界上最灿烂的阳光，就有世界上最昏暗的阴影。画面中的宁静与和谐仿佛都是刻意为之，谈情说爱的青年男女、照看小孩的母亲、弹琴唱歌的男人等，被分作了三五成群的小团体，小团体之间没有交流，而是被生硬地聚在一起，透露出虚假与尴尬。相比旁边沐浴在阳光之下的主人房屋，黑人居住的房屋已破旧不堪；从主人主屋旁边小门走出的白人女子用警惕的目光看着屋前的这些黑人们，原来她是暗中监视这些黑人们的监工或密探。也许黑人奴隶的日常生活尚可满足，但与白人在情感上的疏离在这张画上也真实显现出来。

这种黑与白的矛盾对立，是另一种纯洁的白色果实——棉花所带来的效果。马克思说："没有奴隶制就没有棉花，没有棉花就没有现代工业。"棉花对于塑造近代史起到了举足轻重的作用。历史学家称它为"革命性的纤维"以及"工业革命的燃料"，它成为第一种在全球范围内大规模生产的商品，并主导了连接美洲种植园、英国工厂和非洲奴隶港口的邪恶"三角贸易"——棉花原料向东流动，布料成品向南流动，而黑奴向西流动。

美国独立后，气候温暖的南方各州成为原印度棉花绝佳的产区。在威廉·艾肯·沃克的画作《宿舍前的棉花地》中可以看到，灰蒙蒙的天空下，在两间木屋前的棉花地里，分散在田地里的黑奴们或手拿、或肩挑地正在采摘着棉花树上的棉花。田边摆放着一筐已经盛满的棉花，一个上了年龄的黑奴抓起一把棉花给正在监工的女管家查看，也许在说：今年的棉花成色挺好。

机器要比人力更具竞争力与活力。1794 年出现了一项重大发明——惠特尼轧棉机，它能快速把棉籽与棉花纤维分离开，一个劳动

宿舍前的棉花地 / 威廉 · 艾肯 · 沃克 / 约 1890 年

力一天能处理的棉花从 50 磅猛增至 1 000 磅！去籽后的棉花便于打包、运输，从而极大提高了美国南方的棉花产能，促使棉花种植面积成倍扩大。比起 1791 年的棉花产量，1801 年美国南部棉花产量增长 25 倍，1825 年则增长高达 90 倍，到南北战争前夕更是惊人地增长了 500 倍，总产量达到 10 亿磅，约占全球总产量的 3/4。哪怕是英国这个“世界工厂”，国内经济也高度依赖美国棉花。当时，美国南方的一位州议员竟口出狂言：“这个世界上没有哪股力量敢同棉花作对。棉花就是大王！”

随着棉花种植在美国南部扩张，英国和欧洲大陆的消费者越来越依赖这种供应，美国南部与欧洲之间的机制化联系加深。美国棉农成功地把自己变成了工业时代世界上最重要的商品种植者，棉花生产的扩大使奴隶制重新活跃起来，导致奴隶劳动力从美国南方的北部地区向南部地区转移。仅仅在轧棉机发明后的 30 年内（1790—1820），就有 25 万名奴隶被强制转移，而在 1783—1808 年禁止国际奴隶贸易期间，贸易商大约进口了 17 万名奴隶到美国，这是 1619 年以来进口到北美的所有奴隶的 1/3。总而言之，奴隶贸易将约 100 万奴隶强制迁徙到了美国南部，大部分都是去种植棉花。而大量奴隶种植的棉花从美国涌入，使成

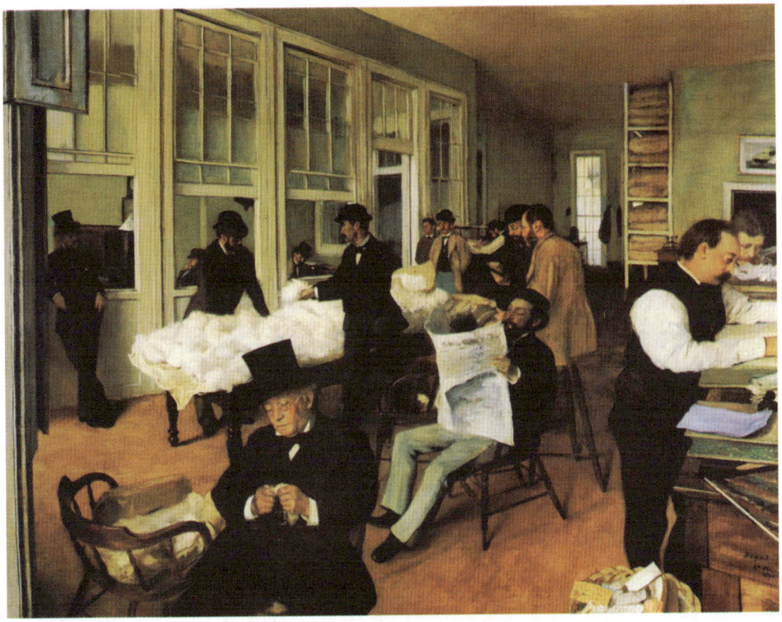

新奥尔良棉花事务所 / 埃德加 · 德加 /1873 年

品棉成本下降，也令普通大众负担得起的衣物和床单市场迅速扩大。

法国画家埃德加·德加的画作《新奥尔良棉花事务所》就呈现了一家正在经营的美国南方新奥尔良棉花公司内的场景。最前排戴着眼镜的老年男子手里捏着的棉花可能是从远方寄送而来，他正感受着棉花的性能，高顶礼帽显示着他的尊贵地位，也许他就是这家棉花公司的老板或大股东。他身后的一个男子正悠闲地阅读着当天的报纸，寻找着当天的棉花信息。画面右侧的两位员工正在处理着报表及账单等信息，地上的垃圾桶里已经填满了从各处而来的信封，代表着市场对棉花的需求供不应求、订单充足。画面中央一个很大的桌子上平铺了不少雪白的棉花，两位男子正拿着棉花商量着什么，而不远处的门口仍有客户正在跨入公司门厅前来洽谈新的生意。画中的空间和环境陈设都渐次向深处展开，人物的安排则完全是偶然的，因此构图非常松散，但所有人物都围绕着棉花在活动，显示出公司经营的活力与欣欣向荣的气息。

南北战争爆发时，南方农业州主要的产品就是烟草和棉花，靠出口这些农产品换取日常生活的各项供应品。因此，1861 年 3 月，北部联邦制定了代号为“蟒蛇计划”的军事行动，力图控制密西西比河，占领南方各个港口，将南部联盟各州一分为二，这样就能断绝南部军队的大部分物资和武器来源，还能切断通过墨西哥转运进口的外国货物。

“蟒蛇计划”打断了自 18 世纪 80 年代以来就存在的全球棉花生产网络和全球资本主义的关系，对欧洲的出口急剧减少，由此产生的“棉荒”影响迅速向外扩散，重塑了整个行业，并波及更大范围。英国和法兰西帝国都想要棉花和烟草，而南方市场上棉花和烟草很多，但缺少武器和军火，英国又可以为南方提供大量的武器和军火，于是双方试图进行贸易，但被封锁阻碍了。如此，偷过封锁线成了南方进行进出口贸易的主要途径。小说《飘》中的白瑞德·巴特勒就是所谓的封锁线商人：“巴特勒船长是南方本事最大的船老大之一，干这一行向来是火里来水里去，天不怕地不怕……他出大钱雇用有本事的船老大，趁着无月光的黑夜悄悄驾船驶出查尔斯顿和威尔明顿，把棉花运到拿骚（荷兰）、英国和加拿大。英国的纱厂都已停工待料，工人也都饿得快没命了，所以船只要能够骗过北方佬的舰队，到了利物浦想卖什么价就卖什么价。一方面替南部邦联把棉花运出去，另一方面再把南方急需的军用物资运进来……”

只要成功越过封锁线，就能获得高额利润，并且可以支持南方邦联政府增加收入，帮助邦联政府提高获胜的概率，这是部分封锁线商人的内心想法，但更多封锁线商人的目的只是为了更多的利润。

金融视角

美国内战中的金融战争

1860 年，利物浦港是英国纺织行业进口棉花最重要的港口，而纺织行业是维多利亚女王时代经济的重要支柱，其80%以上的棉花进口来自美国南部。当美国海军第一位将军戴维·格拉斯哥·法拉格特于1862年率领联邦舰队攻占密西西比河出海口新奥尔良市时，棉花每磅的价格从6.25美元上涨至27.25美元。从美国南方进口的棉花数量自1860年的260万包锐减到1862年的不到7.2万包，英法两国的棉纺工业都不同程度地出现了危机，英国有近40万棉纺织工人失业。不过棉花危机又很快解除了，到1863年，英国人已从中国、埃及和印度找到了新的棉花来源，对于美国南方的棉花不再有绝对的依赖性。

随着价格波动和投机行为的蔓延，棉花市场上开始出现许多投机者进行交易，棉花运输在交付工厂之前多次在投机者之间易手，贸易商也在努力将投机性市场交易特别是远期交易制度化。到1863年，利物浦棉花经纪人协会创建了一个标准格式，供商家就将来交付棉花的合同使用，利物浦的报纸也开始报告印度棉花的远期价格。那一年，在孟买开始出现“远期合约”，为“赌博爱好者”提供了新的机遇。战争导致商人们建立了一个正式的期货市场。

美国内战以前，政府的年度预算平均低于国民生产总值的2%，是真正的“小政府”，但内战的需要改变了这一切。为大幅度增加财政收入，北方的联邦政府和南方的邦联政府是八仙过海，各显神通。北方联邦政府靠发行国债、增加税收（包括累进所得税）以及全面的金融体制改革（国家银行体系的建立和法定货币美元的发行），最终打赢了经济战。南方邦联政府虽然也创新地发行棉花债券来增加财政收入，但当他们更多地依靠印刷纸币筹集资金时，已经注定了最后失败的命运。

1863年1月，南方邦联政府批准由巴黎埃米尔·厄兰格金融公司在欧洲资本市场上出售南方邦联的债券，计划为南方邦联筹措300万英镑的外汇。债券年利率为7%，用英镑付息。持有人有权将债券转换成新奥尔良产中级棉花的装船单，这批债券因此被称为“邦联棉花债券”。南方邦联政府保证以每磅6便士的价格提供棉花，承诺将棉花运送到南部距离火车站或可航行河流10英里以内的地方。由于当时伦敦市场1磅棉花的价格不低于20便士，因而这一条件具有很强的吸引力。这批债券的价格从1863年12月到1864年9月已经翻倍，即使南方军队作战受挫，这批债券在战时也下跌不多，最简单的原因在于债券价格是以棉花做担保的，由于战时棉花需求增加，棉花价格也自然会攀升。

与此相对应的是北方联邦政府的操作办法，联邦财政部部长萨蒙·柴斯聘用曾经成功发行宾夕法尼亚州市政债券的杰伊·库克来参与联邦政府债券的发行工作。

接受联邦政府的债券发行工作后，杰伊·库克为了让普通家庭都有购买力，就劝财政部把要发行债券的面额降低，一直降到50美元，同时雇用了大量的金融中间商，深入中、西部的各个农村及偏远地区，进行大规模宣传与地毯式销售。在媒体和传单上，他都传达了一个信息，买债券是一个“爱国加投资”的双赢举动：一方面你可以享受国债6%的利息，而且利息是免税的；另一方面只要北方取得胜利，债券就会大涨，你可以分享国家的胜利果实！这个销售策略大获成功，库克在一年之内为北方联邦政府筹集了4亿美元，这些资金马上就被转换成粮食、军备、医药，并源源不断地送到战场上。

在另一个金融工具纸币的管理与印制方面，南方邦联政府也明显与北方联邦政府有差距。相比北方联邦政府4.5亿美元的“绿背”美元发行量，南方邦联政府“灰背”美元的发行量达到20亿美元，到内战结束后，联邦政府的“绿背”美元按照金价仍然约值50美分，而邦联政府的“灰背”美元仅值1美分，通货膨胀在所难免。

依然是《飘》中的一个场景。在战争的相持中，南方的士兵们都衣不蔽体，食不果腹，士气低下，在这个时候，南方政府又做了一个特别错误的金融决策，为了筹集战争资金，他们在一年内印刷发行了17亿美元的钞票，这些钞票一下涌到了南方市场上，导致物价飞涨，整个南方的经济迅速崩溃。在塔拉庄园中养伤的士兵威尔·本蒂恩就给玫兰妮念过一首《邦联纸币背面的诗》："它的价值已所剩无几，不论在哪儿都趋于零，留着让后人看看吧，亲爱的朋友，它是一个消亡的国家的象征。这张纸的故事可传儿孙，值得为他们好好保留，它标志着爱国者梦寐以求的自由，它记载了一个多难之邦灭亡的命运。"

除了南方邦联政府过多发行纸币这一原因外，纸币印刷技术低下，伪币泛滥也是一个重要原因。1862 年，费城一名叫塞缪尔·乌法姆的杂货店老板惊奇地发现当天的本地报纸在几个小时之内销售一空，这在以前是根本不可能发生的情况。于是他问一个老主顾，大家为什么要抢购今天的报纸。那人说报纸封面有一张南方邦联政府 5 美元纸币同尺寸的彩色复印件，这让没见过敌人钱币的北方人感到好奇，纷纷想得到一张纸币留做纪念。

有点经济头脑的乌法姆思维大动，既然大家都想要这种纪念品，为什么自己不印点呢？于是他找到了那家报纸的编辑部，费尽九牛二虎之力才讨来那张 5 美元的电镀铜版。之后用专门的币纸作底，一口气印刷了 3 000 张。不过出于谨慎，他在每张上面都印有自己的姓名和店铺地址，这样"纸币"就变成了杂货店的广告，巧妙地规避了法律条款。

后来，他开始到各城市的报纸上买版面，介绍南方邦联政府的钞票。同时，他开始扩展不同面额的钞票纪念品。不到几个月，从 5 美分到 100 美元各式各样的种类全部凑齐，而且不管面额多少，所有纪念品一律只卖 5 美分。他还在报纸上明目张胆地说：本人所出售的货币纪念品，质量堪比真币！

具有讽刺意味的是，他最大的客户中有一些是南方人，他们秘密地购买假币在南方使用，这造成的危害比联邦军队造成的伤害更大。邦联政府公开指责这是"下流的欺骗手段"，并且高价悬赏乌法姆的项上人头，并威胁要把所有的假币伪造者都绞死。

北方政府由于担心南方政府用同样的方法报复自己，最终还是叫停了乌法姆的行为，联邦调查人员甚至考虑给乌法姆扣上罪名，但由于华盛顿从未承认南方里士满政府，所以他并没有违反任何法律。

繁荣的幻灭：
《发髻戴着钻石星星的伊丽莎白》

发髻戴着钻石星星的伊丽莎白

弗朗兹 · 夏维尔 · 温特哈特

1865 年 / 布面油画

凡尔登是默兹河上的磨坊，
碾碎了我们士兵的身心。

——威廉皇储

20 世纪后半叶风靡世界的奥地利电影《茜茜公主》讲述了一个优美动人的爱情故事。电影中巴伐利亚的茜茜公主与奥地利皇帝弗兰茨·约瑟夫童话般的爱情故事让人们艳羡不已，也成为大家心目中的爱情典范。茜茜公主的美貌和魅力征服了整个欧洲，被世人称为“世界上最美丽的皇后”，虽然她在奥匈帝国的政治影响有限，但她已经成为一个文化偶像。德国画家弗朗兹·夏维尔·温特哈特创作的《发髻戴着钻石星星的伊丽莎白》就向我们展示了绝代芳华的茜茜公主的身姿。画面中身高 1.72 米的茜茜公主身着华贵的纱制白色长裙，头戴星形钻石，姿态优雅地侧身回望。为了保持魔鬼般的身材，她经常进行体育锻炼，曾经多次获得马术比赛的冠军。这是茜茜公主留存在世的为数不多的肖像画，也是使用频率最高的肖像画之一。

在嫁入奥地利皇宫之后，由于苏菲皇太后的强势，这对婆媳间的矛盾不断，茜茜公主和弗兰茨皇帝的生活并不像童话中所描述的那样——“公主和王子从此过着无忧无虑的生活”，他们经历了欢笑，也承受了风雨。1857 年，当茜茜带着她的两个女儿随同弗兰茨前往匈牙利访问时，大女儿苏菲不幸被斑疹伤寒夺去了幼小的生命，从此她便被剥夺了抚养孩子的权利。女儿的逝世对茜茜打击极大，她的精神出现抑郁症状，儿子鲁道夫也从出生之日起被带离了身旁，所以她只有通过不断外出旅行来寻找内心的平衡。

随着北方邻国普鲁士的日益强大，奥地利需要和匈牙利建立更加紧密的联系，而茜茜皇后在匈牙利深得人心，在她的努力下，1867 年，奥匈帝国成立，弗兰茨和茜茜被加冕为匈牙利皇帝和皇后。但奥地利与匈牙利仍分别有自己的总理和议会，这种二元帝国的体制内部关系复杂，并不稳定。1889 年，茜茜和弗兰茨唯一的儿子，31 岁的王储（即未来的皇位继承人）鲁道夫因与年龄只有十几岁的女男爵玛丽维兹的婚外情遭弗兰茨皇帝强烈反对而在梅林宫殉情。9 年后，茜茜皇后在日内瓦火车站被意大利一个无政府主义者用刀刺死，原因仅仅是原本要刺杀的目标已经离开，只好随便找一个皇室人员表示抗议，而倒霉的茜茜皇后就成了新的目标。在茜茜去世20年后，接替鲁道夫王储位置的斐迪南大公在萨拉热窝被刺杀，成为引发一战的导火索。

在一战初期，德国妄图以优势兵力，在短时间内打败法国，而后进军俄国。但德军在马恩河战役中溃败，不得已将进攻重点转向俄国。随着德军在俄国战线上接连受挫，德军总参谋长法金汉决定将战略重点移向法国，并煞费苦心地制定了一套攻占法国凡尔登的新计划。凡尔登是座位于法国东北部、靠近德法边境的小城，但它的历史是用鲜血写成的：罗马人把它当作帝国向外扩张时的军事中心；匈奴帝国的国王阿提拉曾经洗劫过此城，并放火烧毁了它；在843年，秃头查理、洛泰尔一世和日耳曼人路易在此签订《凡尔登条约》，将查理大帝留下来的法兰克帝国一分为三，奠定了今天法国、意大利、德国三国的雏形。

在这场凡尔登战役中，双方总共投入了112个师的兵力，死伤人数将近百万，光战后清理尸体这个工作就做了一个多月，因此这次战役又被称为“凡尔登绞肉机”。画家菲利克斯·瓦洛东的画作《凡尔登》就向我们展示了这个炮火纷飞的战场。画中不同颜色的条形柱代表着每一发炮弹的速度与落点，炮弹的线条也将画面分割成不同的区域。画面右端如同血液般的红色三角形代表了交战士兵们所流的鲜血已经汇聚成海，正在汹涌翻腾。下方土黄色的丘陵上，黑色浓烟升腾，被炮弹袭击与飞机轰炸过的土地已成为一片焦土，树木成为枯枝。尤其让人感觉压抑的是从右上角落入画面中的一颗炮弹的线路，仿佛一个人形物体被肢解分散飘于空中，让人感觉到这确实是一场“绞肉机”式的战役。令人无语的是，凡尔登战役是一场没有任何决定性结果的战役，却极大地消耗了双方兵源和物力，成为一战的转折点，德意志帝国也从此逐步走向失败。

一战历时4年多，是迄今为止人类历史上最血腥的冲突，30多

凡尔登 / 菲利克斯 · 瓦洛东 /1917 年

个国家、15 亿人口被卷入了战争，大约有 6 500 万人参战，1 000 多万人丧生，2 000 万人受伤，给人类带来巨大的物质和精神的损害。这场战争不仅体现在科学技术上的竞争，也体现在经济实力上的竞争。科学技术上的竞争主要以新型武器研发为主，在战争中交战双方使用了许多如飞机、坦克、马克沁机枪、巨炮等新型武器，是武器发展史上的重要阶段。

当然，战争不光是武力的竞争，更是经济实力的竞争。所谓“兵马未动粮草先行”，现代战争的背后是一场国力的竞赛，经济实力非常重要，当国王或政府的财力不足以支撑一场全面战争时，就会呼吁或者鼓励全民参与战争。

1917 年，在加拿大制作的一幅叫作“购买胜利债券的 4 个原因”的海报淋漓尽致地体现了交战方对资金的渴望与需求。海报中所说的购买债券的 4 个原因是反对德国 4 个最重要的领袖。这 4 个人分别是：德皇威廉二世、德国陆军元帅保罗 · 冯 · 兴登堡、德国皇储威廉皇子以及德国海军元帅阿尔弗雷德 · 冯 · 提尔皮茨。加拿大当时在大

战争债券海报

英帝国的统治下，是由英国、法国和俄国组成的协约国一方的重要力量。为了筹集资金支持战争，协约国发行了附息战争债券，加拿大从1917年开始称其为胜利债券（或胜利贷款）。1915—1919年，加拿大政府共发行过5次债券。在每一次发行宣传中，胜利债券多米宁宣传委员会都会制作海报，呼吁加拿大公民购买债券，并举办各种仪式、游行和邀请名人出席活动。在1917年的一次胜利债券宣传活动中，出现过这样的标语："不论是富人还是穷人，在这生死存亡的时刻，如果不能为保卫祖国贡献一生的积蓄，都无法受人敬仰。"加拿大人反响热烈，儿童也加入其中，贡献出积攒的零钱以购买债券。筹集到大量资金的社区可以获得胜利债券的荣誉标志。

经济实力再强的国家也终究会有一个限度，材料的生产也需要投入更多的劳动，而人终究会有疲惫的时候，武器的升级换代只会制造更多的杀戮，当战火点燃的时候，人类便会亲手毁灭自己创造的财富。茜茜皇后的美丽未能唤起刺杀者的怜悯，骑士的风采也阻挡不了历史的潮流，随着一战落下帷幕的，是4个统治了欧洲近千年的王室贵族奏响他们最后的乐章：哈布斯堡王朝统治下的奥匈帝国解体，哈布斯堡家族也走向最后的寂灭；从条顿骑士团起源的霍亨索伦家族失去了统治德意志的权力，成为流亡他国的流浪贵族；将俄国带入帝国时代的罗曼诺夫家族也被红色政权扫入历史的角落；奥斯曼土耳其帝国则成为列强们的盘中大餐，彻底土崩瓦解。

金融视角

美国总统与经济大萧条

1899 年，24 岁的美国人“胡华”被派到中国河北唐山的英商开平矿务有限公司“打工”，一年多后，他和德国人德璀琳合谋从清政府直隶热河矿务督办张翼处“巧取豪夺”了开平煤矿。光绪二十七年（1901），一份英商开平矿务有限公司发出的临时股份证明书上，书面标明股金总额为 100 万英镑，位于股票右下角总经理一栏的亲笔签名为——“H.C. Hoover”。

此人就是后来成为美国总统的赫伯特·克拉克·胡佛。开平煤矿被胡佛窃取后，被英国公司霸占近半个世纪，直到二战结束后才被中国政府收回。而在这场肮脏的欺诈交易后，“首功之臣”胡佛不仅窃取了矿务局总经理的职务，还获得大量股份，经转售他人获利竟高达 400 万美元，胡佛就这样在中国“赚”到了人生的第一桶金。凭借着在中国窃取的巨额财富，他在 1902 年回到美国后开设了一家工程咨询公司，并在多处投资开矿。

在一战中，胡佛放弃优越的工程师工作以及安逸的生活，担任美国救济委员会主任，自掏腰包帮助那些身在欧洲卷入战火的美国侨民回家。4 年之间，他帮助了 12 万流落欧洲的美国人返回家园，还救济了法国和比利时的难民。一战结束后，胡佛也声名鹊起，成为美国甚至欧洲国家的知名人士，从此，他在政坛混得风生水起。1927 年，他已经在美国商务部长的位置上坐了 7 年，辅佐了两任总统，当柯立芝总统宣布不再竞选连任后，胡佛顺风顺水地成为候选人，多年积攒的强大声望完美爆发，助其轻松拿下总统的位子。

一战前的 1913 年，美国的人均国内生产总值超越英国，占全世界经济总量的 18.9%，远高于英国的 8.2%，其中最大的贡献来自制造业，占世界份额的 32%。一战后，美国通过信贷扩张，给很多欧洲国家放贷，经济增速连续多年超过 5 %，迎来美国经济史上前所未有的繁荣。大量的汽油拖拉机进入农场，电报、电话、收音机、留声机、电冰箱、汽车进入普通美国家庭，美国汽车产量在20世纪20年代翻了一倍。截至20年代末，全美有1.23亿人口，汽车数量达到2 300万辆，从此成为“活在车轮上的国家”。20年代也是美国房地产市场的大繁荣时代，修建摩天大楼成为时尚，这10年修建的摩天大楼超过历史上的任何时期，克莱斯勒大厦是那个时代的标志性建筑。

胡佛带着巨大的光环入主白宫，当时的很多人都认为他会成为一位伟大的总统，但他在股市崩溃刚刚有复苏苗头的时候，签署了极具争议的《斯姆特－霍利法案》，将2 000多种进口商品的关税提升到历史最高水平，结果招致许多国家的报复，使得美国的进口额和出口额都骤降50%以上，由此引发危机的进一步蔓延。

1929—1933年的经济危机，是美国历史（也是世界历史）上一次空前严重的经济危机，席卷了整个资本主义世界，学术界一般称之为“大萧条”。危机沉重打击了美国的经济，工商业利润急剧下降，失业人口猛增，人民生活水平下降到最低点，10年的“繁荣”消失得无影无踪。面对经济危机，胡佛总统依旧奉行自由放任的经济政策，反对政府进行大规模的干预，甚至在联邦税收减少的情况下，胡佛要求国会增加税收以平衡财政的《1932年税收法案》竟然也获得了通过，致使经济再遭重创。因为胡佛应对经济危机的严重失策，美国经济陷入全面崩溃，工人大量失业，整个社会混乱不堪，胡佛的声望一落千丈，被人们称为“饥饿总统”。

1932年，胡佛竞选连任总统，结果惨败给民主党候选人罗斯福。罗斯福是美国历史上最伟大的总统之一，他连任4届，成为美国历史上任职时间最长的总统，是20世纪世界经济危机和二战的中心人物之一。

罗斯福的外祖父沃伦·德拉诺是一位商人，曾在1857年美国经济危机中损失惨重。后来，他携家人到中国香港做鸦片和茶叶生意，供职于当时在中国做鸦片生意的旗昌洋行，受广东十三行伍秉鉴的帮助获得巨大的利润。外祖父于 1898 年去世时，罗斯福的母亲获得 133 万美元遗产资金，正是这些资金支持了罗斯福获得更好的教育并帮助他成长。

当罗斯福成为总统后，他说出了那句著名的话："我坚信，唯一让我们恐惧的就是恐惧本身。"指的就是当时发生的银行挤兑危机。美国的立国传统强调地方分权，这种分权导致美国金融业的区域分割严重，银行数量众多，但规模都非常小，抗风险能力弱。且当时的美国中央银行美联储于 1913 年成立，对经济危机的认识尚不充分。美联储对银行救助的决定权掌握在一个 12 人组成的委员会手中，一人一票，多数赞成即通过，但这 12 人来自 12 家位于全国的"区域级"联邦储备银行，本身就是各地的大银行家或者他们的代言人，从自身利益出发，他们希望中小银行倒闭，以减少竞争对手，所以，在应该采取救助行动时，却无法达成任何进行救助的共识。当小银行倒闭时，增加了储户的恐惧感，加剧了对其他银行的挤兑，所以说恐惧就是危机的根源。

银行的倒闭必然带来信用的紧缩，大萧条看似是一种多因素叠加，进而互相强化的循环效应，但其爆发的核心因素是信用紧缩。于是，罗斯福总统采用了凯恩斯主义，实行了被称为"罗斯福新政"的改革措施。

1933 年，罗斯福总统宣布全国银行大歇业，通过银行关门来阻断储户恐惧的蔓延，还通过"炉边谈话"以坚定全国人民的信心。他说道："有一个因素要比货币更为重要，比黄金更宝贵，这就是人民的信心。"在此之后，美国成立联邦存款保险公司（FDIC），它在政府引导和市场机制的发挥之间做到一种平衡。在联邦存款保险公司投保的银行，储户的存款将被联邦存款保险公司兜底，最初的保额是 2 500 美元，后来提高到 5 000 美元，存款保险制度也成为以后各国管理商业银行的基本政策之一。美联储的联邦权力得以加强，成立了公开市场操作委员会，其 12 名成员中的 7 名来自华盛顿的联邦储备委员会，而不像之前那样全部来自区域级的联储银行。

在整顿银行的同时，罗斯福对纽约股票交易所也毫不手软。《1933年证券法》于1933年5月27日签署生效，这是美国历史上第一部规范证券交易的法律，它要求建立一个政府机构来对证券交易进行监管。证券交易史上第一个“证监会”联邦证券交易委员会诞生了，所有的新股发行都必须通过注册，并披露特定的信息，这也是金融“分业经营、分业监管”制度的由来。

从1935年开始，美国几乎所有的经济指标都企稳回升，国民生产总值从1933年的742亿美元增至1939年的2 049亿美元，失业人数从1 700万下降至800万。到1939年，罗斯福实施的新政取得巨大成功，它的直接效果是使美国避免了经济大崩溃，极大地稳定了市场，使投资者的预期更明确，恢复了对国家制度的信心。虽然二战的爆发延缓了牛市的步伐，但这些改革为战后将要在华尔街上演的真正的大繁荣奠定了基础。

第六章

科学的胜利

科学绝不是一种自私自利的享乐。有幸能够致力于科学研究的人，首先应该拿自己的学识为人类服务。

——马克思

科学家的成果是全人类的财产，而科学是最无私的领域。

——高尔基

跨时空交流：《雅典学院》

雅典学院

拉斐尔 · 桑西

1510—1511 年 / 湿壁画

人类的智慧没什么价值，或者根本没有价值。真正的智慧只属于神。

——柏拉图

在马克思去世的1883年，德国哲学家雅斯贝尔斯诞生了。他的名字对于我们大多数人来说有些陌生，但他在1949年出版的《历史的起源与目标》一书第一次把公元前800年至公元前200年之间，同时出现在中国、西方和印度等地区的人类文化突破现象称为“轴心时代”。“轴心时代”发生的地区大概是在北纬30度上下，就是北纬25度至35度的区间。这段时期是人类文明的重大突破时期。在轴心时代里，各个文明都出现了伟大的精神导师——古希腊有苏格拉底、柏拉图、亚里士多德，以色列有犹太教的先知们，古印度有释迦牟尼，中国有孔子、老子……他们提出的思想原则塑造了不同的文化传统，形成了不同的文化精神，由此奠定了人类文明的多元基调，也一直影响着后世的人类社会。

“雅典学院”是古希腊大哲学家柏拉图（公元前427—公元前347年）在40岁时创办的。约公元前387年，柏拉图结束旅行返回雅典，在雅典城外西北角一处曾为希腊传奇英雄阿卡德摩斯住所的土地上，创建了自己的学院，集合了算数、几何学、天文学以及声学等多项学科。这是历史上第一所为了系统化的传授知识和追求纯粹学术而建立的学习、研究机构。这所学院是西方文明较早的有完整组织的高等学府之一，也是中世纪时在西方发展起来的大学的前身。[①] 这所学院存在了900多年，直到529年，才被查士丁尼大帝关闭。后世的高等学术机构被称为“学院”，正是源于此。

1508年，26岁的拉斐尔·桑西应教皇朱利奥二世的邀请来到罗马，在那里历时10年为教皇宫殿绘制了大量壁画，这些画中最为出色的一幅就是《雅典学院》。它以“哲学家们的辩论”为题材，以古希腊哲学家柏拉图所建的雅典学院为题，以古代七种自由艺术——语法、修辞、逻辑、数学、几何、音乐、天文为基础，表现人类对智慧

① 资料来源：H.W. 詹森，J.E. 戴维斯，等 . 詹森艺术史 [M]. 艺术史组合翻译实验小组，译 . 长沙：湖南美术出版社，2017.

和真理的追求，也是拉斐尔表现透视的经典作品。这是一幅巨型壁画，长 6.172 米，宽 2.794 米。在这幅画中，不同时代、不同地域、不同学派的 57 个著名学者和思想家聚集在一座多利克柱式的宏伟大厅内，这些人物或行走、或交谈、或争论、或计算、或深思，完全沉浸在浓厚的学术氛围和自由辩论的气氛中，讨论着各种各样的学术和人生问题。

纵深展开的宏伟大厅中，在两侧的壁龛中太阳神阿波罗（左侧）和智慧女神雅典娜（右侧）石像的注视下，中央拱门下面站立着古希腊时期最伟大的哲学家柏拉图和亚里士多德，他们似乎在进行着激烈的争论。亚里士多德伸出右手，手掌向下，好像在表示现实的世界才是值得我们研究的；而柏拉图（以达·芬奇的画像为蓝本）则伸出右手，手指向上举起，似乎表示现实都源于神灵的启示。这两个对立的手势，表达了他们思想上的原则性分歧。以这两个人物为中心，在他们的两侧依次排开许多重要的历史人物。躺在台阶上的犬儒学派的代表人物第欧根尼，其姿势表明犬儒学派贬抑物质财富，不在乎生活，崇尚个人精神自由的哲学态度。虽然他家是开银行的，但是他却不喜欢钱，每天住在一个木桶里，白天打个灯笼上街“寻找诚实的人”，喊出的口号是“要像狗一样活着”。有一次，亚历山大大帝拜访他，说可以满足他的一个愿望，第欧根尼的回答是：“我希望你闪到一边去，不要遮住我的阳光。”

下面坐在台阶上倚箱沉思的是古希腊杰出的哲学家赫拉克利特，他是西方最早提出朴素辩证法和唯物论的卓越代表。他显得很孤独，脱离了人群，也似乎根本没有看到身边的人在争论，陷入了沉思。他不穿古代的长袍，而是身着 16 世纪石匠的装束，看起来很神秘。

在画面左上方的人群中，柏拉图的老师——哲学家苏格拉底正侧转身体掰着手指头与四个青年人交换意见。在四位交谈者中，和苏格拉底面对面的是一位披甲带盔的青年军官，他名叫阿尔西比亚德斯，仿佛在认真聆听苏格拉底的教诲。这位军官身后有一人挥手示意，招呼画面左边的两个人赶快来听哲学家的讲话。

在画面左下方正在书写记录的是毕达哥拉斯，他是算术、几何、音乐、天文四个学科的创始人，被人文主义者称为科学之父，他所强调的和谐与秩序的观念，在文艺复兴时期是绘画艺术整体构思的基础。背后偷看毕达哥拉斯演算的人叫德谟克利特，他提出了著名的原子论，认为世界是由微小的看不见的原子组成的，这个观点一直到几千年后的门捷列夫的元素周期表上才得到证实。

画面右下方台阶下弓着身子、手执圆规在一块黑板上给学生演算的是几何学家欧几里得（一说是阿基米德），周围是他的四个学生。旁边那个身穿古代黄袍、头戴荣誉冠冕、手持地球仪的人，是埃及天文学家托勒密。

在托勒密的对面，即手持天文仪的老人则是古代波斯教的创始人琐罗亚斯德。与他们站在一起，头戴深色圆形软帽，露出半个脑袋的青年就是画家拉斐尔本人，他旁边的是赞助人乌尔宾诺公爵。把自己和赞助人画进历史题材内，是当时的画家们很喜欢用的表现方式。

《雅典学院》是拉斐尔全部作品中最壮丽辉煌的一幅，也是文艺复兴鼎盛期古典精神的象征。栩栩如生的人物群像有机地联系在一起，50 多位先贤互相交错衬托，分别讨论研究着各自学科的学术问题，既独立又相互关联，浑然一体。这宏大的场面、均衡的布局、众多的人物、生动的表情、各异的姿态、个性的刻画、变化且统一的节奏，可谓把绘画创作发展到文艺复兴时期的顶峰。同时，这幅画中的人物所处的环境是一个教皇处理政务的房间，而基督教是一神教，排斥所有非基督的神学体系，但在这幅画中，除了这些古希腊时期的名人，拉斐尔还画上了古希腊的神——阿波罗和雅典娜的塑像，这无疑是非常大胆的作法，也正是文艺复兴的精神与古希腊民主自由思想、科学精神和哲学智慧的体现。

金融视角

文化棘轮与行会大学促进知识传承

历史学家尤瓦尔·赫拉利博士在他的书《人类简史》中提出了一个观点，说在历史的某个特定时间点，地球上可能同时存在过6种不同的人类，除了我们的祖先智人外，还有尼安德特人、梭罗人和直立人等。但是随着时光流逝，所有其他人种（比如尼安德特人）都逐渐灭绝了，剩下智人成了我们的史前祖父母。尤瓦尔认为智人笑到最后的原因是他们能够有效运用语言来沟通复杂信息，以最大化地提高生存概率，并且将这些认识通过语言传承下去，从一个人到另一个人，从父母到孩子，而后人可以站在前人的肩膀上继续前行。

通过学习，人类能够不断地改进自己的日常行为模式，将之形成文化，并一代代地传承下去，这是一种累积演化的效果。人类学家将文化知识的这种相对丢失较少的逐渐累积过程称为“文化棘轮效应”。文化棘轮效应是人类文化与其他动物文化之间本质的差别，每一个人如同思想家一样去思考相同的问题就会变成知识进步的养料。

在古代中国社会，家庭往往承担一定分量的知识传承任务，这让家世成为评价一个人的重要标准，“龙生龙，凤生凤，老鼠的儿子会打洞”的观念甚至仍然是当今社会部分民众的认识。而中华文明延绵不绝的“看家法宝”则是中国古代的官学、私学相互促进发展的知识传承模式，也正是科举制度这个良性竞争机制保障了传统中国社会的知识水平与智力能力的持续与稳定，维系了中华文明的千年领先地位。

在中世纪欧洲则另辟蹊径，人们经常思考的问题是宗教问题，这种思考促进了大学的建立与知识的传播。当时的教会一直在追求至高无上的权力，希望能在思想文化方面加强对欧洲的控制。在1179年第三次拉特兰宗教会议上，教皇就通过法令宣布教育免费的原则，因为在教义中，知识是上帝所赐，获得神职的教师不能收取学费。虽然教会反对将知识作为商品，但是随着城市人口的增加、中产阶级的崛起，教会学校无力应对学生的增加，只能开设“私立学校”，以区别于由教会资助的“公立学校”。而教会又无法解决老师的生存问题，因此随着私立学校的不断增加，大学成为一种“知识贸易”，大学不仅是知识的生产者和传播者，而且也是知识和信息的主要集散地。

世界上最古老的大学博洛尼亚大学创建于1088年，它主要是一所学生大学，以法学为主；而1170年创建的巴黎大学主要是一所教师大学，以神学为主。大学建立的一个重要标准是获得教皇或世俗当局的认可，从而获得法律上的独立地位。正是教皇或者国王颁发的特许状，将大学与同时代其他学校如主教学校、城市学校、托钵僧教团学校以及私人法律学校等区别开来。因此，早期的大学是学生或教师组建的有法律地位的自治组织，会与城市当局订立自我保护的条约，从而捍卫自身的权益。比如，学生可以向城市当局要求享受教士的种种特权，比如免税、免服兵役、个人财产不受地方当局查封、不接受地方市民法庭的指控，只服从于教会法庭，有时甚至也不受当地的宗教法庭的指控，而是由自己的教师设立裁判所等。[①]

大学建立的另一个标准是学位制度。早期的大学通常有四种学院：艺学院、神学院、法学院、医学院。艺学院里主要学习自由七艺，其中语文三艺即语法、修辞和逻辑，数学四艺即算术、几何、音乐、天文，合称七艺。

古希腊和古罗马的学校从未有过颁发学历和学位证书的传统。中世纪的大学作为学生和教师的行会组织，其基本功能就是设置行业门槛、行业标准、产品标准，而大学所维系的产品标准就是学术标准。获得学位的学生可以穿着特别设计的服装参加典礼，而现在的罩

① 资料来源：吴国盛 . 什么是科学 [M]. 广州：广东人民出版社，2016.

袍式学位服就是从中世纪一直传下来的，它的原型是教士服。

中世纪大学的产生、学科的分类，使人类知识文化的积累加速，在人类文明传承、延续与创造的过程中发挥了重要作用，可以说是近现代世界高等教育制度的直接先驱。遵循教育服务社会的基本原理，大学通过把教学与科研的核心功能扩展到经济与社会发展中，践行服务社会的使命，达到对高深学问的探究及对真理的追求，在满足社会需求的同时自身也得到了发展。许多伟大的思想家在大学任职与传授知识，并会基于前人积累的知识进行创新与突破。

从 1530 年以来，西方世界只有 85 个机构存活至今，其中就有 70 所大学。为什么大学会具有如此长久的生命力？为什么大学总是一种象征？为什么大学可以承载历史和时光？这是因为大学有将精神与物质结合的能力。1222 年由威尼斯共和国赞助成立的帕多瓦大学和 1224 年由开明君主神圣罗马帝国皇帝腓特烈二世成立的那不勒斯大学就是其中翘楚。帕多瓦大学初期以“自由学者组织”的形式存在，被罗马教廷审判过的伽利略就曾经在帕多瓦大学任职，在 800 年的学校历史中，保卫学术自由成为帕多瓦大学的精神核心，从未被遗忘。时至今日，帕多瓦大学依然践行着“为帕多瓦、宇宙以及全人类的自由而奋斗”的校训，成为全球顶尖的学校之一。

那不勒斯大学则是腓特烈二世在欧洲创办的第一所国立大学，这所大学不是靠神职人员或学生集资运营，而是靠神圣罗马帝国皇帝和西西里王国国王提供的资金即国家资金运营，因而学费全免，教授的报酬也由国库支出，这在其他大学根本见不到。同时，那不勒斯大学自创办之初就面向世俗民众，提出“回归知识与教育本源”的校训，通过设置奖学金制度及房租上限为学生谋福利，安排学生学业期满的工作方向——担任国家官吏。

当腓特烈二世于 1226 年在比萨见到时年 56 岁的商人兼数学家斐波纳奇时，曾极力邀请斐波纳奇前往那不勒斯居住并安心研究数学，尽管斐波纳奇最终没有成行，但皇帝还是决定向他支付终身年金。正是在腓特烈二世的支持下，斐波纳奇克服了教会的强烈反对，对他的著作《计算之书》进行再版，该书是欧洲最早介绍阿拉伯数字的著作。书中展示了阿拉伯数字系统如何简便地处理复杂运算，从此，阿拉伯数字被引入欧洲，从善如流的意大利商人和银行家们很快将这个数字系统收为己用，开启了商业及金融业的大发展。

神秘的微笑：《蒙娜丽莎》

蒙娜丽莎

达 · 芬奇

1503—1517 年 / 布面油画

绘画是一门科学，绘画科学的第一条原理是：绘画科学首先从点开始，其次是线，再次是面，最后是由面规定着形体。物体的描画，就此为止。事实上绘画不能越出面之外，而正是依靠面以表现可见物体的形状。

——达 · 芬奇

1452 年的 4 月 23 日，君士坦丁堡被奥斯曼土耳其围困成为孤城，千年历史的拜占庭帝国离灭亡还剩一年，达·芬奇就在这一天出生在夜幕降临后的芬奇村（托斯卡纳小山镇），阿尔诺河流过的山谷附近，当时这个地方是美第奇家族统治下的佛罗伦萨共和国的领地。达·芬奇的父亲叫瑟·皮耶罗·达·芬奇，是佛罗伦萨的法律公证员，因此十分富有。他的母亲卡泰丽娜是农妇，达·芬奇是他们的私生子。

达·芬奇 12 岁的时候，被送到佛罗伦萨当地著名的画家、雕塑家、金匠韦罗基奥工作室当学徒，与波提切利成为同学。在韦罗基奥工作室，许多画家往往一同合作创作油画。1568 年，达·芬奇参与老师的画作《基督受洗》的创作，这幅作品的风景和天使是达·芬奇的手笔，其中跪着的天使成为作品中最出彩的部分，老师韦罗基奥发现这个小孩子居然画得比自己还要高明，受到巨大刺激，从此封笔，不再画画。

由于达·芬奇在许多方面有着过人的天赋，意味着他创作的绘画作品数量相对较少，但是他留下了许多结合了科学精准性和丰富想象力的素描和笔记，这些资料反映了他在各学科上的大量研究和见解，例如几何学、解剖学、重力学和光学等。达·芬奇还完成了许多机械工作，他设计了潜水装置、降落伞和飞行器，而这些发明在他逝世之后几百年才真正被制造出来。

因为战乱，达·芬奇后来在法国、罗马、米兰之间流转，但是无论他去哪儿，都没有忘记去发现和创作一些新的东西，比如研究水利工程、解剖百岁老人的尸体发现动脉硬化的致死机理。

“画家应该孤身独处，细想他所见到的一切事物，就眼睛所看到的东西多加思索，以便从中选取所见事物中最优美的部分。他应当像一面镜子一样行动，使摆放在面前各种事物的多种颜色嬗变，这样他就好像是第二自然。”达·芬奇主张画家要观察自然，而真实地再现自然并不意味着艺术只对自然做机械的模仿，所以表现的技法或手法不相同。达·芬奇通过一种烟熏似的柔和表现手法来表现阴影和其他明暗效果，这种风格被称为“晕涂法”，这种技法会在画面中用透明色叠加出多个层次来达到柔和色彩的混合效果，从而制造出模糊和发光的质感。

《蒙娜丽莎》这幅画是最先将人物描绘在一个虚构风景中的绘画作品之一。蒙娜丽莎坐在阳台的一个扶手椅上，左臂靠着椅子的扶手，远处的风景通过大气透视的模糊处理给画面增加了一种深度。远处景色之中只有山石、土地和水，连棵树都没有，简直就是人类出现以前的洪荒时代。

迄今为止，画中人物的真实身份始终存有争议。有人说她是一个布和丝绸商人的妻子，有人说她是公爵夫人，也有人说她是美第奇家族成员的情妇。画面展示的是蒙娜丽莎的3/4像，她的身体微微转向我们，脸几乎是正面，目光和画面垂直，无论从哪个角度看，她都好像在直盯着你。没人能确定是什么让蒙娜丽莎的笑容如此神秘，她的眼睛上并没有皱纹，而且她只在唇角的位置呈现出微微的弧度。就是因为这个弧度，构成了著名的“蒙娜丽莎的微笑”。也正是这优雅的微笑，把身后混沌一片的风景统一起来。古罗马诗人奥维德创作的《变形记》中的海伦有一句名言：“今天美丽若斯，日后我将如何？”于是，这段短暂而易逝的微笑，把我们从混沌的洪荒时代，带到优雅的、转瞬即逝的当前，但迟早，我们还得归于那无尽、无休、无形的混沌。蒙娜丽莎右肩后一座若隐若现的桥也是时间流逝最绝妙的象征，它搭建了一种奇妙的反差，蒙娜丽莎的身体微转，运动正

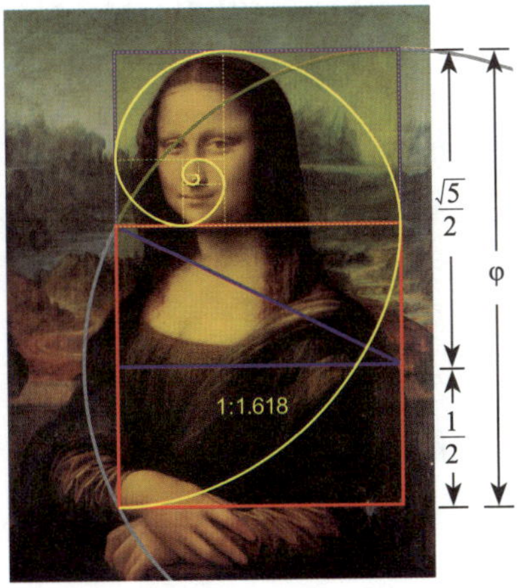

《蒙娜丽莎》中的黄金比例

在“时间”中发生，从混沌到优雅，再从优雅到混沌，体现了对“双重时间”的沉思。[①]

达·芬奇的绘画非常注重结构，在人体绘画上也就是所谓的解剖。1487 年，他致力于研究解剖学，测量了十几位年轻男子的每一个部位，画了 40 幅手稿，留下 6 000 多字的笔记，比如“嘴到鼻翼底的距离是脸长的 1/7，嘴到下颌底部的距离是脸长的 1/4”。

达·芬奇的画也非常注意逻辑关系，各个部分的结构和形式联系得非常紧密并且合理。在他的画中，也有很多科学性的表现，渗透到细致入微的绘画风格上。如大家都知道的黄金分割，充分表现着和谐的比例和各个形象之间的平衡感。

达·芬奇的另一幅名作《维特鲁威人》对人体的黄金分割比例进行了更真实与详细的表现。画中有一个面对我们的壮汉，他两臂微斜上举，两腿叉开，同时在画中叠加着另一幅图像——这个壮汉两臂平伸站立。我们可以观察到这个两臂微斜上举、两腿叉开的壮汉，以他的头、足和手指各为端点，正好外接成一个圆形。如果以这个两臂平伸站立的壮汉为观察坐标，则以他的头、足和手指各为端点，正好外接成一个正方形。此外，我们还可以轻松地从人体中找到圆形、三角形、四边形、五边形、等边三角形等图形。

这幅画的画名由古罗马《建筑十书》的作者、著名建筑家维特鲁威的名字而来。“维特鲁威人”看上去非常匀称，具有美感，这是因为达·芬奇在画作中大量运用了黄金分割比例。黄金分割比例就是把一条线段一分为二，较小部分与较大部分之比等于较大部分与整体部分的比值，其比值约为 0.618。这个点就是黄金分割点，这个比例也被公认为是最具有审美意义的比例，大量事实证明：越是接近黄金分割比例的人体，五官、体态就越优美。

---

① 资料来源：达尼埃尔·阿拉斯．绘画史事 [M]. 孙凯，译．北京：北京大学出版社，2007.

对于具体的运用方法，达·芬奇曾经引述了维特鲁威在《建筑十书》中的表述："4 指为一掌，4 掌为一脚，6 掌为一腕尺，4 腕尺为一人的身高。4 腕尺又为一跨步，24 掌为人体总长。两臂侧伸的长度，与身高等同。从发际到下巴的距离，为身高的 1/10。自下巴至脑顶，为身高的 1/8。肩宽的最大跨度，是身高的 1/4。臂肘到指根是身高的 1/5，手的全长为身高的 1/10。下巴到鼻尖、发际到眉线的距离均与耳长相同，都是脸长的 1/3。"

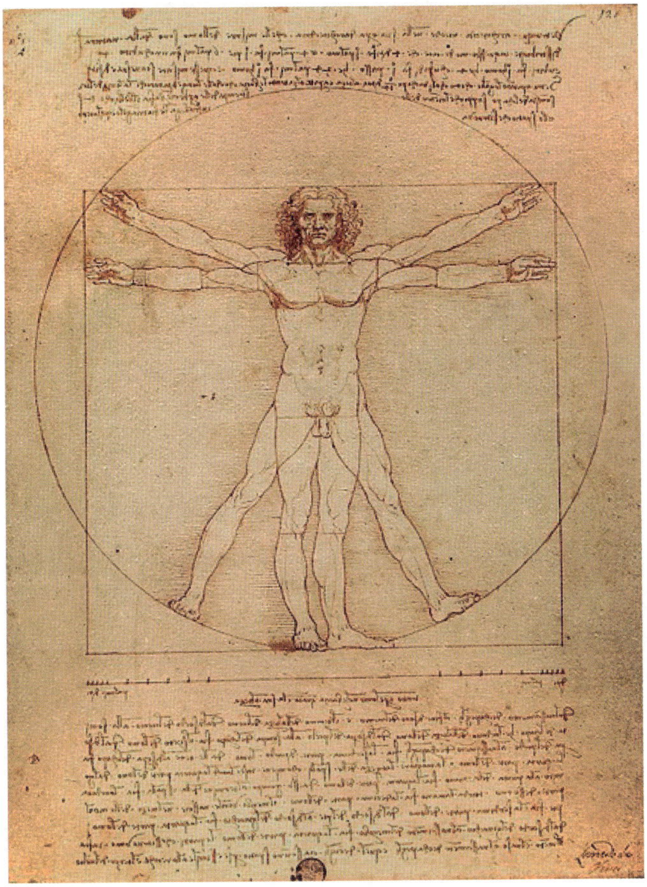

维特鲁威人 / 达·芬奇 /1492 年

金融视角

应用广泛的黄金比例、斐波纳奇数列与净现值

13 世纪早期，意大利北部地区处于四分五裂状态，多个城邦彼此争斗不休。数字体系（i、ii、iii、iv……）是已不复存在的罗马帝国的众多遗迹之一，它不适合复杂的数学计算，更不用说满足商业的需要了。这一难题在比萨更为突出，那里的商人不得不对 7 种不同形式的流通货币进行烦琐的计算。相比之下，与过去查理大帝时代一样，无论是阿巴斯哈里发帝国还是中国的宋代，东方世界的经济生活更为先进。为了开发现代金融，欧洲需要改变现状。在这方面，一名被人称作“比萨的列昂纳多”的年轻数学家斐波纳奇起了关键作用。

年轻的斐波纳奇，是总部设在现在的阿尔及利亚贝贾亚的比萨海关的一名官员的儿子，从小在比萨的北非殖民地长大，跟随阿拉伯家庭教师学习。这样，他就有条件接触阿拉伯数字，以及来自亚洲的先进数学方法，因此，斐波纳奇在 1202 年出版了一部名为《珠算原理》的著作，在书中他提出了一个生活中会遇到问题：

> 假设一名农夫养了一对刚出生的兔子，兔子在出生两个月后就具有繁殖能力，一对兔子每个月能生出一对小兔子来，如果所有兔子都不死，并重复同样的繁殖周期，那么，该如何计算在某个给定月份农夫总共拥有多少对兔子呢？约束条件是第一个月农夫拥有的一对兔子还未达到性成熟，所以无法繁殖。

按照这个问题的条件，思考与计算过程如下：

> 第二个月，农夫依旧只有一对兔子。
>
> 到了第三个月，这对兔子能够生小兔子了，于是，农夫有了两对兔子。

第四个月伊始，第一对兔子再次繁殖，但第二对兔子还未具有繁殖能力，所以，农夫总共有三对兔子。

再下一个月，第二对兔子已具有生育能力，但第三对兔子还未长大，所以只有前两对兔子生了小兔子，现在总共有五对兔子……

兔子的对数递推如下：1、1、2、3、5、8、13、21、34、55……而某给定月份的兔子对数就是前两个月的兔子对数之和。数学家们很快就意识到了这个数列的重要性，如今，这个数列就是著名的斐波纳奇数列（0、1、1、2、3、5、8、13、21、34、55、89……），这个数列从第三项开始，每一项都等于前两项之和。随着数列项数的增加，前一项与后一项之比越逼近于“黄金分割”比例 1∶1.618。

黄金分割比例在自然界普遍存在，小到野雏菊的花瓣数量、向日葵里的葵花籽排列，再到人类身体的各组成部分的比例关系。各类建筑如古希腊的雅典娜神殿、印度的泰姬陵等都符合黄金分割或黄金矩形规律，也因此而极具美感。甚至照在地球上的太阳光就在两条“黄金分割线”南回归线与北回归线之间移动，而天体运行周期之间也存在着黄金比例的关系。

黄金比例在金融市场的应用也很广泛，在分析股票走势图时，斐波纳奇数列不仅用于计算差价，还可以用来计算行情反转点的持续天数，以及在“艾略特波浪理论”（市场走势由波浪构成，且按周期重复循环波动）中也发挥着重要作用。直到现在仍有很多大型金融机构的证券分析师信奉艾略特波浪理论，其神秘色彩在现代也尚未褪色。

斐波纳奇在这本《珠算原理》中，将更多东方数学思想引入欧洲，读者可以从中找到分数的解释以及现值的概念（未来的资金折现到现在的价值）。最重要的是，斐波纳奇系统介绍了阿拉伯数字的用途和基本算法，包括加减乘除和分数，展示如何直接使用数字符号进行代数计算。他不仅把十进制介绍到欧洲，使得各种计算远比用罗马数字容易得多，还指明如何把它应用于商业记账、货币兑换中，尤其是应用在利息计算方面。值得注意的是，《珠算原理》中的许多例子，借助一些商品如皮革、辣椒、奶酪、油和香料等来表达，因而显得更生动。数学开始应用在赚钱方面，特别是应用在贷款相关的计算中，一个典型的例子就是：

> 一人贷款给某商家 100 英镑，每月每英镑收取利息 4 第纳尔，他每年获得回报 30 英镑。我们必须计算本金的减少及在上述 30 英镑中利润的减少。我们要寻求在多少年、多少月、多少天和多长时间把钱收回。

净现值的概念是现代金融的核心概念。这可能也是东西方数学发展的一个分水岭。《珠算原理》中的数学方法，在中国的古典数学文献中都能找到，只有净现值是个例外。《珠算原理》有着强烈的商业导向，它是为了解决实际的商业和金融问题而诞生的。1938 年美国教授约翰·威廉姆斯在他的书《投资价值理论》中首先提出现金流折现理论："任何股票、债券或企业今天的价值，都取决于其未来剩余年限预期的净现金流（现金流入减去现金流出），以一个适当的折现率加以折现后所得的现值。"用公式来表示就是：

$$\sum_{i=1}^{n}\frac{CF_t}{(1+r)^t}=\frac{CF_1}{(1+r)^1}+\frac{CF_2}{(1+r)^2}+\cdots\cdots+\frac{CF_n}{(1+r)^n}$$

其中，n 表示资产（企业）的寿命，CF_t 表示资产在 t 时刻产生的现金流，r 反映预期现金流的折现率。

现金流折现就是一项资产的"内在价值"。我们做一切投资决策，都应该首先基于内在价值，而不是"历史成本价值""账面价值""市场公允价值""清算价值"这些只具备参考作用的价值标准。任何资产的“内在价值”，都是其未来现金流的折现值。每种资产类别的特征都大不相同，资产获得现金流的持续性、确定性、稳定性和增长性也不相同，但是，现金流最终代表的金钱都是一样的。有了这种思维，就可以把母鸡和黄金的价值放在一起比较，也可以把股票和债券的价值拿来比较，还可以拿茅台的股票和中石油的股票进行比较。[①]

① 资料来源：静逸投资 . 投资至简：从原点出发构建价值投资体系 [M]. 北京：机械工业出版社，2020.

时空的礼物：《静物：沙漏、笔袋与印刷品》

静物：沙漏、笔袋与印刷品

格里特 · 德奥

约 1640 年 / 布面油画

各种各样的因素（主要是科技和经济因素）似乎共同帮助创造了我们所谓的真正意义上的文艺复兴……机械钟表改变了人和时间的关系，在特定工作中，使人类的活动结构不受自然节奏的影响；印刷术导致了知识传播的突破性进展，而且削弱了教会曾经在知识传播上拥有的垄断地位。

——彼得 · 沃森

一个红棕色的储物柜上放置着几件物品：一个黑色的笔袋压在一张有人物素描的纸上，一个正在计时的沙漏，还有一本部分隐藏在黑暗之中的印刷图书。初看之下，这组静物就是几件普普通通的物品，但组合在一起，却代表着影响人类历史进程的技术革新。纸、笔、书都是用来记录历史、传播知识的载体，而沙漏里的沙子就表示漫漫历史中的点滴事件。著名物理学家张首晟总结人类历史时提出过"笔胜于剑"的概念，他以亚历山大大帝征服欧亚大陆与在非洲建成亚历山大图书馆为例，认为刀枪只能短暂征服一片国土，要建立一个合法而稳定的政权，还得靠合理的思想，因为文化是真正能够流传下来的东西，是经过时间考验、历史验证的结果。

人类对世界的认知正是从时间开始的。正如"时间"字形显示的那样，人类最早对时间的认知来自太阳。就中国来说，古代人最早测量时间的工具多与太阳有关，日晷是我国古代较为普遍使用的计时仪器，日指太阳，晷表示影子，日晷的意思为"太阳的影子"，它是白天通过测日影定时间的仪器。从原理上来说，根据影子的长度或方向都可以计时，但根据影子的方向来计时更方便一些。

埃及人和苏美尔人则通过观察太阳、月亮和星星制定了最早的历法。他们把一天分为24小时的方法，一直沿用到今天。到了古希腊，罗马时代，时间在各处总是一样的概念，不一样的标准。中世纪时，教皇或国王有权规定时间体系，由他们来决定"什么时候应该敲钟"。480—544年，一个叫本尼狄克·冯·努西亚的修士，在意大利中部的卡西诺山上建立了一所修道院，根据修士的规定，那里的生活必须遵循严格的纪律，他们每天的日程严格划分为祈祷、礼拜和劳动。修士们必须准时

日晷

去参加共同的祈祷活动和共同用餐；一个修士如果迟到，就会受到惩罚。修道院向外部世界提供了生动而鲜明的实例，说明时间是可以划分的。

时间固定 / 吉兰 · 马格利特 /1938 年

修道院的修士在尝试划分时间，而有些人在尝试挽留时间，超现实主义画家吉兰·马格利特的画作《时间固定》是为纪念死于伦敦火车失控的赞助人爱德华·詹姆斯的妻子而创作。这幅画描绘了一个空荡荡的房间里，一辆正在冒着蒸汽的火车车头从壁炉中冲出来，壁炉架上放置着一面高大的镜子，镜子前方放置着一个座钟和两根烛台，时间仿佛静止了一般，火车也停在了钟表上指向的那个时间点，也许那就是詹姆斯的妻子逝去的时刻。而挂在墙上的镜子仿佛是遗像的相框似的，一片虚空，如同连接另一个世界的桥梁，给人以无限遐想，让人不自觉的在其中寻找逝者的音容。

所以，在时间的长河中我们可以捡起沙粒，寻找那逝去的岁月，让纸笔去记录，让书籍去纪念，从而留下我们的记忆与认知。

金融视角

对时间与空间的度量提升人类对世界的认知

为什么在同样的时间里有的人创造了精彩人生，有的人却碌碌无为？是什么在决定人的命运？是谁在掌控人的未来？世间万物存在差异，但最为公平的莫过于时间。每一天，我们都会得到相同的长度，而个人对时间利用率的不同，就会产生不同的结果。对于一个教士而言，时间是上帝的礼物，传达上帝对人类的爱，所以要珍惜拥有的时间；对于一个商人而言，时间就是金钱，每天不仅要知道收入和支出有多少，而且还要知道这些收支何时发生，为了切身利益，他不光要计算资金的流通，还要计算时间的长短。

在寻找精确的计时器的过程中，人们发明了时钟，钟表工匠们用齿轮、平衡杆制造了一座机械钟，借助齿轮和平衡杆的水平运动，带动指针进行环行运动。第一座机械钟按照现在的标准来看当然还不够精确，但已经不受太阳的运转和教士及君王的意愿影响了。首先，时间不再是教会的专利，普通人也有了掌握时间的权利，时钟虽然安装在教堂的屋顶上，但每一个人，只要他愿意，就可以看见，并且知道现在是几点钟。另外，人们也看到，时钟总是均衡地行走，不再受教会庆典活动左右，而过去则是由教会操纵一年的季节划分。于是，时间成了一种抽象的自然现象，不随人的意志而存在，不随权势的意愿而改变，也不受人处在世界上什么地方的影响。这是思维空间的一次真正的延伸。

商人们很快就明白了时钟的真正意义：他们不仅可以计算金钱，而且也可以计算时间。问题不仅仅是节省成本，而且还需要节省时间。每个人都能听到教堂的钟声，每个人也就可以经济地使用时间。这产生了深远的影响：每天的时间都变得有了意义，把永恒看作是生活真谛的思想逐渐变得苍白无力。在作坊里劳动比去教堂变得更为重要，人们开始从教会的控制下慢慢解脱出来。

与此同时，人们也在不断提升对世界空间的认知。佛罗伦萨是意大利文艺复兴的中心，在这里形成了新的艺术流派与绘画模式，透视法的广泛应用使人们能够构建、再现出一个世界，而这个世界是“开放”的。在 15 世纪著名建筑理论家阿尔贝蒂的《论绘画》与画家皮耶罗·德拉·弗朗切斯卡的《绘画中的透视法》中，“透视法”又称为“公度”，通过观看者的距离对再现画面按比例进行和谐建构，这样，世界对我们来说就是“可公度的”。这个词语原来是天文学术语，主要指利用数学模式反映事物本身或相关事物之间的运动关系隐含的周期性规律，体现了自然界可被认知的一种秩序与状态。在绘画的语境中，“可公度”又可视为“精确再现”。

透视法的运用模式不止一种，人们将它用于各种各样的目的。佛罗伦萨成为重要的地图绘制中心，人们在绘画中绘测空间的同时，也在地图中绘测空间。当机械座钟发明以后，时间可以计量，空间可以“公度”，这个世界已经从无限走向有限，从不可公度走向可公度，于是，世界便向人们敞开了心扉。

思想的碰撞：
《伽利略面对罗马宗教裁判所》

伽利略面对罗马宗教裁判所

约瑟夫 - 尼古拉斯 · 罗伯特 - 弗勒里
约 1847 年 / 布面油画

哥伦布发现了新大陆，
伽利略发现了新宇宙。

——欧洲谚语

15、16世纪的欧洲，正是封建社会向资本主义社会转变的关键时期。长期以来，为了巩固封建统治的秩序，神权统治的欧洲，用神学代替科学，用野蛮代替自由。神学家们推崇古希腊天文学家托勒密的“地球是宇宙中心”的学说，因为在他们看来，太阳是围绕地球运转的，上帝创造太阳的目的，就是要照亮地球，施恩于人类，这是永恒不变、颠扑不破的真理。

为了维护这个荒谬的理论，天主教会的宗教裁判所不惜用暴力对付一切敢于提出异议的人们。杰出的波兰天文学家哥白尼的著作《天体运行论》大胆地提出太阳是太阳系的中心，地球和其他行星都围绕着太阳运转的理论，即太阳中心说，这一理论引起了著名科学家伽利略的极大兴趣。

1605年，伽利略受聘于美第奇家族，成为未来托斯卡纳大公科西莫二世的家庭教师。后来，伽利略利用自制的望远镜观测天空，从观测到的结果推断出亚里士多德的学说有误。随后，伽利略根据自己的观察结果写了《星际使命》，揭示自己对月球的发现，即月球不是平坦而光滑的，而是一个有山脉和陨石坑的球体。他把此书献给美第奇家族的科西莫二世，并把木星周边的新卫星命名为美第奇星。科西莫二世非常满意这件礼物，把伽利略封为“第一哲学家和数学家”，并为他的研究提供了大量资助。

1609年8月，伽利略向威尼斯总督展示了自己制作的当时世界上最强大的望远镜。他们一起爬上圣马可钟楼，架设了这台望远镜并用它来观测潟湖。一个星期后，在一封写给他内弟的信中，伽利略说，这台望远镜的表现“令所有人感到无限惊愕”。别人的望远镜的放大倍数大约是10倍，而伽利略的望远镜因为有一套更完美的光学系统，所以能够实现60倍的放大。望远镜不仅给威尼斯人带来战争中的优势，因为他们能在敌人看见他们之前发现敌人，而且也使精明的商家发现海上正在驶近的满载香料或布匹等新货的船舶，这意味着他们可以在股票的市场价格暴跌之前抛售其股票。

1616 年 2 月，宗教裁判所的评审委员会正式宣布，日心说的观点为异端邪说，哥白尼的《天体运行论》在它出版的 63 年后被禁止，而伽利略却在继续支持哥白尼的理论。伽利略无法接受教会对科学观点的谴责，虽然他是一个虔诚的天主教徒，但他也是一个狂热的理性主义者，他认为："《圣经》是为了教导人们如何去天堂，而不是教人了解天堂如何运转。"科学家最有资格对物质世界进行评论，而神学家最有资格对精神世界和应如何生活在物质世界发表评论。

在 1618 年，梵蒂冈罗马学院的天文学教授格拉西发表了一篇演讲，引用第谷的新学说，指出 1618 年出现的三颗彗星处于月球和太阳之间，即属于"天界"的事物。此文立论客观，并没有任何挑衅意味，却因为第谷仍然相信地心说而被广泛引用为反对哥白尼的借口。而伽利略受好事朋友的煽动，先派弟子出马，后来还亲自写文章打笔仗攻击格拉西，因此与梵蒂冈的传教士结怨，直至变成死敌，为他十年后受审蒙羞埋下了导火线。

在 1623 年，当伽利略的朋友枢机主教马费奥·巴贝里尼当选为教皇成为乌尔班八世后，他看到了一个推翻保守势力的机会。伽利略和新教皇都出生在佛罗伦萨并在那里长大，两人上的是比萨的同一所大学。乌尔班八世继位不久，就 6 次恩准伽利略冗长的谒见。在一次进见中，伽利略提到想写一本比较两种对立宇宙观的书。当他认为已经获得教皇的首肯后，离开梵蒂冈回去继续他的研究，并开始写作后来被证明为科学史上最有争议的一本书——《关于托勒密和哥白尼两大世界体系的对话》。

在这本书里，伽利略用了三个人物之间的对话来探索日心说与地心说各自的优点。书中的角色萨尔维阿蒂支持哥白尼日心说的观点，是个聪明、博学和雄辩的人。而另一个角色辛普利邱——小丑的角色，则试图捍卫地心说。第三个角色萨格利多则充当调解员的角色，引导这两人之间的对话。虽然伽利略声称对话是中立的，但显然不是，因为亚里士多德信仰的拥护者就像傻瓜一样，被哥白尼的日心说的论点所吸引。

这本书问世时，肆虐欧洲大陆的“三十年战争”已经进行了14年，天主教会对日益发展的新教威胁感到越来越震惊。教皇必须让信仰天主教的信徒们看到他的铁腕能力，因此他转而谴责胆敢质疑传统的地心说观点的任何异端科学家有亵渎嫌疑的作品。1632年8月，罗马宗教裁判所下令禁止这本书出售，并且由罗马教皇点名组织一个专门委员会对这本书进行审查。伽利略预感到大祸临头，果然，到了10月，他接到了宗教裁判所要他去罗马接受审讯的一纸公文。就这样，1633年年初，伽利略抱病来到罗马。他一到罗马便失去自由，被关进宗教裁判所的牢狱，并且不准任何人和他接触。

《伽利略面对罗马宗教裁判所》这幅画给大家呈现了在罗马宗教裁判所充满血腥和恐怖的法庭上，伽利略面对宗教裁判所教士时的情景。已经69岁的伽利略被一个身穿黑骑士服的教士押上审判庭，一位红衣主教高傲地站在伽利略身前，用盛气凌人的眼神看着他。而站在大厅中央的伽利略用手指着身前打开的一本书，好像在向这些教会法官们解释着什么。他身后的那些满脸杀机的教会法官们，有些在窃窃私语，有些在低头思考，后墙上一幅反映自由与爱的壁画被黑暗所包围，象征着此时真理遭到谬误的否决，科学受到神权的审判。最终，教会用火刑威胁伽利略放弃自己的信仰，在审讯和刑法的折磨下，伽利略被迫在法庭上当众表示忏悔，同意放弃哥白尼学说，并且在判决书上签了字。

宗教对科学的压制，激进的新发现对古老信仰的挑战，思想自由与宗教信条的矛盾……没有任何一次诉讼能像此次诉讼一样更有意义，但更令人遗憾。虽然结局是悲惨的，就像科学吟诵出的哀歌，但是，伽利略的学说没有停下传播的步伐，科学的发展也不会被愚昧的当权者永远限制，它将随着人类社会的进步，绽放出更加耀眼的光芒！

金融视角

无处不在的周期现象

在伽利略与教会因彗星结怨之前，历史文本中早已有对彗星的记载，无论在东方还是西方，彗星历来令人惊惶恐惧，被认为是灾祸动乱的征兆。在古代中国，彗星被称为“荧惑”“扫把星”。在古代西方，据说恺撒大帝被暗杀之前和威廉公爵率领诺曼人渡海征服英格兰之前，都曾经有彗星出现。11 世纪英国的贝叶挂毯上有一幅场景：一颗彗星划过天际，人们举起双手指向彗星，议论纷纷，面露恐惧。根据现在的推断，这颗彗星就是 1066 年 4 月出现在地球上空的著名的哈雷彗星。彗星左侧绣着一行拉丁文，意思是“人们为彗星而感到惊奇”。

贝叶挂毯的哈雷彗星 /11 世纪

1576 年，丹麦著名的天文学家第谷获得国王赏赐，在汶岛上建立了庞大的天文台，以 20 年光阴做了大量天文观测。据说第谷长年待在天文台的原因是不想让别人关注自己的鼻子，因为他年轻的时候曾经因为数学问题和他人决斗而被削去鼻子，后来他研究医学与炼金术并给自己打造了假鼻子，用胶水把它黏在脸上。在第谷死后，他的助手兼弟子开普勒对他的观测数据进行了艰苦的分析和整理，总结出著名的行星运动开普勒三定律，从而证实了哥白尼的“日心说”模型。

此后，因为信仰问题被迫移居荷兰的法国新教徒培尔的著作《彗星随想》再次将人们的关注点吸引到彗星上。他认为彗星其实是自然现象，民众将其视为灾难预兆，那是迷信，而教士和君主为了迷惑、操控民众，所以不惜助长此种愚昧观念。此书立论大胆，指出人人都有信仰自由，宗教迫害毫无道理。他的观念与著作深深影响了伏尔泰，为法国启蒙运动奠定了思想基础。

英国天文学家哈雷通过研究历史上出现过的许多彗星，发现1531年、1607年和1682年出现过的三颗彗星，其轨道形状和位置都极其相近，因此判断，这三者其实是同一颗彗星，回转周期为75～77年。他还做出了预言，说此颗彗星将在1758年年底或者是1759年年初到来。果然，在1759年的3月14日，大彗星与地球相遇，拖着它的尾巴闪过地球的天空。这会儿，哈雷早已与世长辞，并没有机会看到，但是人们没有忘记这位天文学家，后来这颗大彗星就有了名字，叫“哈雷彗星”，运行周期是76年。自此以后，彗星变成可以理解、测量、计算甚至预告的自然现象，它的神秘、传奇色彩一去不返，而人类也开始研究物理世界的各种周期现象，并努力地拨开周期迷雾，寻找周期背后的逻辑。

周期是运动着的事物所呈现出来的一种循环往复的规律性现象。自然界中的周期现象随处可见，比如地球上大部分地区四季的循环、白天黑夜的交替都是一种周期现象，它产生于地球和太阳的相对运动，在人类的时间尺度上，日地系统的运动呈现出的是一种动态平衡。

中国人最熟悉的周期规律莫过于甲子周期。以十天干和十二地支为基础，经过两两组合，形成了六十组数据，从甲子乙丑到壬戌癸亥。在六十甲子的基础上，又形成了中国特色的历法体系。另一个周期体系是中国农历的二十四节气，这是一个绵延至今超过 2 000 年的气象周期，按照地球在黄道上的运行节律而将一年分成 24 个小的周期，反映的是地球围绕太阳运转的周期性规律。

人作为经济活动的唯一主体，人口数量的变化对经济产生了深远的影响。18 世纪马尔萨斯的《人口论》研究发现，人口数量随着社会演进而呈周期性的波动。在农业社会，人口数量按几何级数增长，而生活资源只能按算术级数增长，无限增长受有限资源的制约，所以不可避免地要导致饥馑、战争和疾病。18 世纪开始的工业化将自然对人口的承载力提升了一个量级，人口与自然之间的矛盾开始变得不那么明显了，但是人类社会内部一种新的周期性现象开始凸显出来，即所谓的经济周期。经济周期之所以引人注目，不在于其在复苏和高涨阶段，而在于经济危机（或衰退及萧条）期间对人类社会造成的痛苦，近代史上一些著名的革命和战争都与经济危机有着不可分割的联系。

在亚当·斯密时代，就已经有人注意到了经济周期。当时的一位银行家桑顿发现，英格兰每隔 5 年左右就有一次经济危机。后来，不同经济学家研究不同时间长短的经济周期，产生了 2 ~ 4 年更新库存的“基钦周期”、9 ~ 10 年投资固定资产的“朱格拉周期”、18 ~ 20 年的房地产投资周期、60 年左右技术创新推动的“康德拉季耶夫周期”等，都被用来解释周期现象。

人类在代际交替的过程中，三世同堂是最基本的状态，当第一代个体即将退休之际，迎来第三代的出生，第二代广泛进入工作岗位，而当第二代经历 30 年的工作时长后，又给予第三代生育条件和进入职场的空间，如此循环，形成一个 30 年左右的人口短周期和一个 70 年左右的人口长周期。

人类在完成了自身的代际交替的同时，也在潜移默化之中完成了对商品、资产的代际交替，虽然是不同时期、不同年代的人，也可以随着时代的变化，产生新的资产与商品，而不变的是人性中对物质的欲望与精神的追求，所以，对美好生活的向往或追求幸福的目标，让不同的人们同样在追逐着满足人性欲望的各种商品，形成了资产供给与需求的变化，而供需之间的信息不对称，又造成了信用与资产价格的波动，形成了周而复始的周期行为。

现代经济，不管是资本主义经济还是社会主义经济，它的首要特征是社会分工，社会分工提高了生产效率，推动了技术进步，但是分工也会带来问题，即它割裂了供给、生产、需求、消费各环节，造成了不同主体之间的信息不对称。这种不对称在时间和空间上都是绝对存在的，人们虽然可以通过互联网和科学预测等手段降低其程度，但不可能完全将其消除。信息不对称的存在增加了沟通协调的成本，因此，从某种角度而言，金融市场与金融机构的存在就是作为中介机构来解决信息不对称的问题，但也是相对提高信息的透明度而已。

金融机构通过债券与信贷产品支持社会经济发展时，信息不对称还是长期存在的。表面上看债券或者信贷资产只是借贷，但不论采用何种风险抵补措施，政策与市场会随时变化，由于抵押品本身也是时代的产物，比如说房地产是过去 20 年主要的抵押品，一旦房价开启下降模式，资不抵债就是一个大概率事件。

如果拉长周期用代际思维考虑，因为借给企业的资金是一个连续的过程，直到出现破产倒闭，那么在这种情况下，企业债券和信贷资本就构成一个连续性借贷过程，不是这家银行就是那家银行，最终一定会有一家机构买单。花旗集团前任首席执行官查克·普林斯曾这样描述这种场景："只要音乐奏响，你就必须起身跳舞。"如果每个人都在放贷，那么你的银行也不得不放贷，可是当音乐停歇，你突然发现你的银行持有的是不好的、无法出售的资产。所以，人生既是一次康波，也是数次金融周期。

技术的迁徙：《银行家和他的妻子》

银行家和他的妻子

昆汀 · 马西斯

1514 年 / 布面油画

当代资本主义存在的先决条件，就是把合理资本会计制度，作为一切日常供应需要的大工业企业的标准。

——马克斯 · 韦伯

在十字军东征惨败后，民众对教皇产生信任危机，基督教会迫切需要传播教义和布道以恢复人们的信任。手抄《圣经》效率低，成本高，极难进行大规模传播，而且羊皮纸价格昂贵，此外，随着城市的兴起，大学也逐步建立，手抄而来的信息已经无法满足民众精神世界的追求。这一时期，需要一项全新的技术来满足知识或信息大批量复制传播的需要。

中国的造纸术在 12 世纪中期便陆续传入欧洲各地，廉价优良的纸张得到应用和普及，为欧洲印刷术的出现奠定了基础。中国的雕版印刷在 13 世纪起沿着丝绸之路陆续传入欧洲，但未得到普及。15 世纪中叶，来自德国的谷登堡把中国的造纸术、油墨制作和活字印刷结合在一起，终于在西方第一次实现了印刷。在 1450 年前后，他用活字印出了《四十二行圣经》，这本书是根据希伯来文《旧约全书》和希腊文《新约全书》的拉丁文译本排版而成。活字印刷术的出现，使印刷文字和木刻插图可以进行组合排版，因而版面整洁、阅读方便，从此，带有插图的印刷图书渐渐多了起来。

谷登堡机器印刷术的出现，标志着机器开始代替手工进行创造，“印刷术的传播导致了一种不同于中世纪手工业的现代企业结构，‘印刷商－学者－工匠’联合体类似于现代的文化产业，使得资本、知识、技术三个重要的经济因素充分结合”，[①] 印刷业的发展为文艺复兴运动提供了有力的传播载体。

昆汀·马西斯的画作《银行家和他的妻子》就是一幅体现印刷技术应用的风俗画，被史学家称为开近代美术描绘日常生活先河的杰作。画中捕捉的是一位钱币兑换商和他妻子最日常的生活情节。画中的男子神情专注地在称量着金币，他的妻子正在翻阅一本带有圣母子画像的印刷版祈祷书，画面反映了世俗经商与宗教信仰并存的现状，但宗

① 资料来源：郑达威．近代欧洲印刷术传播的经济偏向研究 [J]. 郑州大学学报（哲学社会科学版），2015（2）：171–174.

教的虔诚还是敌不过尘世的诱惑，妻子的心思早已不在祈祷书上，眼睛瞥向了一旁，仿佛在一旁监督丈夫防止其出错。画家用心地将女人的白头巾和红长袍进行色彩搭配，这两种颜色让整个空间明亮起来。

在这对夫妇依靠的桌上有一面显眼的凸镜，镜内照出长方形的窗，通过窗户可以看见街上的房子和树林。凸镜是为了表现银行家店铺及其周围的一种光学上的特技，镜中呈十字形的窗框显然是宗教的象征符号，而坐在窗边的一个脸色灰暗的人的脸庞可能在映射银行家精神世界的匮乏。据说，这幅画的原画框上有一行字“你是正确的天平，必须使用正确的砝码”，也是对当时商人道德观念的警示。

从这幅画里妻子手中的印刷图书和背景柜子中摆放着的账簿记录等材料或物品也可以看出，在16世纪的欧洲，印刷术的出现改变了阅读的社会性质，使阅读成为一种世俗化的日常活动。在手抄书时代，宗教的传播主要依靠教堂和大学里的口口相传，这种传播方式造就了高高在上的传播者和对权威无可辩驳的接受者，这个时候的神和知识都是遥远的。有了印刷术后，在没有牧师的宣讲下，通过阅读《圣经》，会产生个人的理解，而不是权威性的理解，这时人与神的关系被拉近了，这种传播方式的变革带来的是对基督教体系理解与认识的不统一，也埋下了使整个基督教体系发生动荡的宗教改革的种子。

金融视角

具有记录账务与历史功能的复式记账法

尤瓦尔·赫拉利的著作《人类简史》中提到5 000年前的苏美尔时期记载事项的泥板：“人类史上的第一个文本不但不是哲学巧思，不是诗歌，不是传奇，不是法律，甚至也不是对王室歌功颂德，而是无聊至极的财经文件，记录各种税务、债务以及财产的所有权。”这个泥板出自美索不达米亚平原（今伊拉克）的乌鲁克古城，距今已有

5 400 年了。上面清晰记载了“37 个月里收到了 29 086 单位的大麦”的事实。更有意思的是，这个泥板上还有记账员的名字，这位记账员叫“库辛”。“库辛”是迄今为止发现的第一个被书面记载的名字，青史留名的第一人不是皇帝、不是祭祀，而是一个会计！

从原始社会到农耕社会，随着生产能力的增强，经济管理要求的提高，对于复杂的社会经济活动，就必须要有清晰的记录和核算，这就是会计的起源。包括中国在内的四大文明古国的会计工作都有着古老的渊源和长期的发展。

司马迁的《史记》中有这样一句话：“自虞、夏时，贡赋备矣。或言禹会诸侯江南，计功而崩，因葬焉，命曰会稽。会稽者，会计也。”意思是说，从虞舜、夏禹时代开始，进贡纳赋的规定就已经完备了。有人说禹在长江会聚诸侯，在考核诸侯功绩时去世了，于是就葬在那里，把埋藏禹的茅山改名为会稽山。会稽，就是会计（会合考核）的意思。《孟子·万章句下》中也有这样的记载：“孔子尝为委吏矣，曰：会计当而已矣。尝为乘田矣，曰：牛羊茁壮长而已矣。”意思是说：孔子曾经做过管理仓库的小吏，说出入的账目都很清楚；又曾经作为管理牲畜的小吏，牛羊长得都很壮实。

在古希腊，曾经提出芝诺悖论的哲学家芝诺曾经也是商人，有巨额的财富。他有段时间还被邀请为财政大臣管理个人财产，原因就在于他所记录的账目不但系统、完整，而且后面都附有原始单据，这样就更便于查验真伪。在此基础上，他还连贯编制出了月报、年报，这为后来复式记账的产生打下了基础。

到了 15 世纪，随着资本主义萌芽的出现，会计发展史出现了一个里程碑，也就是至今都在使用的复式记账法。复式记账法萌芽于意大利的佛罗伦萨，改良于热那亚，完备于威尼斯。最终于 1494 年被意大利著名数学家卢卡 · 帕乔利在《数学大全》的簿记论部分予以全面、系统地介绍论证，阐述了复式记账法的会计恒等式、财产清算方法、账目登记方法及试算平衡方法。借贷记账法即因他所提出的

“借”“贷”符号而得名，也成为复式记账法的代称。而会计学之父帕乔利也成为神学统治时代中第一位被绘画艺术记录的中世纪科学家。威尼斯画家雅各布·德·巴尔巴里的画作《帕乔利与一个学生的合影》中，他和一个学生站在桌子前面，桌子上放着量角器、圆规和笔；从天花板上还垂下来一个多面体，这个多面体由 18 个正方形和 8 个三角形组成，里面装了一半的水。画中的帕乔利身穿修士服装，体现出他是一名修道士，但他从未在修道院里待过，而是四处云游做贵族的家庭教师。当他结识达·芬奇之后，两人成为一生的挚友，达·芬奇的名画《最后的晚餐》《蒙娜丽莎》均受到帕乔利提出的黄金比率的影响。而且达·芬奇还为帕乔利的书《神圣比例》配过一套插画，这套插画充满艺术的美感和优雅，体现了艺术与科学的交叉与融合。

帕乔利与一个学生的合影 / 雅各布 · 德 · 巴尔巴里 /1495 年

会计是一门精准表述商业的语言，会计恒等式建立在类似物理学的守恒定律的牢固基础上。复式簿记思维让人以一种动态平衡的眼光去审视商业活动，在不断变动的商业中帮助企业家捕捉利润的走向，它的精髓就是“有借必有贷，借贷必相等”，商品交易也是一样，

“有进必有出，等价交换”。商业本质如此，会计的复式记账法也就应运而生了。

复式记账法的道理很简单：一个公司发生的一切业务，都双重记录下来。比如一个商人卖了一桶葡萄酒收入 10 元，他就在账簿的“库存”一栏记 -10 元，而在账簿的现金一栏记 +10 元。如果把所有的业务都用这种方法双重记录下来，就建立起企业的资产负债表。资产负债表“balance”一词来自意大利语的“天平”（bilancia），指企业的资产负债表如同天平一样，左右有两个称盘，必须永远平衡。人们发明了一个很简单的形式：写一个“T”字，就代表了天平，而一竖的左边是资产，右边是负债。

复式记账法和簿记论的诞生具有历史性的意义，它标志着近代会计的开始。复式记账法提升了会计记录的准确性，对于生产要素和产品的流动和耗费能够提供清晰的记录，为管理、监督和分析打下了坚实的基础。反过来，复式记账法也促进了资本主义和商品经济的发展。经济学家熊彼特认为，资本主义起源于复式记账法：“资本主义实践将货币单位转换成为合理的成本—利润计算的工具，复式簿记是它高耸的纪念塔。”

到了工业时代，企业之间、国家之间的竞争变得愈发激烈，企业不能再简单地依靠商品销售获取利润。这时企业开始强调通过内部管理来降本增效，会计再一次进化，不再是单纯记录和呈现经济活动，而是开始参与管理，研究如何能够帮助管理者基于财务信息进行经营决策。而为满足内部管理对会计信息的要求，管理会计逐渐与传统会计分离，形成一个与财务会计相对独立的领域。管理会计的出现，是近代会计转变为现代会计的重要标志，从此会计成为一门应用性的学科，形成财务会计和管理会计两大分支。

数学的逻辑：《骰子玩家》

骰子玩家

乔治・德・拉・图尔
约 1650 年 / 布面油画

数学是一切知识中的最高形式。

——柏拉图

在一间烛光闪烁的房间里，4 个人站在一张台桌周边，聚精会神地盯着桌面上转动的骰子，这一次骰子的点数将决定他们今天晚上最终的输赢。刚刚掷出骰子的男子不由自主地前倾身子，用手扶着桌面，他身边的女人也目不转睛地关注着骰子的变化，都没有注意到在旁边阴暗的角落里，一个抽着长管烟的老年男子如同盯着猎物般地盯着自己。画中对于其他人物的刻画都有一种动画人物的感觉，只有男子身边的这位女子具有鲜活的容颜，原来这是一个通过玩骰子游戏的“局中局”。这是法国著名“烛光画家”乔治·德·拉·图尔的画作《骰子玩家》中的情景，给人构筑了如同电影一般的梦幻场景。他本人是一个非常擅长描绘光线与阴影的神秘大师，因为太过神秘，所以其确切的生平和经历至今仍是未知。他又是极为特别、极有个性的画家，坚守着自己的绘画理念，采用单独的蜡烛或火炬作光源产生阴影，营造出强烈的对比，在烛光的方寸之间描绘着自己的天地，造型简洁，背景井然，用色素雅而明亮，极富表现力。

阿喀琉斯与埃阿斯掷骰子 / 埃克塞基亚斯 / 公元前 540—公元前 530 年

骰子已经有 2 000 多年的历史，是人类古老的赌具之一。骰子最初并不是用来赌博的，原本是用有蹄动物的踝骨所制，是古代产生随机数的方法之一，也是一种体现神灵意愿的器物。许多文明都相信骰子掷出去后的结果由天神掌控，因此，就把骰子当成重大事件的决策工具，不论是挑选统治者或者是继承遗产的分配方式，都可以通过掷骰子来决定。就连天体物理学家霍金也说过：“上帝不但会掷骰子，甚至会在我们看不到的时候掷骰子，以困惑世人。”后来，随着生产力的进步，人们逐渐认识到没有必要再依照那些随机性的选择来决定自己的命运，于是那些用来占卜命运的器具也就慢慢演变成纯粹的娱乐，骰子也就变成赌博的工具。

古希腊的一件双耳陶瓶上绘制的《阿喀琉斯与埃阿斯掷骰子》，其作者埃克塞基亚斯是阿堤卡有名的瓶绘艺术家。这是一件黑绘作品，所谓黑绘，即用黑色釉料填绘形象，背景留出陶底，再用刀子刻画出釉绘形象的轮廓和形体结构。瓶上描绘的是希腊神话传说里的一个情形：古希腊英雄阿喀琉斯与另一位英雄埃阿斯率领12艘战船在前往特洛伊的途中突遇风暴，只得停船靠岸休息，休息期间两人玩掷骰子的游戏。图中左侧为阿喀琉斯，右侧为埃阿斯，虽然两位英雄看起来在忙着游戏娱乐，但手中的长矛说明他们随时做好出发战斗的准备。

在古罗马时期，骰子游戏十分流行，军队中的士兵也十分喜欢，没事就会聚在一起赌输赢，这时的骰子还只是用猪掌趾关节的小骨头做成的。恺撒率军渡过势力边界卢比孔河时说过一句名言："骰子已经掷出去了。"因为不晓得掷出去的骰子会出现什么点数，所以骰子也象征着命运与运气。

在中国，骰子也称作色子。现在的骰子有两种颜色的点数，即一点和四点为红色，而其余的都是黑色，这一颜色的变化与唐玄宗有关。传说唐玄宗和杨贵妃都酷爱骰子游戏，一次杨贵妃先掷出了两个一点，按照规则唐玄宗需要掷出两个四点才能胜过她，于是唐玄宗在掷骰子的过程中，不停地喊："重四、重四！"待骰子停下来的时候果然出现了两个四点。龙颜大悦的唐玄宗立刻命高力士用朱漆将骰子上的四点漆为红色。杨贵妃哪里肯依，唐玄宗为了取悦杨贵妃，就命人将一点也漆成了红色。从此，骰子有了红黑两色的区分，民间也纷纷效仿，并一直流传至今。

在16~17世纪，当时欧洲国家的贵族盛行赌博之风，赌博方式倒是特别简单，掷骰子或者抛硬币。话说当年的法国有一位叫德·梅雷的贵族，在掷骰子游戏之余，也思考一点相关的数学问题。他苦思不得其解时，便向以聪明著称的帕斯卡请教。1654 年，他向帕斯卡请教了一个亲身经历的“分赌注问题”。故事大概如此：梅雷和赌友各自出 32 枚金币，共 64 枚金币作为赌注。掷骰子为赌博方式，如果结果出现“6”，梅雷赢 1 分；如果结果出现“4”，对方赢 1 分；谁先得到 10 分，谁就赢得全部赌注。赌博进行了一段时间后，梅雷已得了 8 分，对方也得了 7 分。但这时，梅雷接到紧急命令，要立即陪国王接见外宾，于是只好中断赌博。那么，问题就来了，这 64 枚金币的赌注应该如何分配才合理呢？

这个问题实际上是在 15、16 世纪时就已经被提出过，称为“点数分配问题”，意思就是说，在一场赌博半途中断的情况下，应该如何分配赌注？人们提出各种方案，但未曾得到大家都认为合理的答案。

这个问题在中世纪晚期被当作一个比例悖论来讨论。帕斯卡对这个问题十分感兴趣，他凭直觉判断，中断赌博时赌注的分配比例，应该由当时的输赢状态与双方约定的最终目标的距离有关。为了研究这个问题，他以通信的方式和另一位法国数学家费马进行了深入的讨论。费马把这个问题当作一个概率问题来处理，即那两个赌徒应该按照如果游戏继续进行，他们各自获胜的可能性来分配奖金。所以如果赌博没有中断，可以计算出梅雷可能的胜率是 11/16，而他的赌友的胜率是 5/16，因此按照此比例来分配是合理的方法。梅雷应得赌注 $64\times 11/16=44$ 金币，而他的赌友可得赌注 $64\times 5/16=20$ 金币。1654 年，帕斯卡和费马都各自给出了这个解答，因此，概率论的起源常常被追溯到这一年。

金融视角

金融决策的工具：概率论

在人们的日常生活中，我们经常会用直觉去决定和判断一些情形并做出决策，比如在生活中，我们经常看到有“砸蛋中奖”的游戏，这里以房产销售中的场景为例。

房地产公司为刺激房产的销售，在销售部放置了 3 个金蛋，其中有个金蛋里面含一个价值 50 万元的装修套餐，如果你猜对了就直接给你打 50 万元装修款。你很高兴地去砸蛋，这时候，任何一个蛋的概率都是 1/3。你说：我要砸第一个蛋。主持人砸了第三个蛋，是个空蛋。主持人问你：再给你一次机会，你坚持砸第一个蛋还是换第二个蛋？结果，大部分的人都选择坚持自己的初心——砸第一个蛋。行为经济学家把人类这种自以为是的概率称为心理概率，而心理概率和客观概率的不吻合，就叫概率偏见。

概率学告诉你，你应该砸第二个蛋，因为第一个蛋的中奖概率是 1/3，本来第二个蛋加第三个蛋是 2/3，结果把第三蛋个砸了确定为空，所以第二个蛋的概率是 2/3。

对这个问题，假如换一种情况：如果有 50 个金蛋，只有一个蛋有大奖，你选了第一个，清楚哪个蛋有大奖的主持人在其余的 49 个蛋里砸开 48 个空蛋，只留下 23 号蛋和你选的 1 号蛋。你还会不忘初心吗？坚持选 1 号蛋，获奖概率为 1/50，换成 23 号蛋获奖概率就是 49/50。这个时候，可能所有的人都会更换自己原来的选择。

人们的直觉和客观规律常常是不相符的。太依赖主观判断，我们会很容易陷入以偏概全、眼见以为实和先入为主的概率偏见之中。

第一，代表性偏差，可以称之为：以偏概全。人类在对事件做出判断的时候，过度关注于这个事件的某个特征，而忽略了这个事件发生的大环境概率和样本尺寸，就称为认知的代表性偏差。在金融市场中，代表性偏差非常常见。例如，连续获得金牛奖的基金经理一定是一个好基金经理，一家公司连续 3 年利润翻番一定是好公司。

第二，可得性偏差，可以称之为：眼见以为实。可得性偏差指的是我们更容易被自己所看到或者听到的东西影响，而不是用统计学知识去思考问题。如股市中的股民会跟着公司公布的业绩进行交易。如果公司发布利好消息，那么很多股民会闻风而动，迅速买入该股票。反之，如果听到了业绩不好的消息，股民也会在第一时间将自己手中的股票卖出。这种行为就可以算是“可得性偏差”。

第三，沉锚效应，可以称之为：先入为主。人们在做决策时，思维往往会被得到的第一信息所左右，就像沉入海底的锚一样，把你的思维固定在某处，而用一个限定性的词语或规定作行为向导，达成行为效果的心理效应，被称为“沉锚效应”。如股票当前价格的确定就会受到过去价格的影响，呈现沉锚效应。证券市场股票的价值是不明确的，人们很难知道它们的真实价值。在没有更多的信息时，过去的价格（或其他可比价格）就可能是现在价格的重要决定因素，通过锚定过去的价格来确定当前的价格。

“你以为的”往往都不是你以为的那样，做决定时，不要相信自己的主观直觉，而应多调查多思考，用事实说话。如何避免这种概率偏见，做出更正确的决策呢？著名数学家拉普拉斯说：“对于生活中的大部分事情，最重要的问题实际上只是概率问题。你可以说几乎我们所掌握的所有知识都是不确定的，只有一小部分我们能确定地了解。”因此，在做任何金融投资与商业决策时，获取更多信息、更多数据，通过数据挖掘与分析，并使用概率论进行决策分析是常用的手段。

帕斯卡在研究骰子分配时提出了期望值的概念，期望值是用概率加权后得到的平均值。以美国的轮盘赌为例：常用的轮盘上有 38 个数字，每一个数字被选中的概率都是相等的，也就是 1/38。赌额下注在某一个数字上，如果押中，赚相当于赌注 35 倍的奖金（赌注不包含在内），若没押中，赌客则输掉赌注。我们来计算一下假如每次押 1 元赌客的期望值是：

赢的概率是 1/38，能获得 35 元；

输的概率是 37/38，亏掉 1 元。

（35 × 1/38）–（1 × 37/38），结果约等于 –0.0526 元。赌客赢钱的期望值是个负数。平均每赌 1 元就会输掉 0.05 元，相当于赌场赢了 0.05 元，所以赌场永远不会亏钱。而对个人而言，也许你偶然会押中，本钱变成 36 倍，甚至押中了好几次，但是只要你持续玩下去，大数定律就会发挥作用，你会稳稳地输光所有本钱。

有人总结到：期望值为正的是投资，期望值为负的是赌博，期望值未知的是投机。《黑天鹅》一书的作者塔勒布曾经在一次投资研讨会上说："我相信下个星期市场略微上涨的概率很高，上涨概率大概有 70%。"但他却大量卖空标准普尔 500 指数期货，赌市场会下跌。

他的意见是：市场上涨的可能性比较高（我看好后市），但最好是卖空（我看坏结果），因为万一市场下跌，它可能跌幅很大。

分析如下：

假如下个星期市场有 70% 的概率上涨，30% 的概率下跌。

但是如果上涨只会涨 1%，下跌则可能跌 10%。

未来预期结果是：

70% × 1% + 30% ×（−10%）= −2.3%

因此应该赌跌，卖空股票盈利的机会更大。

如查理 · 芒格所言，巴菲特每天做的，都是算这道简单的数学问题。这与其说是一种数学能力，不如说是一种思维模式，然而知道容易，做到极难。

数形的结合：
《笛卡儿为瑞典女王克里斯蒂娜讲解几何》

笛卡儿为瑞典女王克里斯蒂娜讲解几何

皮埃尔·路易·多梅尼尔

1710 年 / 布面油画

数学能促进人们对美的特性——数值比例秩序等的认识。

——亚里士多德

笛卡儿出生在近代法国的一个小城，生活在 17 世纪前半叶。他的父亲是政府议员，也是一个有名的法官。母亲在笛卡儿一岁时因肺结核去世，笛卡儿也受到感染，从而影响了身体健康。笛卡儿的父亲后来再婚，把他送到外婆家生活。曲折的生活经历，令笛卡儿养成了沉静少语、喜欢思考的习惯。

笛卡儿一开始根据父亲的要求学习法律和神学，20 岁时，他大学毕业继承父业，当了一名律师。当时法国的社会风气是“非红即黑”，也就是说，有志之士不是致力于宗教事业就是献身于军事，笛卡儿选择了后者。军旅生涯中的一个偶然的机会，他解出了数学教授别克曼的一道难题，从此成了别克曼教授的座上宾，在数学的海洋中漫游，并游进了深水区。他开始看到传统的几何过分依赖图形和形式演绎的缺陷，同时也深感代数过分受法则和公式的限制而缺乏活力。

在笛卡儿以前，几何和代数是两门科学，几何研究图形，代数研究数字，代数与几何各自为政、画地为牢的状况抑制了数学的发展，怎样才能摆脱这种状况，架起沟通代数与几何的桥梁呢？这个问题苦苦折磨着年轻的笛卡儿，在没有战事的军队中，他一有时间就思考它。

1619 年，23 岁的笛卡儿在一支德国部队服役，军营驻扎在多瑙河旁。11 月的一天，他因病躺在了床上，无所事事便默默地思考着……当他抬头望着天花板，一只小小的蜘蛛从墙角慢慢地爬过来，吐丝结网，忙个不停。从东爬到西，从南爬到北，要结一张网，小蜘蛛该走多少路啊！笛卡儿突发奇想，要算一算蜘蛛走过的路程。他先把蜘蛛看成一个点，这个点离墙角多远？离墙的两边多远？……他思考着，计算着，病中的他睡着了……梦中他继续在数学的广阔天地中驰骋，好像悟出了什么，又看到了什么。从梦中醒来的笛卡儿茅塞顿开，一种新的思想初露端倪：在互相垂直的两条直线下，一个点可以用到这两条直线的距离，也就是两个数来表示，这个点的位置就被确定了。他用数形结合的方式将代数与几何连起来了。这就是解析几何学诞生的曙光，沿着这条思路前进，在众多数学家的努力下，数学的历史发生了重要的转折，最终建立了解析几何学。

笛卡儿通过他所设计的坐标系统标示法，以及他对于变数的深入研究，证明几何问题可以归结为代数问题，在求解时可以运用全部代数方法。从此，变数被引进了数学，成为数学发展中的转折点，为微积分的出现创造了条件。

曾经还盛传一个笛卡儿心形线的故事。传说老年笛卡儿为躲避黑死病，流落到瑞典，遇到了瑞典公主克里斯蒂娜，并成为她的家庭教师。一教一学中，两人萌生爱意。但国王知道后，强行拆散了他们。笛卡儿贫病交加，弥留之际给公主写了一封信，信上是一个方程式：$r = a(1-\sin\theta)$。国王和大臣都看不懂信的意思，唯有公主看完信后喜极而泣。她在纸上建立了坐标系，用笔在坐标上描出了方程式的点，那是一个心形图案，代表了笛卡儿的一片深情。后来国王去世，克里斯蒂娜继承王位，她立即派人去寻找心上人，然而笛卡儿早已去世，留下了永远的遗憾……

真实的故事却如同画中所表现的。1649 年 2 月，克里斯蒂娜女王因阅读了《哲学原理》，被其中的内容所吸引，故邀请笛卡儿到瑞典皇宫教她哲学。笛卡儿先犹豫了一阵子，因为他“生于都兰的花园中”，不愿“去岩石和冰雪中的野兽出没的地方”。但后来他想这样一位尊贵的女王，对他的哲学的宣扬或许会有不少的帮助，何况女王派了一位上将去劝他，还派遣了一艘军舰去接他，而且法国驻瑞典大使又频加敦促，所以他终于下定决心北上。

《笛卡儿为瑞典女王克里斯蒂娜讲解几何》是著名画家皮埃尔·路易·多梅尼尔为凡尔赛宫竣工所创作的画作，展示的就是笛卡儿在瑞典王宫为女王讲解几何时的情景。画面以王宫客厅为背景，一众廷臣或站或坐，悉心聆听。画面右下角有一张铺着红色绒布的长桌，桌子上摊着稿纸，站立的笛卡儿手指桌面，为坐着的女王讲解直角坐标。处在两人之间的是女王的同性爱侣艾芭·斯芭尔伯爵夫人。但是实际上笛卡儿为克里斯蒂娜讲解的并不是几何，而是哲学，可能是画家为了强调笛卡儿在几何学方面的突出贡献，所以将授课内容由哲学改为了几何。

克里斯蒂娜非常器重笛卡儿，要求他每天早上5点钟到宫中给自己上课。为什么在清晨开课？原来克里斯蒂娜精力充沛，每天只睡4个小时，清晨5点是她思维最清晰、记忆力最好的时间点。为了迎合女王，笛卡儿必须半夜起床，顶着酷寒穿过王宫广场为女王授课。可怜的大哲学家虽然很高兴学生的勤学好问，但是每天早上冒着刺骨的寒风走到女王的寝宫，实在是一件非常痛苦的事情，他曾向朋友写信抱怨：我失去了平静与安宁，哪怕是最有权力的君主也不能给予我补偿。大哲学家很快就病倒了。1650年2月1日清晨，笛卡儿身患感冒，很快便转成肺炎，10天后不治身亡，享年54岁。人们在他的墓碑上刻下了这样一句话："笛卡儿，欧洲文艺复兴以来，第一个为人类争取并保证理性权利的人。"

金融视角

幂律分布之下的互联网金融发展

1897年，意大利经济学者帕累托偶然注意到19世纪英国人的财富和收益模式。在调查取样中，他发现大部分的财富流向了少数人手里。同时，他还从早期的资料中发现，在其他的国家里，这种微妙的关系一再出现，而且在数学上呈现出一种稳定的状态。

帕累托在日后的不断调查取样中发现，这种分布具有普遍性，在不同的时期和不同的国家都有这种现象，其比例关系也呈现一种稳定的状态，也就是社会上20%的人竟然占有80%的社会财富，财富在人口中的分配是绝对不平衡的。如果继续推测，10%的人占有了65%的财富，而5%的人则占有了社会50%的财富。

当然，从统计学上来说，精确的20%和80%是不太可能出现的。这种表达传递的是，20%的部分代表社会金字塔的顶层，他们是人

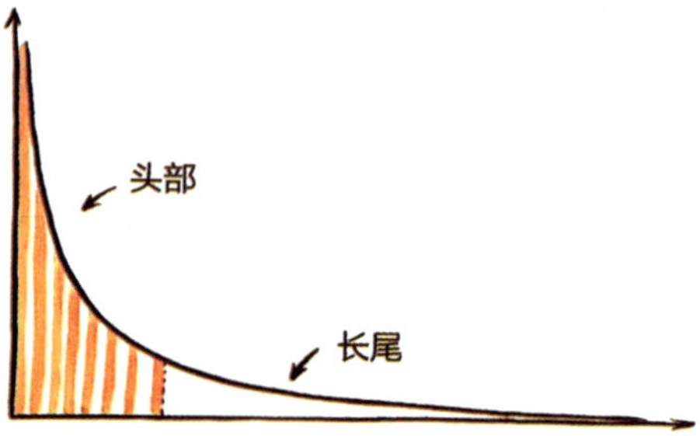

幂律分布（长尾分布）

口数量的少部分，却拥有大部分社会财富。这个关系被很多人称为“二八理论”或“二八法则”，其实它是一种典型的幂律分布。

幂律分布和正态分布一样，也是一种既常见又重要的概率分布模型。幂律分布有两个主要特征。一个是高度的不平均，被称为“可预期的不均衡”，这是自然的一种常态，拥有多的人会拥有更多，有资源的人会得到更多的资源，这些资源不断向头部集中就会形成复利效率，变成极端不均衡的分布，也就是我们经常说的“强者越强，弱者越弱”。另一个特征是分形，所谓分形，就是每一个部分截取出来，仍然符合幂律分布，如占据 80% 资源的 20% 人群中，头部的 20% 仍然占据 80% 的部分。

如同硬币的一体两面一般，长尾分布与二八法则作为幂律分布的两面，被应用于社会的方方面面。比如有些公司或银行在客户管理时采用“二八法则”，服务好创造 80% 效益的 20% 客户；有些公司则采用长尾理论从 80% 的客户中寻找利润增长点，比如带动互联网金融整体行业发展的“余额宝”业务。

余额宝是由阿里巴巴集团第三方支付平台支付宝为个人用户打造的一款余额增值服务，与传统的金融服务相比，余额宝的宣传、销售、交易均依托互联网来完成。余额宝从推出之日起便一路高歌猛进，一个月用户 400 万人，半年用户 8 100 万人，现有用户超过 6 亿。余额宝的出现如同一条鲶鱼打破了传统金融机构的垄断，极大地推动了利率市场化进程，促进了金融业的创新与发展。

长尾或长尾理论这一概念最早出现在美国《连线》杂志上的一篇名为《长尾》的文章中，由杂志主编克里斯·安德森发表，用来描述诸如亚马逊和网飞之类的互联网企业的商业和经济模式——处理好多与少之间的关系。长尾理论的基本原理就是积少成多，小市场累积起来的市场利润可以达到很大的规模。亚马逊和网飞在积累了足够多的客户时，可以将其中一部分培养转化为忠实客户，并将从忠实客户那里获得的部分资金间接为普通客户提供产品，从而在整个客户群中改善客户体验，实现价值共享，继续增加客户数量和规模。

传统金融机构往往通过建立服务网点来增加服务覆盖面，但服务网点的建立速度和覆盖广度与人们日益增长的金融需求不匹配；同时，建立服务网点势必增加固定资产支出和人力成本支出，要想摊薄这些经营成本，往往会专注服务于带来利润的高端客户，使普通客户的金融需求很难得到关注和满足。而互联网金融具有服务覆盖范围广、经营成本低、资源配置效率高的特点，使得互联网金融能够跨越时空和成本等的限制，扩大金融服务边界，实现普惠金融，这也是我国大力发展互联网金融业务的初衷。

但从另一个方面讲，互联网金融并未改变金融的风险属性，本质上还是金融的互联网应用，其与网络、科技相伴而生的技术、数据、信息安全等风险反而更为突出。一方面，由于其跨界、混业、跨区域的经营特征，相关风险扩散速度更快、波及面更广、溢出效应更强；另一方面，接受其服务的多为长尾客户，风险识别能力不高，损失承受能力有限，更重要的是一旦出现风险，其空间范围和受众数量相比传统金融要增加好几个量级，潜在的社会危害比以前更严重，风险的防范和化解难度也更大。

因此，加强互联网金融的风险管理与控制，让互联网金融接受金融监管，成为目前我国行业管理的共识，也会为互联网金融更稳定健康的发展创造条件。

自由的火种：《自由引导人民》

自由引导人民

欧仁·德拉克洛瓦

1830 年 / 布面油画

什么是好的经济制度？好的经济制度就是鼓励每个人去创造财富的过程。

——亚当·斯密

19世纪绘画史的前60年，是法国浪漫主义画家欧仁·德拉克洛瓦的时代。德拉克洛瓦出生于1798年4月26日，他的家族曾经显赫一时，父亲曾是拿破仑的外交部长，兄弟为拿破仑的南征北战立下汗马功劳。随着法国君主政体的死灰复燃，他的家族的荣耀和财富如过眼烟云，在查理十世当政期间很不得势，这使德拉克洛瓦成为一个痛恨查理十世统治而怀念拿破仑时期的人。

据史料记载，法国国王查理十世作为反动保皇派的领导人，上台后恢复了许多旧秩序，以偿还贵族在革命中失去的财产，如取消1814年宪章、限制出版自由、解散国民议会等，引起了巴黎市民的普遍不满。工人、市民、小资产阶级和知识分子纷纷参加到被称为"光荣的三天"的七月革命中。在革命的战斗中，一位名叫克拉拉·莱辛的姑娘首先在街垒上举起了象征法兰西共和制的三色旗；少年阿莱尔在把这面旗帜插到巴黎圣母院旁的一座桥头时，中弹倒下。画家德拉克洛瓦目击了这一悲壮激烈的景象，义愤填膺，决心为之画一幅画作为永久的纪念。他以浪漫主义的表现手法将想象与现实进行连接，于是便有了这幅家喻户晓的世界名画《自由引导人民》。

画中，一个戴着弗里吉亚无边便帽的年轻女性右手高高举起一面红、白、蓝相间的三色旗，这就是克拉拉·莱辛，又象征着自由女神。她穿着一件黄色的连衣裙，腰部系着一条腰带，半裸着身体，赤脚走在硝烟弥漫、尸横遍野的街垒中。紧跟其后的是手持刀枪的士兵和民众，背景中隐约可见巴士底狱大楼。在她身边跟随着参加战斗的少年、头戴礼帽的大学生以及工人和其他市民，他们全都手拿武器，群情激奋，在自由女神的引导下，踏着尸体勇敢无畏地迎向敌人，画面充满高昂热烈的战斗情绪。德拉克洛瓦以浪漫主义激情、强烈的色彩、浓郁的战斗氛围感创造了一幅歌颂革命的作品。

"自由、平等、博爱"是法国大革命开始就已经在法国深入人心的口号与理念，是资产阶级政治和经济要求的反映。"自由即所有人皆拥有的，做一切不伤害其他人的自主权。除了保障社会上其他人享受同样权利外，此天赋的权利不应有任何限制。”[1] 自由即“保障人权、个性自由、贸易自由”，“按照自己意志进行活动的权利”；平等是指“法律面前人人平等”；博爱提倡“人类普遍的爱”。

“不自由毋宁死”，这是电影《勇敢的心》中威廉·华莱士最后的呐喊，也是《肖申克的救赎》中肖申克二十年如一日挖掘越狱之洞的坚持。著名诗人裴多菲的诗“生命诚可贵，爱情价更高，若为自由故，二者皆可抛”更加代表了这种深入人心的理念。

伴随着法国资产阶级革命运动的深入，社会进步思想活跃，法国画家居斯塔夫·库尔贝成为反抗压制、向往自由的代表。1855 年，声势浩大的世界博览会在巴黎举行，博览会的艺术展引起了广大观者的注意。以浪漫主义为代表的德拉克洛瓦、以新古典主义为代表的安格尔等人成为艺术展览的主角，而库尔贝选送的《画室》和《奥尔南的葬礼》不幸落选，惨遭官方的排挤。对此，傲气的库尔贝并没有妥协，他随即就在展览旁搭了一个木棚，展出了自己的四十余幅作品，并称之为“现实主义画展”。

画室 / 居斯塔夫 · 库尔贝 /1855 年

① 资料来源：法国《人权宣言》。

《画室》中，画家身后的女裸体模特代表库尔贝心目中的缪斯或真理，与整体暗沉的色调相比，她是整幅画中最亮的部分，也与画架背后的塞巴斯蒂安石膏像形成对比。石膏像是库尔贝对于学院派的讽刺，石膏像下方的报纸上放着一个骷髅头，代表学院派的未来将会死亡和消失，而报纸则代表媒体或者官方扼杀了除主流学院派以外的其他绘画群体。在画家的正前方，一个孩子正在聚精会神地看着库尔贝作画，借以表达追求艺术的一颗单纯无瑕的赤子之心。画家、女模特、孩童三者构成了画面的中心，左右两边的人群分别代表了不同的群体。

关于此画的内容，画家本人在致友人的一封信中做了解释："我在中间作画。右边是我的同道，我的朋友、工人们、热爱世界和热爱艺术的人们。左边是另一个世界，日常生活的世界，人民、忧愁、贫困、财富，以及那些损害他们的人，还有生活在死亡边缘的人们。"所以，这是两边对立甚至是无法融合的世界，思想之自由与现实之压迫带来强烈的对比。

金融视角

在哈耶克与凯恩斯之外的选择

工业革命开始后的几十年间，不仅是英国建立全球经济霸权的时期，也是英国在自由主义思想指导下建立新帝国的时期。在亚当·斯密生活的 18 世纪中后期，"重商主义"仍然左右着政府的经济政策，制造业、商业依然受到种种束缚。随着工业革命的持续推进和深入，"重商主义"开始受到逐步占据优势地位的工商业的严重冲击，亚当·斯密从"自由经济理论"出发，开始反思"重商主义"的实践，认为母国对殖民地贸易的垄断，不仅对殖民地不利，对自己也不利。他主张开放殖民地贸易，最终实现贸易自由，期望在自律的个人自由基础上，建立起一种自发调节的社会经济秩序，因而倡导一种“自然的、简单明了的自由体系”。

随着《国富论》的出版，亚当·斯密的没有国家干预的自由放任的“自然自由制度”和“看不见的手”的哲学思想迅速成为经济学的中心角色，世界各处响起了思想的枪声，工业革命和政治自由的爆炸式出现创造了接下来超过200年的财富和经济增长的新时代。

亚当·斯密认为社会由个人组成，社会利益也由个人利益构成，他把建立在利己主义基础上的社会称为自然秩序，他认为分工是这种社会经济联系的基本形式，而交换则是经济联系的纽带。亚当·斯密以自然秩序为出发点，认为只有实行自由放任，让“经济人”即资本家，自由地追逐个人利益才符合自然秩序的要求，才能最好地促进社会的进步和财富的增长。他认为个人“追求自己的利益，往往使他能比在其正出于本意的情况下更有效地促进社会的利益”，因而国家或君主干预经济生活是违反自然的，“要履行这种义务，君主们极易陷于错误，要行之得当，恐不是人间智慧或知识所能做到的。”无论是个人还是社会的经济行为，都“受着一只看不见的手的指导，去尽力达到一个并非他本意想要达到的目的”。因此，不需要国家的有形之手去调节。亚当·斯密的思想在未来的几个世纪里一直如巨大的影子投射在每个经济学家的潜意识里，影响着后世的各种经济学流派。

19世纪，马克思主义从建立、传播，到被接受、实践，计划经济和德国国家统制经济建立初期所创造的令人目眩的成就，也对西方世界产生了强大的吸引力。国家干预和政府统制及福利国家的政策开始萌生，而日益左倾的知识分子对世界性经济危机的诠释，令大众丧失了对自由市场的信心。

在20世纪的大萧条之后，凯恩斯主义成为国家干预的代名词，国家干预成为不可阻挡的历史潮流。而凯恩斯与自由市场守护神哈耶克之间的碰撞与论战被广为流传，除了二人都有讲不完的故事外，这两种截然不同的学术思想以及背后深藏着的各种阶层之间的利益关系，如同库尔贝《画室》里的两个世界一般泾渭分明，现在仍是经济学中经常讨论的话题。

二战后，美、英、法、苏 4 个战胜国将德意志帝国分而治之。在美英控制区内管理委员会的经济处主任路德维希·艾哈德选择了另一种不同的道路——社会市场经济。艾哈德坚信，德国如果想要复苏经济，就必须尽快放弃计划、强制和战时经济的方法。他既厌恶带来两极分化、贫富悬殊的漫无边际的传统资本主义社会中的“自由主义”，也明确反对实行计划经济和导致“平均主义”的苏联式的、僵化的社会主义。他认为，只有充分吸纳两者的长处，摈弃两者的弊端，才能找到一条新的不偏不倚的道路。

首先，他采取统一措施进行货币改革，通过停用旧马克，按比例兑换新马克，强制将存款部分冻结、部分购买国债的方式削减货币流通量，给所有占领区内的居民发放 40 新马克的人头补贴，将市场流通的货币量从 700 亿帝国马克急剧地降为 60 亿新马克，使货币量削减了 93.5%，这是德国历史上削减货币量最大的一次货币改革。其次，在货币改革的当天，他废除了国家分配食物和能源的一切制度，并取消了物价管理规定，鼓励德国企业通过竞争重建市场秩序。从此以后，联邦德国摆脱了严重的通货膨胀和通货紧缩，为德国战后的“经济奇迹”创造了条件。但这样的操作实际是上超越了英美占领者对他的授权，当美国将军质问他为什么修改战时分配规则时，他用了一句颇具传奇色彩的回答：“请您原谅，我并没有修改法规，我是废除了它们。”

斗争的策略：《玩纸牌者》

玩纸牌者

保罗·塞尚

1894—1895 年 / 布面油画

许多时候人们做的决定，并不是最佳选择。

——丹·艾瑞利

这是一幅曾经以16亿元人民币的价格创下艺术品最高拍卖价纪录的画作，由被尊称为“现代绘画之父”的保罗·塞尚所画。他曾画过多幅玩纸牌者题材的画，画上人物多寡不一，其中最大的一幅上共画了五个人物，而最为著名的就是这幅只画有两个人物的《玩纸牌者》。

这幅画中以酒瓶作为垂直对称的中心轴，将两位沉浸于打牌游戏中的普通劳动者安排于桌子两侧，形成了简洁、清爽的结构。两位相对而坐的主人公都专注地盯着自己手中的牌，他们衣着朴素，左边人物斑驳的灰蓝色上衣与右边人物明亮的黄绿色上衣有着色彩上的对比；在色彩之外，两人的手臂形状从酒瓶向两边延展，形成一个“W”形，突出了牌桌上两个人面对面的角逐。画面的色调柔和而稳重，所有远近物象都是用一片片色彩所组成，不同的色块在画中形成和谐的对比。

保罗·塞尚出生在一个商业世家，他的父亲是一家金融公司的创始人，由帽厂主成为一个银行家，富裕的家境使得塞尚可以不用为生活担忧而专心于绘画。他认为画画并不意味着去复制现实，于是便放弃了传统艺术要求“真实表现世界”的观念和法则，完全依靠自己独立的观察进行创作，有意识地通过自己的主观意识表现对世界的认知，通过概括和取舍，用结构的观点来描绘对象。

他认为“世界上的一切物体都可以概括为球体、圆柱体和圆锥体”，从而能在画面上做到极大的理性概括，通过色彩和色彩的变化来表现物体的形状、体积，并通过这些表现物体的架构，使画面在平面化中具有深度感，从而彻底打破了传统绘画素描和色彩分离的做法。正是由于塞尚对绘画表现形式、色彩、造型等方面做出的突出贡献，为以后诸多艺术流派的出现奠定了基础，所以他才被尊称为“现代绘画之父”。他为现代艺术的两大特征——“强化个性”与“简化形式”提供了深刻启示，从而影响了如毕加索、马蒂斯等诸多现代绘画巨匠，甚至毕加索称“塞尚就像我们的父亲”。

尽管塞尚被后世的画家们所敬仰，但在他自己的年代里，塞尚本人却是备受责难与批评。由于塞尚把形式的东西，诸如距离、透视、体积等，当成了绘画的目的，而把内容放在服从形式的地位，因此他的绘画理念与主流观念相背。虽然他也参与印象派画家们的聚会与画展，但他不赞同印象主义那种忽视素描，把物象弄得模糊不清的绘画风格，所以他参加印象派画展不仅没有给他带来什么好处，还让他受到比其他人更多更猛烈的攻击。最后，他离开印象画派这个团体住在家乡埃克斯，离群索居地进行艺术创作。绘画创作对于塞尚来说不是一件轻松愉快的事，他长时间地面对客观对象，因无法体现他本人的意愿和构图而深感苦恼，直至绝望的时候，他常常冲动地把画毁掉。绘画实际上是他的一条永无止境的探索、挫折和幻想相连接的锁链，缠在他的人生之途上。

在塞尚的这幅《玩纸牌者》中，画中人物之间通过纸牌游戏相互博弈，而在画外，则是塞尚内心的主观意念与外部客观世界在通过画布博弈。他曾经说过：我想让印象派的画像博物馆里的艺术一样坚实持久。可以说，《玩纸牌者》这幅作品诠释了塞尚的目标，传达了

打牌作弊者 / 卡拉瓦乔 /1594—1595 年

一种宁静感，正是这种润物细无声的感觉，却拥有强大的力量，改变了绘画艺术的表现形式与沟通模式。当然，拥有这种力量的画家还有许多，但是能够开流派之先河的艺术家只有16世纪巴洛克艺术的先行者卡拉瓦乔，而且巧合的是，他也曾经在一幅名为《打牌作弊者》的画作中表现打牌双方博弈的场面，并通过灵活运用光影增强戏剧效果，把玩牌的场景描绘得有声有色。

《打牌作弊者》描绘的是一个不谙世事的小男孩正在落入纸牌圈套的情景，让观者以复杂的心情产生共情。作品中的黑衣少年正在低头看着手里的牌思考，背后则站着一个猥琐诡诈的人，正瞪大眼睛歪头偷瞄他的牌，还跟桌子对面的庄家打手势比暗号。庄家瞄到暗号后，赶紧在背后偷偷把牌换掉，脸上却完全是若无其事的表情，等待少年出牌。透过对表情和姿势的解读，一个暗藏在台面下的骗局就被活灵活现地展现出来。

卡拉瓦乔全名米开朗琪罗·梅里西·达·卡拉瓦乔，是意大利16世纪末至17世纪初的一位著名画家，出生在北意大利伦巴第的卡拉瓦乔村，因此人们称他为卡拉瓦乔。

卡拉瓦乔的艺术世界充满了鲜花与阳光，文艺复兴之后群星陨落，他在继承文艺复兴人文主义精神的基础上，开启了自然主义的先河。他绘制过美术史上的第一幅静物画，大胆地将底层人物的形象引入宗教绘画当中，阐释出自己独特的宗教情怀；运用独特的光影、强烈的明暗对比，使画面充满舞台般的动态戏剧效果，引导了绘画史中巴洛克艺术时代的潮流。

而他的现实生活却充满失意与罪恶。他性格暴躁、狂放不羁，这种个性使他很难与人相处，因此生活贫困，与劳动者为伴，还经常陷入流浪作画的境地。1606年，卡拉瓦乔因赌博和别人起了争执，并在接下来的扭打中杀死了对方，于是开始了颠沛流离的逃犯生涯。在逃亡马耳他期间，他因伤害一位马耳他骑士而被捕入狱，成功逃走后，却在那不勒斯的一家酒馆外面遭遇袭击而严重负伤。1610年夏天，他将自己最好的几幅画献给教会以换取宽恕，但带着希望欲返回罗马的他却在途中不幸离开人世，真不知是生活欺骗了他，还是他欺骗了生活。而后人对他的纪念方式就是将他的肖像与画作印在10万里拉的钞票上，可能是在安慰他曾经饱受创伤的心灵吧。

金融视角

金融投融资中的博弈论

2015年5月23日，著名数学家、诺贝尔经济学奖得主约翰·纳什和妻子在美国新泽西州因车祸遇难。当时，纳什刚刚领取数学界三大奖项之一的“阿贝尔奖”，在乘车回家的路上便遭遇不幸。多数中国人知道纳什是因为2002年获得奥斯卡最佳影片奖的电影《美丽心灵》，这部电影根据纳什的真实事迹改编而成，记录了纳什闪光的数学才能，还有他和妻子艾莉西亚20年来与折磨他的精神疾病抗争的不凡经历，以及留给这个世界最重要的遗产——“纳什均衡”理论。

在以往的经济学中，人们研究群体行为沿用的是现代经济学之父亚当·斯密所提出的理论：在集体中，每个人都从对自己有利的角度出发，会促使集体利益的最大化。从小就有数学天赋的纳什在普林斯顿大学的博士论文《非合作博弈》中证明：如果每个人都只从最有利于自己的角度出发，结果是损人而不利己的。而正确的方式是，你希望别人怎么对待你，你就怎么去对待别人。只有这样，两个人的利益才能最大化。以往的研究总是局限于个体的最优决策，但纳什的论文提出尽管每个个体在博弈中都想做出最优决策，然而个体的理性利益选择是与整体的理性利益选择不一致的，这就导致个体的理性利益选择可能并非是整体的最优决策。

纳什在孤独的外表之下有一颗清高的心，他特别需要得到这个社会的认可，但是又非常害怕失败。就在纳什的学术成就初享国际声誉之时，他受到了严重的精神分裂症的困扰。1958 年，30 岁的纳什被诊断为妄想性精神分裂，虚幻与现实真假难辨，给纳什的生活和工作造成了极大障碍，许多国际大奖也都因为他的身体状况而与他擦肩而过。

在纳什患病期间，他的妻子艾莉西亚一直都没有放弃他，普林斯顿大学则为他提供了回归现实的外部环境，大学的演讲大楼、图书馆、餐厅都向他开放，给他宁静、自由、宽松的氛围。正是这些人的爱拯救了纳什，让他回归理性。在和精神病斗争了 30 年之久后，纳什的精神状态恢复了，一切重新再来，这就是人生，生生不息。

纳什提出的“纳什均衡”理论又被称为非合作博弈论，即在一个博弈过程中，无论对方的策略选择如何，当事人一方都会选择某个确定的策略，当各参与方确定策略形成组合时，在该策略组合上，任何参与人单独改变策略都不会得到好处，即所谓纳什均衡状态。

纳什均衡最著名的例子是“囚徒困境”：两个犯罪嫌疑人作案后被警察抓住，分别关在不同的屋子里接受审讯。警察知道这两个人有罪，但是缺乏足够的证据，于是他向两个人提出以下政策：每个囚徒都面临着沉默和检举两种选择，若是在无法相互沟通的情况下，两个人都沉默，则一起关押 1 年；若是两个人都检举，则一起关押 8 年；若是一个人沉默一个人检举，则检举的直接释放，沉默的关押 10 年。可参见下表。

	A 沉默	A 检举
B 沉默	A1 年，B1 年（总计 2 年）	A 释放、B10 年（总计 10 年）
B 检举	A10 年、B 释放（总计 10 年）	A8 年、B8 年（总计 16 年）

显然，在计算整体利益时，一起沉默是最佳的选择（总计关押两年），其次是一方沉默一方检举（总计关押 10 年），损失最大的就是一起检举（总计关押 16 年）。

对于个人来说，无论对方如何选择，检举对于自己来说一定都是最优解：若是对方沉默，选择检举就可以被直接释放；若是对方检举，选择检举就是一起关押 8 年。选择检举的个体利益（最差情况是关押 8 年）要大于沉默（最差情况是关押 10 年）。

由于两个人在不同的屋子里，不能沟通，他们无法确认对方的选择，于是陷入“囚徒困境”，只能选择对于个人的最优解。况且，就算双方可以提前说好一起沉默，一方为了让自己被提前释放，很可能会违背契约而选择检举。可见，囚徒困境的结局在二人做出选择之前就已经被决定了。经验丰富的警察成功“套路”了罪犯。

博弈理论之所以重要，是因为它在现实的生活中到处可见。我们看到，在商品交易中经常有这样的例子：一个人的支出等于另外一个人的收入，短期来看收入方战胜了支出方，收入方提高了售价跟买方博弈而获得更多的金钱。

在金融市场的交易也是如此，金融资产的不确定性短期内始终是在随机不规则运动中，那么一个人的买入和一个人的卖出，必然导致一个人赚钱一个人亏钱，而亏的钱一定等同于赚的钱。在短期内金融资产价值没有发生变化，但交易发生了，财富没有增值，仅仅是发生了转移而已。所以从短期来看，金融市场就是一个零和博弈市场，只要是基于短期利润的盈亏为基准的金融市场，都是零和博弈市场，都不会改变零和博弈的本质。

从长期来看，在商品交易中获得收入的一方将收入进行再次投入，创造出更多的价值以换取更多的收入，此时，交易双方的利益都有所增加，或者至少是一方的利益增加，而另一方的利益不受损害，因而整个社会的利益有所增加，这便是正和博弈，亦称为合作博弈。

曾经有这样一个故事。有人问一位教士天堂与地狱有什么区别，教士把他领进一间房子，只见一群人围坐在一口大锅旁相互叫嚷着，虽然他们每人都拿着一把汤勺，但因勺柄太长他们无法将盛起的汤送到嘴里，所以都只能眼睁睁地看着锅里的珍馐饿肚子。

教士又把他领进另一间屋子，同样的锅和同样的勺子，但所有的人吃得津津有味，原来他们是在用长长的汤勺喂对方吃。教士此时回答说：刚才你看到的那里就是地狱，而这里便是天堂。

电视剧《北京人在纽约》里有这样一句台词："如果你爱他就送他去纽约，因为那里是天堂。如果你恨他也送他去纽约，因为那里是地狱。"既是天堂又是地狱的纽约充满了故事，而既是天堂也是地狱的资本市场也充满了零和博弈的痛苦与正和博弈的机会。

信息的旋律:《小提琴与报纸》

小提琴与报纸

乔治·布拉克

1912 年 / 布面油画

对于读者来说，日报就像地图，可以帮助他们穿梭于现代城市和世界中，可以指导许多人并告诉他们如何在城市中生活得更好。

——茱莉亚·瓜尔内里

传说公元前6世纪的一天，毕达哥拉斯走过一个铁匠铺，觉得铁匠打铁的声音很好听，便驻足聆听。他发现打铁声音的高低与铁锤的重量有关，于是他比较了不同重量的铁锤发出的不同音高之间的比例关系，经过不断地推演之后，测量出各种音调的数学关系，用数学方式呈现音乐旋律，也就是我们现在所熟知，且影响着整个世界的黄金分割线。这也是毕达哥拉斯学派“万物皆数”理论的现实应用。

法国画家乔治·布拉克的画作《小提琴与报纸》将音乐的信息通过画布表达出来。布拉克是与毕加索一起创造了立体主义的绘画大师，他曾经说过：“在艺术里，唯有无法解读的才是最重要的。”所以他的绘画对观察者来说是一个考验，虽然画作标题明确点出主题，但我们几乎很难辨识出来，只能根据画中的线索和痕迹寻找其中的关联。半边小提琴的形状与报纸的英文字样成为画面中的关键信息。他把小提琴与报纸分解成不同的几何图案，从不同角度表现被画对象。平行的线条代表着小提琴的弦，不同位置的圆圈代表晃动的琴体，能够奏出跳动的音符。而所有这些显得有些杂乱的形状组合在一起，仿佛又提醒着人们这是身处一场盛大的音乐会。这些信息将会被报纸刊登并予以传播，信息成为联系音乐与报纸的载体。

报纸从诞生到今天经历了漫长的历史。公元前60年，古罗马政治家恺撒把罗马市以及国家发生的事件书写在白色的木板上，以告示市民，这便是世界上最古老的报纸。公元7世纪，唐朝宫廷内发行了手写的传阅版邸报，这应该算是中国最早的报纸。1450年，谷登堡发明了金属活字印刷技术，于是印刷的报纸开始发行。由笛卡儿的学生瑞典女王克里斯蒂娜于1645年创立的《国内邮报》应该是生命力最持久的报纸，曾连续不间断地发行了362年纸版报纸。

早期的报纸很贵，只有贵族才能买得起，属于小众市场，许多人可能一辈子都看不到一张报纸。直到1833年，本杰明·戴创办了一份自己的报纸《纽约太阳报》，后入场的他，为了打败那些先入场的报纸，竟然只卖一美分一份。当时很多人问他：“你这连印刷成本都不够啊？”可是，当他的报纸开始流行，发行量上升后，他开始靠着广告赚钱并成为传媒业大亨。

美国发行量最大的报纸《华尔街日报》则以专业报道财经信息为主，是世界上权威财经媒体之一。在它的头版上，每天都会发布一个股票指数，这就是道琼斯工业指数，这个指数是华尔街的温度计，也是美国经济的风向标，而这一切，都源于查尔斯·亨利·道于100年前的发明——让资本世界每天每时每刻的变化，都可以用数字清晰地测量。

19世纪末，美国股票市场几乎没有有关证券市场的可靠信息，投机商们可以通过散播谣言控制股票价格的波动。查尔斯·亨利·道之前在一家通讯社的主要工作就是收集各类股票信息，并发给银行和经纪人事务所，他亲眼看见了“信息”在股市中的价值，可以使人一夜暴富，也可让人倾家荡产。于是他与好友爱德华·琼斯创办了一家股票信息服务公司，推出第一份刊物，叫《客户下午信札》。查尔斯·亨利·道认为随着上市公司越来越多，投资者只能看到个股的涨跌，对市场的总体形势却茫然无措，这样既会错过机会，也可能承担着巨大的风险。而当时美国铁路正在快速扩张，铁路公司大量成立并上市，铁路股票也是当时交易最活跃的股票，他将具有代表性的铁路股票每天的收盘价格综合起来，算出一个平均数，这个数字虽然简单，却极其实用，投资者每天看到这个指数，就可以大致了解铁路股票整体的波动情况，于是《客户下午信札》声名鹊起，并在1889年更名为《华尔街日报》。

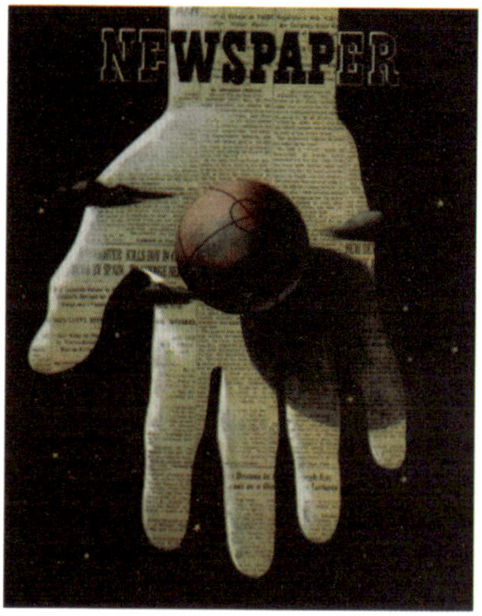

报纸 / 卡桑德尔 /1934 年

随着世界范围内报纸带给人们越来越多的信息，报纸或新闻拥有者成为具有话语权的力量。

装饰艺术大师卡桑德尔的宣传画《报纸》就向我们形象地展示了新闻传媒的这种控制力。在画中，画家将报纸形象地比喻为人类的一只手，而人类所居住的世界却成为报纸所化作的“上帝之手”的手中之球，报纸信息传播的力量可见一斑。

1971 年，诺贝尔奖获得者赫伯特·西蒙提出了一个观点：“在一个信息丰富的世界，大量的信息内容意味着某种东西的缺乏：无论它是什么，肯定是因信息消耗引起的缺乏。而大量的信息消耗的是什么，这是显而易见的：它消耗的是信息接收者的注意力。因此信息的丰富促成了注意力的缺乏。”也正是这种注意力的缺乏造成人们“乱花渐欲迷人眼，浅草才能没马蹄”的生活状态，指的是人们对现在的巨量信息的接收与使用都很迷茫与肤浅，浅到刚刚没过马蹄，并不能产生什么好的效果。信息已经成为“洪流”，将淹没我们的生活。英国诗人艾略特就曾经以诗歌表达自己的担忧：“我们在生存中失落的生活在哪里？我们在知识中失落的智慧在哪里？我们在信息中失落的知识又在哪里？”

每个人的信息处理能力不一样，从中获得的知识也不一样。电影《教父》中有一句经典的台词：“花半秒钟就看透事物本质的人，和花一辈子都看不清事物本质的人，注定是截然不同的命运。”被称为“信息论之父”的天才人物香农也曾经说：“你越能触及问题的本质，得到真知灼见的效率就越高。”提高信息处理能力，穿透层层的信息迷雾，找到反映事物本质的真实底层信息，培养理性精神，应当是个人升华、人类进化的重要能力。

金融视角
有效市场理论与指数基金

1973 年，美国著名学者伯顿·马尔基尔写了一本畅销书叫《漫步华尔街》。在书中马尔基尔列举了大量证据证明股票价格波动完全呈现“随机游走”的状态。随机游走指的是基于过去的表现，并不能预测将来的发展情况。马尔基尔说：把一只猴子的眼睛蒙起来，让它通过乱扔飞镖去选股票，其回报都能和基金经理差不多。《怪诞心理学》的作者理查德·怀斯曼在 2001 年做过同样的试验，他聘请了一个资深的分析师、一个占星师和一个 4 岁的小姑娘进行为期一年的模拟股票投资，结果没有任何投资经验的小姑娘根据随机抓取的扔向空中的 4 张小纸片形成的投资组合最后在变化多端的市场中取得了胜利。

以上两个例子都是在说明股票市场的证券价格服从随机游走理论，说明这个金融市场或股票市场是有效的，符合 2013 年获得诺贝尔经济学奖得主尤金·法玛的有效市场理论。

有效市场假说认为股价会反映所有的相关信息，就算股价偏离基本价值，也是因为信息不对称或对信息的理解有误，而随着时间的流逝，股价会回归基本价值。有效市场假说认为无论机构还是个人投资者，都不能持续获得超过市场水平的回报。法玛把有效市场分为三种类型。

第一种是弱有效市场假定，它认为股票价格已经全部反映了能从市场交易中得到的信息，这些信息包括过去的股价、交易量等数据。因此市场的价格趋势分析是徒劳的，因为过去的股价资料是公开的，可以毫不费力地获得，此时，通过技术分析无法获得超额收益，而通过基本面分析、内幕信息可以获得超额收益。

第二种是半强有效市场假定，它认为与公司前景有关的全部公开的已知信息已经在股价中反映出来了，除了过去的价格信息外，这种信息还包括公司生产经营管理方面的基本情况，如统计数据、技术状况、产品状况，和各种会计、财务数据等。此时，通过技术分析和基本面分析无法获得超额收益，而通过内幕信息可以获得超额收益。

第三种是强有效市场假定，它认为股价反映了与公司有关的全部信息，甚至包括仅为内幕人员所知的信息，由于证券法规禁止公司管理层以及了解公司经营活动和决策过程的内幕人士利用他们所知道的有关信息进行股票交易的营利活动，因此从理论上讲，一个机制完善、监管严格的市场是不存在利用内幕消息进行交易的情况的。此时，任何人无法获得超额收益，只能采用被动投资。

从长期来看，有效市场假设其实是成立的。比如在时间跨度长达5年甚至更长的区间内，信息是可以充分获取的，没有人的资讯渠道和分析能力可以保持这么长时间的隐秘和有效性。所以，一只股票的价格从长期来看，必定趋近于价值。但在短期之内的市场信息的覆盖范围不一定足够，而且市场有效并不代表证券价格就静止不动，如果有更新的信息被发现，那么证券价格会变化。比如当大家知道某只股票下一季度的盈利会下降时，其股票价格会随之跌落，一直跌到在盈利下降后该股票反映的价格公平为止。

在完全有效的市场下，任何买卖股票的行为都是浪费时间，因为当前的股票价格已经完全反映了所有相关的信息，也就是说其股票价格是公平合理的，不高也不低。如果在这种情况下去买卖股票，相当于赌一个未来的不确定，因为未来的新信息可能是利好，也可能是利空，在这种情况下买卖股票和投一枚硬币猜正反面的性质是类似的。所以对于一个投资者来说，买或者卖都无法给他任何优势，最好的策略是持有策略，什么都不做。

有效市场理论的产生对当时的美国金融界产生了巨大的冲击，有很多人认同了这个理论，并开始围绕这个理论来开发产品，也就是“如何成为市场本身”。芝加哥大学有一个学生叫查尔斯·施韦德，对这个理论很着迷，他说服自己的父亲——新秀丽箱包公司的老总，用公司的养老金创立了第一只指数基金产品，大约600万美元的规模。

在1976年，先锋基金公司约翰·博格成立了第一只针对个人投资者的指数基金，他也因此而一战成名，成为公认的“指数基金之父”。他大幅降低了基金销售费用与管理费用，给投资者推荐指数基金，在成立后的第二个 10 年，这只基金的规模从 6 亿美元增长到了 910 亿美元。随后的日子里，约翰·博格几十年如一日地坚持贯彻他的核心原则：绝大多数投资者无法战胜市场，最好成为市场本身，而成为市场本身的最好方式，就是选择成本最低的指数基金。指数基金成为投资市场最主流的产品，也成为普通投资者的最佳投资方式之一。

第七章

危机的潜伏

世界经济史是一部基于假象和谎言的连续剧。要获得财富，做法就是认清其假象，投入其中，然后在假象被公众认识之前退出游戏。

——乔治·索罗斯

在一个非理性的世界里，再也没有什么比理性化的投资策略更能招致深重灾难的了。

——凯恩斯

混乱的代名词：《巴别塔》

巴别塔

彼得·勃鲁盖尔

1563 年 / 布面油画

熵定律是科学定律之最。

——爱因斯坦

在宽阔而遥远的地平线的映衬之下，一座巨大无比而又稍显凌乱的多层高塔坐落在古城巴比伦的海边。这座高塔与罗马斗兽场的结构类似，每一层的内部都是一个整体，彼此紧紧相连。古城内弯曲的街道、住房、修道院、教堂、医院的塔尖、堡垒、城防装备、桥梁、河道旁的水井，还有古城外的风车等都显示着巴比伦的发达与繁华。这是画家彼得·勃鲁盖尔根据圣经故事所绘制的巴别塔的施工现场场景。画家凭借高超的技巧，在塔身的每一层上都画出密集细小的建筑工人与车辆，尚未完工的巴别塔上一片混乱，诸如脚手架、踏轮驱动的起重机等建设工具零乱堆放；看起来很微小的人和动物从下向上延伸，空中飘起的白云遮住了部分塔顶，显示着巴别塔已经建造到了一个可怕的高度。这种巨大与繁乱的绘画效果，以及有意拉开的人物形象与塔身、自然等的比例和距离，显示出工程的伟大与艰巨，也显示出人类的创造性力量，当然也可能在暗喻着人类的傲慢和自大。

在巴别塔底部的一处山头之上，头带王冠、手持权杖的国王率领一班卫兵正在调查巴别塔停建的真相：争吵不休的工匠们都已散去，仅少数几个留守工匠等候着国王的光临，其中一个跪在国王面前，正诉说着事故的复杂性，但看起来他的话大家也无法听懂。在塔身的正前方有一处塌方，而高涨的海水已经倒灌入塔身底层；海边众多帆船满载着建筑材料到达现场，却无人问津。显然，巴别塔建筑现场的局面已经开始不堪收拾，这将是人类接受的又一次惩罚。

《圣经》中记载，亚当和夏娃偷吃禁果被逐出伊甸园后，在人间生活，渐渐有了很多子孙。人多起来的时候，贪婪、妒忌、邪恶也日益滋长，于是相互怨恨争斗、厮杀抢夺，使暴力充斥着整个世界。上帝见人类在陆地上罪孽深重，最终决定要用洪水灭除他们。

挪亚是一个老实本分的善良人，三个儿子在他的严格教育下，没有误入歧途，于是上帝选中挪亚一家作为新人类的种子保存下来，同时还告诉挪亚：如果内心不回归良善，人类就会被洪水毁灭。挪亚带领全家开始在山上建造方舟。人们觉得好奇，挪亚就给他们传道，把上帝的警告转述给大家：人一定要按照神的旨意生活，否则，神会用洪水毁灭你们；当世界末日来临的时候，天降大雨，地上会发洪水，悔悟的人们可以登上方舟，得到神的救赎。众人不以为然，他们认为挪亚太愚蠢、太迂腐，而更相信自己的经验和判断，于是继续作恶享乐，没有悔改之意。

等方舟建好之后，上帝选定的期限也到来了。遵循着上帝的吩咐，挪亚带着自己的妻子、三个儿子及儿媳搬进了方舟，同时带进方舟的还有公母成对的动物。当各样活物都进去之后，上帝就关闭了方舟的大门。

7 天之后，天降大雨，连续 40 昼夜，之后便是洪水泛滥，所有的高山都被淹没，如置身水的世界一般，除挪亚方舟上的一家 8 口，所有生活在陆地上的人、动物、植物，全部陷入没顶之灾。

在大洪水泛滥 150 天后，水势开始消退。一年之后，挪亚一家和所有的动物终于可以出来了，人类和动物又渐渐遍布世界。很多年以后，人类的祖先在底格里斯河与幼发拉底河之间发现了一块大平原，就停留在那里从事生产，繁衍子孙。那里土地肥沃，日子也过得越来越兴旺，后来成了人口众多的城镇。因为祖先被洪水冲怕了，担心再遭水灾，所以决定动手修筑一座通天的高塔，以防下一次的洪水水患。当时的人类说着同一种语言，使用着相同的文字，并学会了用石料、烧砖与石灰等材料建造高大建筑物的技术，很快就把塔建得越来越高。这座高塔的建设计划很庞大，要能容纳全城的人，高度就必须达到天顶。

上帝得知此事，决定亲临人间看个究竟，当他见到塔身后，又惊又怒，心想：刚刚繁荣起来的人类，竟然想要与上帝平起平坐、住在一起！于是，上帝通过让不同的人群讲不同的语言来惩罚人类的自傲自大。由于不同人群彼此之间不能理解对方的语言，因此建塔工程无法完成，最后，大家只得按互通的语言为群散居各地。这座建了一半的塔，就被称为巴别塔，也可以被称作混乱之塔，而这个故事便成为基督教解释世界各民族语言来源的故事。

金融视角

熵增定律带来的金融危机

什么是“熵”？热力学第一定律表达的是能量守恒，热量从一个物体传递到另一个物体或与其他能量互相转换时，能量的总值保持不变。热力学第二定律又称“熵增定律”，其表述为：“不可能把热从低温物体传到高温物体而不产生其他影响，或不可能从单一热源取热使之完全转换为有用的功而不产生其他影响。”简单理解就是，在自然条件下，热量只能从高温物体向低温物体转移，而不能由低温物体自动向高温物体转移，这个转变过程不可逆，要使热传递方向倒转过来，只有靠消耗功来实现。既然热力过程都是不可逆的，那么能不能找到一个状态参数来反映这种不可逆特性呢？德国人鲁道夫·克劳修斯证明这个参数是存在的，并将之命名为“熵”，用S表示。

后来，玻尔兹曼又把熵和系统的紊乱度联系起来，系统紊乱度越高，它的熵就越大。“对于孤立体系，系统的熵只能向着熵增加的方向运动”，这就是著名的熵增原理。孤立系统在没有外部能量参与的情况下，最终会达到平衡，进入停滞状态，如同“死亡”。

按照任正非通俗一点的解释就是：“第一，热力学讲不开放就要死亡，因为封闭系统内部的热量一定是从高温流到低温，水一定是从高处流到低处，如果这个系统封闭起来，没有任何外在力量，就不可能再重新产生温差，也没有风。第二，水流到低处不能再回流，那是零降雨量，那么这个世界全部是超级沙漠，最后就会死亡，这就是热力学提到的‘熵死’。”①

熵理论已经从单纯描述微观世界的热力学物理概念，演变为一个与自然和社会相统一的动态开放概念。这一理论也被推广到几乎所有科学领域，包括社会学范畴。爱丁顿从认识论和方法论的角度，将

---

① 资料来源：杨爱国．华为奋斗密码 [M]. 北京：机械工业出版社，2019.

熵增定律誉为“宇宙至高无上的哲学规律”，爱因斯坦则称其为“科学定律之最”。

金融体系是一个金融能量持续运动并不断转化的系统，而且人类社会的一切经济活动都具有不可逆性，所以一切金融资源的运动也都是不可逆的过程。根据热力学第二定律，这正是系统产生熵的条件，因此，金融体系内不可逆性的运动形式必然会产生金融熵。

金融熵的产生不仅在于金融体系内在的发展增加了本身的脆弱性，如货币由自身具有价值的黄金白银变为纸币，发行纸币的完全准备金规定变为部分准备金制度等，也在于金融机构服务同质性与企业经营状况的同质性发生共振而产生更大的波动性，特别是当整个市场的绝大部分资金去追逐同样的资产时，就会产生极大的泡沫与危机。

著名经济学家明斯基将融资企业按照收入与债务之间的关系划分为三种类型。第一种是对冲性融资，指债务人的收入现金流可以负担债务合约的全部支付责任，包括各期需要支付的利息和本金，这样在合约到期日就可以完全清偿债务。第二种是投机性融资，债务人的收入现金流只够偿付利息，要履行债务合约需要借新债还旧债，让债务滚动起来。不过，由于利息已经偿付，投机性融资的债务总额就受到控制，不会继续增加。第三种是庞氏融资，债务人基本上没有任何可用于偿债的收入，如果不变卖资产，履行任何支付责任都需要借新还旧，债务总额会越滚越大。

随着时间的推移，金融体系有一种内在的趋势，即从稳健的对冲性融资金融结构向脆弱的投机性融资和庞氏融资金融结构转变。对冲性融资主导的经济最为稳定和健康，融资企业和投资项目运营良好，现金流丰沛，债务合约如期顺利履行，各方皆大欢喜。然而，面对繁荣的市场，拥有“动物精神”的企业家绝不会满足于当下的融资和投资规模，已经尝到甜头的会扩大融资，追加投资，有企图心的旁观者也会退而结网，而不是临渊羡鱼。在金融监管松弛，各种金融创新风起云涌，乐观情绪不断膨胀的条件下，这一趋势会不断增强和加速。主导经济的融资类型就会从对冲性融资向投机性融资和庞氏融资转变，金融结构也就从稳健逐渐走向脆弱，稳定健康的经济也会被推向虚假繁荣和泡沫。

此时，金融体系不仅传播经济波动，而且就是经济波动的源头。金融体系抵御风险的能力不足而导致的自身不稳定性及易受攻击性，其实质是金融体系内部的运动状态的混乱和无序的直观外在表现。而其内部的混乱和无序状态是因金融资源在传递与转化金融能量的过程中，出现无效金融能量耗损而致使金融熵增并累积所致。金融的不稳定性是因金融系统中的熵增而产生并存在的，即存在如下机理：金融熵增—金融风险—金融脆弱性—金融不稳定性—金融危机。[①]

① 资料来源：黄煦凯．金融脆弱性、金融创新、金融风险和金融危机——基于熵理论的金融不稳定分析[J]. 中国证券期货，2012（6）.

群体非理性：《愚人船》

愚人船

耶罗尼米斯·博斯

1494—1510 年 / 木板油画

群体中的个体，宛若沙漠中的一粒沙，扬起的风向，决定了他的意愿。

——古斯塔夫·勒庞

灰蒙蒙的天空之下，一处狭窄的海湾内，一条窄窄的木船上面挤满了人。他们有的大吃大喝、忘乎所以，有的放声高歌、表情麻木，有的尔虞我诈、玩着愚蠢的游戏……船上的人似乎各不相关，但又命运相连。他们中有歌唱的修士，有弹奏乐器的修女，有服饰奇特蜷坐在树枝上的人，有赤身攀爬树枝的人，也有衣着普通的平凡人。而他们正代表着宗教改革运动前期人们的生活状态——都生活在愚昧之中。

木船下方的河里有两人赤身裸体，身体发白，一人拖着船，另一人高举大碗，他们甘愿奉献，虔诚、不舍地祈求船上的修士和修女代表神来下达恩赐。而船中载着的乘客——酒鬼、荒淫的教士和修女、宫廷弄臣这些人则对他们视若无睹。船中央，一个修士和一个修女对坐在一起，正试图咬下悬在空中的糕点，修女抱着象征着爱情的鲁特琴，中间的桌子上摆放着一盘象征性欲的樱桃，说明教士们纵情于声色。船的形象非常诡异，桅杆是一株枝叶繁茂的大树，却没有根基，树的高处绑着熟鸡，有人如摘果子一般正用刀在割取。一只猫头鹰象征着邪恶与异教，在树丛中露出了它狰狞的面容，正冷眼旁观着这一群“愚人”。船桨是一只巨大的汤勺，似乎是为了方便舀到船外面浑浊的酒。而在船尾坐着一个小丑，他是这只船的掌舵者，但是他喝着酒，像其他人一样，并不在乎这只船要去向何方。在错综的海湾内，这样的木船也只能停留在这狭小的空间内，难以在真正的大海上远航，象征着落后、封建的教会无法适应社会和文化发展的需要。

《愚人船》是耶罗尼米斯·博斯最著名的代表作之一，同时也是其最令人费解的作品。在《愚人船》中，小船就是人类的象征，博斯想象整个人类正乘着一条小船在岁月的大海中航行，可悲的是，船上的每一位“代表”都是愚人。现实中也确实存在过愚人船，在中世纪的德国，领主们将那些神经错乱的人从他们居住的城镇驱逐出去，让他们在空旷的农村流浪；或者把他们托付给商旅或朝圣的队伍，由他们随着队伍从一个城镇流浪到另一个城镇。

1509 年，著名的人文主义作家伊拉斯谟第二次去英国拜访托马斯·莫尔爵士时，写了一本妙趣横生的讽刺文学作品《愚人颂》赠送给他。托马斯·莫尔是早期空想社会主义学说的创始人，他的《乌托邦》在人类历史上第一次提出了消灭私有制，建立公有制的问题。伊拉斯谟在他的书中对教士的贪婪淫荡、神学家的虚妄无知、封建领主的不劳而获以及他们的愚钝冥顽进行了尖锐的讽刺。这本小册子是16世纪的畅销书，几乎被翻译成各种语言的版本。它的成功使得人们开始注意伊拉斯谟写的其他书，在这些书里，他宣传宗教改革，要求制止教会滥用权力，并呼吁其他人文主义者与他一道，参与到复兴基督信仰的伟大运动中。

伊拉斯谟的《愚人颂》以“愚人”的口吻评论当时的世态世象，对以罗马教廷为代表的宗教权威和以君主制度为代表的世俗权威极尽讽刺之能事。他很俏皮地把这些人称为“贤人”，而把平平常常的普通人称为“愚人”，以“愚人”的眼光看待“贤人”的生活中各个方面不合逻辑、自相矛盾的行为，而对“愚人”本身则给予了深深的同情和赞扬。

1789年，巴黎的警钟长鸣，工人、手工业者、城市贫民纷纷涌上街头，夺取武器，开始了武装起义。一群平民杀进巴士底狱，捉住了几个狱卒，并擅自将那几位狱卒处以死刑，过程轻率，犹如儿戏。而伴随着巴士底狱被攻陷，爆发了影响世界的法国大革命。100年后，法国学者古斯塔夫·勒庞以法国大革命背景中的群体行为为研究对象写下了著作《乌合之众》，成为研究群体心理特征的群体心理学创始人。

勒庞认为：“群体累加在一起的只有愚蠢而不是天生的智慧。当若干清醒、理智、高智商的人组成了一个群体，其智力水平立刻会大大下降。由理智主导事物的发展趋势远远没有由情感主导来得快捷迅速。而群体往往最容易接受简单而极端的情感的煽动和暗示。大革命的国民公会成员都是有知识、有见地的资产阶级，当他们处于分开状态的时候，都温文尔雅，然而一旦联结为群体，他们却毫不犹豫地支持了那些最残忍的议案，甚至能够把那些最受冤枉的人送上断头台。

这样做对他们没有任何好处，也毁掉了他们自己的护身符，从而开始自相残杀。”[①] 对于理性的个人来说，任何一件事都很复杂，充满了矛盾和不确定性，都可以进行讨论。但群体没有思考能力，无法理解复杂的事物，只能把任何事情都简单化。在群体眼中，一件事要么全对，要么全错，非黑即白，没有中间状态；一个观点要么是绝对真理，要么是绝对谬误，一切感情都是简单而极端的。

人们聚在一起组成另一个人 / 歌川国芳 / 日本江户时代

① 资料来源：古斯塔夫·勒庞. 乌合之众：群体心理研究 [M]. 张源，译. 北京：北京时代华文书局，2018.

日本浮士绘大师歌川国芳的浮世绘寓言画《人们聚在一起组成另一个人》也表达了同样的认知，不同的人通过寻找自己新的位置组成了一个新的具有另类人格的“群体人”。当个人一旦融入群体，他便放弃了自己的个性，按照群体的思维模式进行定位，群体的思想便会占据绝对的统治地位。由于人多势众，个人会产生一种幻觉，感到自己力大无穷，不可战胜，好像没有什么事情是办不到的，却不知道，他们仍然与《愚人船》上的船员一样，没有自我的思想，永远到达不了胜利的彼岸。

金融视角

经济学中的“理性人”与非理性繁荣

“理性”是与古希腊哲学同时产生的一个重要哲学概念。柏拉图认为理性是思考所生产的真理，是人们通过回忆理念的存在来实现早已存在的人的灵魂；亚里士多德则提出了终极的逻辑观点，即将理性等同于思想和精神。可以说，在古希腊哲学家看来，理性主要就是指规律，或寻找规律性的能力。

传统意义上的经济学理论一直是建立在“理性经济人”的假设之上，“理性经济人”是无限自利的，人的行为受利益支配，其决策建立在完全理性的基础上。但我们也应该看到，经济学在本质上是研究市场中人的学问，而人有着与生俱来不可预测的奇怪天性，就像爱无法简单地用一堆数字来解释，人的理性力量也是有限的。理性可以解释某种产品的价格如何随供求条件的变化而变化，但无法解释股票市场的崩溃；理性可以解释交战双方（或多方）为什么会达成停战协议，但无法解释战争为什么发生；理性可以解释希特勒为什么会失败，但无法解释希特勒当初为什么能上台……

无论历史上还是现实中，人的行为也受信仰的支配。信仰有一种不受个体控制的魔力，驱使人们做出理性计算难以证明的决策，甚至是完全违背自身利益的决策。这种决策可能是善的，也可能是恶的。事实上，人类历史上巨大的悲剧都是理想主义者追求信仰的结果，而不是现实主义者追求利益所致。确实，有时候理想主义只是利益的伪装，但不可否认，许多干坏事的人是真诚的理想主义者。希特勒就是一个理想主义者，他个人生活很简朴，但他对人类世界的破坏力却是巨大而惊人的。

1996 年，时任美联储主席格林斯潘在一次演讲中首次使用了"非理性繁荣"这一措辞来形容当时美国金融资产价格泡沫，引发了一场资产价格在货币政策决策中的角色的争论。一直到今天，这场争论仍没有结束，也没有结果。随后，美国金融学家罗伯特·席勒根据这一措辞撰写了著名的金融行为学专著《非理性繁荣》，从而进一步引起了人们对市场非理性行为的思考。

席勒教授在书中说："非理性繁荣是投机性泡沫的心理基础。我将投机性泡沫定义为这样一种情形：价格上涨的消息刺激了投资者的热情，并且这种热情通过心理的相互传染在人与人之间扩散，在此过程中，被夸大的故事使得股票价格增长显得合理，有关价格增长的消息又不断被放大，撩拨了一波又一波的投资者扎堆到市场中。这些投资者尽管可能对资产的真实价格有疑虑，但可能出于对其他投资者发迹的羡慕，抑或因为'赌徒'的兴奋感，不自觉地卷入到市场中。"①

通俗一点地讲，非理性繁荣在实际生活中可以理解为从众行为的羊群效应，指个人的观念或行为由于真实的或想象的群体影响或压力，而向与多数人相一致的方向变化的现象。羊群是一种很散乱的组织，平时在一起也是盲目地左冲右撞，一旦有一只头羊动起来，其他的羊也会不假思索地一哄而上，全然不顾前面可能有狼或

---

① 资料来源：罗伯特·席勒. 非理性繁荣（第三版）[M]. 北京：中国人民大学出版社，2016.

者不远处有更好的草。因此，“羊群效应”就是比喻人都有一种从众心理，从众心理很容易导致盲从，而盲从往往会陷入骗局或遭遇失败。经济学中的羊群效应是指市场上存在那些没有形成自己的预期或没有获得一手信息的投资者，他们将根据其他投资者的行为来改变自己的行为。

非理性繁荣经常伴随着群体非理性行为。社会整体结构复杂，要容纳多层次、不同群体的利益，一定需要社会群体的理性精神与相互妥协，而盲从的羊群效应恰恰是跟随与服从，所以，无论是历史上还是现今，群体非理性行为都时有发生。可以说，没有谁是从中受益的，即使有的人会有一时的显赫和荣耀，但是退潮之后他们都会发现原来一切又回到原点，如同在金融泡沫下虚高的资产价格，虚幻的美好最终会回归现实。

通常情况下，商品交易中的消费者购买商品的目的是获得其使用价值，而生产者供给商品的目的是赚取加成利润。但金融产品的价格跟商品交易定价依据不一样，很难用传统经济学价格、价值与成本三者之间的关系去衡量，存在巨大的主观判断空间和流通性溢价。投资者买入一只金融产品的目的是在未来以预期价格卖出，获得流通性溢价，具有很强的投机性，所以金融产品的交易价格往往和投机泡沫联系在一起，甚至有过度包装、炒作、坐庄以及虚假信息带来的非理性交易价格。

资产行情总在绝望中诞生，在犹豫中上涨，在自信中膨胀，但是，树不可能长到天上去，总有一天，当资金、情绪等达到了某个临界点后，也许只是一个故事、一个谣言，或者是一个错误操作，就成了压垮骆驼的最后一根稻草，成为繁荣之后灭亡故事的一个注脚。

奥古斯都之梦：
《手持郁金香的夫妻双人肖像》

手持郁金香的夫妻双人肖像

米歇尔 · 范 · 米尔维特

1609 年 / 布面油画

狂热的欲望，会诱出危险的行动，
干出荒谬的事情来。

——马克 · 吐温

郁金香原来生长在中亚和中东的山地，波斯人大约从10世纪开始人工种植，不久就传遍当时的伊斯兰世界。最早从12世纪开始，安纳托利亚塞尔柱王朝的建筑就常常用画着郁金香图案的地砖和其他装饰品来装饰。最早见到郁金香的欧洲人应当是哈布斯堡王朝驻苏莱曼朝廷大使奥吉尔·德布斯贝克。当他第一次见到郁金香时，就为郁金香迷人的色彩所吸引，于是把郁金香的植物标本带回了家乡，并为维也纳植物园提供了一些郁金香的种子和根茎，由当时的维也纳植物专家克卢修斯进行实验与种植。克卢修斯于1601年出版了历史上第一部关于郁金香的论著《植物历史集注》，他在书里写道："花的红色通常很深，甚至红得发黑，但是有时有浅色的阴影，显得十分优雅。"后来，克卢修斯先后到法兰克福与荷兰工作，他随身携带着自己收集到的最好的郁金香种子，而且还把球茎送给熟人，扩大郁金香的种植范围。甚至，他最珍贵的郁金香被人从植物园中偷走，使得郁金香在荷兰广泛种植起来。

荷兰画家米歇尔·范·米尔维特创作于1609年的《手持郁金香的夫妻双人肖像》已经明显地体现出当时郁金香的价值。画中，丈夫左手拿着一朵郁金香、右手拿着一只郁金香球茎当作结婚礼物送给妻子，左手这朵郁金香花瓣上有红白相间纹路，整个花朵看起来像一簇绽开的火焰。这是一株名为"永远的奥古斯都"的珍贵稀有品种，据说在1637年的郁金香狂热时一株可以卖到6 000荷兰盾甚至更高。而当时荷兰人的平均年薪为200～400荷兰盾，也就是说，这株郁金香相当于普通人15～30年的收入。所以，荷兰人以罗马皇帝奥古斯都的名字命名此种郁金香，将其视为花中帝王。而丈夫右手中的郁金香球茎有点类似于洋葱头，不然也不会被人误会而成为口中的食物。画面中丈夫右手边的牡蛎是孕育和生产的象征，更是壮阳的食物，以此点出了这张画中双方的人物关系。

在17世纪的荷兰，郁金香成为一种社会等级的标志性工具，拥有郁金香花成为有钱人的符号与殊荣，有钱的人一定要拥有郁金香才算有钱，因此买郁金香便成为有钱人展示财力的手段。郁金香之所以有如此大的魅力，是因为它拥有明朗的轮廓、纯粹的颜色，还有它的花瓣可以在平淡无奇和绚丽多彩之间转换。我们现在知道这是一种病毒，但当时的人们认为这是一种自然奇观，公众一致的鉴别标准就是："一株球茎越古怪其价格就越高！于是感染病毒的郁金香更加抢手。"

到 1621 年，郁金香已经成为荷兰人民最喜爱的花卉之一。阿姆斯特丹富有的医生克拉斯·彼得松就将自己的姓名改为尼古拉斯·蒂尔普（郁金香），而且第二年他就以这个名字成为阿姆斯特丹市议会的议员。1632 年，26 岁的画家伦勃朗应阿姆斯特丹外科医生行会委托，为他们的行会成员画集体肖像。画家着重刻画了蒂尔普教授独站一边，面对着 7 位学者，一边做着解剖一边阐述着人体的结构原理。这幅《蒂尔普医生的解剖课》不仅使订画者非常满意，而且使伦勃朗几乎在一夜之间成了远近闻名的人物。从此，订画者源源不断，伦勃朗也因此由一个普通平民一跃成了"贵族"，荷兰历史上最伟大的画家之路也由此开启。而另一位著名风景画家扬·范·戈延则没那么幸

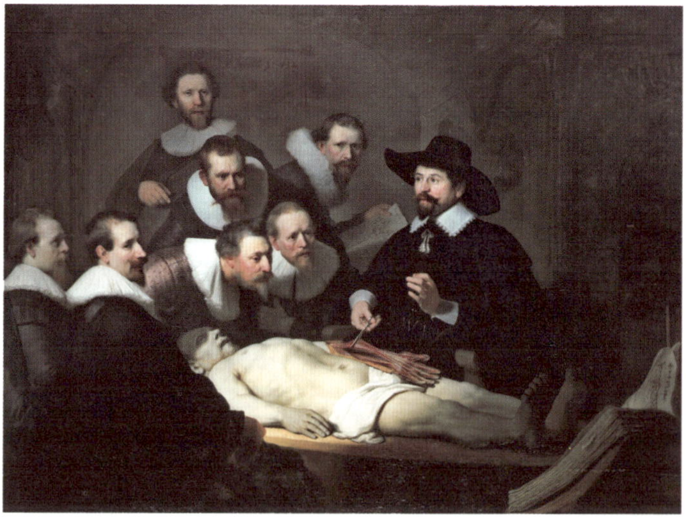

蒂尔普医生的解剖课 / 伦勃朗 /1632 年

郁金香狂热之讽 / 小扬 · 勃鲁盖尔 /1640 年

运，在郁金香市场价格崩溃前夕，他用 900 荷兰盾和两幅画作换回了一些郁金香球茎，导致泡沫崩溃后他的家庭财产大幅缩水，19 年后去世时仍一贫如洗。

当潮水退去的时候，就知道谁在裸泳，当狂热不在时，叹息自然而起。著名的画家小扬 · 勃鲁盖尔也用一幅《郁金香狂热之讽》反映了同处于一个时代的他对于郁金香狂热的看法：一群愚蠢的猴子正在热火朝天地进行着郁金香交易。虽然这个时候达尔文的进化论还未登场，但画中猴子们的含义不言而喻。无论是种花人、花商，还是参与其中的投机者，都受到了画家的无情嘲笑。

这幅画所表达的内容同中国的寓言故事《猴子捞月》相类似。故事里，树上的猴子认为月亮在水中，于是一只拉着前面一只的尾巴，形成一条链子，把最后一只猴子送到水面，让它到水中捞月亮。可当它真正去触碰月亮时，月亮却破了、碎了。水中的月亮只是一个美丽的影像，而郁金香狂热中的投机者们，又何尝不是在追逐水中的月亮呢？

金融视角

荷兰的郁金香狂热

“郁金香狂热”是人类历史上第一次有记载的金融泡沫。16 世纪中期，郁金香从土耳其被引入西欧，不久，人们开始对这种植物产生了狂热。到 17 世纪初期，一些珍品卖到了不同寻常的高价，而富人们也竞相在他们的花园中展示最新和最稀有的品种。到 17 世纪 30 年代初期，这一时尚导致了一场经典的投机狂热。人们购买郁金香已经不再是为了其内在的价值或作观赏之用，而是期望其价格能无限上涨并因此获利。

1581 年建立的荷兰共和国，是世界上第一个资产阶级共和国。独立前的荷兰，工商业就很发达，而资产阶级革命的胜利，推翻了腐朽没落的封建制度，更加促进了资本主义工商业的发展。独立后的荷兰，很快便成为西欧的一等强国。在整个 17 世纪，它在商业、海洋运输业、金融业各方面都占有绝对的优势，成为海上的霸主，被称为“海上马车夫”。1602 年，世界上第一个具有现代意义的证券交易所即诞生于此，荷兰人无与伦比的冒险和开拓精神，帮助他们取得了伟大的成就，但也正是这种冒险精神，成为培育投机者的温床。

初时，只有郁金香的行家才懂得欣赏郁金香之美，但在形成风潮之后，引起了投机分子的注意，他们对于栽培郁金香或者欣赏郁金香的美丽花纹并没有兴趣，只是为了哄抬价格，取得利润。郁金香球茎的市场运作方式与今天的期货市场差不多，球茎的买家和卖家签订一份合约，规定他们在指定的交割日按照指定的交割价格进行货币和球茎的交换，但这种交易是在个人之间进行的，也不需要缴存保证金，通常买家并没有要在交割日支付的现金，卖家当前也没有球茎在手。当时繁荣的荷兰确信郁金香会继续一直升值，很多人放弃了他们原本的事业，开始种植和交易郁金香，或干脆成为职业郁金香经纪人，同时，银行都在接受郁金香作为抵押，这更加助长了郁金香投机者的行为。

1636 年，一株稀有品种的郁金香竟然达到了与一辆马车、几匹马等值的地步。所有的人都被暴利冲昏了头脑，他们变卖家产，只是为了购买一株郁金香。就在这一年，为了方便郁金香交易，人们干脆在阿姆斯特丹的证券交易所内开设了固定的交易市场。正如当时的一名历史学家所描述的："谁都相信，郁金香热将永远持续下去，世界各地的有钱人都会向荷兰发出订单，无论什么样的价格都会有人付账。在受到如此恩惠的荷兰，贫困将会一去不复返。无论是贵族、市民、农民，还是工匠、船夫、随从、伙计，甚至是扫烟囱的工人和旧衣服店里的老妇，都加入了郁金香的投机行列。无论处在哪个阶层，人们都将财产变换成现金，投资于这种花卉。"

1841 年，英国记者查尔斯·麦凯在他的著作《人们的离奇幻想和疯狂》中讲述了一个故事，把引发郁金香球茎大恐慌归结为一起偶然的事件。

一位年轻的水手，是一个外国人，初来乍到，他不知道荷兰国内正在掀起郁金香投机潮。水手因卖力地工作得到了船主的奖赏，离船时他顺手拿了一朵名为"永远的奥古斯都"的郁金香球茎。那朵球茎是船主花了 3 000 金币（现在的 3 万 ~ 5 万美元）从阿姆斯特丹交易所买来的。当船主发现郁金香球茎丢失时，便去找那位水手，并在一家餐厅里找到了他，却发现水手正满足地就着熏鲱鱼将球茎吞下肚去。水手对郁金香球茎的价值一无所知，他认为球茎如同洋葱一样，应该作为鲱鱼的佐料一块儿吃。值几千金币的球茎在一个陌生人眼里竟如同洋葱，是水手疯了，还是荷兰人太不理智了，法官难以决断。然而，就是这个偶然事件仿佛一枚炸弹，引起阿姆斯特丹交易所的恐慌。谨慎的投机者开始反思这种奇怪的现象，反思的结果是对郁金香球茎的价值产生了根本性的怀疑。1637 年 2 月的第一个星期二，在郁金香重点交易城市哈勒姆的一家酒馆，1 磅郁金香的价格达到 1 250 荷兰盾，但没人愿意购买。拍卖人降低了价格，仍然没人购买。

极少数人觉得事情不妙，开始贱价卖出球茎，于是恐慌出现了，并进一步向外蔓延，一些敏感的人立即开始仿效，随后越来越多的人卷入恐慌性抛售浪潮，暴风雨终于来临了。

一时间，郁金香成了烫手山芋，无人再敢接手。郁金香球茎的价格宛如断崖上滑落的枯枝，一泻千里，暴跌不止。荷兰政府发出声明，认为郁金香球茎价格属无理由下跌，让市民停止抛售，并试图以合同价格的10%来了结所有的合同。但这些努力毫无用处，一星期后，一只郁金香球茎的价格几乎一文不值。

真正有趣的是，大范围的灾难和荷兰投机者大规模的破产并不是“郁金香狂热”的终点。管理共和国的三级会议拒绝在全国范围内采取特别措施，并将问题抛回给各城市当局。同时，许多城镇拒绝处理或审理任何一件涉及郁金香交易的诉讼案件，就只当什么都没有发生过，让账面损失和账面收益相互抵销。荷兰执行官员很“佛系”地认为一夜暴富的梦想已经破灭，那么就让贫困的噩梦也赶快结束吧，这是一个非常具有荷兰特色的解决方案。经济继续运转，栽培郁金香的人遭到沉重的打击，个人悲剧不断上演，但共和国及其新财政体系几乎没有受到影响。实际上，由于荷兰的沙质土壤非常适宜种植郁金香，因而荷兰人继续培育郁金香，短短几年之后，一些珍贵的郁金香品种，比如“永远的奥古斯都”的价格又重新回到了以前的高位，但那些曾经吸引了很多小投资者的普通品种却再也没翻过身来，变为一种普通的出口商品。

绚烂的泡沫：《密苏里河上的毛皮商人》

密苏里河上的毛皮商人

乔治 · 克莱伯 · 宾厄姆

1845 年 / 布面油画

泡沫只有在破灭之后，才知道是泡沫。

——格林斯潘

在初春的晨曦中，宽阔的河面上，一叶小舟在缓缓顺流而行，一个上了年纪的皮货商划着小船，带着他的儿子前往城市销售他们的皮货，近一些他们可能要到圣路易斯，远一些也许就要前往新奥尔良。穿着明亮蓝衬衫的男孩充满憧憬地依靠在货物包上，同时他那看起来同样夺目的父亲，穿着一件粉白条的衬衫，带着漏斗形的羊毛帽，父子二人如同节日礼服似的鲜艳外衣让人不禁联想到他们应该生活得多姿多彩。一只黑色的猫静静地蹲在船尾，父亲的烟斗里冒出一缕青烟静止在空中，使这一场面平添了安静祥和的气氛。这是美国画家乔治·克莱伯·宾厄姆的画作《密苏里河上的毛皮商人》带给人的感受，从中也可了解到美国密西西比河沿岸尚未被开发地区的原始生态状况。

17 世纪初，法国人从加拿大南下，占领了密西西比河西岸地区，并将之命名为路易斯安那。密西西比河在古印第安语中的意思是“河流之父”，这条大河全长 6 000 多千米，在尼罗河、亚马孙河、长江之后，位居世界第四，流经美国 41% 的国土，是美国最重要的母亲河。密西西比河的上游河流奔腾咆哮，两岸是壁立千仞的峡谷，十分险要；中下游则河道宽阔，水流舒缓，是灌溉农田的好地方。

1718 年，成立了密西西比公司的法国人立志要开发美洲的西北部，通过印第安部落的指引，法国人在靠近密西西比河口的新奥尔良安家。随着法国人在新奥尔良的土地上深深扎根，法国宫廷的奢华风从城市开埠之日起就如影相随，新奥尔良成了法国新贵最奢靡腐化的北美殖民地，夜夜笙歌，人们对埠外事充耳不闻。

密西西比河流域没有形成城市经济带，这主要是受到河流走向、地形等先天条件的限制。密西西比河呈南北走向，中下游缺少山脉阻挡，墨西哥湾的飓风一来就横扫上千千米的范围，农耕文明根本无力抵御这种自然灾害。当密西西比公司的泡沫破裂后，法国人更无力支持与发展密西西比河流域城市的经济。

在英法七年战争后期，法国政府为联合西班牙对抗英国，于 1762 年 11 月签订协议，将新奥尔良作为政治献礼秘密交给了西班牙。

三年后西班牙才委派总督来接管，殖民地的法国人与德国人在1768年发动政变，但西班牙总督一举逮捕了多名政变的中坚分子，并枪决五人，从此，西班牙在新奥尔良的殖民时代正式开始。

40余年后，法国大革命的爆发结束了西班牙波旁王朝的统治，强势的拿破仑上台后，法国与西班牙之间的关系日益恶化，西班牙在北美的势力逐步消亡，终于在1801年被迫将新奥尔良还给法国。但在西班牙统治新奥尔良的这40年间，新奥尔良城中发生了两场大火，将整个城区烧个精光，法兰西风情一去不返。拿破仑收回新奥尔良之后没几年，便面临着以英国为首的“反法联盟”的威胁，而海地独立革命又使拿破仑征服加勒比新大陆的计划宣告失败，急需资金的拿破仑于是在1803年将整个路易斯安那殖民地（西至落基山脉，北抵加拿大边境）连同新奥尔良以1 500万美元卖给美国。此后，美国北方农民蜂拥来到这座连接密西西比河与大西洋的港口城市，海地革命后仓皇逃窜的贵族也来到这块文化上最接近加勒比岛国风情的宝地。

当铁路成为美国内陆主要的运输方式时，一纵一横的铁路交会点圣路易斯同样是密苏里河与密西西比河的交会点，这为密西西比河流域的城市带来新的活力。但随着美国汽车走进家庭，民航公司的崛起，又使曾经的密西西比河边上的大城市逐渐衰落，只有新奥尔良依然作为港口城市保持着自身的魅力与传统。

金融视角

法国密西西比泡沫与法兰西银行

1715年9月1日，77岁的法国国王路易十四去世。在位72年间，路易十四共发动了4次大规模战争，再加上建造凡尔赛宫及生活奢靡，到他死时，法国政府欠下了将近25亿里弗尔的外债，光是每年需偿还的利息就有9 000万里弗尔之巨。就在摄政王奥尔良公爵为国家的财政焦头烂额之际，一个叫约翰·劳的苏格兰人出现了。

1671年，约翰·劳出生于苏格兰首府爱丁堡的一个银行世家，曾为一个女人将情敌杀死而入狱，后越狱逃至荷兰，并辗转流浪于阿姆斯特丹、布鲁塞尔、米兰等欧洲各大城市，对各国的银行、保险和金融业有透彻的研究。约翰·劳认为，增加货币供给是振兴国民经济百试百灵的妙药，但鉴于白银等贵金属货币数量有限，且有很多缺陷，因此应该利用银行，多发行纸币。

1716年5月5日，奥尔良公爵授权约翰·劳成立了法国第一家私人银行——通用银行，开始发行纸币，并以土地这种不动产为担保发行纸币，因为土地供应与价格相对稳定。发行的纸币可以用来缴税，同时摆脱了贵金属的束缚，想怎么发就怎么发，可以解决法国国王眼前的危机。新银行的经营状况很好，人们开始相信并接纳纸币，很快，法国的经济开始复苏。转过头来，人们对纸币也更加有信心，当时纸币的价值甚至比金属货币的价值还要高，如此一来，摄政王更是对约翰·劳言听计从。

1717年8月，约翰·劳又成立了“西方公司”，取得了为期25年的开发北美洲路易斯安那的特权，即今美国密西西比河流域的广大地区，因此“西方公司”改称为“密西西比公司”。根据协定，密西西比公司拥有路易斯安那地区已经发现的财产和统治权，并垄断了加拿大的皮货贸易，在人们的想象中，密西西比遍地是金银和兽皮。更妙的是，由于密西西比与法国远隔万里，人们可以尽情想象财富，却无法实际验证。密西西比公司的股票每股为500里弗尔，按照约翰·劳的规定，公众可用公债购买同等数额的股票，相当于为法国国债进行了增信。由于法国国债贬值，面值500里弗尔的国库券在市场上只能兑换160里弗尔，而股票价格在不断上涨，因而公司股票可以用国库券的面值购买，使得国债与股票双双得到支撑，债务风险不再迫在眉睫，而资产价格也在上升。投资者相信，无论是国债还是股票，都可以在密西西比广袤的土地上得到兑现。

在这段时间内，密西西比公司的股票价格由 500 里弗尔涨到 15 000 里弗尔。1720 年年初，孔蒂亲王想用自己的定价购买股票，被约翰·劳断然拒绝，亲王一生气就装了三马车纸币找约翰·劳要求其兑换成铸币，结果导致兑换纸币保存铸币的人越来越多，纸币信用被蚕食。与此同时，从路易斯安那传来未发现金矿的消息，公众信心动摇，股价下跌，从最高点的每股 20 000 里弗尔一路下降到 9 000 里弗尔。约翰·劳回购了大量股票，政府宣布纸币贬值，最终彻底禁止贵金属铸币流通，引发社会的大恐慌，一年之内，股票价格跌回 500 里弗尔。

吹肥皂泡的少年 / 夏尔丹 /1734 年

无论泡沫多么绚烂，最终都会走向破灭。如同法国画家夏尔丹在 1734 年所画的《吹肥皂泡的少年》所表现的场面一样。一个衣衫破旧但不失整洁的少年正趴在窗台上吹着肥皂泡，他小心翼翼地将肥皂泡越吹越大。室内还有一个孩子，看上去仅三四岁，正踮着脚，使劲朝窗台外看。温暖的阳光照射在少年的脸上，泡泡已经吹得足够大，明亮的肥皂薄膜映着外部的世界，似乎就快从管子上落下来了，最终归于破裂而不知去向。

最终一无所有的还有将法国带入密西西比公司泡沫的约翰·劳。他在法国已经人人喊打，不得已逃回英国，4 年后选择前往威尼斯，靠赌博为生，最终于 1729 年惨淡离开人世。他的墓志铭上写着："一个著名的苏格兰人长眠在这里，他的数学技术罕有人及，他以普通的数学规则，将法国变得穷困潦倒。"

受密西西比泡沫的影响，法国政府与法国人对银行深恶痛绝，所以法国的政府融资还是只能依靠被地方政府、神职人员、地方显贵等把持的包税人来完成，无法设立银行来降低自身的融资成本。等到80年后的拿破仑发动“雾月政变”夺取法国政权，面对一贫如洗的国库，为了高效征税和发行国债，1800年1月18日他亲自签署法兰西银行建立的文件，由政府和私人分别投资500万法郎和2 500万法郎，这标志着法国银行制度就此诞生。最初的法兰西银行的私人股东是史称“法国二百家族”的罗斯柴尔德家族、汪代尔家族、施耐德家族等200个股东。尽管当时的银行资本尚未缴足，但法兰西银行依然如期开业。1803年，法兰西银行收到第一个正式官方许可，赋予它在巴黎独家纸币发行权15年。在开立之初，法兰西银行的机构和业务都集中在巴黎，在法国其他地方没有分支机构，但拿破仑坚持要求法兰西银行向法国各地尤其是重要的工业城市延伸分行。他认为，只要向巴黎以外的地区提供更便宜的信贷，就能将法兰西从危机中解脱出来。依靠法兰西银行，拿破仑政府的税收从1804年的5亿多法郎增加到1812年的8亿多法郎，而路易十六时代政府的税收才3亿法郎。

但是拿破仑政府的军政经费仍然入不敷出，拿破仑只有采用以战养战的方针，依靠战争赔款和臣服纳贡来维系巨大的开销。其他欧洲各国被征服后，大量财富以债务和税收的形式源源不断地流向法国，除了用作军费外，拿破仑还拿这些战争红利买国债，参与法兰西银行股份，以控制纸币发行，稳定货币信用体系，促进法国经济发展。

在拿破仑时代，法国摆脱了大革命带来的经济萧条，财政收支盈余。1799—1814年有价值7.55亿法郎的金银流入法国，有充裕储备作抵押的纸币也大量流通，纸币交易量扩大。正是由于法兰西银行的建立和拿破仑战争，法国拥有了健全的货币信用制度。几十年后，法兰西银行垄断了全法国的纸币发行权，逐渐成为法国金融体系的核心机构——中央银行。马克思曾经说过，1871年巴黎公社失败的直接原因就在于没有控制法兰西银行，可见，谁掌握了法兰西银行，谁就掌握了法国经济，也就掌握了国家机器。

斗争的产物：《选举娱乐》

选举娱乐

威廉·霍加斯

1754—1755 年 / 布面油画

我能计算出天体运行的轨迹，
却难以预料到人们的疯狂。

——牛顿

英国斯图亚特王朝查理二世在1660年复辟后，为顺应民心，长期保持英国国教的信仰，但在临死前皈依天主教派。查理二世并没有合法的子嗣，按照英国王位继承规则，应该由他的弟弟约克公爵詹姆斯（即位后成为詹姆斯二世）继承王位。但詹姆斯是一个天主教徒，并公然拒绝宣誓信仰英国国教，在当时反天主教情绪高涨的英国引起众多民众的不满。不仅英国民众对此感到不满，英格兰议会中也起了巨大的争议，最终由于该问题议会成员被撕裂成了两个派别：一派以沙夫兹伯里伯爵为首，反对约克公爵继承王位，受到清教徒的支持，形成辉格党；另一派持相反意见，以丹比伯爵为首，并曾得到查理二世的支持，形成托利党。

“辉格”（Whig）和“托利”（Tory）就是他们对彼此讽刺性的称呼。“辉格”是约克公爵支持者对政敌的讥称，“Whiggamores”是苏格兰语“马贼”的意思，也有说法是指苏格兰的西部载运玉米的牛车驾驶一词的缩语。辉格党人是指那些反对绝对王权，支持新教徒宗教自由权利的人，代表家族地主势力和金融界、商业人士的利益。而“托利”则是对约克公爵的支持者的侮辱性称呼，该词是爱尔兰语“歹徒”的意思，托利党以土地贵族和上层英国国教徒为核心，代表着英国贵族、地主和英国国教上层教徒的利益。随着时间的流逝，两派后来竟然接受了这些带有侮辱性的称呼，甚至干脆以这样的名字自称。

英国著名画家威廉·霍加斯的《选举娱乐》就是展现辉格党与托利党之间进行的选举斗争的系列画作。他以四组图分别表现两党在选举过程中的收受贿赂拉票、在选举当天进行投票做假等事件，以此讽刺两党所谓代表民众利益的虚假民主。其中，《选举娱乐》是系列画作当中的第一幅画，画中是当政的辉格党候选人在小酒馆进行晚餐聚会，而出钱举办宴会的辉格党人正在此宴请一些具有选举权的选民。画面内容分不同角度反映了很多信息，那时已经与现在一样用颜色来区分各个党派的支持者，橙色是辉格党的支持者，而蓝色则是托利党的支持者。政敌托利党人在酒馆窗外举着一条横幅，上面写着“把我们的十一天还给我们”，抗议辉格党执政英国时在1752年改用“格列历”；右下角正在查看选举人名册的事务官被窗外飞来的砖块砸中头部向后倒去；屋里的人们也正在向外泼洒尿液与掷出板凳。在画面正中央的墙壁上挂着威廉三世的大幅肖像画，不过肖像画面部被彻底毁坏，说明之前这处宴会地点曾经举办过托利党人的聚会。

托利党与辉格党只有取得议会的多数席位才能拥有顺利施展党派主张政策的权力。在王位继承问题上，托利党支持的詹姆斯二世在1685年即位成功，但即位后的詹姆斯二世恢复天主教的意图越来越明显，这激怒了部分托利党议员和英国百姓，所以1688年部分托利党人和辉格党联手发动了“光荣革命”，推翻了詹姆斯二世，迎来威廉三世和玛丽二世，使英国进入一个新的时代（可参见第五章中的“跨海的盟约：《奥兰治王子威廉三世从荷兰出发在托贝登陆》”）。

在威廉三世统治时期，辉格党获得议会权力，在其运作之下设立特许经营公司英格兰银行，支持与帮助威廉三世进行政府融资。当英格兰银行成功运行并给股东们带来稳定收益时，托利党看中其中的利益，也曾经想设立与法国密西西比公司一样的以土地进行抵押的土地银行，不过在辉格党人的反对下没有成功。

1702年威廉三世去世，安妮女王执政12年期间正是英国参与西班牙王位继承战的时期，也是托利党和辉格党之间斗争激烈、互有胜负的时期。安妮女王视国家局面而定，不停地在两党之间找平衡，轻松扶起一派压制另一派，于是也就出现了奇特的景象：虽然英国国会吵翻了天，但国家却形成合力，打出去的是一个拳头！在1710年托利党派胜出由罗伯特·哈利执政期间，曾经为解决政府债务问题咨询过他的助手与幕僚丹尼尔·笛福，结果丹尼尔·笛福最早提出可以由国家设立垄断性贸易公司，挑战法国、西班牙在南美、加勒比地区的经济霸主地位，并获取利润偿还债务。这个笛福就是那本名著《鲁滨孙漂流记》的作者，《鲁滨孙漂流记》以多年畅销书的荣誉奠定了丹尼尔·笛福在英国乃至世界文学史上的地位。

受枷刑的丹尼尔·笛福 / 艾尔·克罗 /1862 年

丹尼尔·笛福是一个不安于现状、充满冒险精神的人，他小时候因参加街头反对政府的活动而被学校开除，因受教育不多，屡次经商失败，欠下巨额债务，甚至与妻子结婚的 3 700 英镑的财产也未能将他救出困境，最终被关进债务人监狱。出狱后的笛福为重新开始，到欧洲各地闯荡，接触到许多新的事物与思想。在 1703 年，他开始从事写作。有一次，他发表了一篇文章——《消灭不同教派的捷径》，使用反讽的手法，文笔巧妙，开始竟未被人识破是反对英国国教的文章，后来才被发觉，他为此外出躲了 4 个月最终还是被捕了，不仅交了巨额罚金，还蹲了半年监狱。这个案子还有一项处罚，就是让他戴枷示众三天。这种刑罚是一种人身侮辱，还可能带来灾难性的后果——有些戴枷者被围观群众扔来的石头砸死。笛福赶紧写了一首诗叫《枷刑颂》，组织一些朋友在社会上四处出售，广泛散发。这首诗解释了自己维护民众利益的无辜立场，指出了这次判决的不公正，使他在道义上取得胜利，赢得了民众的同情和好感。最终的结果如英国画家艾尔·克罗的画作《受枷刑的丹尼尔·笛福》中所表现的那样。1703 年 7 月 9 日，笛福被判戴着刑具示众三天，他的头和两只手分别放在枷板的三个洞里，枷板由一个高过人肩的架子支着。画中，他的脸上虽然带着痛苦，却显示出不会屈服的勇敢，百姓向他投来的不是石头而是鲜花，还有人向他敬酒，给他戴上花冠。

在入狱的几个月后，笛福的砖瓦厂破产，家人们陷入挨饿的窘境，牛津勋爵、托利党领袖罗伯特·哈利用特殊的手段从监狱中捞出了笛福，并和笛福做了一个交易：他让笛福重获自由，从此笛福为他舞文弄墨。

金融视角

英国南海泡沫与审计风暴

1710 年，丹尼尔·笛福的庇护者、托利党人罗伯特·哈利成为英国财政大臣，他上任伊始便面临巨额国债问题，但当时英属东印度公司和英格兰银行都在属于辉格党的商人控制下，他们拒绝与托利党政府合作。受笛福有关南美贸易设想的启发，伦敦金融家约翰·布伦特和乔治·凯西沃向哈利建议，成立一家贸易金融公司——南海公司，将债权人持有的近 1 000 万英镑的国债按面值转为对该公司的股权，同时政府用定息 6% 的债券向南海公司置换这些国债，由公司向股东支付 6% 的股息。另外，政府赋予南海公司对南美地区的贸易专营权。

1711 年，在哈利的倡议下，英国议会批准设立南海公司，该公司总裁由哈利出任（几年后英国国王乔治一世取而代之），其他董事大多为托利党人，西班牙国王、英国女王也持有公司的大量股份。由于当时英国短期国债交易存在较大贴水，债权人按面值进行债转股可获得固定收益，加之南海公司与政府的密切联系及垄断性贸易地位，投资人对公司前景持乐观态度，债转股得以顺利进行。实行大规模的债转股后，南海公司的资产超过了东印度公司和英格兰银行资产的总和。

南海公司主要从事欧洲、非洲、美洲之间的三角奴隶贸易和其他贸易投资活动：将英国生产的工业制成品销往非洲，换取非洲奴隶，这些奴隶被卖到加勒比岛屿和美洲大陆，所得收益用于购买食糖、糖浆等商品再返销欧洲。同时，南海公司在西班牙、荷兰的美洲领地设立工厂，有效扩大英国在美洲的商业存在。南海公司的设立及其经济活动，一举解决了当时英国政府的债务问题，不仅投资者尤其是掌控公司的特权阶层获益颇丰，英国国力也迅速得以增强，由其发挥重要作用的跨三大洲贸易投资活动，也对现代欧洲的形成产生了巨大影响。

1718 年，由于英国为阻止西班牙对地中海西西里岛等领土的诉求而爆发战争，南美的贸易通道被切断，南海公司已经无利可图，但他们依然用过去的故事，渲染未来的盈利前景。于是南海公司变成一个精心设计的骗局。1720 年 4 月 7 日，国会通过了南海公司向政府提出的“南海计划”，根据计划，南海公司作为英国政府唯一的国债承销商，将购入市场总值3 160万英镑的可赎回政府债券及定期债券，并以南海公司的股票作为交换，但政府必须逐年还本付息。公司为了促销股票，允许客户以分期付款的方式来购买新股。

随着公司不断吹嘘利好消息，股价进一步出现了上涨，一时间，南海公司的股票一票难求，让政客忘记了政治，医生丢弃了病人，店主关闭了商铺，牧师离开了圣坛，就连鼎鼎大名的科学家牛顿，也是南海公司的股东。如同英国诗人亚历山大·蒲柏在诗中对疯狂景象做出的描绘：“法官当上了经纪人；主教吆喝快下注，哄得全城人上了当；公爵们施展手腕穷忙和，只为赚取半克朗；金钱的魔力迷惑了不列颠，这一切啊，多么肮脏！”南海公司股价最高的时候股票总市值高达4亿英镑，是其账面资产价值的10倍、当时英国每年财政收入的6倍。

与此同时，许多公司模仿南海公司的手法编概念、发股票，英国画家爱德华·马修·沃德的画作《南海泡沫》就向我们展示了在伦敦盖拉威咖啡馆前的胡同内，人们从狂热购买公司股票到泡沫破灭的三个过程。在画面左边的房间内，一个贵妇正在抵押她手中的珠宝换钱来买股票，却没注意到窗外地上的两人正在偷听他们的交谈。画面中间，一个双手叉腰的贵族在小巷子中对着围观的群众宣传着一个新的股票投机机会，他面前的项目介绍书上写着“永动机项目，需投入资本百万”的字样，而地下撕碎的纸片上写着“大麻”“亚麻”“项目”等字样。画面最右端的台阶上房门紧闭，两位男子正在震惊地观看着门上纸条的内容：“因不可抗力因素，本企业暂停营业。”大门之上不知何人用白色粉笔画出一个上吊而亡的人，表达着他们的心情，还在下楼梯的妻子也在安慰着同样失落的丈夫。

类似于永动机、大麻这些项目的公司的股价，追随南海公司一

南海泡沫 / 爱德华 · 马修 · 沃德 /1860—1870 年

同上涨，总计吸纳了3亿多英镑的公众资金。英国的股份融资热催生了许多皮包公司，这侵犯了南海公司的利益，于是，南海公司又操纵议会在1720年6月9日通过了著名的《泡沫法案》，法案规定任何股份公司要想发行股票，都须事先获得议会批准。本来南海公司是想通过《泡沫法案》打击那些皮包公司，没想到搬起石头砸了自己的脚，那些皮包公司由于资金链断裂纷纷破产，股东们追到南美去寻找资产，却发现南海公司是一个包装更为精美的骗子公司，既没有传说中的金矿，也没有可持续的贸易，一切都是骗局。消息传回英国国内，人们如梦初醒，南海公司的股价从1 000英镑以上迅速跌回原点，大科学家牛顿也亏了两万多英镑，这相当于他10年的收入之和。

被股市欺骗的人们怒火中烧，纷纷情愿，要求立法机关以法律手段严惩南海公司的董事们。人们把愿望寄托在政府身上，完全没有意识到，也有可能是故意不去意识到，政府才是在公司欺诈行为幕后推波助澜的黑手。

在南海危机爆发之后，曾经强烈反对南海计划的辉格党人罗伯特·沃波尔因泡沫事件而取得了实权，成为首席财政大臣。英国国会制度确立之初，财政大臣权力很大，有授予官职之权，能控制议会，左右政府。大权在握的沃波尔，主导政局达20年之久，创建了内阁制度和首相职务，使英国政治体制发生了深刻变化，他也成为英国历史上的第一位首相。

在罗伯特·沃波尔的主导下，英国政府重拳整顿金融秩序，着手调查南海泡沫事件。国会秘密委员会委任了查尔斯·斯内尔为南海查账，这是国会历史上首次委托民间第三方独立会计师进行核数调查。查尔斯·斯内尔作为伦敦市一所学校的会计教师，商业审计实践经验丰富，理论基础扎实，在伦敦地区享有盛誉，结果他成功查实南海公司犯下严重的诈骗及做假账等舞弊行为。

对南海公司的审计说明建立在所有权与经营权相分离基础上的股份有限公司，必须要有一个了解、熟悉会计语言的第三者，站在公正、客观的立场，对表达所有者与经营者利益的财务报表进行独立的检查，通过提高会计信息的可靠性，来协调、平衡所有者与经营者之间的经济责任关系。从此以后，委任第三方专业会计师的做法被采纳，成功减低了企业舞弊的风险，在日后促进了特许会计师及核数行业的发展。

英国议会根据查尔斯·斯内尔的审计报告，将南海公司董事之一的雅各希·布伦特以及他的合伙人的不动产全部予以没收。前财政大臣艾思拉比则被关进了著名的伦敦塔监狱。

同时英国政府颁布的《泡沫法案》对股份公司的成立进行了严格的限制，只有取得国王的御批，才能得到公司的营业执照。直到1828年，英国政府在充分认识到股份有限公司利弊的基础上，通过设立民间审计的方式，将股份公司中因所有权与经营权分离所产生的不足予以制约，才完善了这一现代化的企业制度。据此，英国政府撤销了《泡沫法案》，在英国重新恢复了股份公司这一现代企业制度的形式。

南海泡沫的破裂像一瓢冰水浇熄了英国股票市场的萌生之火，此后100年间英国再没有发行一张股票，英国股票投机家们只好漂洋过海去了纽约，从这个层面上来讲，是英国的南海泡沫催生了美国的华尔街。

失衡的杠杆：《寻找智慧石的炼金术士》

寻找智慧石的炼金术士

约瑟夫·赖特

1795 年 / 布面油画

狂热与恐慌循环源自货币供给的顺周期变化……
在狂热时期，货币往往看似唾手可得。

——查尔斯·金德尔伯格

如果你有实现三个愿望的机会，请问你会许什么愿望？相信很多人会选择长生不老或有用不完的钱。对这两者的探索在中国古代被称为长生术与黄白术，而在欧美则统称为炼金术，它也是现代化学的起源。炼金术的本质就是从物质中寻找化学力量，炼金术士认为所有的物体里都含有元物质，炼金术的目的就是促进元物质中金的成分的成长，并最终将之从物体中提取出来。比如牛顿就曾经说过："如同世界是从阴暗的混沌中经过天与地以及地与水的分开创造出来的，我们的工作是从黑色的混沌中找出起始，并通过分解各种元素与照亮物质来获取元物质。"所以，炼金术士主要致力于通过提取、生长的方法将金属变成黄金，从而创造价值。许多历史上的著名人物都曾对炼金术十分着迷，包括阿尔伯特·马格纳斯、艾萨克·牛顿、罗杰·培根等科学家，和一些思想家，比如帕拉塞尔苏斯等。

文艺复兴时期的一些学者发现了记载古代炼金术的著作，这些著作据称是一位被神格化的埃及智者所撰，埃及人称这位智者为"Toth"，希腊人称为"Hermes"，罗马人称为"Merkur"，所以很多人也认为炼金术的重要力量来自智慧，而炼金术的重要物品炼金石也称为智慧石。

英国画家约瑟夫·赖特的画作《寻找智慧石的炼金术士》就是描述德国炼金术士布兰特通过炼金过程发现磷元素的画作。1669年，布兰特通过强热蒸发的方法从大量的尿液中提炼出粉末状的磷——他在蒸发尿的过程中，偶然在曲颈瓶的接收器中发现了一种特殊的白色物质，像是蜡，带有蒜臭味，在黑暗中不断发光。他以为自己找到的就是金子，或者是可以点石成金的"智慧石"，但实际上是磷。画面中的布兰特为磷燃烧所发出的耀眼光芒所震惊，与此形成对照的是，背景中负责记录的助手桌前微弱的烛光，以及顶部透过窗户射进来的清冷的月光。在科学史上，布兰特被认为是记录了一种元素的发现过程的第一人。

当波义耳给元素做了明确定义——"元素不能用任何其他物体造成，也不能彼此相互造成，元素是直接合成所谓完全混合物的成分，也是完全混合物最终分解成的要素"，并将严密的实验方法引入炼金术之后，人类从自然之中进行物质转化研究的炼金术才真正逐渐走向落寞，化学也真正从炼金术中独立出来成为科学。而恰恰在此时，人类社会逐渐兴起的银行又为人们的生活带来了另一种炼金技艺——金融炼金术。

什么是金融炼金术？炼金术的基本思想和转换变化有关，即尝试将贱金属变成贵金属；金融炼金术也与转换有关，当人们既相信纸币能够保存并随时兑换成购买力，又相信存在银行里的钱随时能够提现时，纸币便被“提炼成金”。这无疑是一种无中生有、点石成金的炼金术。何帆教授在英格兰银行行长默文·金的《金融炼金术的终结》一书的中文序中这样写道：

> 在歌德的《浮士德》中有一幕情节：皇帝遇到了财政亏空，魔鬼梅菲斯特出了一招，它诱使皇帝发行纸币，谎称有足够的金银财宝埋在地下，可作储备。它说：“这种纸币，代替黄金和珍珠，非常便利，能使人心中有数。”不可思议的是，奇迹发生了，原本死气沉沉的城市，如今变得熙熙攘攘，生机勃勃。“纸币它已不胫而走，无法收回；它像电掣般飞驰，四处散开。”

现代银行和信用货币被誉为人类智慧最伟大的发明之一，是名副其实的货币金融炼金术。现代银行不费吹灰之力就可以创造无限的货币和信用，它既能促进通货稳定、经济增长和收入公平，又能制造通货膨胀、通货紧缩、金融危机、经济衰退和贫富悬殊，所有的这些变化，就得看人们如何认知和管理现代银行，如何审慎创造货币和信用。

银行一边尽力吸收存款，另一边以求最大化地发放贷款，从而高效地驾驭货币资金，在生产或投机的众多环节中追求快速周转，以求获利。银行存在的功能就是期限转换与风险转换，期限转换就是将不同客户不同时间点上的资金进行汇聚，匹配给那些资金使用期限不同的人，所以银行承担着资金缺口的流动性风险；而风险转换就是银行承担客户融资的主要功能，通过不同的利率定价将客户违约风险平摊到所有储户和贷款上。

风险是一种资源和财富，银行正是通过经营风险来实现风险和收益的平衡。风险管理是一门艺术，不同的理解会产生不同的管理深度。炼金术消亡于人们对世界认知的提升，而金融炼金术的基础在于人们对货币金融的信任，但这一基础因为银行体系内在的不稳定性而异常脆弱。正如《伦巴第街》的作者沃尔特·白芝浩所说："我们的金融系统所独有的精髓就在于人与人之间空前信任。可如果这种信任因为潜在因素而被削弱，那一件小事就能挫伤互信，一件大事便能几乎摧毁它。"

金融视角

历史上的银行危机与白芝浩原则

美国马里兰大学教授卡门·M. 莱因哈特与哈佛大学教授肯尼斯·S. 罗格夫在 2012 年合著了一本经济学著作《这次不一样：八百年金融危机史》。在这本书中，两位教授从中世纪的货币流通问题开始，到 2008 年的次贷危机结束，运用丰富的数据，详尽而深入地分析了全球 66 个国家和地区 800 多年的国际金融危机历史，揭示了几百年间金融的跌宕起伏规律。

从 1688 年英国资产阶级革命之后，英格兰银行成为第一家中央银行，银行的信贷创造功能被逐步放大，纸币与部分准备金制度的施行更进一步加大了信用体系的杠杆作用。阿基米德曾经说过："给我一根杠杆，我就能撬动地球。"而给银行一个杠杆，银行就创造了更多的杠杆。从英国 1825 年第一次银行危机以来，全球经济共经历了 1825—1826 年、1873 年、1929—1933 年、1996—1998 年以及 2008

年五次全球性的较大的金融危机。

1825—1826 年英国发生的金融危机主要是由于从 1797 年后英国各银行大规模发行银行券引起的。1797 年年初，因法国人发动对威尔士入侵的消息造成民众恐慌（尽管这次入侵以失败告终），人们纷纷拿着银行券到银行挤兑金银币，一些私人银行因挤兑而倒闭，英格兰银行的黄金储备也大量流失。同年 2 月，英格兰银行无奈宣布暂停银行券的兑现金币业务。紧接着 5 月英国议会通过《银行限制法案》，该法案限制英格兰银行使用金银币支付或兑现银行券，使英格兰银行券成为不可兑现的纸币。此后英国便进入了长达 24 年的“限制兑现期”（1797—1821 年，银行券兑取金银币受到限制），在此期间，英格兰银行券大量发行，尤其是面值为 1 英镑和 2 英镑的小面值银行券，这一方面弥补了流通中金币的不足，另一方面也为当时英国政府对法战争提供了资金支持。这也让政策制定者认识到，只要纸币不可兑现，就可以随意发行纸币，以此获得巨额的铸币税（成为财政收入）。当然，这实质上是统治者通过滥发纸币来掠夺百姓财富。

当英国政府取消限制兑换的规定之后，大量居民前往银行将纸币兑换为金币，引发大量地方私人银行破产，甚至英格兰银行也遭遇了黄金挤兑，其黄金储备从 1824 年年底的 1 070 万英镑降至 1825 年年底的 120 万英镑。1826 年，英国国会通过法案，准许其他股份银行设立，并可以发行钞票，但限制在伦敦 65 英里以外，以避免与英格兰银行的发行权相冲突。在以后的发展中，英格兰银行不断补充资本，同时降低对政府的放款利率，并以此为条件，促使英国国会通过法案，限制其他银行的发行权，从而加强了英格兰银行货币发行的特权，使其真正取得“银行中的银行”的地位。

1873 年的金融危机以普法战争为背景。1871 年法国政府支付的战争赔款引发市场对德国进行大量投机，并蔓延至奥地利，而奥地利的基础状况相对较弱，所以在 1873 年 5 月 9 日，维也纳的股票、债券交易价格暴跌，引发信用全面瘫痪和有价证券交易中止。危机很快蔓延到欧洲的其他交易所，欧洲各国为了自救，停止对美国的资本输出，导致纽约银行无法对铁路公司和工业界支付款项。9月18日，随着拥有北太平洋铁路大量债券的杰伊—库克金融公司宣告破产，一场影响深远的世界性经济危机全面爆发。

俄国画家弗拉基米尔·马科夫斯基的画作《银行倒闭》就记录了俄国在1873年金融危机之时聚集在问题银行里的人们着急取钱的场景。焦急的人们一早就赶到银行存款处的门口等候，但存款处的大门紧闭，人们只好围在门口耐心等待。站在大厅中间的人们相互询问有没有什么新消息，在墙边的一位老妇人悲伤地低下头去，她身边的女儿在悄声安慰着她；另一边一位上了年纪穿着名贵毛皮大衣的贵妇用手指着画面最右端类似银行经理的人，他正面带微笑悄悄地想要溜出房间。

银行倒闭 / 弗拉基米尔 · 马科夫斯基 /1881 年

1873年的危机使人们认识到整个世界已经变为一个整体，这也是马克思人生中所经历的最后一次危机，正是此次危机使他修正了自己以前认为经济危机将成为资本主义的终结者的看法：“不论这次危机可能会怎样发展，它总会像以前的各次一样过去，并且会开始一个具有繁荣等各个不同阶段的新的‘工业周期’。”

这次危机也使西方国家在中央银行发展历史上通常所说的“白芝浩原则”为人们所熟知。沃尔特·白芝浩是19世纪中期英国《经济学人》杂志的编辑，他认为当出现金融恐慌时，中央银行应当对流动性不足的商业银行提供放款，但只放给经营稳健、拥有优质抵押品的银行进行融资，同时，中央银行还应该对这些机构按照较高惩罚性利率收取利息，如此，其他金融机构才不会利用中央银行提供的这种机制来占便宜。

美国1907年的金融危机则真正验证了中央银行“白芝浩原则”的必要性。20世纪初，美国经济高度繁荣，铁路和重工业建设大发展，电力、汽车、化学等新兴工业迅速崛起。经济的空前繁荣，让市场对资本的需求不断增加。资本的巨大需求促使美国机构与个人投资者过度举债，这其中就诞生了一个新型金融机构——信托公司。信托公司可以做商业银行不能经营的投资业务，但缺乏政府监管，这使得信托公司可以没有限制地吸纳社会资金，投资高风险、高回报的行业和股市。

当时纽约第三大信托公司尼克博克信托公司控股股东海因兹还同时设立了一家名头响亮的联合铜业公司，资本金高达8 000万美元。海因兹与另外一个股东摩尔斯联手，想通过买入自己公司的股票和看涨期权来抬高股价，并配合期权市场的操作进行套利。但海因兹的这种行为被标准石油公司的H.H.罗杰斯所知晓，因为海因兹在来到华尔街之前曾是波士顿－蒙大拿矿业公司在比尤特的雇员，他利用“矿产脉顶规则”与当地的层层保护伞偷偷侵占公司的巨额矿产财富，而波士顿－蒙大拿矿业公司其实是行业巨头“统一铜矿公司”的子公司，这家公司的管理层和股东包括摩根大通、H.H.罗杰斯和威廉·洛克菲勒等人，虽然对于海因兹厚颜无耻的侵占行为愤怒不已，但感到无处下手。最后，统一铜矿公司用1 050万美元一次性买下海因兹在蒙大拿的全部产权，一劳永逸地解决了问题，因而海因兹实际上与这些华尔街巨子之间有夺金之恨。

海因兹与摩尔斯在 1907 年 2 月开始他们的坐庄操作，在市场跌宕起伏的过程中，联合铜业的股票价格稳步上升。而当 10 月 14 日海因兹认为胜券在握，准备要求各经纪人执行期权结算操作时，质疑联合铜业公司的财务状况及经营状况的报道开始爆发式出现，第二天联合铜业的股票也开始大幅下跌，合作银行开始要求海因兹与摩尔斯提前还款，随之而来的就是海因兹坐庄计划的失败，他们控股的商业国民银行开始出现挤兑，而尼克博克信托公司没能顶住存款人的疯狂支取，最终宣布破产。

这时，整个华尔街的金融秩序已经混乱，没有中央银行的美国政府无奈下，只能寻求当时唯一具有足够影响力和声望来号令整条华尔街的摩根大通来帮助解决问题。摩根大通成立了一个由银行家组成的联盟，设立紧急审计小组来评估陷入危机的金融机构的损失，向困难的金融机构提供贷款，购买其股票。摩根大通先注入了自己的资金，然后罗斯福政府给了摩根大通 2 500 万美元政府基金使用权用以缓解危机，最后通过动用纽约清算中心的存款给各家银行增加流动性。最终，1907 年的恐慌在刚开始时就被果断遏止，没有像以前的恐慌那样导致经济衰退，美国经济很快就恢复了繁荣。而摩根大通用一己之力拯救了这场金融危机，成为美国历史上最传奇的一段故事。

危机后，纽约银行家们对中央银行的态度开始转变。之前，一直抵触中央银行的纽约银行家们认为有清算所就够了，不需要中央银行，但金融危机改变了他们的立场，于是，1913 年被称为美联储的中央银行终于被设立，成为美国金融史上的分水岭。

参考文献

[1] 保罗·斯特拉森．美第奇家族：欧洲最强大家族缔造权力与财富的故事[M]. 林凌，刘聪慧，程旭，译．北京：机械工业出版社，2016.

[2] 刘文学，蒲爱洁．铁路简史[M]. 北京：中国经济出版，2020.

[3] 彭兴庭．资本5000年：资本秩序如何塑造人类文明[M]. 北京：中国友谊出版公司，2021.

[4] 罗恩·彻诺．摩根财团：美国一代银行王朝和现代金融业的崛起[M]. 金立群，译．上海：文汇出版社，2017.

[5] 赵涛，彭龙．金融史其实很有趣[M]. 上海：立信会计出版社，2010.

[6] 大卫·格雷伯．债：第一个5000年[M]. 孙碳，董子云，译．北京：中信出版社，2012.

[7] 李弘．图说金融史[M]. 北京：中信出版社，2015.

[8] 诺顿·雷默，杰西·唐宁．投资：一部历史[M]. 张田，舒林，译．北京：中信出版社，2017.

[9] 查尔斯·马凯，约瑟夫·德·拉·维加．金融投资400年：投资者必读金融理财宝典[M]. 江月，译．苏州：古吴轩出版社，2016.

[10] 威廉·戈兹曼．千年金融史：金融如何塑造文明，从5000年前到21世纪[M]. 张亚光，熊金武，译．北京：中信出版社，2017.

[11] 方向苹．华尔街的拿破仑：摩根家族传[M]. 北京：中国华侨出版社，2014.

[12] 约翰·S. 戈登．伟大的博弈[M]. 祁斌，译．北京：中信出版社，2019.

［13］徐瑾 . 白银帝国 [M]. 北京：中信出版社，2017.
［14］查尔斯・R. 盖斯特 . 借钱：利息、债务和资本的故事 [M]. 蒋小虎，译 . 北京：北京联合出版公司，2019.
［15］巫云仙 . 美国金融制度的历史变迁 [M]. 北京：社会科学文献出版社，2017.
［16］威廉・L. 西尔伯 . 银的故事：白色金属如何塑造美国和现代世界 [M]. 刘军，译 . 北京：中信出版社，2019.
［17］爱德华・钱塞勒 . 金融投机史 [M]. 姜文波，译 . 北京：机械工业出版社，2013.
［18］悉尼・霍默，理查德・西勒 . 利率史（第四版）[M]. 肖新明，曹建海，译 . 北京：中信出版社，2010.
［19］王巍 . 金融可以颠覆历史 [M]. 北京：中国友谊出版公司，2013.
［20］孙菁蔚 . 欧洲金融组织演化史 [M]. 北京：社会科学文献出版社，2017.
［21］张志前 . 癫狂与理智：你不得不知的金融史 [M]. 北京：社会科学文献出版社，2017.
［22］马尔滕・波拉 . 黄金时代的荷兰共和国 [M]. 金海，译 . 北京：中国社会科学出版社，2013.
［23］斯凯恩 . 你一定爱读的极简金融史 [M]. 北京：民主与建设出版社，2016.
［24］杜君立 . 新食货志 [M]. 北京：北京联合出版公司，2019.
［25］张丹红 . 从查理大帝到欧元 [M]. 武汉：长江文艺出版社，2017.
［26］利雅卡特・艾哈迈德 . 金融之王：毁了世界的银行家 [M]. 巴曙松，李胜利，等译 . 北京：中国人民大学出版社，2011.
［27］卢新华 . 财富如水 [M]. 南京：江苏凤凰文艺出版社，2014.
［28］L. 兰德尔・雷 . 明斯基时刻：如何应对下一场金融危机 [M]. 张田，张晓东，等译 . 北京：中信出版社，2019.
［29］詹姆斯・蒙蒂尔 . 行为金融学 [M]. 黄朔，译 . 北京：中国青年

出版社，2020.
[30] 罗伯特·席勒．非理性繁荣与金融危机 [M]. 何正云，束宇，译．北京：中信出版社，2020.
[31] 张信刚．茶与咖啡：张信刚文化与经济讲座 [M]. 北京：北京大学出版社，2011.
[32] 玛乔丽·谢弗．胡椒的全球史：财富、冒险与殖民 [M]. 顾淑馨，译．上海：上海三联书店，2019.
[33] 齐鸣．咖啡 咖啡 [M]. 南京：江苏科学技术出版社，2012.
[34] 北京日报《万物》编写组．万物有意思 [M]. 北京：北京日报出版社，2018.
[35] 理查德·罗兹．能源传：一部人类生存危机史 [M]. 刘海翔，甘露，译．北京：人民日报出版社，2020.
[36] 莉迪亚·康，内特·彼得森．荒诞医学史 [M]. 王秀莉，赵一杰，译．南昌：江西科学技术出版社，2018.
[37] 威廉·J. 伯恩斯坦．伟大的贸易：贸易如何塑造世界 [M]. 郝楠，译．北京：中信出版社，2020.
[38] 约翰·伦道夫·斯皮尔斯．美洲奴隶贸易：起源、繁荣与终结 [M]. 邓宏春，译．北京：华文出版社，2019.
[39] 巴巴拉·弗里兹．黑石头的爱与恨：煤的故事 [M]. 时娜，译．北京：中信出版社，2017.
[40] 马克·科尔兰斯基．万用之物：盐的故事 [M]. 夏业良，译．北京：中信出版社，2017.
[41] 大卫·克里斯蒂安．起源：万物大历史 [M]. 孙岳，译．北京：中信出版社，2019.
[42] 大卫·克里斯蒂安，辛西娅·斯托克斯·布朗，克雷格·本杰明．大历史：虚无与万物之间 [M]. 刘耀辉，译．北京：北京联合出版公司，2016.
[43] 阿代尔·特纳．债务和魔鬼：货币、信贷和全球金融体系重建

[M]. 王胜邦，徐惊蛰，朱元倩，译 . 北京：中信出版社，2016.
［44］拉斯・特维德 . 逃不开的经济周期 2 [M]. 刘洋波，甘珊珊，译 . 北京：中信出版社，2019.
［45］戴维・欧瑞尔，罗曼・克鲁帕提 . 人类货币史 [M]. 朱婧，译 . 北京：中信出版社，2017.
［46］王永生 . 钱币史话 [M]. 北京：社会科学文献出版社，2016.
［47］约翰・S. 戈登 . 财富的帝国：一部记录美国经济发展的史诗 [M]. 董宜坤，译 . 北京：中信出版社，2017.
［48］卡门・M. 莱茵哈特，肯尼斯・S. 罗格夫 . 这次不一样：八百年金融危机史 [M]. 綦相，刘晓锋，刘丽娜，译 . 北京：机械工业出版社，2020.
［49］约翰・穆迪 . 金融的战争 [M]. 徐建萍，译 . 合肥：安徽人民出版社，2012.
［50］詹姆斯・莱德贝特 . 黄金的故事 [M]. 傅莹，袁靖，译 . 北京：中信出版社，2019.
［51］王湘穗 . 币缘论：货币政治的演化 [M]. 北京：中信出版社，2017.
［52］克莱门特・格林伯格 . 艺术与文化 [M]. 沈语冰，译 . 桂林：广西师范大学出版社，2015.
［53］H. 安娜・苏 . 梵高手稿 [M]. 57°N 艺术小组，译 . 北京：北京联合出版公司，2015.
［54］林微云 . 绯闻艺术史 [M]. 北京：中国友谊出版公司，2018.
［55］木村泰司 . 给商界精英的西方美术史 [M]. 于晓菁，译 . 北京：中信出版社，2018.
［56］艾黎・福尔 . 写给大家的世界艺术史 [M]. 张泽乾，张延风，译 . 长沙：岳麓书社，2020.
［57］王祎 . 换一种方式打开美术史 [M]. 南昌：江西美术出版社，2019.
［58］左昕阳 . 名画中的旅行 [M]. 北京：文化艺术出版社，2014.
［59］房龙 . 你一定爱读的极简西方艺术史 [M]. 文思，译 . 北京：北京

联合出版公司，2016.
[60] 劳里·施耐德·亚当斯 . 人人都该懂的艺术 [M]. 刘杨，译 . 杭州：浙江人民出版社，2020.
[61] 盐野七生 . 文艺复兴的故事（全六册）[M]. 计丽屏，等译 . 北京：中信出版社，2016—2017.
[62] 尹朝阳 . 读画记 [M]. 北京：中信出版社，2016.
[63] 李英仙，等 . 美术馆漫步 [M]. 王倩倩，等译 . 北京：中信出版社，2019.
[64] 山田五郎，古山淳子 . 美术馆里聊怪咖 [M]. 汪婷，译 . 长沙：湖南美术出版社，2017.
[65] V.M. 希利尔 . 希利尔讲艺术史 [M]. 李倩，译 . 北京：石油工业出版社，2012.
[66] 平松洋 . 名画中的符号 [M]. 俞隽，译 . 南昌：百花洲文艺出版社，2017.
[67] 董悠悠 . 被误诊的艺术史 [M]. 北京：中国友谊出版公司，2017.
[68] 中野京子 . 名画之谜：穿越时空的对决 [M]. 俞隽，译 . 北京：中信出版社，2017.
[69] 傅雷 . 世界美术名作二十讲 [M]. 南京：江苏人民出版社，2017.
[70] 西蒙·沙玛 . 艺术的力量 [M]. 陈玮，黄新萍，王炯奕，译 . 杭州：中国美术学院出版社，2019.
[71] 灌木文化 . 典藏：经典世界名画高清图集 [M]. 北京：人民邮电出版社，2015.
[72] 房龙 . 艺术的故事 [M]. 肖琦，吕娇娜，译 . 北京：中国妇女出版社，2015.
[73] 梁二平 . 世界名画中的大航海 [M]. 上海：生活 · 读书 · 新知三联书店，2019.
[74] 高畑勋 . 一幅画开启的世界 [M]. 匡匡，译 . 长沙：湖南美术出版社，2016.

[75] 中野京子 . 艺术品中的绝代艳后 [M]. 陈怡萍，译 . 北京：中信出版社，2018.
[76] 王晓锋 . 中外名画彩图馆 [M]. 北京：中国华侨出版社，2016.
[77] 中野京子 . 名画之谜：历史故事篇 [M]. 俞隽，译 . 北京：中信出版社，2015.
[78] 弗朗索瓦丝・芭布 – 高尔 . 如何看一幅画 [M]. 郑柯，译 . 北京：中信出版社，2014.
[79] 埃里克・牛顿 . 极简欧洲美术史 [M]. 吕琳玉，译 . 天津：天津人民出版社，2020.
[80] 贡布里希 . 艺术的故事 [M]. 范景中，译 . 桂林：广西美术出版社，2008.
[81] 艾莉森・威尔 . 伊丽莎白女王 [M]. 董晏廷，译 . 北京：社会科学文献出版社，2014.
[82] 邵永灵 . 战争与大国崛起 [M]. 沈阳：辽宁人民出版社，2015.
[83] 帕特里克・贝尔福 . 奥斯曼帝国六百年：土耳其帝国的兴衰 [M]. 栾力夫，译 . 北京：中信出版社，2018.
[84] 西蒙・蒙蒂菲奥里 . 耶路撒冷三千年 [M]. 张倩红，马丹静，译 . 北京：民主与建设出版社，2015.
[85] 沃尔夫冈・希弗尔布施 . 铁道之旅：19 世纪空间与时间的工业化 [M]. 金毅，译 . 上海：上海人民出版社，2018.
[86] 斯文・贝克特 . 棉花帝国：一部资本主义全球史 [M]. 徐轶杰，杨燕，译 . 北京：民主与建设出版社，2019.
[87] 马特・里德利 . 理性乐观派：一部人类经济进步史 [M]. 北京：机械工业出版社，2011.
[88] 威廉・庞德斯通 . 赌神数学家：战胜拉斯维加斯和金融市场的财富公式 [M]. 李春梅，译 . 北京：机械工业出版社，2017.
[89] 尼古拉・特斯拉 . 被世界遗忘的天才：特斯拉回忆录 [M]. 王晓佳，译 . 北京：法律出版社，2010.

[90] 曹天元 . 上帝掷骰子吗？ [M]. 北京：北京联合出版公司，2019.
[91] 史蒂夫 · 斯托加茨 . 微积分的力量 [M]. 任烨，译 . 北京：中信出版社，2021.
[92] 劳伦斯 · 詹姆斯 . 大英帝国的崛起与衰落 [M]. 张子悦，解永春，译 . 北京：中国友谊出版公司，2018.
[93] 尤瓦尔 · 赫拉利 . 人类简史：从动物到上帝 [M]. 林俊宏，译 . 北京：中信出版社，2017
[94] 尤瓦尔 · 赫拉利 . 未来简史：从智人到智神 [M]. 林俊宏，译 . 北京：中信出版社，2017.
[95] 金德尔伯格，阿利伯 . 疯狂、惊恐和崩溃：金融危机史（第 7 版）[M]. 叶翔，朱隽，等译 . 北京：中国金融出版社，2017.
[96] 陈志武 . 金融的逻辑 1 ：金融何以富民强国 [M]. 西安：西北大学出版社，2015.
[97] 陈志武 . 金融的逻辑 2 ：通往自由之路 [M]. 西安：西北大学出版社，2015.
[98] 陈志武 . 财富的逻辑（上下册）[M]. 北京：中信出版社，2020.
[99] 盐野七生 . 罗马人的故事（全 15 册）[M]. 计丽屏，等译 . 北京：中信出版社，2015.
[100] 威尔 · 杜兰特 . 文明的故事（全 11 册）[M]. 台湾幼狮文化，译 . 四川：天地出版社，2018.
[101] 汤姆 · 斯丹迪奇 . 上帝之饮：六个瓶子里的历史 [M]. 吴平，等译 . 北京：中信出版社，2017.

后记

时光荏苒，从开始构思写作到书稿付梓，已经过去了五年。因为对金融工作的热爱，工作之余，我喜欢了解与收集一些沉淀在历史长河中的金融故事，也一直在思考金融存在的意义以及如何才能做好金融这份工作。当遇到陈志武教授所下的“金融的本质是跨时空的价值交换”这一定义时，顿感一扇新的窗户打开了，从此沉迷于辨析和寻找反映时空、价值等相关概念的事物中不能自拔。

艺术与金融看似是两个不同属性的东西，但是千百年来一直交织在一起。我们日常生活中所接触的艺术门类，如文学、绘画、雕塑、建筑、电影、音乐、舞蹈、戏剧等，都只是艺术的表现形式。而金融则联系与影响着每个人的生活，真正的金融家，必定如同经过岁月洗礼的艺术品一般，能从多个角度理解世界、从多个维度反映世界。只有将艺术与金融置于具体历史与现实的纷纭而复杂的相互关系中，才能挖掘出二者内在隐含的联系。

从金融到艺术，从艺术到金融，这是一个跨越边界的课题，尤其我自己身处于金融工作环境中，对艺术的理解可能很肤浅，只流于表面，所以书中也大多是从世界名画的画面意义与所处时代背景去拓展理解经济及金融运行的历史，其中肯定会存在一些不足之处，希望广大读者批评指正。

在完成本书的过程中，需要感谢中信出版社的许志主编、丰虹编辑，正是她们无私的帮助，找到并修改了书中的许多错误，弥补了跨界文章的不足。还需要感谢中信信托的唐晓霞女士，她是书中每一篇文章的热心读者，对于文章的内容提出了很多中肯的意见，才能使我保持全书故事的完整性并最终完成了全书的创作。感谢曾经在金融投资方面与我合作过的银行、信托、券商、基金等机构的各位合作伙伴们，特别是交通银行的张新宇先生、青银理财的王茜女士在债券投资知识方面的专业指点，永赢基金的芦特尔先生在组合管理知识方面的专业指点，华能信托的杨海辉先生、牛蕊女士在家族信托知识方面的专业指点，北京东方合瑞的张莹女士、上海涌泉亿信的艾亮先生、厦门登嘉资本的张宇杰先生在股权投资知识方面的专业指点。还要感谢田炜、林烨含、朱小艳、乔巍、李飞、吴坤、周勉、李智、田友强、王兵、谷志刚、陈晓烁、金舒、张佳毅、熊炯坤、叶镇、谷媛媛、郎波、金琳、李沫含、张俊山、吴旭、郭四野、谈剑、姜颢、居宝玉、乔伟海、刘式刚、顾克英、白刚等人的帮助，以及那些曾经与我一起经历过金融市场起起伏伏的朋友们，正是过往工作与生活中与他们的交流，拓宽了我的认知视野，才能够增加金融的阅历、积淀艺术的修养，使金融视角的艺术故事更具代表性。

当然，最要感谢的是我亲爱的家人——父母、妻子及女儿，正是他们的无私关爱，才使我在不同的工作环境中重新找准定位与方向。

最后，借用普希金的一句诗来表达我对生活、金融和艺术的理解与认识：“昨天已经过去，未来等你创造。而那过去了的，将会成为永久的记忆。”

时光不会怠慢每一个执着而勇敢的人，只要努力就永远不会被辜负。